엔드게임
ENDGAME

ENDGAME

지은이 존 몰딘, 조너선 테퍼
옮긴이 서정아
펴낸이 정선미 | 엮은이 김윤래 | 디자인 북누리 | 표지디자인 북누리

펴낸곳 위키미디어 | 주소 경기도 파주시 교하읍 문발리 파주출판도시 500-13 동화기술 3층
전화 031-955-3658, 3659 | 팩스 031-955-3660

가격 15,000 | 페이지 364 | 책규격 152 x 210 x 21

초판 발행 2012년 06월 30일
ISBN 978-89-965112-2-9 (03320)

등록번호 제406-2010-000040호 | 등록일자 2010년 04월 22일
홈페이지 wikimedia.tistory.com | 전자우편 wikibook@wikibook.co.kr

위키미디어는 위키북스의 임프린트 출판사입니다.

이 도서의 국립중앙도서관 출판시도서목록 CIP는
e-CIP 홈페이지 | http://www.nl.go.kr/cip.php에서 이용하실 수 있습니다.
CIP제어번호:CIP2012002644

Endgame: The End of the Debt Supercycle and How It Changes Everything
by John Mauldin, Jonathan Tepper

© 2011 by John Mauldin, Jonathan Tepper.
Korean translation copyright © 2012 by WIKIBOOKS

This translation published under license. Korean translation rights arranged with John Wiley & Sons,
USA through Danny Hong Agency, Korea.

이 책의 한국어판 저작권은 대니홍 에이전시를 통한 저작권자와의 독점 계약으로 위키북스에 있습니다.
신저작권법에 의해 한국 내에서 보호를 받는 저작물이므로 무단전재와 복제를 금합니다.

전 세 계 를
집 어 삼 킨
금 융 위 기

그 리 고

ENDGAME

위키미디어

피터 번스타인(Peter Bernstein)에게
이 책을 바칩니다.

피터 번스타인(1919~2009)은 놀라운 작가이자
헌신적인 남편이며 다정한 아버지였습니다.
여러 세대에 걸친 투자 전문가들의 정신적 지주로서
번스타인의 지혜로운 조언은 언제나 환영받았습니다.
번스타인은 다른 사람보다 앞서
엔드게임이 도래함을 똑똑히 예견했습니다.

그 어느 때보다도 당신의 지혜가 절실히 요구되는 지금,
번스타인 당신이 그립습니다.

게임 실력을 향상시키려면
먼저 후반전을 진행하는 법부터 공부해야 한다.
후반전은 따로 공부하고 마스터할 수 있지만,
중반전과 초반전은 후반전과 연계해서
공부해야 하기 때문이다.

- 호세 라울 카파블랑카(Jose Raul Capablanca)
쿠바 출신 체스 선수로 1921년부터 1927년까지
세계 체스 챔피언이었으며 역사상 가장 위대한
체스 선수 가운데 하나로 손꼽힌다.

목차

감사의 말 • 004
서론: 엔드게임 • 009

제1부 부채 슈퍼사이클의 종말 • 021

제1장 엔드게임의 시작 • 025
제2장 그리스에 주목해야 하는 이유 • 045
제3장 규칙을 알아보자 • 059
제4장 성장 둔화와 반복적인 경기 후퇴에 따른 부담 • 091
제5장 이번엔 다르다 • 110
제6장 공공 부채의 미래: 지불가능한 길 • 129
제7장 디플레이션의 요인 • 156
제8장 인플레이션과 초인플레이션 • 186

제2부 세계 각국의 현황: 엔드게임은 어느 나라에서 시작될까? • 209

제9장 미국: 난국에 빠지다 • 216

제10장 유럽 비핵심 국가: 현대판 금 본위제 • 257

제11장 동유럽의 문제 • 277

제12장 일본: 자동차 앞유리에 날아드는 벌레 • 293

제13장 영국: 인플레이션으로 은근슬쩍 부채를 탕감하다 • 309

제14장 호주: 아일랜드의 전철을 밟게 되나? • 323

제15장 의도치 않은 결과들: 느슨한 통화 정책을 도입한 신흥국들 • 333

결론: 엔드게임 시대의 수익 투자 전략 • 344

끝맺는 말: 마지막으로 생각해 볼 것들 • 349

주석 • 353

저자 약력 • 359

색인 • 360

감사의 말

이 책을 검토해 준 많은 분과 독자들에게 감사의 말을 전하고자 한다. 검토해 준 분들의 조언이 큰 도움이 되었다. 특히 〈뱅크 크레디트 애널리스트(Bank Credit Analyst)〉지의 마틴 반스(Martin Barnes)는 혹평을 아끼지 않았으나, 그 덕분에 우리는 추가로 많은 조사를 거쳤고 이 책의 주제에 관해 좀 더 철저히 고찰할 수 있었다. 앤드루 윈(Andrew Wynn), 딜런 그라이스(Dylan Grice), 앨버트 에드워즈(Albert Edwards)도 매우 소중한 평가와 통찰을 제시했다. 디플레이션과 초인플레이션에 관해서는 특히 레이시 헌트(Lacy Hunt)의 제안과 비판이 많은 도움이 되었다. 배리언트 퍼셉션(Variant Perception)의 사이먼 화이트(Simon White)는 우리가 영국, 동유럽, 호주에 관한 초고를 집필하는 데 귀중한 도움을 제공했다. 또한 이 책에 실린 차트 대다수도 화이트의 도움을 받아 작성할 수 있었다. 우리의 생각이 책으로 출간되기까지 존 와일리 앤 선스(John Wiley & Sons)의 데브라 잉글랜더(Debra Englander)와 켈리 오코너(Kelly O'Connor)가 모든 과정을 이끌었다. 클라우스 비스테센(Claus Vistesen)과 에드워드 휴(Edward Hugh)는 이 책에 관해 소중한 비평을 제시했을 뿐 아니라 현실화되기도 전에 많은 위기를 예견했다. 또한 인구 통계에 관해 유용한 통찰을 제공했다.

서론

엔드게임

> 사람들은 필요성을 느낄 때만 변화를 받아들인다.
> 그리고 위기가 닥쳤을 때만 그 필요성을 인지한다.
>
> 장 모네

대공황에 대해서는 모든 어린이가 학교에서 배운다. 그러나 우리가 현재 경험하는 경제적 격변기를 무엇이라고 불러야 할지는 경제학자, 역사학자, 언론인 사이에 합의가 이루어지지 않았다. 어떤 이는 이를 침체기라고 부른다. 대 침체기라고 부르는 이도 있다. 거대 금융 위기라고 칭하는 이도 있다. 이 가운데 거대 금융 위기라는 용어가 적절하다. 위기가 닥치면 사람은 어쩔 수 없이 어려운 선택을 해야 하기 때문이다. 이 격변기로 말미암아 각국 정부와 유권자가 어려운 선택을 해야 할 것이라는 데는 모든 이의 의견이 일치한다.

필자(몰딘)[1]는 나쁜 선택을 하는 데 선수다. 나 자신과 관련된 선택만이 아니다. 나는 일곱 아이를 기르는 즐거움을 누렸는데, 가족 수가 불어나면서 아이들에게 몇 가지 선택안만 허용했다. 그러나 아이들이 십 대가 되면서부터는 더 많은 자유를 허용했다. 그랬더니 아이들이 바람직하지 못한 선택을 하기 시작했다. "대체 무슨 생각으로 이런 짓을 한 거니?"라는 질문을 얼마나 자주 했는지, 그리고 "몰라요."라는 대답을 얼마나 자주 들었는지 셀 수도 없을 정도다.

하지만 아이들에게 나쁜 선택이 나쁜 결과로 이어진다는 것을 달리 어떻게 가르칠 수 있겠는가? 부모가 일장연설을 할 수도 있고 모범을 보일 수도 있겠지만, 결국에는 아이들이 스스로 선택하도록 내버려 둘 수밖에 없다. 많은 아이가 나쁜 선택을 하는 일이 많다. 한 아이를 빼고 여섯 아이를 독립시켜 놓고 보니 나는 아이들이 치명적이거나 인생을 뒤바꾸는 선택을 하지 않고 무사하게만 자라 줘도 다행이라는 결론에 이르렀다. 이제까지 나는 운이 좋았던 것이다(물론 이런 말을 해서 부정을 타진 않기만을 바란다).

좋은 가정에서 자라난 착한 아이들이 나쁜 선택을 하고 겉보기에 불운한 아이들이 좋은 선택을 하는 사례를 목격했다. 그러나 한 가지 확실한 것은 외부로부터 북돋움 없이 어려운 선택을 하거나 어떤 정보 없이 행동에 따른 필연적인 대가를 파악할 줄 아는 십 대 청소년은 거의 없다는 사실이다. 아이들은 항상 가장 큰 재미를 주거나 즉각적으로 가장 작은 고통을 주는 것을 선택하는 경향이 있다. 그러다가 나중에 원래 했던 선택 때문에 또 다른 선택을 할 수밖에 없다는 점을 깨닫는다. 그렇게 하면서 철이 드는 것이다. 참 빠른 과정이다.

---

[1] 이 책에서 '나'나 '필자'라는 단수형은 그다음에 오는 괄호 안에 명시된 사람을 가리킨다. '우리'나 '필자들'이라고 할 때는 몰딘과 테퍼를 가리킨다.

그러나 이는 십 대 청소년만의 문제가 아니다. 인간으로서 경험하고 관찰한 지 70년에 접어든 나도 충분히 불리한 선택을 할 수 있다. 사실 나도 오랜 세월에 걸쳐 나중에 큰 고통을 주는 선택을 몇 가지 했다. 내 전문 분야에서도 엄청나게 불리한 선택을 할 수 있다. 오히려 그런 분야에서 불리한 선택을 하기가 쉬울지도 모른다. 내가 무언가에 관해 잘 안다는 착각을 할 수 있기 때문이다. 내 경험상 성능 좋은 컴퓨터를 앞에 둔 전문가야말로 일을 엉망진창으로 만들기 쉽다.

물론 나도 적절한 선택을 할 때가 있다. 상당한 고통 끝에 교훈을 얻기도 한다. 그리고 그저 운이 좋을 때도 있다. 성인군자이던 필자의 아버지가 "열심히 일할수록 행운이 뒤따른다."라고 하셨지만 말이다.

매일 아침 새로운 날이 시작된다. 그러나 새로운 날은 그 전날, 그 전해에 했던 모든 선택의 영향을 받는다. 내 딸 티파니와 나는 지난 수년 동안 100명도 넘는 백만장자와 심층 인터뷰를 진행했으며, 그 외에도 수백 명과 이야기를 나눴다. 나는 그들과 그 가족의 삶이 몇 가지 선택으로 압축된다는 점에 놀랐다. 그들은 바람직한 결과나 행운을 몰고 오는 선택을 했고, 이따금 어려운 선택을 해야 할 때도 있었다. 그러나 그 가운데 쉬운 선택은 없었다.

대체 무슨 생각으로 이런 짓을 했나요?

현재 선진 각국에 사는 사람들은 몇 가지 선택을 했다. 돌이켜 보면 "대체 무슨 생각으로 이런 짓을 했나요?"라고 물어볼 수밖에 없는 선택들이었다.

이들은 어떻게 보면 십 대 청소년처럼 살았다. 대가는 생각지도 않고 손쉬운 선택을 했다. 할아버지, 할머니 세대가 겪었던 대공황기에서 전혀 교훈을 얻지 못했다. 1980년대와 1990년대의 호황 탓에 부유하고 편안한 미래가 계속될 것이라는 착각을 하면서 1970년대의 심각한 침체기는 잊었다.

'검은 월요일[2]'의 폭락 사태조차 금세 진정되어 성공으로 가는 길에 놓인 사소한 장애물 정도로 보였다. 금리가 하락하고 돈이 흔해지자 사물을 축적하려는 인간의 본능이 고개를 들었다. 그리고 유럽에서 유로화가 도입되면서 남유럽 각국은 독일 분데스방크의 기준 금리를 적용받을 수 있었다. 그 대가로 남유럽 각국은 독일에 자국의 통화를 반납했다.

그러자 매우 좋지 않은 현상이 나타났다. 전 세계의 주택과 다른 자산의 가격이 상승하기 시작했다. 또 사람들은 최첨단 금융공학 기법 덕택에 가격이 끝없이 오를 것만 같던 주택을 담보로 얼마든지 돈을 빌려서 소비할 돈을 마련할 수 있다는 사실을 알게 되었다. 모두가 혜택에 반응했다. 그런데 그러한 혜택이 옳지 못한 점이 문제였다. 그리고 규제 당국이 제대로 규제하지 못한 사실도 문제였다.

우리는 옛날 만화 「뽀빠이」에 나오는 윔피처럼 되고 있다. 윔피는 "오늘 먹은 햄버거 값은 화요일에 치를게"라고 말한다.

우리는 가지고 싶은 물건을 받을 때까지 매주 또는 매달 대금을 나누어 꾸준히 돈을 치르던 우리 부모님 세대와 달랐다.

은행권도 선택을 했다. 미국의 은행들은 즉시 이용할 수 있는 대출 상품을 만든 후, 이를 도저히 뿌리치기 어려운 AAA 등급의 증권으로 포장해서 세계 각국의 순진한 사람들에게 손쉽게 팔았다. 은행들은 '묻지 마 대출[3]', '무원금 대출', '무서류 대출[4]' 등을 만들어 냈다. 그리고 이러한 상품들이 과거의 주택담보 대출과 같은 방식으로 상환될 것으로 생각했다. 대체 신용평가기관은 무슨 생각으로 이러한 현상을 내버려 뒀을까? 규제 당국의 어르신들은?[5]

---

2 역주 _ 1987년 10월 19일 월요일, 뉴욕 증시에서 일어난 주가 대폭락 사건으로 세계 각국 증시의 폭락을 유발했다.
3 역주 _ liar loan, 소득 증빙 서류를 제출하지 않아도 대출해 주는 상품
4 역주 _ no-documentation loan, 이자만 상환하도록 하는 대출
5 규제 당국 사람들은 그러고도 현재 더 많은 돈과 권력을 요구한다.

이러한 대출들이 험상궂게 생긴 악당들에 의해 으슥한 뒷골목에서 이루어졌을 것으로 생각하면 오산이다. 텔레비전, 책, 전단지를 통해 이런 대출 상품이 광고되었다. 우리 집값의 125%까지 대출 가능한 돈을 빌려 줄 테니 아래 번호로 전화하라는 광고를 처음 보고 대체 저런 대출로 누가 이득을 본다는 말인가 하고 의아해했던 때가 떠오른다.

결과적으로 영업하는 사람들에게는 매우 유리한 일로 밝혀졌다. 대출 상품을 증권화해서 외국인에게 팔면, 그 과정에 관여한 모두가 큰 수수료를 챙길 수 있었기 때문이다. 이들은 많은 돈을 벌고 불리한 대가도 치르지 않는 선택을 했다. 이를 누가 거부하겠는가?

미국 연방준비위원회의 그린스펀 의장이 저금리를 유지했기 때문에 위와 같은 일들이 일어날 수 있었다. 부시 행정부는 집권 기간에 전쟁을 두 차례 일으켰고, 대규모 건강보험 계획을 추진했다. 집권당인 공화당도 지출을 억제하지 않으면서 재정 적자가 쌓였다.

금융업계를 규제하는 당국은 신용디폴트스왑이라는 상품이 거래소나 감독당국을 거치지 않고 거래되도록 내버려 두었다. 모든 이가 맥맨션[6]은 빚이 아니라 투자라고 굳게 믿었다.

그렇다. 필자들은 십 대들의 파티를 끝내러 온 어른들이다. 우리 친구 폴 맥컬리는 신용평가기관이 술을 마시러 온 미성년자들에게 위조 신분증을 나눠 주는 역할을 했다고 말한다.

어떤 투자 기관은 고객들에게 주식의 연간 실질 수익률이 8%라고 말한다. 주가가 10년 동안 전혀 상승하지 않았어도, 사람들은 최근의 추세와 상관없이 항상 상승장이 시작되고 있다고 믿거나 그것이 사실이길 바란다.

---

6 역주 _ McMansion, 총면적 278㎡ 이상의 대형 주택으로 맥도널드 매장처럼 획일적인 형태로 지어진다고 해서 붙여진 이름

경고가 없었던 것은 아니다. 많은 사람이 앞으로 다가올 사태를 예고했다. 지금 그 뒤처리를 하고 있으나, 그때는 그런 경고를 모두 무시했다.

그렇게 경고하는 사람들에게는 조롱, 비웃음, 경멸이 쏟아졌고 '영원한 비관론자'라는 타이틀이 부여됐다. 호황이 그토록 오래 지속되었는데 어떻게 그런 추세가 옳지 않다는 말인가? 현재 추세가 영원히 계속될 것이라고 믿는 것이 인간의 본성이다. 특히 그 추세가 유리할 때 그러하다.

현재 느끼는 재미에 뒤따를 대가는 생각하지 않는 십 대 청소년처럼 사람들도 조심하지 않았다. 선조가 대공황기의 정점을 거치며 터득한 교훈을 사람들은 알지 못했다. 이번엔 다르다, 옛날 사람들보다 똑똑해서 그런 실수는 하지 않는다. 버냉키나 유럽중앙은행, 국제결제은행의 연구만 읽어 보면 무엇을 조심해야 할지 알 수 있지 않은가 하는 생각이었다.

수만 가지 다른 방식으로 사람들은 빚잔치를 계속했다. 자유주의자, 보수주의자, 부자, 가난한 사람, 남자, 여자 할 것 없이 대출과 지출에 중독되었다. 거의 모든 사람이 돈을 빌려서 소비했다. 개인, 도시, 주, 국가 차원에서 대출과 지출이 이어졌다.

미국의 지방 정부와 주 정부는 미적립 연금 채무를 3~4조 달러나 떠안고 있다. 게다가 이는 계속해서 불어나고 있다. 또한 앞으로 5년에서 7년 후부터 수십 조 달러나 되는 사회보장수당과 메디케어[7] 비용을 지급해야 한다. 그렇게 되면 현재와는 비교도 되지 않는 수준으로 적자가 쌓일 것이다. 그런데다 추가 지출 프로그램이 통과되고 있어서 재정 불균형은 한층 확대될 것으로 보인다.

유럽의 복지 관련 미적립 채무는 규모가 훨씬 더 크다. 유럽계 은행들은 상환할 능력도 없는 나라들에 거액을 빌려준 상태라 도산 가능성이 있다. 일

---

7 역주 _ Medicare. 미국 정부에서 65세 이상의 노인이나 장애가 있는 이를 대상으로 시행하는 건강보험제도

본은 국민 두 세대의 저축액을 이용해 GDP 대비 부채 비율이 역사상 최대 규모가 될 때까지 국채를 발행했다. 일본은 국민이 고령화됨에 따라 저축을 중단하고 은퇴 후 편안한 여생을 보내기 위해 국채를 파는 사람들이 늘어남에 따라 심각한 고통을 피할 가능성이 거의 없다.

현재 전 세계는 지속적인 위기와 여러 가지 거품 붕괴의 후유증에 직면하고 있다. 정부의 막대한 재정 적자와 점점 늘어나는 공공 부채, 기록적인 실업률 등을 경험하고 있다. 또한 소비자들은 대차대조표의 구멍을 메우느라 필사적이다.

바람직한 선택은 남아 있지 않다. 어떤 나라는 세제와 복지 프로그램을 개혁하는 등 어려운 결단을 내려야 할 것이다. 바람직한 일이지만, 뿌리 깊은 이익 집단의 반발과 정치적인 분열을 감내해야 하므로 쉽지 않은 선택이다. 그리스처럼 아주 불리한 선택과 최악의 선택 가운데 하나를 골라야 하는 나라도 있을 것이다. 어떤 선택을 하든 이런 나라들은 심각한 경제적 고통을 겪게 된다. 나쁜 선택 정도만 되어도 다행한 일이다. 그러나 오늘 어려운 결단을 내리지 않으면 그리스처럼 최악과 차악의 선택 가운데 하나를 골라야 할 수밖에 없다.

서론 첫 부분에 우리는 장 모네의 말을 인용했다. "사람들은 필요성을 느낄 때만 변화를 받아들인다. 그리고 위기가 닥쳤을 때만 그 필요성을 인지한다."라는 모네의 말은 여러 번 반복해서 언급해도 지나치지 않다.

앞으로 각국에는 필요성을 느낄 수밖에 없는 날이 올 것이다. 위기 때문이든, 선택 때문이든, 그 순간은 오게 되어 있다.

우리가 받아들여야 할 고통을 포도주병에 비유해 보자. 나라마다 감내해야 할 고통의 분량이 다르다. 어떤 포도주병은 더 크다. 1.5리터짜리 매그넘 사이즈의 병도 있을 것이다. 또, 일반적인 크기의 4-6배 되는 포도주병도 있을 것이다. 그리스는 일반 포도주병보다 40배 큰 멜키세덱 병 분량의 고통을 겪을 것이다.

그러한 포도주병을 X축이 시간인 그래프의 일부로 생각해 보자. 고통을 한꺼번에 겪을 수도 있고, 포도주병을 옆으로 뉘어 놓아서 그 고통이 시간에 따라 분산되게 할 수도 있다. 그러나 고통의 총량은 줄어들지 않는다. 실제로, 어려운 결단이 미뤄질수록 결과적으로 어떤 나라나 주 정부나 시 정부가 감내해야 할 고통은 늘어난다.

그러나 앞으로 우리는 모든 고통을 한꺼번에 감당하는 것이 능사는 아니라는 점을 살펴볼 것이다. 국가적 차원에서 단 하나 남은 선택안이 아닌 한 그러한 길을 택하는 즉시 디플레이션이 계속되는 침체기로 이어져 실업률을 상승시키고 세입을 감소시킬 것이다. 그 결과 상황은 훨씬 악화된다. 그러나 어려운 결단을 피하면 채권 시장이 더는 적자 재정을 충당해 주지 않는 순간이 오리라는 점을 각국 정부가 깨닫고 있다. 제6장에서 우리는 그러한 신뢰의 상실이 정해진 순간에 오는 것이 아니라는 점을 알아본다. 그러한 일은 어느 날 갑자기 찾아와 정부에 충격을 줄 것이다.

본성을 극복하자

스탠퍼드 대학교 심리학과의 필립 짐바르도 명예교수는 인간이 시간을 어떻게 인지하는지를 연구했다[1].[8] 짐바르도에 따르면 사람은 각기 다른 6개의 시간관이 있다. 즉 그는 과거에 대한 태도, 현재에 대한 태도, 미래에 대한 태도를 각기 두 개씩 분류했다. 과거는 과거에 대한 긍정적인 태도와 부정적인 태도로 나뉜다. 예를 들어 과거에 향수를 느끼거나 가족과 관련된

---

8   대괄호([ ]) 주석은 353쪽 내용을 참고하라.

물건을 보관하길 좋아하는 사람은 과거에 긍정적인 태도를 지닌다. 반면에 과거에 대해 주로 후회하는 사람은 부정적인 과거관을 지닌 것이다.

현재도 현재를 위해 사는 쾌락주의적 태도와 숙명론적인 태도로 나뉜다. 쾌락주의적인 사람으로는 아기를 들 수 있다. 또 미래에 대해 전혀 걱정하지 않고 어떤 식으로든 현재를 최대한 즐기는 사람도 현재에 대해 쾌락주의적인 태도라고 할 수 있다. 반면에 가난이나 종교나 주변 상황 때문에 자신의 삶을 통제할 능력이 없는 사람은 현재에 숙명론적인 태도를 보인다. 예를 들어 "내 운명은 하나님이 결정지어 주신다."라고 생각하는 사람이 여기에 속한다.

미래지향적인 사람들도 두 그룹으로 나뉜다. 먼저 '개미와 베짱이' 이야기에 나오는 개미처럼 오늘 일하고 쾌락과 소비를 나중으로 미루는 사람이 있다. 그리고 사후에나 진정한 삶이 시작된다고 믿는 사람들도 있다.

연구 결과에 따르면, 적도에 가까이 사는 사람일수록 현재지향적이라고 한다. 이처럼 기후 변화가 그리 심하지 않은 지역에 사는 사람일수록 취향이나 생각이 동일하게 유지되는 경향이 있다고 한다. 시칠리아 방언에 과거 시제와 현재 시제 동사는 있으나 미래 시제 동사는 없다는 흥미로운 사실만 봐도 이들이 매우 현실지향적이라는 사실을 알 수 있다.

짐바르도는 현재지향적인 어린 야수들을 책임감 있고 미래지향적인 어린이로 탈바꿈시키는 것이 교육의 목적이라고 말한다. 그런데 미국에서는 9초마다 학교를 그만두는 아이들이 생겨난다는 점이 문제다. 이처럼 미래지향적인 태도의 부재에 모든 이가 절망하고 있다.

그러나 성인 유권자들도 미래지향적이지 못한 것은 마찬가지이다. 그들은 보조금이나 수당을 약속하는 정치인을 뽑는데, 이러한 보조금이나 수당은 미국의 재정 적자를 불린다. 호황기에도 부채를 상환하기는커녕 더 많은 부채를 졌다.

소시에테 제네랄의 딜런 그라이스는 이렇게 진단한다.

> 유권자들은 장기적인 이익이라도 이것이 현재 고통을 초래하면 달가워하지 않는다. 과자 좀 그만 먹고 헬스클럽에 가서 몸에 붙은 군살을 줄이지 않는다면 언젠가 심각한 대가를 치를 것이라고 누군가가 인상을 찌푸리며 솔직하게 말하면, 사람들도 분명히 어느 정도는 반성할 것이다. 하지만 실제로는 앞으로도 살던 대로 살고 치즈버거와 프렌치프라이를 먹으면서 얼마든지 텔레비전을 봐도 된다고 말하는 사람에게만 표를 던지게 되어 있다[2].

짐바르도 교수는 중퇴 아동이 이처럼 급속히 증가하는 데는 게임기기의 사용이 늘어났기 때문이라고 본다. 십 대 청소년이 비디오게임을 하고 텔레비전을 시청하는 시간은 평균 1만 시간 정도 되는 것으로 보인다. 우리는 즉각적인 피드백과 즉각적인 만족감이 대세인 사회에 살고 있다. 그런데 아이가 학교에 가면 매우 지루하며 피드백을 제공하지 않는 구식 수업을 듣게 된다. 게임에서 좀비나 적군을 죽일 때와 달리 도파민이 분출되지 않는다. 사냥에서 느끼는 조마조마함을 느낄 수 없는 것이다.

세계의 모든 유권자도 십 대 청소년처럼 행동하고 있다. 컴퓨터가 부팅되거나 파일을 내려받는 데 1분 이상 걸리면 짜증을 낸다. 경제적, 정치적 대책도 빠르고 손쉽게 문제를 해결할 수 있는 것을 원한다. 문제는 경제와 정치는 순환 주기가 다르다는 점이다. 정치가가 유권자들을 자주 대면할 경우, 장기적인 문제에 대응하기가 어렵다.

차차 보게 되겠지만, 우리는 지금 대침체기든 거대 금융 위기든 그 명칭에 상관없이 경기순환주기에서 나타나는 일반적인 경기후퇴기가 아닌 대차대조표 경기후퇴기를 겪고 있다. 60년도 더 전에 시작된 부채 슈퍼사이클이 끝나는 것이다. 선진국 대부분에서 경제가 회복되는 데는 몇 달이 아니라 몇 년이 걸릴 것이다. 경우에 따라서는 몇십 년이 걸릴 수도 있다. 경기후퇴기가 더 잦아지면서 변동성도 크게 확대될 것이다. 어떤 나라에서는 심각한 디플레이션이 나타날 수 있다. 적당한 디플레이션을 겪는 나라도 있을 것이고, 또한 인플레이션율의 상승이 확실시되는 나라도 있다.

그러나 유권자들이 쉬운 해법이나 쉬운 선택안을 택할 수 없다는 사실을 이해하지 못한다면, 원래부터 짧던 정치 순환 주기가 훨씬 가변적으로 될 것이다. 정치가들이 흔들어대기만 해도 문제를 모두 없애고 호황기로 되돌아갈 수 있게 해 주는 마법의 지팡이란 없다.

유권자들이 정치가와 정치 지도자들을 미래지향적이고 성숙한 사고를 하는 대신 단기적으로만 사고하도록 길들이면, 험준한 협곡에 갇혀 유권자 자신이 만든 용들과 대면해야 한다. 그리스를 생각해 보라.

궁극적으로 이것이 '엔드게임'의 주제다. 책의 초반부에서는 현 상황에 대한 독자의 이해를 돕기 위해 경제학의 기본 지식과 최근 연구 결과를 살펴본다. 잠깐 경제학 공부를 한다고 해도 전혀 두려워할 것 없다. 이 책은 현재 우리 주위에서 윤곽을 드러내고 있는 위기의 본질을 정치가들도 이해할 수 있도록 쓰였다. 어쨌든 그것이 우리 희망 사항이다.

후반부에서는 세계 각국이 직면한 문제점을 살펴볼 것이다. 그러나 어떤 나라는 다른 나라보다 벅찬 문제를 안고 있다는 점을 인정할 수밖에 없다. 그리고 심각한 문제는 대부분 선진국에 집중되어 있다는 점을 알게 될 것이다. 하지만 신흥국도 그 영향에서 자유롭지는 못하다. 세계 경제의 3분의 2를 차지하는 선진 각국에 대한 무역이 타격을 받을 수 있기 때문이다. 신용 위기도 아직 해결되지 않았다. 그저 주택 구매자에서 은행으로, 그리고 결국 정부로 위기의 주체가 전환되었을 뿐이다. 이제는 개입할 여지도 남아 있지 않다. 이것이 바로 엔드게임이다.

우리는 각국이 처한 문제점의 본질을 요약하고 해법도 넌지시 제시하고자 한다. 그러나 구체적인 해법을 제시하는 것은 아니라는 점을 알아 두기 바란다. 나라마다 국가 차원의 담론을 통해 가장 중요한 일이 무엇인지부터 직접 파악해야 한다. 미국의 경우, 현재 세율로는 정부 지출을 감당할 수 없다. 그러나 세금을 인상하면 그 대가를 치러야 한다. 이렇게 모든 것이 다 연관되어 있다.

메디케어 비용을 줄이고 사회보장 제도를 개혁하며 군비 지출을 줄여야 할까? 아니면 다른 분야의 지출을 줄여야 할까? 손쉬운 선택은 없다. 십 대 청소년이 힘든 일이 뒤따르는 선택을 미루다가 더 힘든 선택을 하는 것과 마찬가지다. 이제 큰 고통이 뒤따르는 선택을 할 수밖에 없는 상황이다.

나라마다 선택안이 다른 만큼, 투자 상품이나 투자 전략도 이를 고려해서 선택해야 한다. 이에 관해서는 책의 끝 부분에서 다룰 것이다. 어떤 나라에서 통하는 투자 전략이라고 해도, 다른 선택을 한 나라에서는 통하지 않을 수 있다.

엔드게임은 고정불변의 것이 아니다. 실제 결과는 경로에 따라 달라질 수 있다. 우리가 택하는 경로가 결과를 결정짓는다는 말이다. 우리는 선택을 엉망으로 하거나 이미 아주 나쁜 선택안밖에 남지 않은 나라에 사는 독자들에게 어떻게 하면 개인 투자의 측면에서는 바람직한 선택을 할 수 있을지 조언을 제공하고자 한다. 독자의 고국이 어떤 선택을 하려고 하며 그에 따라 투자는 어떻게 해야 할지 우리의 책이 길잡이가 되었으면 한다.

결국 필자들은 둘 다 낙관론자다. 우리의 고국이 현명한 선택을 하지 않는다고 하더라도 우리가 살아 있는 동안에 현명한 선택을 했으면 하는 바람이다. 그리고 독자 여러분이 현명한 선택을 하는 데 우리의 글이 도움되었으면 한다. 우리 조부모님과 부모님 세대는 지난 100년 동안 두 번의 세계 대전, 대공황 등 온갖 격변을 겪고도 살아남으셨다. 그러므로 엔드게임의 시대도 언젠가는 끝이 나리라고 본다. 컴퓨터의 초기화 버튼을 누르면 모든 것이 새로 시작되듯이, 엔드게임이 끝난 이후 번영과 경이로운 의학 신기술, 삶을 뒤바꾸는 최첨단 과학 기술 등이 펼쳐지는 새 시대를 맞이할 것이다. 기회는 넘쳐날 것이다. 지금 당장은 어떻게 하면 현명한 선택을 할 수 있을지 곰곰이 생각해 보도록 하자.

제 1 부

부채 슈퍼사이클의 종말

서구와 일본에서 국민 혈세를 대규모로 투입해 은행권을 구제한 결과,
엔드게임이 불가피해졌다. 엔드게임은 안타깝게도 서구의 모든 정부가 부채 위기를 겪는 형
태로 나타날 것이다. 이는 유럽에서 시작되어 미국에서 정점에 달할 것이며,
이로써 5년 안에 달러화 본위제가 붕괴할 것으로 보인다.

CLSA 증권 전략가 **크리스 우드**
전 『이코노미스트』지 특파원 및 일본의 '잃어버린 10년' 문제 전문가

당신은 '엔드게임'이라는 말에서 대체 무엇이 끝난다는 것인지 의문을 느낄 것이다. 그것은 바로 선진국으로 불리는 상당수 국가의 부채 슈퍼사이클이다. 부채 슈퍼사이클이라는 용어는 원래 금융 전문지 『뱅크 크레디트 애널리스트the Bank Credit Analyst, 이하 BCA』에서 처음으로 소개되었다. BCA의 설립자 해밀턴 볼턴은 화폐의 유통 속도와 은행의 유동성, 금리 등에 '슈퍼사이클'이라는 개념을 적용하여 이야기했다. 그 후 토니 뵈크가 눈덩이처럼 불어나

는 민간 부문의 부채를 문제로 인식하고, 위 개념을 좀 더 단순화한 '부채 슈퍼사이클'을 제시했다. 그리고 『BCA』의 편집자 마틴 반스가 뵈크의 부채 슈퍼사이클 개념을 한층 확대했다. 참고로, 경제학자 어빙 피셔가 이미 1933년에 그 유명한 논문에서 장기 부채 사이클을 언급한 바 있다.

부채 슈퍼사이클은 채권 시장이 포화 상태에 이르러 부채를 재구조화하거나 일부 또는 전체 탕감이 필요한 지경으로 부채가 수십 년에 걸쳐 확대되는 것을 말한다. 이때 부채를 감당할 만한 수준으로 돌려놓으려면 긴축정책이 시행되어야만 한다. 『BCA』는 주로 미국의 부채 슈퍼사이클에만 초점을 맞추지만, 현재 선진 세계의 국가 상당수에서 어느 국면에서든 부채 슈퍼사이클이 진행되고 있다.

2007년에 『BCA』에 게재된 기사를 살펴보자.

> 미국 역사는 부채가 장기적으로 증가하는 가운데 이따금 금융 위기가 발생하고, 그에 따라 통화 확대 정책이 시행되는 사이클이 특징이다. 서브프라임 사태는 이처럼 여러 차례 거듭된 부채 슈퍼사이클의 마지막 사례라 할 수 있다. 위기가 발생할 때마다 기존의 통화 확대 정책이 더는 제 역할을 하지 못하고 이에 따라 경제와 시장이 부채 파동을 겪게 될 것이라는 우려가 끊이질 않는다. 그러나 그러한 우려는 항상 기우로 판명되었으며, 최근 나타난 금융 위기도 예외는 아니다.
>
> 연방준비이사회의 금리 인하, 서브프라임 사태의 타격을 줄이기 위한 정부의 재정 부양 정책, 달러의 평가 절하 등이 한꺼번에 시행되고, 그 결과로 새로운 부채 슈퍼사이클이 시작되어 차입금 과잉과 금융 과잉 현상이 나타날 것이다. 이제 투기 대상은 전 세계로 확대되며, 특히 신흥 시장과 자원 관련 자산이 주목을 받을 것이다. 이러한 부채 슈퍼사이클은 외국인 투자자가 미국 자산에 등을 돌리는 순간 끝난다. 그렇게 되면 미국 통화 당국이 개입할 틈도 없이 달러로 표시된 자산으로부터 대대적인 자본 이탈이 시작될 것이다. 물론 이러한 일이 짧은 시일 내에 일어나는 것은 아니다.[1]

우리는 몇 달 전에 마틴 울프와 부채 슈퍼사이클의 정점에 관한 얘기를 나누었다. 울프는 민간 채무자들이 부채 규모를 줄여나가는 시점에 정부가 부채를 늘리기 시작할 것이므로 당분간 슈퍼사이클이 지속될 것이라고 말했다. 대화의 주제는 곧이어 부채가 어디에서 비롯됐는지로 넘어갔으나 어쨌든 울프의 얘기가 옳다. 미국, 영국, 일본, 그 밖의 선진국, 심지어 그리스에서도 부채 슈퍼사이클은 아직도 진행 중이다. 정부가 대규모 차입금으로 재정을 확충하고 있기 때문이다. 이에 따라 총부채액은 계속해서 증가하고 있다.

부채 슈퍼사이클이 민간 부채에서 공공 부채로 옮겨가면서 경제 환경과 금융 환경은 이제까지와 판이하게 변화할 것이다. 모하메드 엘-에리안은 그러한 세계를 '새로운 표준'이라고 일컬었다. 앞으로 살펴보겠지만, 새로운 표준으로 가는 길은 상당히 험난할 것이다.

슈퍼사이클의 결말

부채 슈퍼사이클이 당장 끝나지는 않는다고 하더라도, 우리는 '종말이 가깝다'는 플래카드를 목에 맨 거리의 예언자가 경고하듯이 끝을 알리는 명백한 조짐이 몇 가지 나타나기 시작했다고 본다. 그리스가 근본적인 변화를 알리는 전조이다. 부채비용이 지속적으로 늘어나는 스페인과 포르투갈 역시 그리스와 같은 결말을 맞을 것이다. 아일랜드는 어떨까? 에스토니아, 리투아니아, 라트비아 등 발트 3국은?

인간이 부채를 쌓아올리는 데는 한계가 있는 법이다. 경제학자 카르멘 라인하르트와 케네스 로고프가 2009년에 출간한 저작 『이번엔 다르다 This Time is Different』에서 지적했듯이, 부채사태가 터지는 데는 국내 총생산의 일정 비율 등 정해진 한도가 있는 것이 아니다. 한도를 결정짓는 것은 신뢰다. 모든 일이 순조롭게 진행되다가 갑자기 문제가 '쾅!' 터지는 것이다. 대표적인 나라가 바로 그리스다. 이제 대대적인 지원이 없다면 그리스 국채를 유통하는 것은 불가능할 것이다. 그렇게 되면 채무불이행은 정해진 수순이다.[9]

한도는 각국마다 다르다. 1990년대 후반의 러시아라면 GDP 대비 총부채 비율이 불과 12%만 되었어도 문제가 불거졌을 것이다. 일본은 GDP 대비 총부채 비율이 230%에 도달할 날도 멀지 않았다. 일본이 러시아와 다른 한 가지는 국내 저축자들이 대부분 국채를 보유한다는 사실이다.

부채 슈퍼사이클이 끝난다고 해서 모든 나라에 재앙이 닥치는 것은 아니다. 슈퍼사이클의 어떤 지점에 놓여 있는지에 따라 재앙이 닥칠지가 결정된다. 그리스를 예로 들면, 최소한 아주 좋지 않은 상황이 닥치거나 최악에는 파국을 맞을 것이다. 일본은 '자동차 앞유리에 날아드는 벌레'[10]처럼 고통스러운 결과를 맞이할 것이며 이렇듯 나라마다 다른 양상이 나타날 것이다.

미국을 예로 들어보자. 미국의 부채 슈퍼사이클은 당분간 계속될 것이므로 아직은 조정할 시간이 있다. 그러나 착각에 빠져서는 안 된다. GDP의 10%에 달하는 적자를 언제까지고 짊어지고 갈 수는 없는 법이다. 그러다가는 어느 시점에서 연방준비이사회(이하 연준리)가 돈을 더 찍어내든지 채권 시장의 금리를 인상하든지 해야 할 것이다. 미국이 일본과 같은 길을 선택할 수 없는 이유는 무엇일까? 미국은 과거의 일본과 같은 수준의 저축률을 자랑하지 못하기 때문이다. 그러나 최근에는 일본의 저축률도 급감하는 추세다. 따라서 GDP의 10%에 달하는 적자 지출을 감당하려면, 일본 역시 외국에서 한층 높은 금리로 부채를 끌어오거나 일본 중앙은행이 돈을 찍어내야 할 것이다. 물론 둘 다 바람직하지 못한 선택이다.

---

9 우리는 실제로 채무불이행이 현실화되리라고 본다.
10 역주 _ bug in search of a windshield, 나쁜 결과를 생각하지 않고 무모한 선택을 하는 행동을 의미함

제 1 장

엔드게임의 시작

돌이켜보면, 금융 시스템의 일시적인 붕괴는 악몽처럼 느껴진다.
이때 살아남은 금융기관에는 그 악몽을 떨쳐 버리고 이전과 같은 방식을 고수하기만을 바라는 사람들이 있다. 미국 의회에서 발의한 금융개혁법이 자신들의 이권을 침해하지 못하도록 이들이 대대적인 로비 활동을 벌이는 것만 봐도 그 속내가 드러난다.
그러나 우리가 알고 있던 금융 시스템이 붕괴한 것은 사실이며, 이 위기가 끝나려면 한참 더 있어야 한다. 현실적으로, 금융 시장에서 국채가 신용을 잃은 지금은
연극의 2막이 시작된 데 불과하다.

조지 소로스
2010년 6월 10일, 국제금융협회[11] 빈 회담 연설

2008년 가을, 리먼 브러더스의 도산으로 지난 60년 동안 이어진 부채 슈퍼 사이클의 1막이 내렸다. 자꾸만 부채를 늘려 끝없이 소비와 '부'를 누리던 황금기가 끝났다는 것이 어디에서나 느껴졌다. 전 세계의 주식시장이 폭락하고 실업자 행렬이 길어지는 등 우리는 한 시대의 종말을 실시간으로 목격했다.

---

11 the Institute of International Finance

도표 1.1 미국 GDP에서 총부채액이 차지하는 비율 2009년 3/4분기 현재

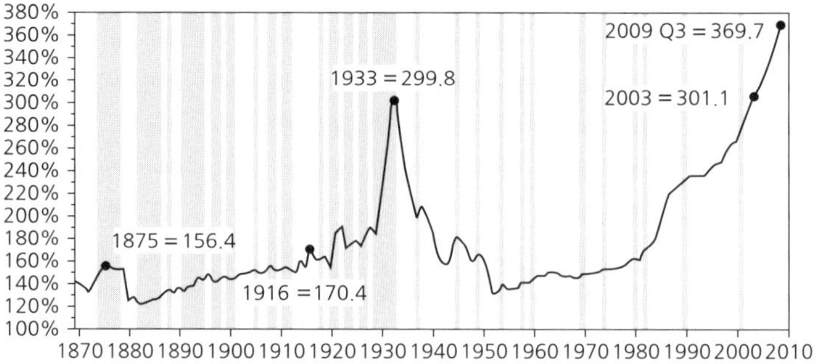

```
380%
360%                                                      2009 Q3 = 369.7
340%
320%
300%              1933 = 299.8
280%                                          2003 = 301.1
260%
240%
220%
200%
180%   1875 = 156.4
160%
140%          1916 = 170.4
120%
100%
    1870 1880 1890 1900 1910 1920 1930 1940 1950 1960 1970 1980 1990 2000 2010
```

자료 출처: 호이싱턴 투자관리, 경제분석국, 연준리, 인구조사국, 식민지 시대부터 1970년까지의 통계 추이

한 가지 분명히 밝혀둘 것이 있다. 부채는 미국뿐 아니라 선진국 전체에서 성장을 부추겼다. 도표 1.1은 미국의 국내총생산(이하 GDP) 대비 총부채의 비율을 보여 준다. 잠시 후 다시 살펴보겠지만, 도표에서 미국의 국가부채와 가계부채가 모두 폭등하는 양상을 볼 수 있다. 다른 나라들의 상황도 이와 비슷하다는 사실도 다룰 것이다.

게리 쉴링은 "연방준비이사회에 따르면 미국인의 주택담보 대출액은 2003년 4,390억 달러, 2004년 6,330억 달러에 이어, 2005년에 7,190억 달러에 달했다. 1990년대 중반에는 그 액수가 연간 2,000억 달러를 밑돌았다. 대출 기관으로부터 재융자나 2차 대출인 홈에퀴티론을 받는 데 어려움이 없었기 때문에 대출액이 급증한 것이다. 주택 소유주들은 자신이 소유한 주택이 계속해서 황금알을 낳는 거위라고 믿었다. 그 결과 저축은 덜 하고 신용카드와 여러 수단을 이용해 대출을 늘림으로써 소득수준에 비해 걷잡을 수 없이 늘어나는 소비수준을 감당하려고 했다."[11]라고 말한다.

1년에 7,190억 달러라는 금액은 2009년에 시행된 경기부양책보다도 큰 규모다. 온갖 소비지출에 쓰인 이 주택담보 대출액은 GDP의 약 5%에 해당한다. 이를 보면 주택담보 대출이 2001년 경기 후퇴 이후의 경기 성장에 큰 요

인이 된 것은 분명하다. 이와 같은 '부양책'이 없었다면 미국 경제가 이 정도로 성장하지는 못했을 것이다.

과거를 돌이켜보면 모든 일이 확실하고 명확해지는 법이다. 커다란 변화는 우리가 알지 못하는 새에 일어나며, 우리는 시간이 흐르고 나서야 큰 변화가 일어났다는 것을 깨닫게 된다. 시간을 거슬러 올라가 1980년대 초반으로 되돌아가 보자. 스태그플레이션이 끝나고 주식시장에 호황기가 시작된 시기였으나, 당시에는 아직 그런 분위기가 아니었다. 심지어 1984년에 콘티넨털 일리노이 은행이 파산했을 때에는 3차 경기 후퇴가 시작되는 것이 아닌가 하고 우려하는 사람도 많았다. 또 2001년에 중국이 세계무역기구^{이하 WTO}에 가입했을 때를 생각해 보자. 중국의 WTO 가입은 세계 무역의 판도를 바꿔 놓는 대사건이었으나, 당시에는 거의 주목을 받지 못했다. 2001년 12월 11일 중국이 WTO에 가입하던 날에 자신이 언제 어디에 있었는지 기억하는 사람이 있을까? 아마 아무도 기억하지 못할 것이다. 그러나 이날 우리 모두의 삶을 바꿔놓는 대사건이 일어난 것이다.

부채 슈퍼사이클의 종말은 이와 다르다. 모두가 한 시대가 끝났다는 것을 분명히 안다. 또한 모두가 관람석에 앉아서 게임의 종반전이 어떻게 전개되는지 지켜볼 수 있다. 모두 부채 슈퍼사이클이라는 제1막의 결말을 지켜보았다. 이제부터 연극의 제2막인 '엔드게임'이 어떻게 진행되는지 지켜볼 차례다.

중국인이 적에게 자주 퍼붓는 저주 가운데 하나가 "흥미로운 시대에 살기를."이다. 종반전의 결과는 불확실하지만, 한 가지 확신할 수 있는 점은 우리가 현재 흥미로운 시대에 살고 있다는 것이다.

우리는 지난 60년과는 근본적으로 판이한 경제 환경을 눈앞에 두고 있다. 이 책에서 우리는 세계 경제가 대대적으로 '재설정'되리라는 근거를 제시할 것이다. 어느 지역에 사느냐에 따라 그러한 리셋 과정에서 이득을 보는 사람도 있고 손해를 보는 사람도 있을 것이다. 그러나 개인과 정부의 대규모 대출 능력이 한계에 직면한 지금, 성장의 원동력도 달라져야만 한다.

부채 슈퍼사이클은 어떻게 해서 발생했는가?

안정은 불안정을 낳고, 성공은 실패의 근원을 낳는다. 추세는 우리에게 유리할 때만 추세이다. 현재 정부의 대출 금리가 사상 최저치를 기록하며 제로 금리에 가까워졌다. 유럽중앙은행은 정책 금리를 1%, 연방준비이사회는 0.25%, 일본은행은 0.10%를, 영국은행은 0.50%를 유지하고 있다. 세계 주요 중앙은행들이 하나같이 디플레이션을 우려하고 있다. 그러나 시대는 변한다! 1980년대로 시곗바늘을 되돌려 보자. 이때 전 세계의 모든 중앙은행이 금리를 20% 가까이 치솟게 했다는 사실을 알 수 있다. 당시는 인플레이션이야말로 이들이 가장 우려하는 골칫거리였기 때문이다. 20%에 가깝던 금리가 0%로 급락한 과정은 그야말로 우리 시대 최고의 아이러니다. 저금리는 잘못된 기대감을 낳았다. 금리가 낮아지면서 많은 사람이 점점 많은 돈을 대출할 수 있었고, 그러는 사이에 대출액은 상환할 수 없는 규모로 쌓이게 되었다.

1980년, 대다수 선진국이 고인플레이션으로 골머리를 앓았다. 이는 15년 동안 계속된 지나치게 방만한 통화 정책과 재정 정책의 결과였다. 설상가상으로 근로자들은 임금-물가 상승 악순환[12]에 빠져 옴짝달싹 못 하는 처지가 되었다. 임금-물가 상승 악순환을 간단히 알아보자. 물가가 상승하면 임금도 자동으로 올라간다. 그리고 임금이 상승하면 기업주들은 임금 인상분을 벌충하기 위해 가격을 올린다. 가격이 상승하면 다시 임금도 상승한다. 이는 또다시 물가 상승으로 이어진다. 그야말로 끝도 없이 순환되는 과정이다.

---

12 wage price spiral

과다 지출과 차입, 방만한 통화 팽창 정책이 10여 년 동안 계속된 후에야 각국의 중앙은행과 정부는 마침내 깨달음을 얻었다. 미국, 영국, 그 밖의 유럽 국가들은 노조를 밀어붙여 임금-물가 상승 악순환의 고리를 끊어 버렸다. 폴 볼커 같은 중앙은행 총재들은 인플레이션만 잡을 수 있다면 계속해서 금리를 올릴 기세였다. 그 결과, 물가가 하락했고 금리도 인하되었다. 도표 1.2에서 보듯이 1980년부터 2010년까지 10년 만기 채권 수익률은 16%에서 3%로 하락했다.

금리가 인하되면 대출 비용이 낮아진다. 그리고 이와 함께 매달 이자 상환의 부담도 줄어든다. 다른 조건이 동일하다면, 금리가 8%일 때보다 3%일 때 주택담보 대출의 이자 상환이 감당하기 쉬워지는 것은 당연하다. 마음만 먹으면 더 많은 돈을 빌려서 더 큰 집을 살 수도 있다는 얘기다.

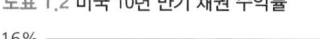

도표 1.2 미국 10년 만기 채권 수익률

자료 출처: 블룸버그 및 배리언트 퍼셉션

도표 1.3에서 보듯이 금리와 채권수익률이 낮아진다는 것은 대출이 늘어난다는 얘기와 일맥상통한다. 대출은 급증했다. 심지어 GDP 성장률보다 더 빠른 속도로 증가했다. 대출총액은 GDP 대비 140%에서 현재 370%로 불어났다.

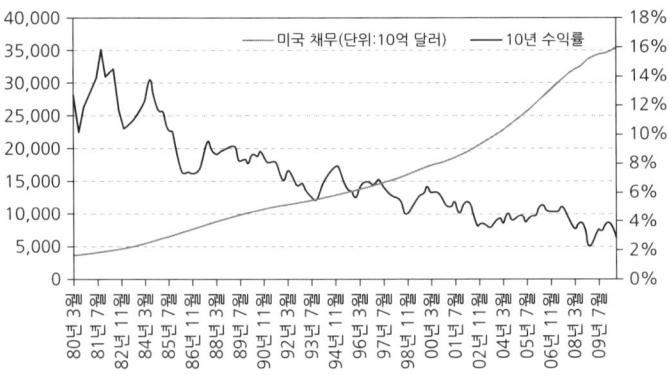

도표 1.3 미국 미상환 비금융부문 대출 대비 10년 만기 채권 수익률

자료 출처: 블룸버그 및 배리언트 퍼셉션

도표 1.4는 미국의 GDP에서 대출액이 차지하는 퍼센티지를 정부, 패니메이와 프레디맥 등 국책 주택담보 대출기관의 대출, 은행대출, 자산유동화증권[13], 가계대출, 기업대출 등 대출상품 유형별로 보여 준다. 도표에서 보듯 가장 급격히 늘어난 대출은 가계대출과 주택담보 대출이다.

그런데 도표 1.4는 증권화대출[14]의 규모를 과장한 것으로 보인다. 그 결과 대출이 유형별로 중복된 감이 있다. 일부 분석가들은 자산유동화증권과 금융기관이나 국책 모기지 기관의 대출이 대출액 산정에 포함되어서는 안 된다고 주장한다. 금융기관에 의한 대출이나 증권화대출이 국책 모기지 기관이나 정부 지원 유동화 기관의 대출액으로 집계될 가능성이 있다는 것이다. 금융기관이 채권 시장에서 융통한 자금을 이 기관들에 대출하는 경우가 있기 때문이다.

도표 1.5는 그러한 중복 산정의 가능성을 배제한 자료를 보여 준다. 이를 보면 미국의 대출규모가 현재 1929년 수준 정도라는 것을 알 수 있다. 1930년

---

13 asset-backed securities
14 securitization

대에 GDP에서 대출이 차지하는 비중이 급증했는데, 이는 대출이 증가한 것이 아니라 GDP가 감소했기 때문이다.

도표 1.4 1929년 이후 미국의 GDP 대비 대출

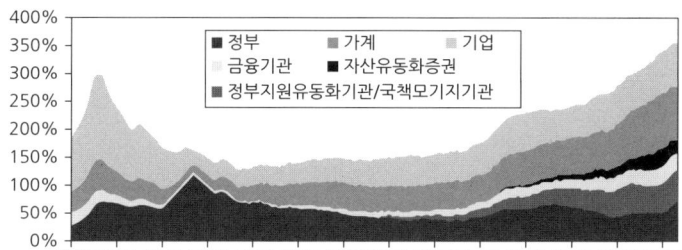

자료 출처: 도이체방크, 블룸버그, 동아시아 은행, 연준리

도표 1.5 1929년 이후 미국의 GDP 대비 대출[15]

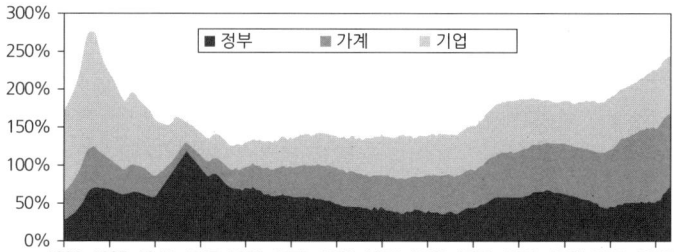

자료 출처: 도이체방크, 블룸버그, 동아시아 은행, 연준리

어떤 수치가 더 정확할까? 사실, 별 상관은 없다. 어떤 도표를 보든 대출총액은 어마어마한 규모다. 또 이러한 대출액 가운데 상당 부분이 2011년과 같은 가치의 달러화로 상환되지 못할 가능성이 크다.

이는 미국에만 국한된 현상도 아니다. 다음 도표들을 보면 선진세계 전역에서 이러한 현상이 나타나고 있다는 것을 알 수 있다. 도표 1.6은 선진 7개국

---

15 금융기관, 정부 지원 유동화 기관, 국책 모기지 기관의 대출과 자산유동화증권을 제외한 자료

의 대출규모를 보여 준다. 보기만 해도 감당할 수 없을 정도로 엄청난 규모라는 것을 알 수 있다. 그래도 1950년은 선진 7개국이 제2차 세계 대전 당시에 졌던 막대한 부채가 남아 있던 때였다. 그러나 오늘날에는 그런 변명거리도 없다. 게다가 1950년 당시 선진 7개국이 택했던 방식도 이제는 통하지 않는다. 당시에는 군비축소, 명목 인플레이션율 상승 등의 방식으로 문제를 해결할 수 있었다.

도표 1.6 **선진 7개국의 대규모 부채스왑** the Great Debt Swap **16**

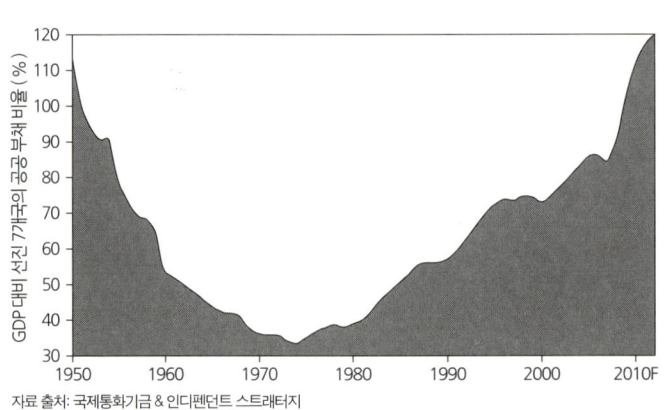

자료 출처: 국제통화기금 & 인디펜던트 스트래터지

상식적으로 봐도 대출이 소득을 능가하는 수준으로 늘어나는 상태가 언제까지고 계속될 수는 없다. 어느 시점에 이르면 대출이 너무 늘어나서 더는 감당할 수 없는 지경에 이를 수밖에 없다. 책임감 있는 부모라면, 자녀에게 대출이 소득보다 빠른 속도로 늘어나도록 놔두어서는 안 된다는 점을 가르칠 것이다. 이러한 상식도 깨우치지 못한 곳은 연준리와 미국 의회뿐일 것이다.

그러나 대출을 늘리는 주범은 낮은 금리 말고도 또 있다. 바로 방만한 통화

---

16 세계 금융 위기 이후 선진 7개국의 정부 부채 급증 현상

정책이 대출 증가를 부추겼고, 규제완화와 금융혁신 등도 변명거리로 완벽하다. 1980년대 후반부터 오늘날까지 통화 정책은 지나치게 방만한 기조를 지속적으로 유지했다. 미국 연준리와 각국의 중앙은행은 인플레이션율만 낮추면 통화 정책이 성공을 거둔 것이라고 착각했다. 그래서 인플레이션을 잡는 것이야말로 이들의 지상 목표였다. 그러나 문제는 규제의 실패였다. 1989년에 베를린 장벽이 붕괴되고 중국과 인도가 무역을 개방했을 때, 전 세계적으로 노동인력이 급증했다. 그리고 중국이 계속해서 값싼 소비재를 생산해 내면서 선진 세계는 원유, 구리, 납 같은 원자재를 대량으로 구매하기 시작했다.

소비재 가격은 낮아지는데 원자재 가격은 높아졌다. 이것은 각국의 중앙은행에 잘못된 신호를 보냈다. 연준리는 헤드라인 인플레이션율[17] 대신 근원 인플레이션율[18]에만 주목한다. 소비재 물가지수는 근원 인플레이션에 포함되고, 원자재 물가지수는 헤드라인 인플레이션에만 포함된다. 근원 인플레이션의 하락을 관찰한 연준리는 통화 정책이 너무 방만하지도, 너무 타이트하지도 않다고 판단했다. 안정적인 근원 인플레이션은 '골디락스 경제'[19]의 징표라는 믿음에서이다.

그러나 안정적인 인플레이션은 통화와 신용을 급속히 팽창시키는 결과를 낳았다. 또 그렇게 팽창한 통화와 신용은 자산 가치의 상승을 불러왔고, 그 결과 처음에는 주가, 그다음에는 주택 가격에 거품이 끼었다. 이러한 거품은 소비자물가지수[CPI]에 집계되지도 않는다. 자신이 보유한 주택 가격이 상승하는 것을 불평하는 사람은 아무도 없었다. 연준리는 이러한 주택 가격 거품에 신경 쓰지 않았다. 심지어 거품이 없다고 한 임원도 있었다. 연준리는 규제에 전혀 나서지 않고 수수방관할 뿐이었다.

---

17 모든 품목을 포함한 물가지수의 상승폭
18 역주 _ 가격 변동성이 큰 농산물과 에너지를 제외한 물가지수의 상승폭
19 역주 _ the Goldilocks economy, 경제가 높은 성장을 이루고 있더라도 물가 상승이 없는 이상적인 상황을 가리킴

연준리는 인플레이션 문제에 지나치게 방만히 대처했을 뿐 아니라 위기가 발생할 때마다 해결책이라며 유동성을 공급했다. 이 같은 일은 앨런 그린스펀이 연준리로 오면서 시작되었다. 1987년 8월 11일, 그린스펀은 폴 볼커의 뒤를 이어 연준리 의장으로 취임했다. 그는 취임 후 불과 두 달 만에 "연준리는 유동성 공급원으로서 경제 및 금융 시스템을 지원할 만반의 태세를 갖추고 있다는 것을 오늘부로 선언한다."라는 내용의 성명을 발표했다. 그로부터 연준리는 이 말을 주문처럼 되뇌고 있다.

우리는 1987년에 유동성을 공급한 것에 대해서 그린스펀을 비난하고자 하는 것은 아니다. 당시 유동성 공급은 적절한 결정이었고, 연준리가 사용할 수 있는 가장 중요한 연장이다. 그런데 손에 쥔 것이 망치뿐이면 모든 것이 못처럼 보이는 법이다. 그리고 현실에서 문제의 근원은 유동성일 때가 있고 그렇지 않을 때가 있다.

나스닥의 거품이 붕괴하자 그린스펀과 버냉키는 금리를 1%로 인하하고 그 수준에 너무 오래 머물게 했다. 그래서 이때 금융 시장의 참여자들은 모두 "대출을 늘리고 좀 더 많은 위험을 감수하자. 연준리가 받쳐 줄 것이다."라는 교훈을 얻었다. 여기에서 그 유명한 '그린스펀 풋[20]'이 탄생했다. 시장이 위험에 처했을 때 언제든 연준리가 유동성을 공급해 줄 태세가 되어 있다는 것이다.

연준리가 금리를 1% 대로 유지한 것은 대출을 급증시키는 데 마지막 한 방으로 작용했다. 나스닥 거품이 붕괴했을 때 연준리는 1990년대에 일본에서 거품이 붕괴한 이후처럼 디플레이션 현상이 일어날 것을 우려했다. 그리고 이러한 말로 해결책을 제시했다. "우리는 일본이 겪은 사태로부터 교훈을 도출할 수 있었다. 인플레와 금리가 제로 수준으로 하락하여 디플레이션의

---

[20] 역주 _ 그린스펀이 의장으로 있는 연준리가 유동성을 공급하여 위험 요소를 줄이는 능력이 증시 침체로부터 옵션 보유자를 보호하는 풋 옵션과 유사하다는 의미로 탄생한 용어

위험이 커지면, 통화 부양과 재정부양의 규모가 미래 인플레이션과 경기에 대한 기존의 베이스라인 예측치를 뛰어넘는 수준으로 나아가야 한다는 점이다."[12] 연준리는 이를 염두에 두고 3년 가까이 금리를 1%로 유지했다. 그리고 앞으로도 그 수준을 유지하고, 금리를 인상하더라도 '신중한 속도'로 인상하겠다고 공언했다. 쉽게 말하자면, 거북이 걸음 속도로 인상하겠다는 뜻이다.

자산 거품을 일으키는 데 최종적으로 기여한 것은 증권화와 그림자 금융이다. 거품에는 어떤 형태로든 최첨단 금융기법이나 금융공학이 필수 요소이다. 1920년대에는 신용할부, 브로커 융자, 증거금 대출[21], 이 대출 급증을 불러왔다. 그리고 2008년에는 증권화와 그림자 금융이 시장의 붕괴를 이끌었다.

'그림자 금융'은 세계 최대의 채권 펀드 회사인 핌코의 폴 맥컬리가 처음 사용한 용어로, 은행은 아니지만 은행과 같은 기능을 하는 온갖 금융기관을 총칭한다. 그림자 금융기관도 예금 업무를 취급했으며, 단기 자금을 차입하여 장기적으로 대출을 해 주었다. 이러한 기관들은 고객이 맡긴 유동자산을 담보대출 등의 비유동자산에 투자했다. 그림자 금융 방식의 이점은 자본금이 없는 비금융기관이라도 대출서비스를 할 수 있다는 점이다. 이를 이용하면 어떤 기관이든 손쉽게 대출해 줄 수 있는 것이다.

그림자 금융이 이러한 방식을 아무런 제재 없이 실행할 수 있었던 데에는 신용평가기관의 도움이 있었다. 이에 대해 맥컬리는 단속해야 할 경찰이 위조신분증을 나눠 준 격이라고 비유했다. 실로 적절한 비유다. 신용평가기관은 우선순위 단기 부채가 은행 예금이나 다를 바 없다고 선언했다. 그러나 이러한 그림자 금융기관은 은행과 달리 연준리의 규제를 받지 않았기 때문에 판을 뒤집어엎고 다른 규칙을 적용하지 않으면 그들의 고객을 구제할 수

---

21 역주 _ 주식을 담보로 중개 회사나 은행에서 빌린 돈

없었다는 점이 문제다. 그림자 금융기관 사태를 기점으로 민간 부채가 재빠르게 공공 부채로 전환되기 시작했다.

민간 부문의 디레버리지 추세와 대비되는 공공 부문의 레버리지 확대

금융 위기가 시작되고 그림자 금융 시스템이 종말을 맞은 것은 2007년 8월 9일이다. 이날 파리바 은행은 자회사가 운영하는 장부 외 특수목적펀드 3개의 자산유동화증권에 대해 가치 평가 중단을 선언했다. 그에 따라 자산유동화증권을 보유하고 있던 투자자들의 자산이 동결되었다. 그때까지만 해도 투자자들은 언제든지 환매와 인출이 가능하다고 믿었다.[3] 그러나 이 사태가 발생하자 그림자 금융기관에서 연쇄인출사태가 벌어졌고, 리먼 브러더스가 도산하면서 그 상황은 극에 달했다.

도표 1.7 미국 미상환 부채총액의 증가

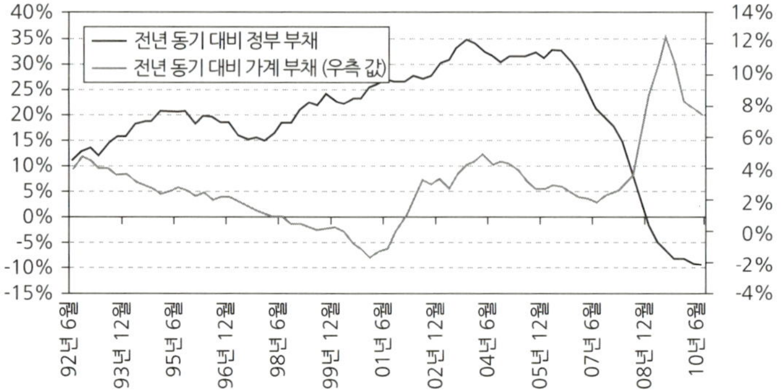

자료 출처: 블룸버그 및 배리언트 퍼셉션

증권화되어 채권시장 펀드의 대차대조표에 묶여 있던 자산은 모두 은행의 대차대조표로 이전되어야 할 것들이었다. 인출사태의 영향을 받은 곳은 어음시장뿐만이 아니었다. 세계 각국의 중앙은행들이 패니메이와 프레디맥의 주택담보 대출 채권을 투매하기 시작했다. 이에 연준리는 미국 주택담보 대출 시장의 전면적인 붕괴를 막고자 이를 매입할 수밖에 없었다.

민간 부문이 부채를 상환하고 부채 디레버리지[22] 추세가 시작되는 데 따른 여파를 막기 위해 각국 정부는 막대한 재정 적자를 떠안아야 했고, 통화를 대규모로 찍어 냈다. 그 결과 대차대조표가 폭발 상태에 이른 중앙은행과 정부가 늘어났다. 금융 위기 직후, 국채 부문은 민간 부문의 디레버리지 사태로 부채가 감소하자 이를 서둘러 벌충하기 시작했다. 가계와 기업은 부채 상환에 나섰는데, 정부는 차입금을 대규모로 불린 것이다.

도표 1.7은 이 책에서 소개하는 차트 가운데서도 중요성이 두드러지는 차트다. 민간 부문에서 공공 부문으로 바통이 넘어가는 과정을 보여 주기 때문이다. 1막에서 2막으로 전환되는 양상을 보여 주는 셈이다. 이는 또한 부채 슈퍼사이클이 엔드게임에 자리를 내어 주는 상황을 보여주기도 한다.

1900년 이후 미국의 재정수지 차트에서 극명하게 드러나는 바와 같이 그러한 전환은 정부 재정에 확실한 영향을 끼쳤다.

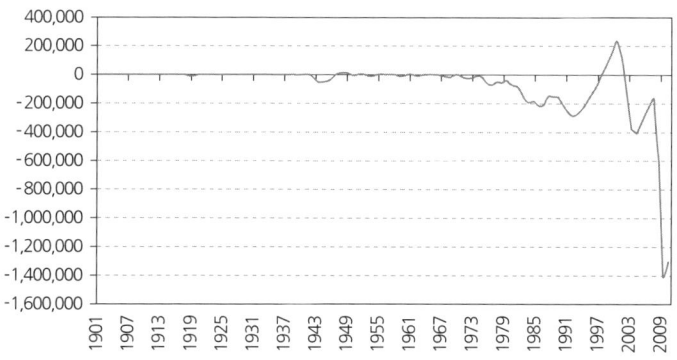

도표 1.8 1901년 이후 미국 연방의 적자/흑자 현황 단위: 100만 달러

자료 출처: 블룸버그 및 배리언트 퍼셉션

---

22 역주 _ 차입금으로 매입한 자산을 매각해 차입금 규모를 줄이는 것

꼭 알아 두어야 할 점이 있다. 바로 대부분의 부채가 소멸한 것이 아니라 단지 이동했다는 점이다. 부채는 소비자와 가계의 장부에서 정부 장부로 옮겨 가고 있는 것뿐이다. 부채의 슈퍼사이클은 민간 부문의 부채가 지속 불가능한 수준으로 급증한 것과 관련된다. 반면에 엔드게임은 공공 부채가 맞이하게 될 위기와 관련된다. 진정한 엔드게임은 각국 정부가 더는 현재와 같은 저금리로 차입할 수 없게 될 때 마침내 시작될 것이고, 다른 나라들이 그리스를 뒤따를 것이다.

사람들이 너무 많은 빚을 지게 되면, 채무불이행 선언을 하는 것이 일반적이다. 한편, 국가가 너무 많은 빚을 지게 되면 세 가지 선택안이 있다.

01. 인플레이션을 통해 부채의 액수를 떨어뜨린다.
02. 채무불이행 선언을 한다.
03. 환율을 절하하여 외국인 채권자들에게 타격을 입힌다. 이 역시 인플레이션 전략의 일종이다.

특히 세 번째 선택안에 주목해야 한다. 도표 1.9는 1929년의 미국 주식시장 폭락사태에 이어 1931년의 금융권 도산사태를 나타낸다. 두 사태 모두 1930년대 환율 위기의 서막이었다. 미국은 채무불이행 상태에 빠진 적이 없다고 말하는 사람이 많으나, 실제로는 미국이 금 본위제를 폐지하여 미국 국채를 보유했던 외국인들에게 30%의 손실을 입힌 적이 있다. 외국인들이 미국 정부로부터 사들인 국채가 크게 평가 절하된 달러화로 상환되었기 때문이다.

도표 1.9 은행 위기와 부채 위기를 겪은 국가의 비율 _{세계 총소득에서 국가 소득이 차지하는 비중별}

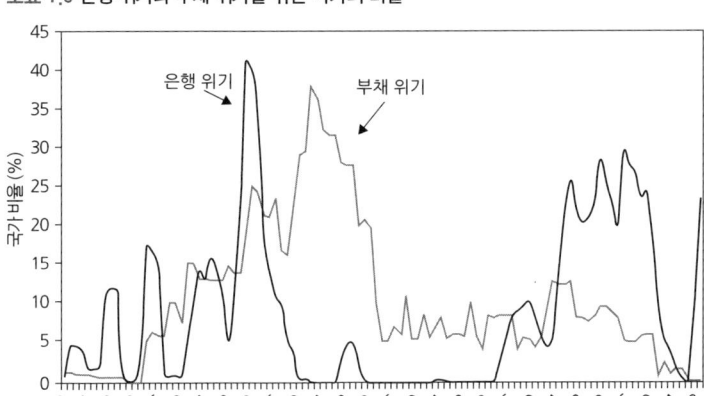

자료 출처: 라인하트와 로고프, 은행 위기: 동등한 기회의 위협Banking Crises: An Equal Opportunity Menace, www.bresserpereira.org, brterceiros/cursos/Rogoff_Banking_Crises.pdf; 미국 경제조사국

어떤 나라가 환율을 절하하면 그 인접국들도 곧이어 환율을 절하하는 경향이 있다는 것은 두말할 필요도 없을 것이다. 1930년대 경제사학자로 유명한 배리 아이켄그린은 당시 상황을 아래와 같이 묘사한다.

1930년대에는 각국이 연이어 환율을 절하했다. 대공황에서 탈피하려는 필사적인 시도였다. 그러나 연쇄적인 환율절하는 교역 상대국의 문제를 악화시키는 부작용을 낳았고, 결국 공황 상태가 심화되었다. 그리하여 결과적으로 환율을 안정적으로 유지하던 나라들조차 이에 대응하기 위해 어쩔 수 없이 환율을 절하해야 했다.

궁극적으로 경쟁적인 환율절하는 그 어떤 나라에도 득이 되지 않았던 것으로 알려졌다. 각국이 서로 간에 일일이 환율을 절하하기란 불가능하기 때문이다. 오히려 그로 말미암아 정치적 긴장 상태가 조성되었고, 환율의 불확실성이 증폭되었다. 게다가 세계 무역체제가 혼란에 빠졌다. 그러한 환율절하는 한마디로 '금융보호주의'라고 부를 만하다.[4]

모든 사람이 환율절하로 이득을 볼 수 없었다는 점은 자명하다. 그러나 우리는 금융사태 이후에 어떠한 일이 나타나는지 역사상의 사례를 통해 잘 알고 있다.

앞서 말한 바와 같이 어떠한 경로를 선택하느냐에 따라 세계 각국의 운명이 엇갈린다. 즉, 우리가 선택하는 경로가 결과를 결정한다는 말이다. 정치인들은 나쁜 결과와 더 나쁜 결과 중에서 하나를 선택할 수 있으므로 그들이 현명한 선택을 하길 바랄 뿐이다.

거대금융 위기와 디레버리지 현상은 국가위기로 이어지는 법이다. 그리고 위기는 이미 시작되었다. 지난해에 라트비아, 그리스, 헝가리, 두바이, 아이슬란드를 비롯한 세계 각국에서 국채 위기가 잇달아 발생했다. 두바이는 라트비아와 관련성이 거의 없으며, 다른 나라들과도 밀접한 관계가 아니다. 그러나 역사를 돌이켜 볼 때 국채 발행 국가가 혼자서 채무불이행 상태에 빠지는 일은 드물었다. 도표 1.10은 카르멘 라인하트와 켄 로고프의 저서 『이번엔 다르다』에 수록된 차트로, 1800년 이후의 양상을 보여 준다. 도표에 따르면 국채부도는 한꺼번에 연쇄적으로 발생한다. 또 잠잠한 시기 이후에 갑자기 발생하는 경향이 있다.[23]

국채부도가 연쇄적으로 발생하는 시기는 전 세계의 현금흐름이 급증했다가 급감하는 시기와 일치한다. 세계 각국에서 부채의 거품이 터지고 나면 의심할 여지 없이 국채 위기가 증가한다는 얘기다.

---

[23] 라인하트와 로고프의 저서는 부채 사이클에 관한 바이블이라고 할 만하다. 다음 장에서 우리는 이들의 기념비적인 저서를 대략 살펴볼 것이다. 또한 저자들과의 인터뷰 내용을 소개하도록 하겠다.

도표 1.10 국가 외채: 외채 부도를 선언하거나 부채 재조정을 거친 국가들의 비율 1800~2006

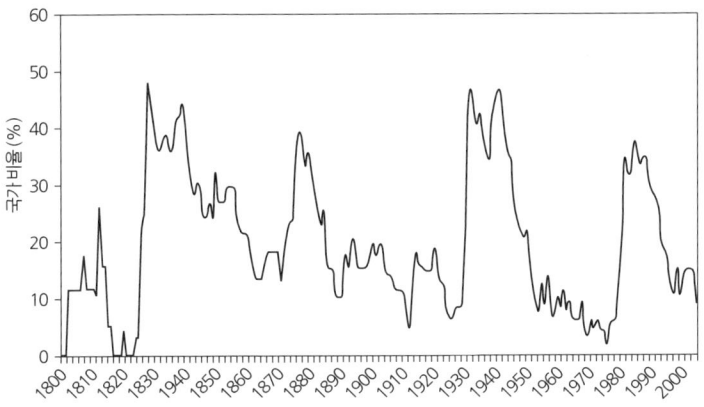

자료 출처: 라인하트, 켄 로고프의 공저 『이번엔 다르다』

지금 당장은 국채 차입이 수월한 편이다. 그러나 위기를 겪으면서 얻게 된 나쁜 습관이 굳어질 수도 있다. 국채가 국내 통화로 표시되어 있으며 중앙은행이 자율적이지 못한 나라의 경우, 부도사태가 터졌을 때 재정과 금융부문의 붕괴를 막기 위해 인플레이션을 유도하고 환율을 절하하는 정책을 택할 것이 분명하다 (2011년은 아니겠지만). 미국도 결국 그러한 길을 갈 것으로 보인다. 영국은 인플레이션과 환율절하 수준이 미국보다 한층 클 것이다.[24]

이전에는 부채를 통화화[25]하지 않으려고 중앙은행들이 수단과 방법을 가리지 않았다. 그러나 버냉키는 금융 위기에서 연준리가 해야 할 역할에 대해 "참호에 갇힌 병사 중에 무신론자는 없다."[26]는 말로 규정했다. 부채의 통화화 한도를 초과한 지금, 앞으로 잘못된 결정을 내릴 가능성은 점차 커지고 있다. 실제로 연준리와 영국은행은 자국의 재무부처와 조율한 후 대책을 내놓고 있다. 통화 당국으로서의 자율성을 내팽개치고 있는 것이다. 앞

---

24 국가 간의 경쟁적인 환율절하 정책과 그러한 정책이 초래하는 문제점에 대해서는 차차 다루도록 하겠다.
25 역주 _ 통화를 찍어내어 부채를 상환하는 것
26 역주 _ 위기 시에는 어떤 일이든 하게 된다는 말

으로도 이들은 재무 부처와의 조율을 되풀이할 것이다. 이전 은행 위기 직후에도 이러한 일들이 발생했다.

도표 1.11은 라인하트와 로고프의 저서에서 인용한 자료로, 국가 채무의 부도 사태가 일어남에 따라 전 세계적으로 인플레이션이 고조되는 현상을 보여 준다.

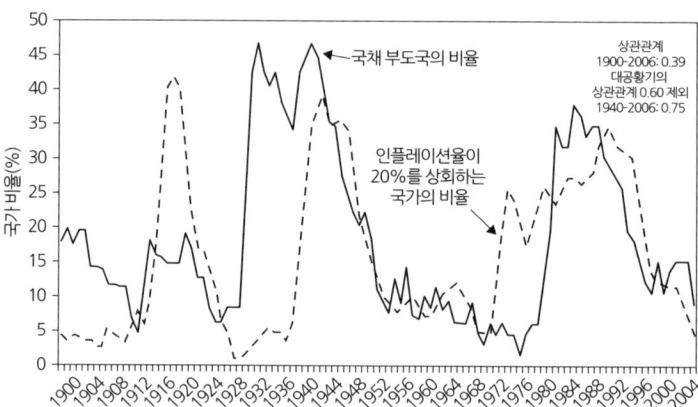

도표 1.11 인플레이션과 국가 채무 부도 사태 간의 상관관계 1900~2006년

자료출처: 라인하트, 로고프 공저 〈금융위기 - 기회균등의 위협〉, 미국 국가경제연구소National Bureau of Economic Research, http://www.bresserpereira.org.br/terceiros/cursos/Rogoff_Banking_Crises.pdf

연준이나 영국은행이 미국 워싱턴이나 영국 런던이 아닌 베네수엘라의 카라카스나 콜롬비아의 보고타에 있었다면, 신뢰지수의 추락으로 환율 위기와 인플레이션 사태가 일어났을 것이다. 미국과 영국이 신용을 비축해 놓고 있는 것이 다행한 일이라고 할 수 있다. 그러나 그러한 신용 역시 한도가 있는 법이다.

각국 정부와 중앙은행은 위험 관리 전략을 추진함으로써 화재를 진화하려고 하고 있다. 이들이 어떤 대응책을 취하느냐에 따라 앞으로 더 큰 위기를 겪은 후 맞이하는 결과도 달라질 것이다.

세계 금융 시장과 각국 경제를 산불에 비유해 보자. 캘리포니아와 바하 칼리포르니아[27]는 산림과 식물 생태계가 매우 유사하다. 그러나 소방 대책은 매우 다르다. 캘리포니아에서는 잔불이 일어날 때마다 소방관들이 곧바로 진화하고, 바하 칼리포르니아에서는 그렇지 않다. 그러나 아이러니하게도, 바하 칼리포르니아에서는 상대적으로 잔불이 잦은 대신에 대규모 산불이 발생하지 않고, 캘리포니아에서는 잔불은 잘 일어나지 않는 대신 피해가 어마어마한 대규모 산불이 이따금 발생한다.

여기에서 교훈을 얻을 수 있다. 잔불은 덤불을 제거하고 토양을 비옥하게 하며 소나무 씨앗을 퍼트린다. 이런 잔불이 없으면 자연은 균형 상태를 잃는다. 그리고 이런 작은 문제를 회피하기만 한다면 문제를 더 심각하고 총체적으로 키울 수 있다. 나무 사이에 덤불이 쌓이면 대화재가 발생하는 것처럼 말이다.

통화와 재정의 잔불을 일일이 진화하다가는 위험을 선호하는 투기꾼들의 신뢰를 키우는 결과를 낳는다. 자잘한 화재로 입는 피해는 줄어들겠지만, 파국을 몰고 오는 대화재가 발생할 가능성은 커지는 셈이다. 금융 거품의 붕괴를 막대한 유동성으로 틀어막으려는 시도는 통화 정책과 재정 정책이 시차를 두고 추진되는 한, 소 잃고 외양간 고치는 꼴이나 다름없다. 그러나 당국의 개입 역시 총체적인 불안정성을 확대하는 결과를 낳을 것이다. 특히 방만한 재정 정책이 불안정성을 확대하는 경향이 있다. 지금 경기 침체의 고통을 회피하려다가는 앞으로 더 큰 화재가 일어나 결과적으로 거시 경제의 변동성이 증가하고 물가 상승률도 오락가락할 것이다.

---

27 역주 _ 미국 캘리포니아 주와 인접한 멕시코 지역

대화재는 지나간 일이 아니다. 앞으로 닥칠 일이다. 세계 각국에서 일어날 엔드게임이 바로 대화재이다. 그 결과, 어떤 국가는 부도 사태를 맞을 것이다. 또 인플레이션이나 환율절하라는 결과를 맞는 나라도 있을 것이다. 나라마다 그 결과는 달리 나타날 것이다. 이 책에서 우리는 각각의 시나리오가 어떻게 전개되는지 나라별로 살펴볼 것이다. 상당히 불행한 미래를 맞이하는 나라도 있을 것이고, 반면에 상태를 호전시킬 기회가 남아 있는 나라도 있다. 우리는 이들의 미래를 솔직하고 가차 없이 진단해 볼 것이다.

제2장

그리스에 주목해야 하는 이유

알려지지 않은 무언가를 추적해서 이미 알려진 이유에서 발생한 것임을 파악한다면
고통이 줄어들고 마음이 안정되며 만족감을 느낄 뿐더러 힘을 얻었다는 느낌도 든다.
위험, 불안, 초조함은 알려지지 않은 무언가를 볼 때 드는 감정이다.
인간이 최초로 느끼는 본능은 이처럼 고통을 주는 상황을 제거하려는 것이다.
제1원칙은 그 어떠한 설명이든 설명이 없는 것보다 낫다는 점이다.

(중략)

따라서 원인을 만들어 내려는 욕구는 공포라는 감정에 의해 좌우되고 자극된다.

프리드리히 니체

니체의 말대로 "그 어떠한 설명이든 설명이 없는 것보다 낫다." 또한 그 설명은 투자라는 게임에서는 되도록 단순할수록 좋다. 우리는 "유가가 하락했기 때문에 금융 시장이 상승했다."라는 얘기를 듣는다. 물론 유가 하락 말고도 금융 시장을 움직인 다른 요인이 있었겠지만 말이다. 그런데 우리는 모두 현실은 그보다 훨씬 복잡하다는 사실을 직관적으로 안다. 그러나 니체가 말했듯이 알려지지 않은 무언가에 맞닥뜨리면 동요할 수 있다. 인간이 좀 더 단순한 설명을 찾는 것도 그 때문이다.

우리는 "그 일이 어째서 일어났는지 안다."라고 스스로 말한다. 그처럼 설명을 확보하고 나면 대단한 사실을 깨달은 것 같은 기분이 든다. 행동심리학자들은 인간이 이러한 상태에 이르면 뇌에서 기분이 좋아지는 화학 물질이 분비된다고 설명한다. 말 그대로 우리는 단순한 설명에 중독되는 것이다. 우리가 알고 있다고 생각하는 것, 즉 알려지지 않은 무언가에 대한 설명이 부적합하거나 틀릴 수도 있다는 사실과 상관없이 화학 물질은 분비된다. 그래서 우리는 늘 원인을 찾는다.

미국이 부도사태를 겪을 가능성은 극히 적다. 기껏해야 세제개편과 지출조정 때문에 극심한 인플레이션을 겪거나, 시장 상황으로 말미암아 긴축정책이 불가피할 경우 디플레이션을 겪을 뿐이다. 차입금이 모두 달러화로 표시된다는 점은 미국에 큰 이점이 된다. 얼마든지 달러화를 찍어 낼 수 있기 때문이다. 그러나 다른 나라는 그처럼 운이 좋지 못하다. 그리스의 사례에서 보듯이 유럽연합이나 국제통화기금의 구제를 받아야 하는 나라가 대부분이다.

그렇다면 그리스를 비롯한 외국의 위기가 어떻게 해서 이 글을 읽는 독자들에게까지 영향을 미치는 것일까? 여기에서 '영향'이란 위기를 체감할 수 있는 수준을 말한다. 통화유통속도에 관한 공식과 이론, 또는 GDP에 대한 세금의 효과 같은 추상적인 얘기가 아니라는 말이다.

좀 더 일반화해 보자. 지구 반대편에 있는 나라들이 부도를 선언할지도 모른다는 사실에 무고한 독자들까지 신경 써야 하는 이유는 무엇일까? 미국인이라면 그리스에 관심이 없을 것이다. 유럽인 대다수도 1997년에 태국의 바트화가 급락하기 전까지는 태국에 신경 쓰지 않았다. 마찬가지로 1998년과 2002년에 각각 러시아와 아르헨티나가 채무불이행 사태로 파산하기 전에 이 두 국가에 관심을 보이는 유럽인은 거의 없었다. 그러나 각각의 소규모 위기가 전 세계적으로는 훨씬 큰 파장을 일으켰다. 연못에 돌을 던졌을 때

파문이 걷잡을 수 없이 일어나는 것처럼, 그러한 위기가 불러일으키는 파장은 우리가 생각하는 것보다 훨씬 먼 곳까지 도달한다.

제2장은 이 책의 전체적인 흐름에서는 다소 벗어났다고 할 수 있다. 내(몰딘) 아이들이 내가 왜 그리스에 대해 그토록 힘들여 글을 쓰는지 의아해하기에 편지 형식을 빌려 아이들에게 설명하고 있기 때문이다.[1]

아버지, 그리스가 저랑 무슨 상관이에요?

내 딸 티파니가 친구들과 나눈 대화를 소개하겠다.[28] 티파니의 많은 친구가 내가 쓴 뉴스레터를 읽고는 "그래, 그리스가 문제라는 건 알겠어. 하지만 그리스 문제가 여기 사는 우리와 무슨 상관이지? 그리스 문제가 그토록 중요하다고 생각하시는 이유가 뭔지 알고 싶어."라고 질문했다고 한다. 같은 날, 친구 한 명이 캘리포니아 공과대학에 다니는 17살짜리 자기 딸과 또 같은 대학에 입학할 예정인 딸의 남자친구와 나눈 대화를 내게 들려주었다. 매우 똑똑한 이 아이들이 내가 쓴 뉴스레터를 최근에 읽고 내 친구에게 몇 가지 질문을 했다고 한다. "몰딘 아저씨가 쓰신 내용은 이해가 가지만, 정확히 무슨 뜻인지는 잘 모르겠어요."라는 질문이었다고 한다.

하루에 두 번이나 같은 질문을 받았다는 점이 내게는 의미심장하게 느껴졌다. 그래서 이 자리를 빌려 그 질문에 답하고자 한다. 내 아이들도 모두 같은 의문을 품고 있는 것이 확실한 만큼 이것은 아버지가 자식들에게 보내는 편지라고도 할 수 있다. 상황이 어째서 그들이 원하는 대로 전개되지 않을 것인지 이해하는 데 도움이 되길 바라며 쓴 편지이다.

---

28 내(존 몰딘) 배경부터 간단히 밝히겠다. 내게는 자녀가 일곱 명 있으며 그 가운데 다섯은 입양했다. 자녀의 연령대도 16~33살까지로 한마디로 상당히 다채로운 가족 구성이다. 티파니는 내 사업체를 경영하고, 막내아들을 제외하고는 모두 자립한 상태이다. 네 명은 결혼하거나 동거하고 있다. 이들이 근근이 생계를 꾸려가는 것을 보면 마음이 편치는 않다. 그러나 아버지로서 그들이 자랑스럽다. 자녀들과 그 친구들의 이야기를 들으면서 나는 세상에 대해 현실 감각을 유지할 수 있다.

사랑하는 아이들아,

요즘 얼마나 고생이 많은지 잘 알고 있다. 게다가 너희 가운데 셋은 아이까지 길러야 하는 상황이 잖니. 아이를 키운다는 것은 돈이 많이 드는 일이 아니냐. 모두 내 뉴스레터를 읽었겠지. 그리고 내가 뉴스레터에 쓴 내용이 생계를 꾸리느라 고군분투하는 너희에게는 어떤 의미가 있는지 궁금했으리라 생각한다. 안타깝게도 내 말을 듣는다고 해도 전혀 기분이 나아지지는 않을 거다. 하지만 현실이란 그런 거다. 우리 함께 헤쳐나가자꾸나.

지금은 이 아버지의 삶이 상당히 근사하게 보이겠지만, 1974년 12월에 내가 신학대학을 졸업하던 무렵만 해도 실업률이 8퍼센트 대였고 몇 달 후에는 9퍼센트 대에 육박했다. 우리는 자그만 이동식 주택에 살았다. 그때는 그 정도로도 만족스러웠지. 나는 우리 집이 자랑스러웠다. 그리고 절약하면서 그럭저럭 꾸려갔지. 내 첫 직장은 전망이 없는 곳이어서 몇 달 후에 그곳을 떠났단다. 그 후 일자리를 얻을 수 없었던 것이 나한테는 행운으로 느껴진다. 어떻게 하면 내 사업을 할 수 있는지 고심할 수밖에 없었기 때문이지. 내가 제대로 아는 것이라고는 가업이던 인쇄 사업뿐이었다. 그래서 나는 인쇄를 중개하는 일을 시작했단다. 난 금세 광고용 우편물의 인쇄를 도맡게 되었다. 그러고 나서는 디자인까지 떠맡았지. 하지만 항상 자금이 부족했다. 6년이 지나도 그 이동식 주택을 벗어나지 못했을 정도였단다.

그러더니 물가가 걷잡을 수 없이 오르더구나. 인플레이션 시대였지. 1970년대 말에 어떤 은행을 방문했던 기억이 난다. 인쇄용지를 구입할 사업 자금을 대출받는데, 이자율이 18%더구나. 새집이나 차를 사기 위한 대출은 꿈도 꿀 수 없었다. 그때는 오로지 새로 태어난 아기를 데리고 생계를 꾸려 나가느라 정신이 없었다. 새벽 2시에 갑자기 극심한 두려움 때문에 잠이 깨는 날도 많았지. 거래처에서 수금하기 전에 직원들에게 월급을 주고 대금을 지급할 수 있을지 고민이 되었기 때문이다. 그때만 해도 나는 물가 상승과 실업률 상승이 연준리와 정부의 정책 때문이라는 사실을 알지 못했다.

나는 거래 은행으로부터 여신 한도를 받아서 인쇄용지를 사는 데 사용했다. 그런데 하루는 거래 은행이 갑자기 여신 한도를 취소하면서 돈을 갚으라고 요구했다. 그러나 나는 갚을 돈이 없었다. 나한테는 종이가 잔뜩 쌓인 창고와 일 년짜리 임대 계약서만 있을 뿐이었지. 그러나 은행은 내 사정은 생각해 주지 않았다. 나는 은행에 그저 기다려 달라는 말밖에 할 수 없었지. 은행 사람들은 우리 어머니에게 전화해서 대출금 1만 달러를 대신 갚지 않으면 내 인생을 망가뜨리겠다는 말까지 했고, 어머니는 내가 어떻게 될까 봐 두려워하셨지. 어쨌든 은행이 하는 말이라면 뭐든 믿을 수밖에 없는 노릇이니까. 그래서 나한테 물어보지도 않고 돈을 갚으셨다. 은행들은 당시 절박한 상황이었고, 손실을 입지 않으려고 어떻게든 자금을 확보하려 했다. 그렇지만 어쨌든 은행들도 손실을 낼 수밖에 없었지.

간단히 말해, 그리 순탄치 못한 시기였다. 그러나 우리는 그러한 시기를 무사히 헤쳐 나왔다. 그리고 35년이 지난 지금, 그때와 같은 일이 반복되는 것처럼 느껴진다. 우리가 아는 사람이 일자리를 잃었다는 얘기가 끊이질 않지.

그렇다면 그리스처럼 작은 나라에서 일어난 문제들이 어떻게 너희한테까지 영향을 미치는 것일까? 분명히 연관성은 있다. 하지만 "고관절은 대퇴골에 연결되고, 대퇴골은 슬개골에 연결된다."라는 식으로 직접적인 연관성이 있는 것은 아니다. 그보다는 훨씬 복잡한 연관성이 있다. 내가 4년 전에 썼던 뉴스레터를 다시 한 번 인용해 볼게. 그때 나는 '불안정성의 손가락'에 대해 썼다. 구독자 100만 명 중 상당수가 '불안정성의 손가락'은 내가 한 비유 중에서도 최고라더라. 이제 그때 쓴 뉴스레터를 몇 장 읽어 보고 그리스 얘기로 돌아가 보자. 먼저 '복잡성 이론'이라는 개념부터 살펴보자.

편재성, 복잡성 이론, 모래더미

마크 뷰캐넌의 명저 『세상은 생각보다 단순하다Ubiquity: Why Catastrophe Happens』를 몇 대목 살펴보자. 나는 시장의 복잡성에 대해 알아보고자 하는 사람에게는 꼭 이 책을 추천하고 싶다. 투자에 관한 내용도 있으나 본격적인 투자 지침서는 아니고, 주로 카오스 이론과 복잡성 이론, 임계 상태에 대해 다루고 있다. 해당 분야의 전문가가 아니라도 이해할 수 있는 내용이며 수학 등식도 나오지 않는다. 또 이해하기 쉽고 적절한 이야기와 비유를 담고 있다.

누구나 어릴 때 해변의 모래사장에서 즐겁게 논 적이 있을 것이다. 어릴 때 모래사장에 플라스틱 양동이를 들고 가서 모래더미를 쌓았던 것을 기억하는가? 모래를 조금씩 붓다가 모래더미가 점점 커지다 보면 모래더미 한쪽 면이 무너지기 시작했던 것도 기억하는가?

뷰캐넌은 탁자에 모래알을 하나씩 떨어뜨리는 장면을 상상해 보라고 말한다. 그렇게 하면 곧 모래더미가 쌓일 것이다. 그리고 한 알씩 흘러내리기 시작한다. 대부분은 모래알이 조금씩 굴러떨어지지만, 속도가 붙으면 모래더미의 한쪽 면이 바닥까지 모두 무너져 내리기도 한다.

1987년에 물리학자 퍼 백, 차오 탕, 커트 위젠펠트 3명은 뉴욕 브룩헤이븐 국립 연구소의 실험실에서 모래더미를 쌓는 게임을 했다. 실제로 한 번에 모래알을 한 알씩 쌓아올리는 데는 시간이 오래 걸린다. 그래서 이들은 컴퓨터 프로그램을 이용해서 모래더미를 쌓았다. 모래더미를 쌓는 재미는 덜하지만, 훨씬 빨리 쌓기 위해서였다. 이들이 실제로 관심이 있었던 것은 모래더미를 쌓는 것이 아니라 비평형 체제[29]라고 불리는 것이었다.

이들은 이 게임을 통해서 몇 가지 흥미로운 사실을 알아냈다. 무너지는 모래더미의 크기가 일반적으로 어느 정도인지를 알아보려 했는데, 모래알 수백만 개를 이용한 수없는 실험 끝에 이들이 알아낸 것은 일반적인 크기는 없다는 사실이었다. "모래알 한 개가 흘러내릴 때도 있었고, 열 개, 백 개, 천 개가 굴러떨어질 때도 있었다. 어떨 때는 수백만 개가 굴러떨어져서 모래더미가 완전히 무너지는 격변이 일어나기도 했다. 그 어느 때라도 말 그대로 그 어떤 일이든 금세 닥칠 수 있는 것처럼 보였다."

이는 예측 불가능하다는 점에서 완전한 카오스를 의미했다. 이제 그다음 몇 단락을 찬찬히 살펴보자. 중요한 대목들이다. 나는 이 대목들을 읽고 머릿속에 이미지가 떠올라서 금융 시장의 조직과 세계 경제를 이해할 수 있었기 때문이다.

> 왜 이런 [예측 불가능한] 일이 모래더미에서 일어나는지 알아보기 위해서 세 연구자는 컴퓨터로 조작해 보았다. 모래더미를 위에서 내려다보고, 경사에 따라 색깔을 칠했다. 비교적 평평하고 안정된 경사면에는 초록색을, 경사가 급해서 금세라도 무너져 내릴 것 같은 경사면에는 빨간색을 칠했다.
>
> 어떤 일이 일어날까? 처음에는 모래더미가 대부분 초록색이었다. 그러나 모래더미가 커질수록 빨간색이 초록색 부분을 점점 잠식했다. 모래알을 계속해서 떨어뜨리자, 흩어져 있던 빨간색 위험 지점이 모래더미 전체에 걸쳐 촘촘한 뼈대를 그리는 수준으로 늘어났다. 여기에서 특이한 행태의 실마리가 나타났다. 빨간 지점에 떨어지는 모래알 한 개는 도미노처럼 근처의 빨간 지점으로 흘러내린다. 빨간 네트워크가 듬성듬성하듯이 문제가 되는 지점이 모두 서로 떨어져 있으면, 모래 한 알이 떨어져도 정도가 미미한 파장을 일으킬 뿐이다.
>
> "그러나 빨간 지점이 모래더미를 가득 메우면, 그다음에 떨어지는 모래알의 영향을 예측하기가 매우 어려워진다. 그 모래알이 다른 모래알 몇 개를 굴러떨어지게 할 수도 있고, 수백만 개를 무너뜨리는 파국적인 연쇄 반응을 일으킬 수도 있다. 모래더미는 다음에 떨어지는 모래알이 그 어떠한 규모의 반응도 유발할 수 있는 지극히 민감하고도 매우 불안정한 상태로 스스로를 탈바꿈시킨 것으로 보였다.[2]

수학광만 좋아할 내용일 수도 있겠다. 어쨌든 과학자들은 이를 임계 상태라고 부른다. '임계 상태[30]'라는 용어는 물이 얼음 또는 증기가 되는 시점이나 임계 질량이 핵반응을 유발하는 순간을 의미하기도 한다. 어떤 물질이 특정 대상이나 집단의 기본 성질 또는 특성에 변화를 일으키는 시점이기도 하다. 그래서 어떤 사물에 유의미한 변화가 일어날 가능성이 있을 때 임계 상태에 있다고 하거나 임계 질량이라는 용어를 사용한다(물리학자들은 이 말을 평소에도 많이 사용한다).

---

29 nonequilibrium system
30 critical state

그러나 물리학자들은 이제까지 임계 상태를 별나고 중요하지 않은 이론으로 치부했다. 이들은 임계 상태는 극히 예외적인 상황(극히 통제된 실험 환경)에서만 일어나는 마술적이고 비정상적인 상태라고 생각했다. 그러나 모래더미 게임에 따르면, 아무 생각 없이 모래알을 떨어뜨리기만 해도 임계 상태가 자연스럽게 발생하는 것으로 나타났다.

그때 물리학자들은 이러한 현상이 다른 곳에서도 나타날 수 있을까 하고 스스로에게 질문을 던졌다. 지각에서는 지진을 일으키고, 생태계가 뒤바뀌고, 주식시장이 폭락하는 것도 임계 상태일까? "임계 상태의 특수한 짜임새가 어째서 세계 전체적으로 예측 불가능한 격변이 일어나기 쉬운지 설명할 수 있지 않을까?" 지진뿐 아니라 덴마크 삼류 신문의 만평이 전 세계적으로 소요 사태를 일으킨 이유도 이를 통해 이해할 수 있지 않을까?

뷰캐넌은 첫 번째 장을 다음과 같이 결론짓는다.

> 이 책은 많은 세부 사항과 예상 밖의 전환을 포함하고 있다. 그러나 대략적으로 말해서 기본적인 메시지는 단순하다. 임계 상태라는 특이하고 불안정한 조직이 우리 세계 어디에서나 나타난다는 점이다. 지난 몇 년 동안 과학자들은 모든 격변이 일어난 과정을 살펴본 결과 임계 상태의 수학적인 흔적을 발견했다. 앞서 언급한 지진, 생태계 재앙, 시장 붕괴, 전염병 전파, 교통체증의 심화, 사무실에서 경영자가 직원들에게 지시를 내리는 패턴과 기타 많은 일에서 임계 상태의 흔적이 발견된 것이다.
>
> 이 책의 주제는 원자, 분자, 생물종, 사람들과 개념 등 온갖 일을 잇는 네트워크가 같은 식으로 스스로 조직화하는 뚜렷한 경향이 있다는 점을 토대로 한다. 이러한 통찰을 토대로 과학자들은 결국 온갖 격변의 배후에 무엇이 도사리고 있는지 가늠하기 시작했고, 이제까지 본 적 없는 패턴이 작용하고 있다는 것을 알게 되었다.[3]

앞서의 내용을 고찰하기 위해 다시 모래더미 게임으로 되돌아가 보자. 무너진 모래더미의 모래알 수를 두 배로 늘리면 모래더미가 무너질 가능성은 2.14배 줄어든다. 지진에서도 비슷한 결과를 얻었다. 에너지 차원에서 볼 때 지진이 방출하는 에너지를 두 배로 늘릴 때마다 지진이 일어날 가능성은 4배 줄어든다. 수학자들은 이를 '멱 법칙[31]'이라고 부른다. 이는 지진이 일어나는 과정의 전반적인 복잡성과 대비되어 두드러지게 나타나는 특별한 수학적 패턴을 말한다.

불안정성의 손가락

그렇다면 모래더미 게임에서는 어떤 일이 일어날까?

모래더미가 '임계 상태'로 진화한 다음에는 많은 모래알이 무너지기 직전의 상태에 머문다. 그리고 이 모래알들은 온갖 길이의 '불안정성의 손가락'과 연결된다. 대다수가 짧으나 일부는 모래더미의 한쪽 끝에서

---

31 power law

다른 쪽 끝까지 관통한다. 따라서 모래더미는 모래 한 알이 유발하는 연쇄 반응으로 그 어떠한 규모로도 무너질 수 있으며, 이는 모래알이 떨어지는 불안정성의 손가락이 짧은 길이인지, 중간 길이인지, 긴 길이인지가 좌우한다.[5]

이제 임계 상태에 대한 논의에서 가장 중요한 대목에 이르렀다. 여기서도 금융 시장을 염두에 두고 이 대목을 읽기 바란다.

이처럼 모래더미라는 단순화된 세팅을 통해 멱 법칙이 알려 주는 것이 한 가지 더 있다. 바로 가장 규모가 큰 사건에도 특수하거나 예외적인 원인은 없다는 놀라운 결론이다. 결국 크든 작든 모래더미가 무너지기 시작하는 방식은 같다. 모래 한 알이 떨어지고, 그러다가 모래더미가 어느 시점에 약간 급격한 경사를 이루게 되면 무너지는 것이다. 모래더미가 무너지는 규모가 다른 때보다 훨씬 큰 것은 모래더미 자체가 무너지는 원인과는 아무런 관련이 없다. 특히 모래더미가 무너지기 직전에 모래더미가 어떤 특수한 상황에 있었는지는 무너지는 규모와 아무런 관련이 없다. 오히려 그 규모를 결정짓는 것은 임계 상태라는 영구적으로 불안정한 조직으로, 이로 말미암아 다음에 떨어지는 모래알은 그 어떠한 크기로든 모래더미를 무너뜨리는 역할을 할 수 있다.[6]

이제 이러한 개념을 다른 개념들과 통합하여 생각해 보자. 먼저, 아쉽게도 노벨상은 받지 못했으나 세계 최고 경제학자 가운데 하나인 하이먼 민스키는 안정성이 불안정성을 낳는다고 지적했다. 어떤 조건이나 추세가 지속되는 기간이 길어질수록 그리고 우리가 그에 대해 느끼는 만족감이 클수록, 추세가 무너질 때 한층 극적인 조정 과정을 맞는다는 것이다. 거시 경제의 장기적인 안정성은 극히 불안정한 금융 환경을 낳을 경향이 있기 때문에 문제가 된다. 내일, 그리고 내년이 지난주와 작년과 같으리라고 믿는다면, 대출금을 늘리거나 현재의 소비를 위해 저축을 미루기 쉽다. 그래서 민스키는 안정성이 오래 지속될수록 그 후 시장 참여자들이 행태를 바꿔야만 할 때 불안정성이 확대될 위험도 더 커진다고 말한다.

이를 모래더미와 연관해서 생각해 보면, 어떤 경제에서 임계 상태까지 이르는 기간이 길수록, 즉 다른 불안정성의 손가락과 연관 관계를 맺을 수 있는 불안정성의 손가락이 많아질수록 모래더미가 붕괴할 가능성도 커진다고 할 수 있다.

프랑스의 지구물리학자 디디에 소르네트는 이를 다른 방식으로 고찰한다. 그는 『주식시장은 어째서 붕괴하는가 Why Stock Markets Crash』라는 놀라운 저서에서 금융 시장의 붕괴에 대해 다음과 같이 설명한다.

가장 중요한 문제는 가격이 어떠한 방식으로 폭락하느냐가 아니다. 가격이 폭락하는 것은 시장이 불안정한 국면에 접어들기 때문이며, 불안정성을 유발한 것은 조그만 소란이나 사건이었을 수도 있다. 손가락 위에 자를 수직으로 올려놓는다고 생각해 보라. 이처럼 매우 불안정한 상태에서는 손을 조금만 움직이거나(또는 제대로 움직이지 못하거나) 바람이 조금만 불어도 결국에는 자를 떨어뜨릴 것이다. 폭락은 근본적으로 불안정한 상태 때문으로, 폭락의 즉각적인 원인은 그다음 문제이다.[7]

불안정한 상태에서 모래더미를 무너뜨리는 것은 마지막에 떨어뜨리는 모래알이 아니다. 또한 손가락 끝에 올려둔 자를 떨어뜨리는 것은 가벼운 미풍이 아니다. 이러한 것들은 폭락을 일으키는 데 마지막 순간에 관여한 요인일 뿐이다. 실제 원인은 가장 멀리 떨어진 데 있다. 그것은 바로 시스템 자체에 내재한 불안정성이다.

최근 신용 위기에서 우리는 근본적으로 불안정한 시스템을 목격한 바 있다. 전 세계 경제 대국의 소비자들은 시대가 좋았기 때문에 온갖 이유로 대출을 받았다. 주택 가격은 계속해서 오를 기세였고, 주식시장은 연간 수익 15%를 상회하는 시기로 돌아갔다. 대출 비용도 상대적으로 낮아서 일 년 만에 가격이 15% 정도 오른 집을 2% 이자로 단기 대출을 받아서 살 수 있었다. 그런데도 지금 대출을 받아서 집을 사고 몇 년 후에 되팔려고 하지 않을 사람이 있었을까?

온통 탐욕이 지배했다. 전 세계적으로 위험한 대출 상품이 수백억, 수천억 달러어치나 투자자들에게 판매되었다. 그리고 모든 부채의 모래더미가 그러하듯이 균열선이 드러나기 시작했다. 라스베이거스의 대출 상품이 모래더미의 붕괴를 불러온 결정적 한 방이었을 수도 있다. 정확한 것은 알 수 없으나, 어쨌든 모래더미의 붕괴가 일어났다.

기억할지 모르겠지만 나는 지난 2005년과 2006년에 서브프라임 대출 문제에 대해 쓴 적이 있다. 그 문제가 실제로 드러나자 벤 버냉키 연준리 의장 같은 명망 있는 사람들은 문제는 그리 크지 않으며 그에 따른 후폭풍을 막을 것이라고 말했다(지금은 버냉키도 그때 한 말을 주워담고 싶을 것이라고 확신한다).

그렇지만 그들은 후폭풍을 막지 못했다. 그로 말미암아 은행들은 신용등급 AAA라고 믿던 상품들이 사실은 온통 손실을 초래했다는 사실을 깨달았다. 또한 자기 은행의 대차대조표를 점검한 은행들은 과연 다른 은행의 대차대조표는 어떨까 하고 의문을 품기 시작했고, 얼마나 상황이 안 좋을까 우려했다. 그러나 실제로 상대방의 사정을 아는 은행은 없었다. 그래서 은행들은 서로에 대한 대출을 중단했다. 이로써 신용이 즉시 동결되었다. 은행은 다른 은행의 신용장을 거부했고, 이는 전 세계 교역에 타격을 주었다. 은행이 손실을 보는 상황에서 중소기업에 대한 대출도 중단되어 상업어음이 유통되지 않았다. 그리고 은행들이 대차대조표에 계상하지 않고 안전하게 조성해 둔 자금이 유출되기 시작했다(내 친구 폴 맥컬리는 이를 그림자 금융 체제라고 부르기 시작했다). 이제 모두가 대출금을 충당하기 위해 원하지 않아도 돈이 될 만한 것은 다 팔아치워야 했다. 진정한 패닉 상태였다. 기업들이 직원을 해고하기 시작했고, 해고된 직원들은 결과적으로 급여를 받지 못하는 만큼 지출을 중단했다.

내가 은행과 겪은 일화를 들어서 알겠지만, 은행들은 문제에 부딪히면 비합리적으로 보이는 행동을 하는 경향이 있다. 그러고 보니 거의 20년 동안 거래했던 텍사스의 조그만 은행이 지난달에 내가 한 번도 사용한 적이 없는 소액의 여신한도를 없애고는 100% 현금으로 보증하지 않는 한 다시 발급해 주지 않겠다고 하더구나. 물론 이 아버지는 지금 인생에서 재정 상태가 최고니까 걱정할 일은 아니다. 어쨌든 그 얘기를 듣기 전에는 몇 년 동안 은행 직원과 직접 말해 본 적도 없었다. 내게 전화로 그 말을 전한 젊은 직원에게 "대체 무슨 일이냐?"라고 물어보니, 그 직원은 지점장이 지시했다고만 하더구나. 지난주에 나는 거래 은행을 바꿨다. 이제는 문제 있는 은행은 간파할 수 있기 때문이지. 그리고 새 은행에서 다시 여신한도를 받았다. 물론 사용하지는 않기를 바란다만.

그러나 사실 우리에게는 은행이 필요하다. 은행은 피(돈)를 순환시키는 우리 몸의 동맥이나 마찬가지다. 동맥이 경화되면 심장마비의 위험이 있지. 은행이 상업용 부동산 대출 때문에 계속해서 손실을 보게 되면 문제는 더욱 악화될 것이다. 상업용 부동산은 이미 미국 전역에서 40% 가까이 가격이 하락했단다.

최근 금융 위기의 원인을 짚어 내고자 시도하는 책이 많다. 그리고 어떤 책은 잘 쓰인 추리 소설처럼 재미있게 읽을 수 있다. 이런 책들을 보면 연준리, 은행, 헤지펀드, 정부, 신용평가기관 등 책임을 물을 곳은 얼마든지 있다.

이제 약간은 논란의 여지가 있는 얘기를 하겠다. 현재의 책임 전가 풍조는 많은 면에서 문제를 지나치게 단순화하고 있다. 세계라는 체제는 지난 수십 년 동안 모든 종류의 위기를 이겨 냈고, 또 회복했다. 그런데 이번 위기는 일반적인 위기와는 다르다.

다른 이유는 무엇일까? 세계는 현재 60년 주기 부채 슈퍼사이클의 막바지에 도달하려고 하고 있다. 마치 내일이 오지 않을 것처럼 대출을 받은 것은 (미국뿐 아니라 전 세계 모든 선진국의) 소비자뿐 아니라 은행도 마찬가지다. 그리고 소비자와 은행은 이러한 부채가 안전하다고 확신했기 때문에 차입금 규모를 늘리고 실제로 가진 돈의 3배, 5배, 10배, 30배까지 부채 규모를 늘렸다. 그러더니 이제는 감독 당국더러 문제없는 행위였다고 주장한다. 사물이 안정적인 상태를 지속하는 기간이 길어질수록 그러한 상태가 오래도록 계속될 것이라는 사람들의 확신도 강해진다. 도표 2.1은 우리의 모래더미가 어떤 결과를 맞았는지 보여 준다. 보기 좋은 모습은 아니다.

너는 이 아버지가 항상 이번에도 다르지 않다고 말하는 것을 알겠지. 그러나 어떤 면에서 이번 위기는 존경스러운 너희 할아버지께서 자주 말씀하셨던 대공황 이후의 위기들과는 상당히 다르다. 라인하트와 로고프 교수가 쓴 책은 필독서라고 할 수 있는데, 여기에서 그들은 모든 부채 위기가 항상 부채가 상환되거나 상각되거나 불이행되는 식으로 끝난다고 말했다. 그 부분은 절대 달라지지 않는다. 어떤 식으로든 부채를 줄이게 된다. 그리고 이 과정은 고통을 초래한다. 이는 부채를 줄이는 과정에서 경제성장률이 정체하거나 크게 둔화된다는 말이다.

그리고 정부는 부채 비율을 줄이려고 애쓰는 (또는 어쩔 수 없이 줄여야 하는) 소비자에게 부족분만큼 보상해 주려고 하지만, 그리스의 사례에서도 나타나듯이 정부의 능력에도 한도가 있다.

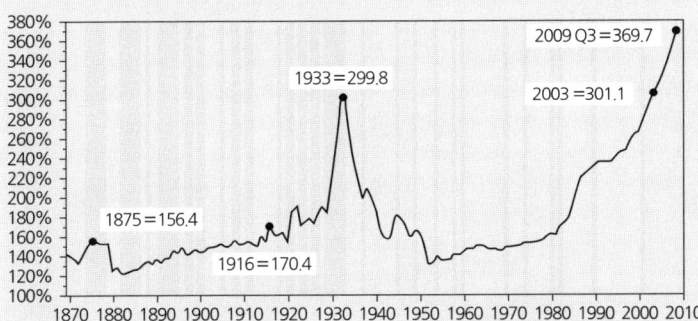

도표 2.1 미국의 GDP 대비 총부채 백분율 2009년 3/4분기까지

자료 출처: 호이싱턴 투자 관리, 경제분석국, 연준리, 인구조사국: 미국 식민지 시대부터 1970년까지의 과거 통계 수치

부채 슈퍼사이클의 9회 말에 접근하고 있는 것이 아니라면, 우리는 지금쯤 이미 경제회복기에 돌입했어야 한다. 그러나 실제로는 그렇지 못하다. 그리고 안타깝게도 앞으로 오랜 기간 디레버리지 과정을 거쳐야 한다. 그 과정은 적어도 몇 년은 걸릴 것이다.

가계나 국가나 대출을 받는 것으로는 부채 위기에서 빠져나올 수 없다. 오늘날 많은 가계에 닥친 것처럼, 일자리를 잃으면 집까지 잃을 수 있다. 한때 신용도가 높았던 사람들이 이제 파산 신청을 하고 집을 빼앗기고 있다. 또한 서브프라임 대출 사태가 터지면서 압류된 주택들이 시장에 나와 있다. 그로 말미암아 모든 집값이 추락했다. 또한 건설업계가 전체적으로 붕괴했고, 그로 말미암아 관련 업계까지 모두 타격을 받았으며, 그 결과 일자리를 잃고 집을 포기하는 사람이 늘어나는 등의 일이 일어났다. 모래더미에서 주택 부문 내의 연관 관계는 길고도 깊다.

모든 것이 연관되어 있다. 매우 불안정한 모래더미를 쌓았는데 갑자기 무너져 내렸다. 그렇다면 이제 무엇이 문제였는지 파헤쳐 봐야 한다. 문제는 부채가 너무 많았다는 것이다. 은행이 주택 대출과 상업용 부동산을 생각하고 미국과 전 세계의 부채가 합리적인 수준으로 떨어지는 데는 몇 년이 걸릴 것이다.

이제 나쁜 소식을 전할 때가 왔다. 사람들이 이번 위기에서 교훈을 제대로 얻지 못한 것 같다. 먼저, 이번 위기를 그토록 악화한 문제를 아직도 바로잡지 못했다. 최근에 통과된 2,300장짜리 금융개혁 법안은 모든 장에 의도하지 않은 결과를 낳을 내용을 수록하고 있다. 이는 미국을 정상화하는 데 도움이 되지 않을 것이다.[32] 그리고 유럽의 은행들은 여전히 차입금 비중이 높다.

그리스가 중요한 이유는 무엇일까? 그리스의 부채 대부분이 유럽계 은행들의 장부에 계상되어 있기 때문이다. 그 금액은 수천억 달러이다. 몇 년 전만 해도 문제 될 것이 없어 보였고, 신용평가기관(서브프라임 채권이 AAA 등급이라고 했던 바로 그 기관이다)은 그리스 국채에 AAA 등급을 부여했다. 그리고 은행들은 막대한 차입금(일부 유럽계 은행은 자산 대비 40배에 이르는)을 이용하여 이를 사들였고, 그 과정에서 높은 수익을 올렸다(사람들이 어째서 신용평가기관을 신뢰하는지는 이 아버지에게 묻지 마라. 세상에는 설명할 수 없는 일들도 있으니까).

그런데 문제는 그리스의 국채가 위험하다는 사실이었다. 오늘날, 그리스를 위한 일종의 구제금융안이 마련되었다. 그러나 이는 매우 심각한 상처에 일회용 반창고를 붙이는 격이다. 그렇게 한다고 해서 이번 위기가 사라지지는 않을 것이다. 그리스가 지출을 대대적으로 삭감하고 미국인이라면 그 누구도 상상하지 못한 수준으로 세율을 인상함으로써 자진해서 대공황기로 접어들지 않는 한, 위기는 다시 찾아올 것이다. 그리스에 요구되는 것들은 매우 고통스러운 일들뿐이다. 그러나 그리스는 이를 자초했다.

그렇다면 유럽의 은행들은 어떠할까? 부실 채권 사태가 터지면, 이들은 2008년과 똑같은 식으로 대응할 것이고, 신뢰는 증발할 것이다. 납세자가 그 부담을 떠안게 될까? 그럴 수도 있고, 아닐 수도 있다. 앞으로 몇 년 동안은 부담을 떠맡아야 할 것이다. 그러나 그 부담을 영원히 떠맡을 수는 없는 법이다. 그 결과 곧 거대한 위기가 닥칠 것이다. 유럽에는 그리스 말고도 스페인과 포르투갈처럼 상황이 심각한 나라들이 있다. 유럽은행은 그리스와 그리스 국채 사태가 터졌을 때, 그리스가 너무 큰 나라라 부도가 나도록 놔두면 안 된다는 식으로 행동했다. 그런데 스페인도 구제하기에는 너무 큰 나라다. 영국도 상황은 크게 다르지 않다.

유럽 경제는 미국만큼 크다. 유럽이 경기 후퇴에 빠질 때 우리는 이를 실감할 수 있다. 미국 대기업 상당수가 유럽에서 많은 돈을 벌어들이기 때문이다. 위기는 유로화를 평가 절하할 것이다. 그렇게 되면 기업의 수익은 감소하고, 미국은 유럽에서 물건을 팔기가 더 곤란해질 것이다. 국제 교역 시장에서 유럽과의 경쟁이 더 어려워지는 것은 말할 필요도 없다. 또한 이는 중국산 제품의 수입을 줄여야 한다는 얘기다. 그렇게 되면 중국은 미국의 국채 매입을 줄일 것이고, 이와 관련해 골치 아픈 일들이 여러 가지 발생할 수 있다. 또한 그 결과, 일자리 창출의 근원인 기업 창업이 훨씬 어려워질 것이다.

---

32 반면에 기존 사회보장 법안은 28장이었고, 1934년에 규제 개혁을 위해 제정된 글래스-스티걸 법은 35장이었다.

2011년 1월, 미국 역사상 최대 규모로 세금이 인상될 수도 있다. 연방세뿐 아니라 주세와 지방세까지 인상될 것이다.[33]

연구 결과, 세금 인상이 GDP나 경제 성장에 세 배의 마이너스 효과를 미칠 수 있다는 사실이 알려졌다. 증세 승수[34]가 1에 불과하다는 연구 결과도 있다. 물론 로머의 연구가 부자에 부과하는 세금에는 적용되지 않는다고 주장할 수도 있다. 이 책의 후반부에서 살펴보겠지만, 나는 세금 인상이 주세와 지방세의 인상 (및 지출 축소)과 결합되면 유럽에서 비롯되는 문제가 없어도 미국을 다시 경기후퇴기로 밀어 넣기에 충분한 수준이라고 본다(그리고 멜리사, 이 연구는 공화당원에 의한 음모 이론이 아니란다. 이 연구를 주도한 크리스티나 로머는 오바마가 합동 경제자문 위원회[35]의 위원장으로 임명한 사람이다).[36]

안타깝게도, 이는 실업률이 상승한다는 얘기다. 네 친구들 가운데 일자리를 잃는 아이들이 늘어나기 때문에 멜리사 네가 일하는 바의 매출이 더 떨어지리라는 얘기도 된다. 그리고 채드, 네가 일하는 전자제품 상점의 수수료도 현재도 물론 보잘것없지만, 그보다 떨어질 거다. 헨리, 네가 UPS에서 일할 수 있는 시간을 확보하기가 한층 어려워질 거다. 물론 너는 똑똑하니까 다른 파트타임 일자리도 찾겠지만 말이다. 애비와 아만다야, 외식하는 사람은 줄어들고 네 동료들은 더 많은 시간을 일하려고 할 거다. 물론 트레이야, 그리스 문제는 네가 제 시간에 숙제를 하지 않는다는 사실과는 거의 상관이 없다.

그리고 다음에 위기가 발생했을 때에는 부채도 늘어나고 금리도 더 떨어지기 때문에 지난번처럼 경기 후퇴를 피할 수가 없을 것이다. 금리는 떨어질 대로 떨어졌다. 그리고 정부의 재정 상태가 제 자리를 찾지 못하면, 채권 시장이 어느 시점에 미국 정부에 의한 대규모 차입이 마음에 들지 않는다는 반응을 보일 것이다. 미국이 그리스 같은 상황에 빠질 가능성도 우려된다.

채권 시장은 무엇보다 신뢰를 요구한다. 그리스가 파산하면, 스페인이나 일본은 얼마만큼 안전할까? 미국이 부채를 통제하지 않을 경우, 그리스와 그리 다를 점이 있을까? 라인하트와 로고프의 연구가 보여 주듯이, 신뢰가 사라지면 끝이 매우 가까운 곳에 있는 것이다. 그리고 그 끝은 항상 그 어떤 이가 예상한 것보다도 빨리 닥치며, 항상 예상하지 못할 때 일어난다.

---

33 우리가 이 책을 쓰는 시점은 2010년 11월이기 때문에 미국 의회가 어떤 결정을 내릴지 알 수 없다. 부시 행정부의 세금 감면 정책이 모두 연장된다고 하더라도, 주 정부와 지방 정부 차원의 총 세금 인상과 지출 감소분은 그 자체로 심각한 문제다.
34 역주 _ 세금 인상 조치로 국민 소득이 증가할 경우, 인상액에 대해 국민 소득이 증가한 비율
35 the Joint Council of Economic Advisors
36 다음 장에서 보겠지만, 2011년에 경기후퇴기의 재발을 피할 수 있다 하더라도, 신용 위기 직후와 디레버리지 시대에는 경기후퇴기가 더 자주 나타난다. 문제는 발생 여부가 아니라 언제 발생하느냐, 하는 것이다.

전 세계의 금융 체제는 서로 연결되어 있다. 미국의 서브프라임 사태가 세계 전역에 위기를 유발한 것처럼 그리스같이 작은 나라 때문에 유럽과 멀리 떨어진 지역이 변화를 겪을 수도 있다. 전 세계의 금융 체제는 새롭고 신기한 금융공학과 증권화 기법을 통해 너무 많은 위험을 취하고, 그러한 위험을 멀리 확산시키도록 놔두었다. 온갖 증권을 대량으로 사들이면 위험을 분산할 수 있다고 믿은 투자자와 연금 기금이 너무도 많았다. 실제로는 거의 모든 상품에 다른 상품과 연결된 위험이 그대로 잔존하는데 말이다.

원래는 다른 상품과 연결되지 않았던 투자 상품도 최근에 위기가 발발하여 이를 완화할 위험의 분산이 진정으로 필요할 때, 높은 연관 관계를 보이기 시작했다. 다음 위기 기간에도 이와 크게 다르다고 생각할 이유는 없다. 투자는 쉽지 않은 행위다.

다음 위기는 그리스가 아닌 다른 나라에서 비롯될 것이다. 그러나 그리스가 중요한 것은 우리에게 신중해야 하고, 뒷마당에 버젓이 보이는 문제가 아니라고 해서 이를 무시해서는 안 된다는 교훈을 알려 주기 때문이다. 우리는 모두 불안정성의 손가락을 통해 연결되어 있다.

좋은 소식도 있다. 우리는 이를 헤쳐나갈 것이다. 미국은 1970년대에도 매우 고된 시기를 헤쳐나갔다. 2020년대가 되면 의학과 기술 면에서 놀라운 혁신이 일어나 생활수준이 크게 향상되기 때문에, 그 누구도 2010년이라는 과거 시대로 돌아가고 싶어 하지 않을 거다. 너희는 매우 오래 살 거다(나도 손자들을 보고 싶으니 수명보다 몇 년 더 살고 싶구나!). 1975년에는 어디에서 새로운 일자리가 생겨날지 알지 못했다. 상당히 암울한 시기였지. 하지만 일자리는 생겨나더구나. 앞으로도 그럴 거다.

더 좋은 소식도 한 가지 더 알려 줄까? 너희는 어리다. 실제로는 아직 아기들이다. 나도 30대 중반이 되기 전까지는 소득 사정이 좋지 않았다. 그때 사건이 일어났지(휴대전화 복권에 당첨되었거든). 그 후로도 너희도 알다시피 사정이 항상 원활하지만은 않았지. 그러나 우리는 나쁜 시기를 이겨나가게 되어 있다. 그것이 가족이, 그리고 국가와 세계라는 더 큰 가족이 하는 일이다.

그러니까 결론이 뭐냐고? 너희가 하던 일을 계속하라는 거다. 열심히 일하고, 저축하고, 신중하게 돈을 써라. 새로운 경기 후퇴가 닥칠 때를 대비하여 너희 직업이 적합한 것인지도 생각해 봐라. 너희가 근무하는 회사가 어떤 수익을 내는지 주의해서 봐라. 그리고 회사에서 없어서는 안 될 직원이 되어라. 또, 상황이 나아진다는 사실을 명심해라. 우리가 부채 슈퍼사이클을 떨쳐내고 초기화 버튼을 누르는 2020년대는 매우 멋진 시대가 될 거다. 그리고 이 아버지가 너희를 자랑스러워하고 매우 사랑한다는 점을 기억해라.

제
3
장

규칙을 알아보자

자신에게 더 많은 제약을 부과할수록 자아를 더 자유롭게 할 수 있다.
그리고 제약의 독단성은 반드시 수행의 정밀성을 확보할 수 있게 한다.

이고르 스트라빈스키

스포츠에는 규칙이 있다. 야구에서는 삼진이면 아웃이다. 미식축구에서는 새로운 공격 기회를 얻으려면 4번의 공격 기회 안에 10야드를 전진해야 한다. 축구에서는 공에 손이 닿으면 안 된다. 이러한 규칙은 초보자에게 큰 골칫거리이다. 그러나 이에 숙련된 선수는 규칙 덕분에 멋진 경기를 즐길 수 있다는 점을 안다.

야구는 미국인이 아닌 사람들에게는 대부분 혼돈을 초래한다. 규칙과 세부 사항이 너무 많기 때문이다. 나는 갈수록 나아지기는 하지만 축구 경기를 전부 이해하지 못했다는 점을 말해 둔다. 하키 경기의 규칙을 이해하겠다는 생각은 하지도 않는다.

경제에도 이와 마찬가지로 규칙이 있으나 대다수가 널리 알려져 있지 않다. 이러한 규칙을 어기면 개인, 기업, 국가는 타격을 입게 되는데, 슬프게도 경제에는 호각을 불어 경기를 중단시키고 페널티 여부를 결정하며 규칙을 따르도록 할 수 있는 독립적인 심판이 없다. 단, 어떤 나라가 규칙대로 행동하지 않으면 그 통화나 채권을 매입하지 못하도록 결정할 수 있는 시장이 있다.

이번 장에서는 가장 중요한 규칙을 몇 가지 살펴보겠다. 독자들은 규칙이 이해하기 까다로울까 봐 두려워할 필요가 없다. 이러한 규칙은 자주 결부되는 학술 용어를 제거하면 상당히 이해하기가 쉽기 때문이다. 이를 이해하면 어떤 나라가 규칙을 어겼을 때 어떤 일이 일어나는지 정책적인 관점과 개인 투자자의 관점에서 그 결과를 이해하기도 훨씬 쉽다.

안타깝게도, 규칙을 위반한다고 해서 매번 즉시 페널티가 부과되는 것은 아니다. 지난 장에서 보았듯이 국가는 문제가 터져서 백기를 들기 전까지 상당히 오랫동안 무사히 지낼 수 있다. 그러나 정해진 기간 안에 잘못된 행동을 교정하지 않는다면, 비극적이고 이가 갈리는 결말을 맞게 될 것이다. 게다가 항상 다른 쪽의 잘못이라는 책임 전가가 만연할 것이다.

규칙은 모든 사람과 나라에 똑같이 적용된다는 사실을 명심해야 한다. 이는 기본적으로 항등식[37]이라고 부르는 회계 규칙이다. $E = MC^2$ [38]이나 $F = MA$ [39] 등과 같은 규칙을 말한다. 이러한 항등식은 반드시 진리다. 진리가 아니라면 수천 년 동안 이어진 회계 관행이 모두 잘못된 것이 된다. 규칙이 나타내는 바나 그 결과가 마음에 들지 않을 수는 있으나, 받아들이지 않으면 안 되는 것이 현실이라는 점을 알아야 한다.

---

37 identity equation
38 역주 _ 에너지는 질량에 속도를 2제곱한 값과 같다.
39 역주 _ 힘은 질량에 가속도를 곱한 값이다.

예를 들어, 1976년에 나는 매우 어린 나이에 인생 최초의 창업을 했다(실은 아무도 나를 고용하지 않아서 그럴 수밖에 없었다). 그리고 제일 친한 친구가 세금 계산을 해 주었다. 나는 그전까지 국세청에 내가 내야 하는 것보다 많은 금액을 신고했다고 생각하고 있었다. 그런데 내 친구가 그동안 본 적도 없는 큰 금액이 기재된 세금고지서를 가져왔다. 생계를 유지하는 데 신경 쓰느라 사회보장보험의 고용주 몫과 대체최소세[40]며 그 밖에 내가 한 번도 들어본 적조차 없는 것들까지 내가 부담해야 한다는 생각을 미처 하지 못했던 것 같다. 현실은 정말 가혹하다.

그때 나는 규칙을 안다는 것이 얼마나 중요한지 어쩔 수 없이 똑똑히 깨달을 수 있었다. 우리가 이제부터 살펴볼 규칙을 아는 것은 세금 관련 법규를 숙지하는 것만큼이나 중요하다. 이러한 규칙은 우리가 모르더라도 존재하고, 이를 무시하면 결국은 (개인이든, 기업이든, 나라든) 당신을 곤경에 빠뜨릴 것이다.

연준리와 각국의 중앙은행은 현재 경제라는 몸체에 마취 없이 대대적이고도 매우 실험적인 수술을 시행하려고 한다. 고전 경제학을 대표하는 어빙 피셔, 케인스학파의 존 케인스, 오스트리아학파의 루트비히 폰 미제스, 통화주의학파의 밀턴 프리드먼 등 고인이 된 지 오래인 거물 경제학자 4인의 이론을 시험하고자 하는 것이다. 중앙은행가들은 대부분 케인스학파이며, 일부 통화주의학파 은행가가 곳곳에 산재해 있다. 이들은 어떻게든 유동성이라는 도구를 사용해 디플레이션을 막고, 경제를 활성화하며, 대출과 지출을 부추긴다. 이러한 행태가 어떠한 결과를 초래할 수 있는지는 조금 후에 살펴보겠다.

---

40 alternative minimum tax

여섯 가지 불가능한 일

> 앨리스는 웃으면서 말했다. "노력해도 소용없어요. 불가능한 일들을 믿을 수는 없잖아요."
>
> "내가 보기에 너는 연습을 많이 하지 않았어." 여왕이 말했다. "내가 네 나이 때는 하루에 30분씩 연습했다. 언젠가는 아침 먹기 전에 불가능한 일을 여섯 가지나 믿었지 뭐니."
>
> - 루이스 캐럴의 『거울 나라의 앨리스』에서

경제학자들과 정책 입안자들은 세계 전역으로 확산되고 있는 부채 위기와 관련해서 불가능한 일들을 믿고 싶어 하는 것 같다. 그렇게 불가능한 일들을 믿는 그들은 충분히 비극으로 이어질 수 있는 정책을 채택하고 있다.

어떤 나라의 GDP를 요약해서 보여 주는 기본 등식을 살펴보자.

GDP=C+I+G+순수출^{이는 수출에서 수입을 차감한 것을 말한다}

어떤 나라의 GDP가 (개인과 기업의) 총소비와 투자와 정부 지출과 순수출액을 더한 것과 같다는 등식이다. 이 등식도 모든 나라와 시대에 적용되는 항등식이다. 개념상 단순하지만 엄청난 함의를 담고 있는 등식이기도 하다.

그 함의를 몇 가지 살펴보자. 먼저 소비^C가 줄어들면 어떤 일이 일어날까? 이는 등식의 다른 부분이 변화하지 않는 한 GDP가 줄어든다는 얘기이다. 이러한 상황을 일반적으로 경기 후퇴라고 부른다.

케인스학파의 경제학자들은 재정 부양을 통해 소비자와 기업에 조정과 회복의 시간을 주고 경기가 정상적인 성장 궤도에 올라설 때 부양책을 서서히 중단해서 정부 지출^G을 늘리는 것이 제대로 된 정책 대응이라고 주장한다. 이에 더불어 중앙은행이 금리를 내리고 통화 완화 정책을 시행해 기업과 소비자에게 추가적인 부양을 제공하는 등 협조적인 태도를 취하는 정책도 도움이 된다고 말한다. 최근 60년 동안 이러한 정책은 대부분 지역에서 거의 항상 경제를 후퇴기에서 회복시키는 데 성공했다.

그러나 그러한 정책이 불균형을 유발하고 고착시켜 소비자 대출의 지속적인 증가와 주택 가격 거품 등의 문제를 일으킨다는 주장도 있다. 그 문제 역시 이 책의 후반부에서 다룰 것이다. 지금은 정부 지출G의 확대가 GDP를 일시적으로 회복시킨다는 점을 인정하자. 물론 그러한 회복이 실제로는 일시적이라는 점도 이후에 살펴볼 것이다. 어쨌든 단기간에만 영향을 주는 것이 아니라고 주장할 사람은 거의 없을 것이다. 예를 들어 우리는 최근 미국의 부양책이 실제로는 일시적인 효과만 있었고 미국을 이른바 대공황에 처할 위기에서 구한 것은 사실이지만, 그러는 데는 비용이 뒤따랐다고 본다. 그때 발생한 부채를 상환해야 하는 것이다.[41]

다시 말해, 경기부양책의 골자는 소비자와 기업 부문의 긴축에 따른 영향을 상쇄하고 경제 전반에 회복할 시간을 주려는 것이다. 미국은 2010년 여름에 경기부양책을 철회하기 시작했다. 그리고 당연하게도 경제는 그에 뒤이어 점차 둔화되고 있다. 경제가 지속 가능한 성장 궤도에 다시 올라설 만큼 건강한지는 시간이 흘러야만 알 수 있을 것이다.

경기부양책은 소비자의 최종 수요를 반등시킬 수 있다는 데 그 희망이 있다. 거시경제학에서는 총수요가 어떤 경제 체제에서 생산된 최종 재화와 서비스에 대한 특정 시점, 특정 가격 수준에서의 수요를 모두 합한 것을 의미한다. 즉, 어떤 경제 체제에서 모든 가격 수준에 구매되는 재화와 서비스의 액수이다. 이는 재고 수준이 고정적인 상황에서 어떤 나라의 국내총생산에 대한 수요다.

---

41 내 친구이자 BCA의 애널리스트인 마틴 반스 같은 사람들은 정부 부채가 결코 상환될 수 없기 때문에 실제로는 거대한 폰지 사기나 다름없다고 말한다. 위기를 방지하려면 그러한 폰지 사기가 통제 불가능한 상태로 빠지지 않도록 해야 한다.

대다수 선진국에서 소비자 지출이 경제의 가장 큰 부분을 차지한다는 사실을 명심하라. 경기후퇴기에는 소비자 지출이나 투자 같은 경제 요소가 침체한다. 따라서 경기 부양의 목표는 수요를 원래대로 회복시키는 것이다. 최종 수요를 성장의 원동력으로 보는 경제학 이론에서는 경기 후퇴가 단지 소비자 지출이나 투자 등 등식의 일부 요소가 부족해진 탓에 발생하는 문제로 본다. 이러한 요소가 회복되면 경제는 성장한다는 것이다.

이쯤에서 케인스가 한 말을 하나 더 소개하고자 한다. 케인스는 정부가 호황기에는 흑자를 낸다고도 주장했다. 하지만 실제로는 경기가 좋더라도 흑자를 달성한 나라는 거의 없는 것으로 보인다. 우리가 보기에, 부시 행정부와 재정을 낭비한 공화당의 가장 큰 실책은 지금에 와서 필요한 흑자를 모두 낭비했다는 것이다. "적자는 문제가 되지 않는다."라던 딕 체니 부통령의 발언을 이후에 소개할 것이다.

앞서 소개한 등식의 다른 함의를 소개하기 전에 먼저 현재 처한 경제난국의 역학을 이해하는 데 통찰력을 제공하는 주제부터 몇 가지 살펴보자.

델타포스

경제를 성장시킬 수 있는 방법은 딱 두 가지뿐이다. 바로 생산 연령 인구를 늘리거나 생산성을 증대하는 것이다. 뿌리면 마법처럼 경제를 성장시킬 수 있는 요정의 가루 같은 것은 없다. GDP를 증가시키려면 무언가를 실제로 생산해야 한다. GDP가 국내총생산이라 불리는 이유도 이 때문이다.

그리스 문자로 델타 Δ 는 변화의 상징이다. 따라서 GDP를 변동시키려면 다음과 같이 쓴다.

$$\Delta\,GDP = \Delta\,인구 + \Delta\,생산성$$

GDP의 변동분은 인구 변동분과 생산성 변동분을 더한 것과 같다. 따라서 매우 단순화하여 말하자면 경기 후퇴는 기본적으로 생산의 감소가 원인이다. 일반적으로 인구는 감소하지 않기 때문이다.

이 등식에는 두 가지 뚜렷한 함의가 있다. 먼저 경제 성장을 원한다면 생산성을 증대하는 데 유리한 경제 환경을 만들어야 한다는 점이다.

정부가 생산적인 산업에 투자하는 방법도 있다. 경험적인 증거와 엄청난 학술 연구에 따르면, 민간 기업이 생산성을 더 크게 개선하고 장기적인 일자리를 더 많이 창출한다.

미국의 상황을 잠시 떠올려 보자. 연구에 따르면 지난 20년 동안 실질적인 일자리 대부분이 신규 창업 기업을 통해 창출되었다. 비벡 와드화의 분석을 한 번 살펴보자.

> 카우프만 재단은 일자리 창출에 관해 대대적인 연구를 시행했다. 카우프만의 선임 연구원인 팀 케인은 미국 정부가 새로 집계한 데이터인 기업 역학 통계를 분석했다. 이는 1977년 이후 미국에서 설립된 기업의 연한과 고용 상황을 자세히 보여 준다. 이 통계에 따르면 신생 기업은 일자리 창출에 중요한 기여를 하는 정도가 아니었다. 신생 기업만이 일자리 창출을 하는 원천이다. 도표 3.1은 미국에서 창출된 순 일자리 대다수가 신생 기업에 의한 것임을 보여 준다. 신생 기업이 없었다면 미국 경제에서 순 일자리 수가 증가하는 일은 없었을 것이다. 1977년부터 2005년 사이에 기존 기업은 순 일자리를 없애는 역할을 했다. 이로 말미암아 연간 순 일자리 100만 개가 사라졌다. 이와 대조적으로, 도표 3.1이 가리키듯이 신생 기업은 설립 첫해에 연평균 일자리 300만 개를 추가했다.

도표 3.1 미국에서 창출된 순 일자리 대다수가 신생 기업에 의한 것

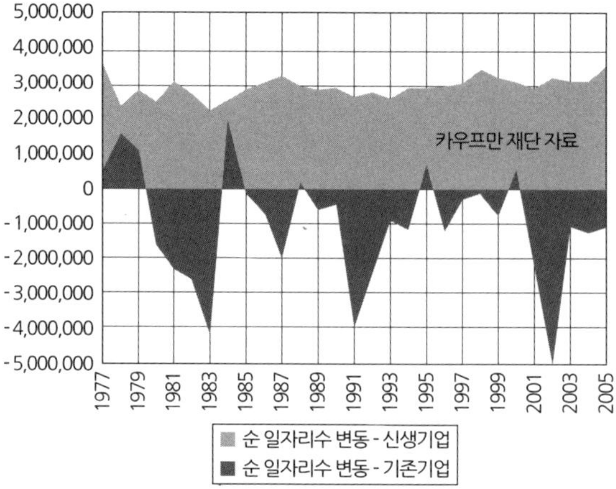

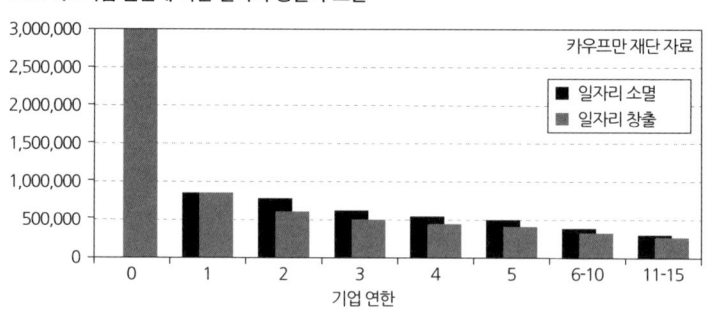

자료 출처: ⓒ 2010년 유잉 마리온 카우프만 재단의 허락을 얻어 사용한 자료임. 모든 권리는 저작권자에게 있음.

도표 3.2 기업 연한에 따른 일자리 창출과 소멸 연평균, 연한별, 1992~2005년

자료 출처: ⓒ 2010년 유잉 마리온 카우프만 재단의 허락을 얻어 사용한 자료임. 모든 권리는 저작권자에게 있음.

기업 연한별로 분석한 결과, 해당 자료는 한층 더 큰 놀라움을 준다. 1992년에서 2005년 사이에 신생 기업에서 연평균 300만 개의 총 일자리가 창출되었다. 연한이 이보다 긴 기업 군에서 창출된 숫자의 4배에 달한다.^{도표 3.2 참조} 신생 기업이 아닌 기존 기업에서는 연한이 어떻든 소멸된 일자리 수가 창출된 일자리 수보다 많다.

신생 기업의 절반은 5년 안에 파산한다. 그렇다 하더라도, 전반적으로 일자리 창출의 주된 책임을 담당하는 것은 신생 기업이다. 카우프만 재단은 모든 기업을 대상으로 탄생한 직후인 0년째부터 5년째까지 창출된 연평균 일자리 수를 분석했다. 어떤 신생 기업군이 5년째에 도달하면 창출되는 일자리 수가 설립 때의 80% 수준이다. 예를 들어, 2000년에 신생 기업이 창출한 일자리는 309만 9,639개다. 그리고 5년이 지난 2005년경에 생존한 기업들이 창출한 총 일자리 수는 240만 2,410개다. 이는 설립 당시에 창출된 일자리 수의 약 78%에 해당한다.

따라서 우리는 인텔이나 마이크로소프트에 일자리 창출을 의존할 수는 없다. 우리에게 필요한 것은 창업주다. [1]

이 개념은 미국 경제조사국에서 존 홀티웽어, 론 자민, 하비에르 미란다가 발표한 '누가 일자리를 창출하는가? 중소기업인가, 대기업인가, 신생 기업인가?'[42]에서 비롯되었고 보강되었다. [2]

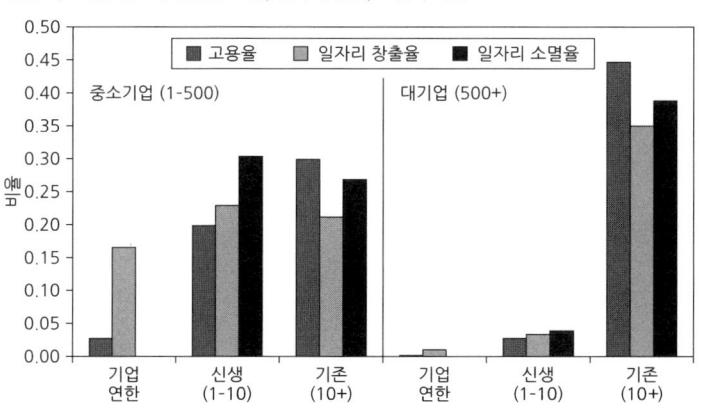

도표 3.3 기업 규모와 연한별 고용, 일자리 창출, 소멸의 비율 1992~2005년 연평균 비율

자료 출처: 미국 경제조사국, 론 자민, 하비에르 미란다가 발표한 '누가 일자리를 창출하는가? 중소기업인가, 대기업인가, 신생 기업인가?'

---

42 Who Creates Jobs? Small vs. Large vs. Young?

일자리를 추가하는 기업(구글이나 애플처럼)도 분명히 존재하지만, 평균적으로 대기업(근로자 500명 이상의)은 순 일자리를 소멸시키는 역할을 한다. 도표 3.3은 일자리를 더하여 고용률을 높이는 것이 신생 기업이라는 점을 분명히 보여 준다. 우리는 독자에게 이 연구를 한 번 읽어 볼 것을 권한다.

세계 각국의 자료를 검토해 보자. 중국처럼 공산당이 집권하는 나라라도 장기적인 순 일자리 대부분이 창출되는 곳은 어디일까? 민간 부문이다. 그리고 민간 부문에 꼭 필요한 요소는 무엇일까? 바로 돈, 투자, 엔젤 투자자, 주식 공모, 대출, 개인 저축, 친구와 가족의 돈, 주택담보 대출, 신용카드 등이다. 기업에 자본을 제공하는 것은 무엇이든 해당한다.[43]

생산성을 개선하고 일자리를 늘리고 싶다면? 민간 기업, 특히 신생 기업을 장려하는 것이 최선책인 듯하다.

앞서 소개한 등식으로 돌아가 보자. 다음을 기억하고 있을 것이다.

    GDP=C+I+G+순수출

수학적으로 상세한 설명은 하지 않겠다. 하지만 이 등식을 약간만 손보면, 다음과 같은 등식이 산출된다.

    저축=투자

소비자와 기업의 저축이 기업 투자에 가용한 금액과 맞먹으며, 이것이 경제를 성장시킨다는 얘기다. 그러나 상당히 큰 '이의'를 제기할 여지가 있는 얘기다.

그러한 저축은 정부 부채의 재원이기도 하다. 중앙은행이 돈을 찍어내기

---

43 우리는 페덱스(FedEx)의 설립자 프레드 스미스(Fred Smith)에 관한 믿기 어려운 얘기를 소개하고자 한다. 스미스는 설립 초기에 급료를 지급하지 못했다. 그래서 라스베이거스로 날아가서 자신이 가지고 있던 소액을 도박에 걸었고, 믿기 어렵지만 이때 회사를 살릴 수 있는 돈(2만 7,000달러)을 땄다고 한다. 정통 투자은행에서 하는 방식은 아니지만, 창업주들의 괴팍하고 열정적인 성격을 잘 보여 주는 사례다. 앞서 소개한 자료에 따르면 미국 신생 기업의 50~80%가 5년 후에 사라진다. 스미스는 라스베이거스에서 더 나은 베팅 상황을 기대할 수 있다고 생각했던 것 같다. 기업을 설립하는 데는 많은 위험이 뒤따른다. 가장 큰 문제 가운데 하나가 현금을 확보하는 것이다.

로 결정을 내리시 않는 한, 정부 부채는 민간 부문에서 조달되어야 한다. 이는 재정 적자 규모가 너무 크면 민간 부문에 투입되어야 할 자금이 정부 부문으로 빠져나간다는 말이다. 그러나 우리가 앞서 봤듯이, 민간 투자야말로 생산성을 증대하는 요소다. 따라서 저축액이 민간 투자 수요를 충족시킬 수 없는 수준이면, 생산성 증대와 일자리 창출에 제동이 걸리는 것이다.

이를 보여 주는 사례가 일본이다. 일본의 국가총생산 대비 정부 부채 비율은 일본 국민의 저축액 거의 전부를 흡수하면서 1990년 51%에서 2011년 말 220% 이상으로 증가했다. 일본 국민이 그 대가로 얻은 것은 무엇일까? 명목 GDP는 17년 전과 같고 새로운 순 일자리가 창출되지 않은 지 20년째다. 여기서 잠깐 생각해 볼 이야기가 있다. 1990년에는 가까운 미래에 일본이 미국을 앞설 것이라고 주장하는 전문가가 많았다. 그런데 지금 일본은 '잃어버린 20년'을 겪고 있고, 정부 부채가 민간 부문에 투자되어야 할 자본을 모두 흡수하면서 '잃어버린 30년'으로 가고 있다(이후에 소개되는 일본에 관한 분석을 참조하라).

일본처럼 인구 감소를 앞둔 나라가 GDP를 증대하려면 생산성을 한층 개선해야 한다. 이 책의 후반부에서 인구 구조에 관해 상당 부분을 할애하는 것도 그 때문이다. 인구 증가와 인구 감소는 매우 중요한 요인이다. 그런 점에서 러시아는 심각한 문제를 앞두고 있다. 러시아가 미래의 경제 붕괴를 막으려면 앞으로 20년 동안 생산성을 상당히 증대하거나 대규모 이민을 유입시켜야 할 것이다. 러시아의 인구는 지난 19년 동안 700만 명가량 감소하여 현재 1억 4,200만 명에 머무르고 있다. 유엔은 러시아 인구가 앞으로 40년 동안 약 3분의 1 감소한다고 추정한다. 그러나 이 문제는 다른 책에서 다뤄야 할 주제일 것이다.[44]

---

44 우리가 건전한 정부 부문에 반대하는 것은 아니다. 그러나 정부가 너무 커지거나 민간 저축을 지나치게 많이 흡수하면 생산성과 성장을 억제하는 법이다. 그리고 이는 일자리 창출에 타격을 준다. 특히 정부의 재정 적자 규모가 클 때 이러한 일이 일어난다.

"재정 적자는 문제가 되지 않는다."라는 딕 체니 전 부통령의 잘 알려진 주장을 다시 한 번 살펴보자. 좁은 의미로는 맞는 얘기다. 그런데 이를 좀 더 골똘히 한 번 생각해 보자.

연간 소득이 10만 달러씩 증가하는 회사를 세운다고 가정해 보자. 금리가 5%라고 할 때, 매년 100만 달러를 대출받아도 전혀 문제 될 것이 없다. 소득이 상환해야 할 대출금 이자의 두 배로 증가하기 때문이다. 이 회사는 버는 돈보다 지출이 많은 적자 상태다. 그러나 수익과 생산성의 증가가 대출 상환액을 뛰어넘으면 적자는 문제가 되지 않는다. 10년째에 1,000만 달러를 빚지는 셈이지만, 또한 100만 달러의 소득을 올린다. 그러므로 더 이상 거액을 대출받지 않는다면 10년 안에 대출금을 모두 상환할 수 있다.

이런 회사의 경우에는 적자가 문제가 되지 않는다. 그러나 금리가 10%로 오르고 수익이 반으로 줄어든다면? 그러면 큰 문제가 발생한다. 회사의 수익으로는 이자를 지급할 수 없기 때문이다. 따라서 이자를 지급하기 위해 다시 대출을 받아야 한다. 은행이 협조적이기만 하다면 회사는 생존할 수 있다. 오랜 기간 높은 수익을 올렸기 때문에 회사 사정이 다시 정상화되리라는 가정 아래 계속해서 대출을 받을 수도 있을 것이다.

그러나 어느 시점에서는 수익을 올리고 있다는 것을 보여 줘야 할 것이다. 그렇지 않으면 은행은 대출을 중단하고 회사에 자산을 매각하라고 권고하거나 심지어 회사 자산을 압류할 것이다.

그럴 경우에는 적자가 큰 문제가 되는 것이다. 나라도 이와 마찬가지다. 정부가 GDP 성장률을 초과하는 적자 상태로 재정을 운영하면 그 대가를 치르게 되어 있다. 앞으로 로고프와 라인하트의 연구 결과를 살펴보겠지만, 국채가 쌓여도 투자자의 신뢰가 유지되는 한 기한을 연장하는 데 아무 문제가 없다. 하지만 투자자들이 정부의 국채 상환능력을 신뢰하지 못하게 되는 순간 '쾅!'하고 문제가 터지게 되어 있다. 정부가 얼마든 찍어 낼 수 있는 통화로 표시되는 국채라도 한 번 신뢰가 사라지면 끝장이다. 채권 투자자들은 해당 통화의 가치가 채권 수익률의 상승 속도보다 빠르게 절하되는 것을 우려한다. 금리가 오르면 정부 부채를 상환하기란 한층 어려워진다.

그리스에 대해서는 모두 잘 알고 있을 것이다. 그러나 미국은 어떠한가? 2010년에 명목 GDP 대비 미국의 재정 적자는 약 9%인 것으로 추정된다.[45] 얼마 전까지만 해도 이 비율이 12~13%였다. 현재 미국 의회 예산처는 재정 적자가 10년 후에도 1조 달러에 달할 것으로 추정한다. 헤리티지 재단은 앞으로 9년이 지나도 재정 적자는 여전히 2조 달러에 머문다는 것이 더 현실적인 추정이라고 내다본다. 도표 3.4가 헤리티지 재단의 예측을 보여 준다. 실제 결과가 어떻게 되든 1조 달러와 2조 달러 모두 큰 우려를 자아내는 액수다.

우디 브록 박사의 논문은 어째서 정부가 명목 GDP를 훌쩍 뛰어넘는 수준으로 부채를 증가시키는 것이 경제 체제 전반에 심각한 차질을 빚는지 그 근거를 제시하는 매우 중요한 자료다.[3]

도표 3.4 오바마 행정부의 예산 적자가 연간 예산 적자를 2조 달러에 이르게 한다는 추정

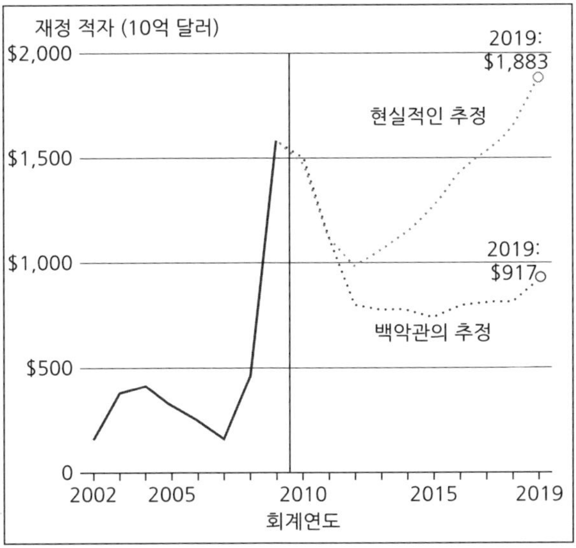

자료 출처: 헤리티지 재단. 예측치는 미국 의회 예산처와 미국 예산 관리처

---

45 대략 14조 3만 2,000억 달러다.

표 3.1 연방 부채 증가 시나리오

		부채 증가율 8% 및 GDP 성장률				
		-1%	1%	2%	3%	4%
2010	부채(조)	$12	$12	$12	$12	$12
	GDP(조)	$14	$14	$14	$14	$14
	부채÷GDP	0.9	0.9	0.9	0.9	0.9
2015	부채(조)	$18	$18	$18	$18	$18
	GDP(조)	$13	$15	$15	$16	$17
	부채÷GDP	1.3	1.2	1.1	1.1	1.0
2025	부채(조)	$38	$38	$38	$38	$38
	GDP(조)	$12	$16	$19	$22	$25
	부채÷GDP	3.2	2.3	2.0	1.7	1.5
2035	부채(조)	$82	$82	$82	$82	$82
	GDP(조)	$11	$18	$23	$29	$37
	부채÷GDP	7.5	4.6	3.6	2.8	2.2
2045	부채(조)	$177	$177	$177	$177	$177
	GDP(조)	$10	$20	$28	$39	$55
	부채÷GDP	(18.0)	8.9	6.3	4.5	3.2

자료 출처: 우디 브록

브록 박사의 논문에서 표를 하나 인용하고자 한다. 표 3.1이다. 이는 최악의 시나리오로 현재와 같이 부채가 GDP 대비 9~12% 머무르는 데 그치지 않고 GDP 대비 연간 8%씩 증가하는 상황을 가정한 것이다. 미국 의회 예산처는 내놓는 예측치마다 신빙성이 떨어지고 있으며, 5년마다 경제 성장률이 3% 이상 증가하리라는 장밋빛 전망을 제시한다. 브록의 시나리오에 따르면 미국 정부의 부채는 2015년에 이르면 18조 달러로 증가한다. 이는 GDP의 100%를 훌쩍 뛰어넘는 수치다. 표를 한 번 자세히 살펴보길 바란다. 그리고 극단적인 연도가 아닌 2015년이라는 해에 주목하길 바란다.

브록은 미국 정부의 부채가 매년 약 1조 5,000억 달러씩 증가한다고 추정한다. 이는 경제 성장률이 평균 2%라고 가정한다고 해도 2015년에 이르면 GDP 대비 부채 비율이 110%(브록의 표에 1.1배로 표시됨)에 달한다는 얘기다.

다시 10년이 흘러 2025년이 되고 그때까지 재정 적자가 억제되지 않는다면, GDP 대비 부채 비율은 200%로 급증한다. 그런데 헤리티지 재단은 현재의 예산법으로는 가까운 미래에 재정 적자가 브록이 제시한 연간 1조 5,000억 달러를 뛰어넘는 수준으로 증가할 것이라고 본다.

여기에서 우리의 목적은 미래의 대파국을 예언하는 것이 아니라 재정 적자가 억제되지 않는다면 가까운 장래에 어떤 일이 얼어날 수 있는지 지적하는 것이다.

그 시점^{대략 2020년}에 이르기 한참 전에 채권 시장이 반란을 일으키고 금리가 상승하며 매우 불쾌한 결과가 나타나리라는 것이 우리의 주장이다. 특히 이는 미국에 일어날 이야기다. 앞으로 살펴보겠지만, 심각한 개입이 이루어지지 않는 한 불쾌한 결말이 선진 각국에 닥칠 수 있다.

거위 죽이기

정부는 부채 증가율이 명목 GDP 성장률에 미치지만 않으면 얼마든지 부채를 늘릴 수 있다. 비록 현명한 선택은 아니겠지만, 황금알이 줄어들더라도 이를 낳는 '거위를 죽일' 정도는 아니다. 체니가 재정 적자는 문제가 되지 않는다고 주장한 것도 그런 이유에서이다. 이때 재정 적자는 명목 GDP 성장률에 미치지 않는 수준을 말한다. 체니는 상황이 더 심각한 나라도 있지만 미국의 재정 적자가 12%에 이른다는 점을 알지 못했던 것 같다. 그러나 그는 그 사실을 알아야 했다.

재정 적자가 문제가 되는 이유가 있다. 호황기에는 흑자 재정을 운영하고 부채를 상환하여 불황기를 위한 정책적 대응의 여지를 마련하는 것이 유리하기 때문이다. 항상 적자 재정을 운영하면 재정이 가장 필요할 때 이를 사용하지 못하게 된다. 현재 많은 나라가 그 사실을 실감하고 있다. 세계 최강

대국이라고 해도 대출하는 데는 한도가 있다. 그러한 한도에 이르는 것이 먼 미래의 일 같지만, 한도는 분명히 있다. 그리고 앞으로 살펴볼 텐데, 끝이 멀지 않았음을 알려 주는 마법의 숫자는 없다. 다시 말해, 위기가 언제 닥칠지 알 방법은 없다.

높은 평가를 받고 있는 로고프와 라인하트의 저작(추후에 이들의 저작을 소개하는 데 이 책의 한 장을 할애하고자 한다)에서 다음을 살펴보자.

> 부채 비율이 높은 정부, 은행, 기업은 아무런 문제 없이 오래도록 승승장구하다가 갑자기 쾅! 하는 굉음과 함께 신뢰가 추락하고 채권자가 사라지며 위기가 닥치는 상황에 직면할 것이다(이와 같은 내용이 로고프와 라인하트가 쓴 책의 일관된 주제다. 이를 통해 채권 시장의 위태로운 본질을 이해하는 것이 매우 중요하다).[4]

세계 각국의 유권자가 정부가 황금알을 낳는 거위에게 많은 부담을 주고 있을 뿐 아니라 그 거위의 생명을 위태롭게 한다는 사실에 점점 큰 우려를 느끼고 있다. 억제되지 않는 재정 적자는 실제로 국가 경제의 생명을 위태롭게 할 수 있다. 얼마 동안은 아무런 문제를 겪지 않을 수도 있지만, 어느 시점에 이르면 재정 적자를 해결해야 한다. 그렇지 않으면 오늘날 그리스나 아르헨티나의 상황에 처할 각오를 해야 한다.

다시 한 번 미국을 예로 들어 어떤 중대한 함의가 있는지 살펴보자.

정부가 부채를 연간 1조 5,000억 달러씩 늘리려면 누군가가 그만큼 미국 재무부에서 발행한 국채에 투자해야 한다는 얘기다. 그 1조 5,000억 달러를 어떻게 충당할 수 있을지 생각해보자. 미국의 무역 적자가 전부 미국으로 돌아와 미국의 국채에 투자된다고 가정해 보자. 시간이 지나면서 감소하고 있으나, 그 금액은 자그마치 5,000억 달러에 달하기도 했다. 아직도 국채에 투자되어야 할 돈이 1조 달러 남는다.[46]

---

46 이는 기업 대출, 소비자 대출, 주택담보 대출을 충당해야 할 몫을 제외한 금액이다.

1조 달러는 미국 GDP의 7% 정도 되는 돈이다. 매년 확보하기에는 너무도 어마어마한 금액이다. 그것도 외국인이 계속해서 매년 지급 준비금의 100%를 달러화 표시 자산에 투자한다고 가정할 때의 이야기다. 그리고 각국 정부가 준비 통화를 달러가 아닌 통화로 대체할 것을 고려한다는 요즘 뉴스를 감안하면 안전하지 못한 가정이다.[47]

필요한 자금을 조달할 방법은 세 가지뿐이다. 세금을 인상하거나, 국채에 투자되는 저축액을 늘리거나 연준리가 부채를 '통화화', 즉 돈을 찍어내어 그 돈으로 부채를 갚든가 하는 것이다.

부채의 통화화는 인플레이션을 다루는 장에서 논의할 테니 여기서는 일단 제외하겠다. 세금이나 저축으로 재정 적자를 충당하면, 민간 투자에 사용할 수 있는 돈이 줄어들고 그에 따라 새로 설립되는 기업의 숫자가 감소해 반드시 필요한 생산성의 증대를 저해한다. 이것이 우리가 재정 적자 문제를 해결하지 않으면 죽이게 되는 거위다.

그런데 재정 적자만 문제가 아니다

우리는 앞서 정부 부채가 증가하면 어째서 생산성 증대에 필수 요소인 저축액의 민간 투자가 줄어드는지 살펴봤다. 그러나 그러한 등식에는 경제 전반 대비 정부 지출의 비율이라는 다른 부분도 있다. 금융 시장을 조사하는 회사인 게이브칼 연구소의 찰스 게이브가 최근 분석한 결과를 소개한다.

---

[47] 미국이 현실적인 삭감 계획도 마련하지 않은 채 1조 5,000억 달러가 넘는 재정 적자를 쌓는 것을 본다면 누구라도 그런 생각을 할 것이다.

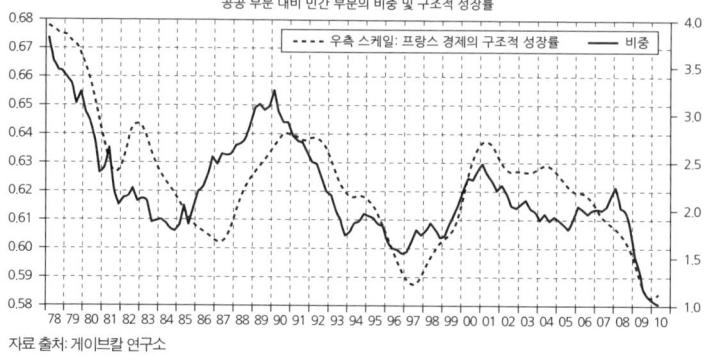

도표 3.5 나쁜 소식 - 정부가 커질수록 성장률이 둔화한다

자료 출처: 게이브칼 연구소

정부가 커질수록 성장도 둔화하는 것으로 보인다. 도표 3.5는 프랑스의 현재 상황을 보여 준다. 그러나 이는 모든 나라에 공통된 일반 원칙이기도 하다. 도표는 공공 부문 대비 민간 부문 비중이 성장률과 어떤 상관관계가 있는지를 보여 준다. 그 상관관계는 크다.

물론 경제가 성장하는 데는 정부가 존재하지 않는 환경이 최적이라고 주장하려는 것은 아니다. 분명히 정부의 역할도 있다. 그러나 정부가 생산적인 민간 부문에서 자금을 앗아가는 데는 비용이 뒤따른다. 또 한편 민간 투자라고 해서 반드시 생산적인 것만은 아니다. 2000년대의 주택 가격 거품이 그 사례다.

게이브는 (역시 프랑스의) 공공 부문 대비 민간 부문 비중과 실업률 간의 상관관계도 보여 준다. 상관관계가 없는 시기도 있지만, 장기간에 걸쳐 명백한 상관관계가 나타난다. 특히 미국의 도표를 보면 한층 분명해진다

이는 민간 부문이 생산성을 증대한다는 우리의 주장에 다시 한 번 근거를 제시한다. 정부의 이전지급[48]은 생산성을 증대하지 않는다. 스스로 활발

---

48 역주 _ 재화나 서비스 생산에 관여하지 않은 개인이 정부로부터 지급받는 소득으로 연금, 실업수당, 급식비, 생활비 보조금 등이 포함된다.

하게 투자하는 민간 부문과 중소기업이 있어야 일자리 수가 늘어나는 것이다.

어떤 시점에서는 정부 지출이 경제의 발목을 잡는다. 지난 10년간 자산 가치(주식과 주택 등)가 하락하고 베이비붐 세대의 고령화로 그들의 대거 은퇴가 멀지 않음에 따라 미국과 다른 나라의 소비자들이 저축을 늘리면서 대출금을 줄여나가는 환경이라면, 기존의 경기 부양책은 더욱 타당성을 띠지 못한다. 게이브는 다음과 같이 주장한다.

> 이는 의도하지 않은 결과의 법칙[49]이 실제로 적용되는 사례이다. 어떤 사람이 정부로부터 100달러를 받고, 그와 동시에 투자 포트폴리오와 주택 가치가 500달러 하락하면 그 사람은 어떤 행동을 할까? 100달러를 써 버릴까, 아니면 이를 저축하여 자신이 감당해야 하는 자본 손실을 메우고 앞으로 계속해서 소비를 줄일까?
>
> 케인스식 정책으로 '저축의 역설'을 타파하려면, 사람들이 멍청하기 때문에 **대차대조표에 생긴 틈은 무시한 채 손익계산서의 개선에만 주목한다고** 보는 것 외에는 달리 방법이 없다.
>
> 하지만 실제로는 그렇지 않을 것이다. 더욱이 사람들이 멍청해서 대차대조표에는 신경 쓰지 않는다고 해도 은행들은 당연히 신경을 쓸 것이다. 자산 가격을 하락시키는 정책은 은행 대출을 한층 위축시키는 결과를 낳는다. 대차대조표 침체기가 한창일 때의 (일본이 지난 20년 동안 시행하려고 애쓴 것과 같은) '소비활성화'는 백해무익할뿐더러 **경기 회복을 저해한다.**
>
> 오늘날 대다수 국가에서 크게 문제로 삼는 일이 있다. 대차대조표가 취약한 상황에서 OECD 국가가 가장 원하지 않는 일은 대차대조표를 망가뜨려가며 손익계산서를 부풀리는 것이다. 이것이 미국 정부가 추가 부양안을 거론할수록 미국의 소비 매출이 감소하고 주택

---

[49] the law of unintended consequences

가치가 하락하며 달러화가 절하될 가능성이 커지는 이유를 설명해 준다. 또한 미국 소액 투자자의 신뢰지수가 현재 사상 최저 수준을 기록하는 것도 이로써 설명이 된다.[5]

이는 너무도 많은 분석가와 경제학자가 오늘날 경제 지형에 대해 근본적으로 착각하고 있는 것이다. 이들은 현재 경기 후퇴와 그 후가 제2차 세계 대전 이후에 나타난 경기 후퇴 상황들과 같으리라고 추측한다. 케인스식 경기 부양책만 약간 시행하면 소비자와 기업 부문이 정상 궤도로 올라설 것이라고 본다. 그러나 지금은 당시와 환경이 판이하다. 지금은 부채 슈퍼사이클의 후반부다. 이것이 모하메드 엘-에리안이 말하는 '새로운 표준'이다.

앞으로 살펴보겠지만, 신용 위기와 금융 위기 이후에 나타나는 시기는 일반적인 침체기와 상당히 다르다. 10년까지는 아니더라도 몇 년 동안 지속되고, 본질적으로 구조적이며, 순환적인 경기 후퇴 정도에 그치지 않는다. 정부에 필요한 정책도 순환적인 경기 후퇴 때와는 다르다. 이에 대해서는 나라마다 차이가 있으므로 앞으로 자세히 다루겠다. 평소와 같은 정책은 지금 우리에게 필요한 해결책이 아니다. 그런데 이것이 바로 현재 대다수 나라에서 시행하려고 하는 정책이다.

모두가 흑자를 달성할 수는 없다

어떤 나라든 현재의 난국에서 어떻게든 벗어나길 바란다. 그리고 실제로 어떤 나라든 위기에서 저절로 벗어나는 것이 이제까지의 일반적인 현상이다. 그러나 새로 소개하는 등식을 보면 이번에는 그것도 가능하지 않다는 것을 알 수 있다. 이 역시 사람들이 아침 식사 이전에 불가능한 일 여섯 가지를 믿고 싶어 하는 사례다.

국가 경제를 민간, 정부, 수출의 세 부문으로 나눠 보자. 변수에 조금만 손대면 다음과 같은 등식을 얻을 수 있다. 이것이 이론이 아니라 회계 항등식이라는 점을 기억해 두라. 이 등식이 틀린다면 지난 500년 동안 이루어진 복식 부기도 틀린 것이 된다.

국내 민간 부문의 금융수지 + 정부의 재정수지 - 경상수지 (또는 무역 적자/흑자) = 0

국내 민간 부문의 금융수지는 기업과 소비자의 순 손익을 뜻한다. 이들이 계속 돈을 빌리고 있는지, 또는 대출금을 상환하고 있는지를 보여 준다. 정부의 재정수지도 마찬가지로 정부가 부채를 지고 있는지, 또는 부채를 상환하고 있는지를 보여 준다. 경상수지는 무역 흑자나 적자 현황을 보여 준다.

이 등식이 시사하는 바는 단순하다. 세 가지 수지를 합하면 0이 된다는 점이다. 이는 민간의 금융수지와 정부의 재정수지가 모두 흑자가 되려면 무역 적자를 기록해서는 안 된다는 말이다. 무역수지가 흑자를 기록해야 하는 것이다.

간단히 설명해 보겠다. 민간 부문과 정부가 100달러의 흑자를 기록한다(따라서 부채를 상환한다)고 가정해 보자. 이제 경상수지가 남는다. 등식의 값이 0이 되려면 200달러의 무역 흑자를 기록해야 한다.

$100 (민간 부채 축소) + $100 (정부 부채 축소) - $200 (무역 흑자) = 0

그러나 어떤 나라가 100달러의 무역 적자를 기록하고자 한다면 어떻게 될까? 그러려면 민간 부채나 정부 부채가 100%씩 늘어나야 한다. 합이 0이 되어야 하기 때문이다. 그렇게 되려면 아래와 같은 방법밖에 없다.

$50 (민간 부채 축소) + (-$150) (정부의 재정 적자) - (-$100) (무역 적자) = 0

(음수를 더하고 음수를 빼야 한다는 사실을 명심하라.) 중요한 것은 각 요인이 어떻게 변동하느냐다. 따라서 민간 투자를 늘리려면 무역 적자를 감소시켜야 한다. 무역 적자를 기록하고, 정부 부채를 줄이고, 민간 부채를 줄일 수는 있지만, 이 세 가지를 동시에 추진할 수는 없다. 두 가지를 신중히 선택해야 한다. 이러한 세 가지 요소가 상대적으로 어떻게 변동하느냐가 중요하다.

리치배처 뉴스레터의 편집인인 롭 파렌토의 논문에서 인용한 다음 대목을 보면 이 단순한 등식이 어째서 그토록 중요한지 알 수 있다. 파렌토는 유럽의 문제에 대해 썼으나 기본 원칙은 어느 곳이나 동일하다.

> 유로존 비핵심 국가뿐 아니라 영국, 미국, 일본에서도 재정적 지속가능성이라는 문제가 현재 크게 다가오고 있다. 국가총생산 대비 부채 비율의 급증을 저지하고 기축통화가 없는 국가의 부도 등 부채 급증이 유발할 수 있는 재정적인 난국을 피하기 위해 좀 더 억제적인 재정정책이 제안되고 있다.
>
> 그러나 앞으로 어떠한 재정 경로가 가장 적합할지에 관한 연구와 논의 대다수가 일종의 진공상태에서 일어나고 있다. 금융수지 정책을 추진할 경우 새로운 불안정성을 낳을 수 있다. 한 부문의 금융수지를 의도적으로 변화시키려면 다른 부문들까지 이를 보완하기 위해 조정되어야 한다. 현재 제안된 방향으로 재정적 지속가능성을 추진하면, 그와 동시에 경상수지가 부족분을 상쇄할 정도로 증가하지 않는 한 유로존과 기타 국가의 민간 부문이 불안정한 상태에 빠질 가능성이 있다.
>
> 금융수지 정책이 근본이다. 무역 흑자가 달성되고 유지되지 않는 한, 국내 민간 부문과 정부 부문이 동시에 차입금을 줄일 수는 없다. 그러나 세계 모든 나라가 무역 흑자를 기록할 수는 없다. 특히 현재 위기의 경우, 어떤 나라나 지역이 유럽에서 생산하는 교역 상품을 계속해서 점점 더 많이 수입하는 순수입국이 될 가능성이 있는지 우리는 제대로 파악하지 못하고 있다. 현재 대규모 무역 흑자를 기록하는 나라들은 무역 흑자를 힘겨운 노력에 따른 당연한 소득으로 생각한다. 특히 무역주도적인 성장 전략을 내세우는 나라라면 싸워서라도 세계 시장의 점유율을 포기하려 하지 않을 것이다. '필요가 모든 발명의 어머니'라는 말이 있다. 필자는 절망적인 상황이 발명의 아버지라는 말도 생각해 보았다. 따라서 경상수지가 적자인 나라들은 제품 혁신이나 노동생산성 향상을 통해 교역 시장을 확대해야 할 것이다. 이제 재정 긴축을 앞두고 있는 유로존 비핵심 국가들의 국민이 올리브와 적포도주와 기네스 맥주만 먹고도 살아남을 수 있도록 기도하자.[6]

대규모 재정 적자와 무역 적자에 시달리는 나라에 이는 중대한 함의를 띠는 말이다. 정부가 지출을 줄이기를 기다리면서 스스로의 부채를 축소하고자 하는 개인과 기업에도 마찬가지다. 그러려면 뭔가를 포기해야 한다.

어떤 나라가 부채 위기나 금융 위기에서 벗어나려면 성장을 통해 문제에서 빠져나오는 것이 일반적으로 선호되는 방식이다. 또한 그것이 『파이낸셜 타임스』의 저명한 칼럼니스트 마틴 울프가 영국이 선택해야 할 길이라고 보는 것이기도 하다.

울프는 수출을 늘리고 파운드화의 가치를 조금 더 절하하는 데 답이 있다는 점을 (상당히 설득력 있게) 주장한다.

> 가치가 절하된 파운드화는 문제가 되기는커녕 상당 부분 해결한다. 그러나 그것으로는 충분하지 않다. 좀 더 역동적인 제조업을 육성하는 데 주의를 기울여야 한다. 에너지 생산이 내리막길을 걷는 지금, 이를 피할 길은 없다.[7]

마틴 울프의 글은 영국 경제 전문가들의 생각을 대변한다. 현시점에서 파운드는 이미 달러 대비 25% 평가 절하되었다. 우리는 파운드가 추가로 평가 절하되리라고 본다. 특히 필자 가운데 몰딘은 (파운드가 훨씬 더 강세를 보였으며) 연준리가 2차 양적 완화^{QE2} 조치를 취하기로 결정을 내려 달러 가치가 더 떨어지기도 전에 파운드가 달러와 동등한 수준으로 떨어질 수 있다는 점을 공공연히 밝혔다.

영국이 파운드화를 평가 절하하려면 어떻게 해야 할까? 현재의 적자 위기에서 벗어나려면 정부가 긴축 조치를 시행하는 가운데, 영국은행은 더 많은 돈을 찍어 내야 할 것이다. 이런 예상에 손사래를 치는 사람들도 있을 것이다. 문제는 '그것이 인플레이션을 유발하지 않을까?'이다.

이 조치가 인플레이션을 유발하는 것은 당연하다. 그것도 계획의 일환이다.

약간의 인플레이션이 적자 감소와 결합하면 환율이 떨어지고, 이로써 수출 증대를 기대할 수 있다. 이런 식으로 영국은 위기에서 탈출할 수 있다. 물론 인플레이션의 영향으로 (특히 외국의 경우) 영국산 제품을 사기 위해 좀 더 많은 파운드화를 치러야 할 것이다. 그렇게 되면 고정된 소득으로 살아가는 사람들은 인플레이션 수준에 따라 상당한 타격을 입을 것이다. 그래서 인플레이션이 장기간에 걸쳐 분산되어 경미한 효과만 발휘하도록 바랄 뿐이다. 그래야 빚을 진 개인이나 정부에 유리하기 때문이다.

여기에서 딜레마에 봉착한다. 정부의 재정 적자를 줄이려면 민간 기업이 적자를 늘리든지 무역수지를 적자로 전환하든지 두 가지를 결합해야 한다. 영국으로서는 일부 정부 부채를 통화화해서 환율을 떨어뜨릴 수 있는 것이 행운이다. 어쨌든 난국에서 빠져나갈 길은 있기 때문이다. 이는 물론 파운드화로 표시된 자산의 가격이 달러 대비 3분의 1 더 하락할 수도 있음을 의미한다. 또한 영국 국민의 외국 제품 구매력이 크게 위축된다는 말이기도 하다. 외국에서 생활하는 영국인 연금 수급자들은 현지 통화로 표시된 소득이 한창때보다 절반으로 줄어드는 일을 겪어야 할 것이다(물론 이는 급락하는 유로화에는 해당하지 않는 얘기겠다).

대안으로는 무엇이 있을까? 점점 불어나는 차입비용이 영국 경제에 구멍을 뚫어 놓을 때까지 계속해서 막대한 적자 재정을 운영하는 것뿐이다. 그렇게 되면 파운드화는 어찌 됐든 가치가 떨어진다. 그런데 정부 지출을 단기간에 축소하면 경제의 발목을 잡아서 짧은 시일 안에 확실히 경제 성장이 둔화된다는 사실을 명심해야 한다. 우리가 계속해서 지적했듯이, 세계 어느 나라에나 바람직한 선택안은 남아 있지 않다.

영국의 경제전망은 경제 성장 둔화(추가적인 경기 후퇴의 가능성도 있다), 파운드화 구매력 저하, 근로자 실질 소득 하락 등으로 요약된다. 그러나 영국은 몇 년 안에 정상 궤도로 올라서게 할 선택을 할 수 있다. 자국 환율과 대부분 자국 통화로 표시된 부채를 조절할 수 있으므로 환율을 절하해서 해결책에 도달할 수 있는 것이다.

최악이냐 차악이냐, 선택의 기로에 놓인 그리스

나는 그리스에서 일생에서 가장 즐거운 일을 몇 가지 체험했다. 그래서 그리스와 그리스인을 좋아한다. 그러나 그리스는 경제 운영에서 몇 가지 나쁜 선택을 했고, 이제 그로 말미암은 결과를 감당해야 한다.

그리스 정부의 재정 적자가 14%대라는 점은 잘 알고 있을 것이다. 그러나 그리스의 무역 적자는 10% 이상이다.[50]

앞서 소개한 등식으로 돌아가 보자. 그리스가 앞으로 3년 동안 재정 적자를 11% 축소하려면 민간 부채가 증가하거나 무역 적자가 급감해야 한다. 그것이 회계원칙이다.

그러나 문제가 있다. 그리스는 자국 환율을 절하할 수 없다. 현재 유로화를 사용하고 있기 때문이다. 그렇다면 그리스산 제품의 경쟁력을 확보하는 수밖에 없다. 그리스는 어떻게 해야 성장을 통해 현재 난국에서 빠져나올 수 있을까? 다른 유럽국가나 세계 각국보다 생산력을 확보하려면 어떻게 해야 할까?

올리브유와 기타 농산물 생산량의 증대를 제외하고는 이를 쉽사리 달성할 방법이 없다. 1999년 유로화가 출범한 이후, 독일은 생산성이 그리스보다 30% 증가했다. 대략 잡아도, 이는 독일 대신 그리스에서 제품을 생산할 경우 비용이 30% 더 든다는 말이다. 그리스의 수입액이 640억 달러에 달하고 수출액이 고작 210억 달러에 머무는 것도 그 때문이다.

---

50 참고로, 이와 비교하여 미국의 무역 적자는 현재 4% 정도다.

그리스가 경쟁력을 개선하려면 어떻게 해야 할까? 일단 인건비부터 크게 줄어들어야 한다. 10%나 15%로는 안 된다. 그런데 인건비가 하락한다면(디플레이션), 이는 세금도 감소한다는 말이다. 정부가 거둬들이는 돈이 줄어들면 GDP도 감소한다. 긴축정책을 시행해도 GDP 대비 부채 비율이 악화되는 모순된 상황이 발생한다.

다시 말해, 그리스인의 생활방식이 위협받게 된 것이다. 그 결과 그리스는 생활수준의 저하를 경험하게 될 것이다. 달리 선택의 여지가 없다. 그리스는 스스로를 극심한 경기후퇴기, 아니 좀 더 현실적으로 볼 때 공황으로 밀어 넣어야 할 것이다.

영국의 국민소득이 다른 경쟁국에 비해 줄어드는 상황에서, 그리스의 인건비도 줄어들어야 한다. 그러나 그리스의 문제는 이들이 부담해야 할 비용이 여전히 유로라는 점이다. 이는 극심한 악순환을 초래할 것이다. 지출을 감축할수록 세원이 될 소득도 줄어들고, 이에 따라 정부의 세금수입이 감소한다. 그리고 그 결과 다시금 지출을 줄여야 하는 일이 되풀이될 것이다.

방법은 나중에 상환할 수 없는 정도일지라도 차입금 규모를 늘리는 것뿐이다. 지금 그리스는 기적이라도 일어날 것을 기대하면서 심판의 날을 지연시키고 있다.

그리스는 어떤 선택을 할 수 있을까? 그저 더 이상 상환할 수 없다며 채무불이행을 선언하는 것뿐이다. 이는 최소한 몇 년 동안은 더 이상 대출을 받을 수 없게 된다는 것을 의미한다(아르헨티나는 채무불이행 선언 이후 비교적 단기간에 정상화된 것으로 보인다). 그러나 그리스 정부가 재정수지의 균형을 맞추려면 앞으로 오랜 시간이 걸릴 것이다. 정부 직원들의 임금이 많이 삭감되고, 또한 서비스 부문의 일자리가 대폭 줄어들 것이다. 공황이 올 것이다. 그리스는 그 공황에서 빠져나올 길을 마련해야 한다. 여전히 유로존에 속해 있으므로 과연 어떻게 하면 경쟁력을 증진할 수 있는지 방법을 찾아내야만 한다.

그렇지 않으면 긴축정책을 택하여 인건비를 대폭 감축하고 부채 규모를 늘려야 한다. 그렇게 되면 몇 년 안에 상환해야 할 금액이 한층 더 증가한다. (은행 잔고가 부족해지는) 국민도 더 많은 빚을 질 수 있다. 이것 역시 공황 상태다.

마지막으로 유로를 탈퇴하여 통화 가치를 절하하는 방법이 있다. 그런데 이런 시나리오로는 끔찍한 결과를 초래할 수 있다. 계약서가 대부분 유로화로 체결되었기 때문이다. 이로써 엄청난 법률 비용이 발생할 것이다.

그리스의 경우, 어떤 선택을 해도 불리하다. 손쉬운 방법이 없다.

그렇다면 사람들은 어째서 그리스 사태가 포르투갈과 스페인으로 확산할 것을 우려하는 것일까?

또한, 유로화의 환율이 절하되면 그리스의 경쟁력이 오히려 높아지는 것 아닐까? 경쟁력에 유리한 측면도 있지만 타격도 있을 수 있다. 달러나 다른 신흥국의 통화와 비교해서는 경쟁력을 확보할 수 있지만, 그리스의 주요 교역 대상인 다른 유럽 국가에 대해서는 그렇지 못하다. 유로화의 폭락은 수출 대국인 독일과 북유럽 국가들의 경쟁력만 향상시킬 뿐이다.

유럽은 소폭의 무역 흑자를 기록하고 있다. 그 흑자는 대부분이 몇 안 되는 나라에서 기록하는 것이다. 그리스가 무역 적자를 줄이기 위해서는 생활방식을 뒤바꿔야 한다.

독일은 '우리를 따르라'는 식의 태도를 유지하고 있다. 물론 모두 독일처럼 되고 싶어 한다. 단지 모두가 그렇게 될 수 없을 뿐이다.

모든 나라가 무역 흑자를 기록할 수는 없다. 제품을 수입하는 나라가 있어야 하기 때문이다. 그러나 유럽의 정치가들이 원하는 처방은 하나같이 재정 긴축과 무역 흑자다. 그것이 앞서 소개한 마틴 울프가 쓴 칼럼의 골자다. 울프는 최대한 영국의 상황에 초점을 맞추었다. 짧지만 명확하게 영국이 추구해야 할 방식을 제시했다. 통화 가치를 절하하고 제품과 서비스를 팔라는 것이 그의 제안이다. 어떻게 하면 흑자를 달성할 수 있을지 생각해 보라는 것이다.

오늘날 독일이 번영을 누리는 것은 유럽 대다수 국가가 독일산 제품을 사기 때문이다. 유럽의 다른 국가들이 어찌할 수 없는 상황 때문에 독일산 제품의 구매를 줄인다면, 독일의 사정도 나빠질 것이다. 모든 나라가 연결되어 있기 때문이다.

정치가들은 어떻게든 자기 나라만큼은 흑자를 달성할 수 있다고 믿고 싶어 한다. 예산 균형을 이룰 수 있고, 민간 부채를 줄일 수 있으며, 가상의 마을 워비곤 호수에 사는 똑똑한 아이들처럼 자기 나라는 평균을 웃돈다고 믿고 싶어 한다. 그러나 안타깝게도 모든 사람이 해피엔딩을 맞는 것은 절대 있을 수 없는 일이다.

다음 얘기로 넘어가기 전에 미국을 고찰한 연구결과를 몇 가지 더 알아보자. 단지 (2010년 11월 중간 선거 이전의) 워싱턴뿐 아니라 미국 전체가 적자를 줄일 수 있다는 분위기에 젖어 있다. 소비자는 저축을 늘리고 부채를 줄이고 있다. 그러나 각 수지 간에 균형이 맞아야 한다. 재정 적자를 줄이고 동시에 민간 부채까지 줄이고 싶으면, 현재 연간 5,000억 달러에 이르는, 재정 적자보다 1조 달러가량 적은 무역 적자를 줄일 방법을 찾아야 한다.

무엇보다 저축을 늘리면 점차 지출이 줄어들고 수입물량도 줄어든다. 그러나 미국이 점차 예산 균형을 맞추고 민간 부채를 줄이며 저축을 늘리고자 한다면, (원유 시가에 따라) 대략 3,000억 달러나 되는 석유수입수요부터 해결해야 한다.

미국 근해의 해저 석유시추를 확대한다면 얼마간은 수요를 충당할 수 있을 것이다. 하지만 핵심은 석유수요를 줄이는 데 있다. 원자력, 재생 에너지, 전기자동차로의 전환 등이 가장 효과적인 방법이다. 좀 더 급진적인 제안을 해 보고자 한다. 몇 년 전 리터당 주유비가 4달러에 가까워졌을 때 미국인들은 운전습관과 자동차 구매행태를 바꿨다.

앞으로 유가 인상이 불가피할지도 모른다. 그렇다면 유가는 인상하되, 석유 수요가 수입산 석유에 의존하지 않아도 될 때까지 매달 휘발유세를 갤런(약 3.8리터)당 2~3센트 올리는 것은 어떨까? 즉, 미국이 유럽식 휘발유 연비 기준을 도입하는 것이다.

그리고 그 2~3센트의 인상분을 거둬들여 현재 보완이 시급한 미국의 인프라를 개선하는 데 사용하도록 한다. 미국 인프라 보고서[51]는 다양한 기준에 따라 자국의 인프라를 평가했다(홈페이지에서 짧은 영상물을 보면 이들의 평가 결과를 알 수 있다). 미국 토목 공학회[52]에 의한 2009년 평가는 다음과 같이 인프라를 항목별로 평가했다.

항공 (D)	유해 폐기물 처리 시설 (D)	도로 (D–)
교량 (C)	내륙 수로 (D–)	학교 (D)
댐 (D)	제방 (D–)	고형 폐기물 처리 시설 (C+)
식수 시설 (D–)	국립공원 및 휴양지 (C–)	수송 (D)
에너지 (D+)	철도 (C–)	폐수 처리 시설 (D–)

전반적으로 미국의 인프라 성적은 D 학점이다. A 학점을 받으려면 5년 동안 2조 2,000억 달러를 인프라에 투자해야 한다.

그 돈을 인프라에 투자하기 위해서라도 석유 소비는 줄여야 한다. 여기에 가격이 큰 영향력을 미치는 것은 분명하다. 인상분 2~3센트 가운데 대부분은 그 돈이 부과된 미국 내에서 쓰여야 한다. 그리고 인프라 외에는 그 어떤 곳에도 사용되지 않도록 해야 한다(그리고 그러한 목표를 추구하는 동시에 원자력 발전소를 50곳쯤 건설하는 것이 좋다. 미국을 다룬 장에서 이에 관하여 좀 더 자세히 논하겠다).

---

51 the U.S. Infrastructure Report Card, www.infrastructurereportcard.org
52 the American Society of Civil Engineers

치열해지는 환율절하 경쟁

그렉 웰던은 2000년대 중반에 나타난 아시아 국가들의 경쟁적인 환율절하를 미국의 나스카[53]에 비유했다. 미국과 유럽에 자국산 제품을 수출하려 안간힘을 쓰던 아시아 각국은 다른 경쟁국을 본떠 낮은 환율에 의존하여 수출을 늘리려 했다. 이는 일종의 중상주의다. 중상주의란 국가적으로 수출을 장려하고 환율을 떨어뜨려 수입을 억제하는 것을 말한다. 아시아 신흥국에서 경상수지 흑자가 크게 불어난 것은 그 덕분이다.

실제로 이러한 환율절하 경쟁을 통해 경쟁력을 크게 높일 수 있다. 울프의 칼럼도 나스카 진행자가 "여러분, 엔진 시동을 거십시오."라고 외치는 것과 흡사하다.

앞서 영국에 대해 잠시 논했다. 그러나 유로화에도 구조적인 취약성이 내재해 있다(이 역시 앞으로 차차 다루겠다). 2000년대 초반 유로의 환율이 0.88달러였을 때 나(몰딘)는 유로가 1.50달러까지 치솟고(그때는 일어날 수 없는 일처럼 보였다) 2010년 중반에 이르면 다시 1달러로 하락할 것이라고 예견했다. 낙관적인 전망이었다. 유로는 그 후 1.60달러까지 상승했다가 현재 그 상승폭만큼 다시 하락하고 있기 때문이다.

일본에 관한 장의 제목은 '자동차 앞유리에 날아드는 벌레'다. '떠오르는 태양의 나라'의 환율은 이 글을 쓰는 지금 강세를 보이고 있다. 그러나 엔화의 약세가 시작되었다고 볼 만한 구조적, 정치적 이유가 있다. 처음에는 그 하락세가 점진적일 것이다. 그러나 정부가 진정한 지출 개혁을 감행하지 않는 한, 엔화는 급격히 하락할 수 있다. 적어도 2010년 중반까지 엔화가 달러화 대비 50% 이상 하락할 수 있다고 예측할 근거가 있다.

---

53 역주 _ NASCAR, 전미 시판용 자동차 경주

유로화나 파운드화가 1달러로 하락한다면, 엔화는 그 절반 수준으로 하락할 것이다. 세계 곳곳의 신흥국들은 이에 어떻게 대응할까? 자국 통화가 상승하도록 그 상황을 수수방관하기만 할까? 그렇게 되면 유럽이나 일본과 경쟁하기가 더 어려워지는데? 스위스 역시 스위스프랑의 강세를 달가워하지 않는다. 북유럽 국가들은 어떨까? 다른 아시아 국가들은?

그리고 현재 연준리는 디플레이션을 억제하고 성장 둔화로 말미암은 경기 후퇴를 막는다는 명목으로 2차 양적 완화 조치를 시행하고 있다. 결과적으로 미국도 환율절하 경쟁에 참여한 셈이 되어 달러화가 하락할 것이다. 연준리가 돈을 찍어내는 한, 바닥으로 치닫는 경쟁에서 누가 승리할 것인가를 추측하는 것은 의미가 없다.

중국은 어떨까? 유럽은 중국에 지극히 중요한 시장이다. 중국은 유로화 대비 자국의 환율이 크게 절상되는 것을 그저 지켜보고만 있을까? 그런데 중국이 이에 대응하면, 미국도 가만히 있지 않고 다시 아시아 전역에서 환율절하 경쟁을 시작하려고 할 것이다.

미국은 어떻게 대응하고 있는가? 미국 상원은 이미 중국 위안화의 가치를 올리려고 혈안이다. 슈머와 그레이엄 등 대중국 수입품에 대한 보복 관세 법안을 상정했던 상원 의원들이 유럽산이나 일본산 제품에 대해서도 보복 관세 논의를 시작하지 않을까?

미국과 세계 각국은 1930년대 초반에 심각한 경기후퇴기에 돌입했다. 그리고 이때 미국이 관세를 59%로 올린 보호주의 성격의 스무트-홀리 법안을 채택하면서 경기 후퇴는 대공황으로 연장되었다. 이는 이웃 나라를 등치는 보호주의 정책으로, 다른 나라들에도 확산되었다. 스무트-홀리 법안은 결국 처참한 결과를 몰고 왔고, 특히 제2차 세계대전의 도화선이 되었다. 이 법안은 모든 면에서 의도하지 못한 결과를 몰고 왔다.

몇 년 후에 세계는 보호주의 정책에 휩싸일 위험이 있다. 이로써 세계 무역은 큰 타격을 받을 것이다. 그저 이성적인 인물이 지도자가 되어 모두에게 타격을 줄 것이 분명한 보호주의 정책을 저지하길 바랄 뿐이다.

마지막으로…

이번 장에서는 우리가 살고 있는 세상을 움직이는 거시경제 요인을 살펴보았다. 선진국 대다수가 달리 선택의 여지가 없지만, 각국은 앞으로 어떤 경로를 택할지 결정해야 한다. 차악과 최악의 두 가지 선택안 가운데 결정해야 한다. 이제까지의 성과를 최대한 활용해서 앞으로 나아가야 한다. 구조적인 문제를 해결하기 위해 제대로 된 선택을 한다면, 우리 자신과 후손들에게 지금보다 밝은 미래를 안겨 줄 수 있을 것이다. 문제를 회피하기만 한다면 무시무시한 힘에 떠밀려 막다른 벽에 부딪힐 것이다.

'로렐과 하디'[54]의 하디가 로렐에게 했던 말이 떠오른다. "이번에도 넌 나를 엉망진창으로 몰아넣었어!" 그야말로 우리는 엉망진창인 상황에 있다.

이제부터 앞으로 이어지는 장들에서는 세계 각국이 직면한 문제들을 고찰할 것이다.

---

54 역주 _ 미국의 슬랩스틱 코미디 콤비

제4장

성장 둔화와 반복적인 경기 후퇴에 따른 부담

> 내가 할 수 있는 최선의 추측은 미국이 회복을 지속하리라는 점이다.
> 그러나 체감할 정도의 회복은 아닐 것이다. 엄밀히 말해 회복기에 있고 경제가 성장하고 있지만,
> 실업률은 당분간 높은 수준을 유지할 것이고 이는 많은 사람이 재정적인 어려움을
> 겪을 것이라는 얘기다.
>
> **벤 버냉키** 미 연준리 의장
> 우드로 윌슨 국제센터 초청 간담회의 질의응답 시간에

우리는 본질적으로 낙천적이다. 성장은 이 세상의 순리이므로, 나무가 자라듯이 경제도 성장하기 마련이다. 경제성장은 대부분의 문제를 해결하고, 대규모 재정 적자의 만병통치약이다. 그러나 현재 우리가 직면한 재정 적자 문제는 경제성장으로 해결하기에는 너무나 막대하다. 산업 혁명이나 1920년대의 전기 도입이나 1990년대의 IT 혁명처럼 엄청난 기술혁신이 다시 한 번 일어나지 않는 한, 현재의 부채 수렁에서 빠져나올 정도로 경제를 성장시킬 수 없다.

2000년 닷컴 거품이 붕괴한 이후 미국의 경제상황을 가장 적절히 설명하는 것은 (몰딘이 고안한) '버티기 경제[55]'라는 말이다. 경제는 성장을 거듭했지만, 2000년에 들어선 이후 내내 성장률이 장기 추세를 밑돌았다. 미국의 경우 3.3%도 달성하지 못했다. 실제로 2000년대의 연평균 성장률은 1.9%에 불과하다. 2000년대는 대공황기 이후 최악의 10년인 셈이다. 그야말로 '버티기'였다.

버티기 경제는 경기 후퇴에 더 취약하다. 도전이라는 강력한 역풍을 맞아 버티면서 엄청나게 다양하고 오래된 문제를 그대로 짊어진 채로 나아가야 하기 때문이다. 그런데 '버티기 경제'라는 말은 그때도 잘 들어맞았지만 오늘날의 상황에 더 잘 들어맞는다.

2009년 3월에 거의 모든 사람이 대파국을 예견했을 때만 해도 어떻게 하면 상황이 나아질 수 있을지 전망하기란 어려웠다. 그런데 GDP가 호전되는 것은 물론 산업생산이 급증하고 소비자매출이 반등했다. 그리고 주식시장이 급반등했다. 모든 것이 상승세였다. 그러나 미국의 GDP 성장세는 2010년 11월 현재 둔화되고 있다. 이전의 회복과 비교하여 성장세가 그리 크지 않다. 그리고 사람들도 경기 회복을 체감하지 못한다. 이 상황이 짧은 시일 안에 바뀔 것 같지는 않다.

버티기 경제는 세계 경제의 성장과 일자리 창출을 주도하는 몇몇 경제 대국이 구조적으로 붕괴하면서 다시 한 번 경기 후퇴를 앞두고 있는 상황에서 나타난 현상이다. 미국과 선진 각국은 현재 다양하고 강력한 역풍에 직면해 있다. 즉, 앞으로 경제 성장이 둔화되고 경기 후퇴가 더 자주 일어나며 실업률이 상승하는 대변혁이 일어날 것이라는 말이다. 이러한 대변혁은 정책 입안을 한층 더 복잡하게 만들 것이므로 엔드게임의 핵심 요인이 될 것이다.

성장률 둔화에 따라 정부가 재정 측면에서 할 수 있는 선택은 한층 줄어들 것이다. 특히, 이러한 대변혁은 정부, 연금기금, 민간 저축주체 등이 경제

---

[55] muddle through economy

성장과 자산가격 상승속도에 대해 말도 안 되게 낙관적으로 전망한다는 사실을 보여 준다. 그리고 엔드게임이 진행되면 이러한 대변혁이 현실화될 것이다.

세 가지 구조적인 변화

투자자들은 단기 정보를 흡수하는 데 능하다. 그러나 구조적인 추세 같은 큰 그림은 못 보고 지나치는 경향이 있다. 그리고 장기간에 걸쳐 일어나는 시장국면 전환도 알아차리지 못하는 편이다. 그러고 보면, 투자자란 프라이팬에 올려놓은 개구리와 비슷하다. 온도를 조금씩 높여도 개구리는 그 변화를 눈치 채지 못한 채 높아지는 온도에 적응하다가 목숨을 잃는다. 투자자도 주위에서 오랜 기간에 걸쳐 서서히 변화가 일어나는 것을 알아채지 못하는 것이다.

오랜 시간에 걸쳐 세 가지 구조적인 변화가 일어나고 있다. 우리는 이 변화가 앞으로도 계속될 것이라고 본다. 미국 경제는 다음과 같은 구조적인 변화를 겪을 것이다.

1. 변동성 확대
2. 추세성장 둔화
3. 구조적 실업률 증가(여기에서 우리가 말하는 미국은 대표적인 사례이며, 다른 선진국들도 마찬가지 문제를 안고 있다. 이번 장의 내용은 그러한 나라들에도 적용된다)

1. 변동성 확대

2008년 10월에 시장이 붕괴하기 직전, 세계는 '대안정기[56]'에 있었다. 대안

---

56 the Great Moderation

정기라는 용어는 1980년대 중반에 GDP, 산업 생산, 정규직 고용률, 실업률 등 모든 경제 변수에서 변동성이 줄어드는 현상을 설명하기 위해 하버드 대학교 경제학과의 제임스 스톡이 고안했다. 댈러스 연방준비은행이 발표한 도표 4.1과 4.2에 따르면, 1980년대 초반은 실제로 거시 경제적 변동성이 구조적으로 붕괴하기 시작한 때다.

도표 4.1 1980년대 GDP 성장률의 변동성 급감

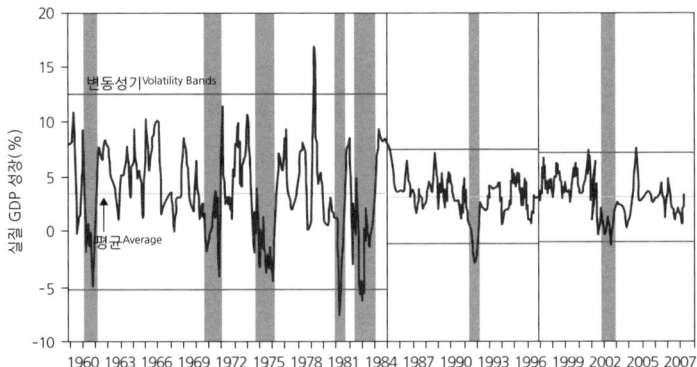

주석: 그림자로 표시한 부분은 경기후퇴기를 뜻함
자료 출처: 댈러스 연준, 경제분석국, 전미 경제조사국

도표 4.2 1990년대 일자리 증가율의 급감

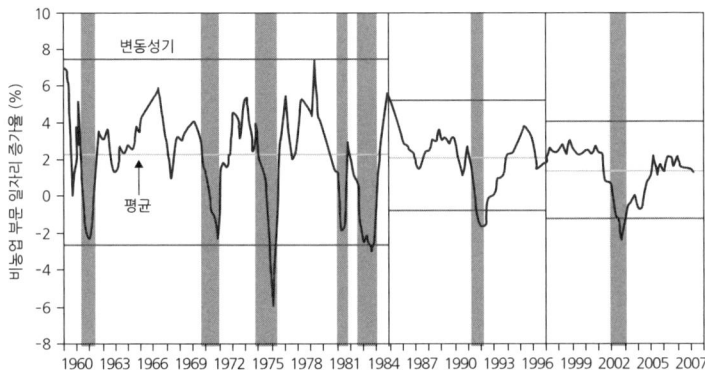

주석: 그림자로 표시한 부분은 경기후퇴기를 뜻함
자료 출처: 댈러스 연준, 경제분석국, 전미 경제조사국

GDP의 변동성이 대폭 감소했다.

실업률도 급감했다.

대안정기는 너무도 매혹적이어서 정부 관료, 헤지펀드 매니저, 은행가, 언론인들도 '이번엔 다르다.'라고 믿었다. 영국『더 타임스』의 제라드 베이커 같은 언론인은 2007년 1월 이렇게 썼다.

> '대안정기'에 진입한 것을 환영한다. 역사학자들은 우리 시대의 안정성에 경탄하고 있다. 경제학자들은 대안정기를 이끈 원인에 대해 열띤 논의를 펴고 있다. 그리고 여느 때와 달리 그 원인에 대해 대체로 의견 일치를 보고 있다. 좋은 정책이 그 역할을 했다는 것이다. 무엇보다 중앙은행들이 완만한 경제 성장 곡선을 그리려면 언제 금리의 움직임을 포착해야 하는지 전보다 잘 알고 있었던 덕분이다. 그러나 경제를 운영하는 최선책이 무엇인지, 더 자세히 알려주는 핵심요인이 있다.
>
> 대안정기라는 변혁의 근원에는 시장 자유화와 선택안의 확대라는 요인이 있다. 1980년대에 영미권에서 일어난 금융 시장의 규제 완화는 경제순환주기의 변동성에 제동을 걸었다.
>
> 가장 과감한 조치를 취해 시장을 자유화한 국가가 가장 큰 수확을 얻었다.[1]

되돌아보면, 저런 사고방식은 대책 없이 낙관적이다. 그리고 착각에 불과하다. 제라드 베이커를 꼬집어 비난하려는 것은 아니다. 다만, 변동성 감소는 방심으로 이어져 위험선호도를 높인다는 점을 지적하고자 예를 든 것이다. 경제성과와 금융실적의 예측이 정확해질수록 헤지펀드는 보유한 자본을 줄여 투자할 수 있고 보유한 포지션을 청산해야 할지 여부에 대해서도 우려를 덜 수 있다.

그처럼 잘나가던 시절은 끝났다. 이제 세계는 '대불안정기[57]'에 들어섰다. 2008년은 전보다 더한 변동성 확대의 시대가 시작된 구조적 전환기라고 봐도 무방하다. 뉴욕 대학교 금융학 교수이자 2003년 노벨 경제학상을 받은 로버트 엥글은 변동성이 확대되는 시기를 예측할 수 있다는 것을 보여 주었

---

57 the great immoderation

다. 시장에서 특별히 수익률이 좋거나 나쁜 시기는 무작위로 나타나지 않는다. 그보다는 상승장은 상승장끼리, 하락장은 하락장끼리 무리를 지어 연이어 나타나는 경향이 있다. 시장의 행태를 보면 이처럼 무리를 짓는 행태가 드러난다. 변동성은 낮에 이어 밤이 나타나듯 신용순환 주기를 따르는데, 신용 팽창 이후에 나타나는 시기는 높은 변동성을 띤다. 2000년과 2003년 사이, 그리고 2007년과 2008년 사이를 그 예로 들 수 있다.

GDP, 산업 생산, 초기실업수당 청구건수 등의 변동성이 낮던 시기는 이제 끝났다. 도표 4.3에서 보듯 2001년에서 2002년까지의 짧은 경기후퇴기를 제외한 20여 년 동안의 실질경제 지표를 보면 변동성이 극히 낮았다.

도표 4.3 경기 순환 주기, 산업생산지수, 실업수당 청구 건수의 전년 동기 대비 변동성

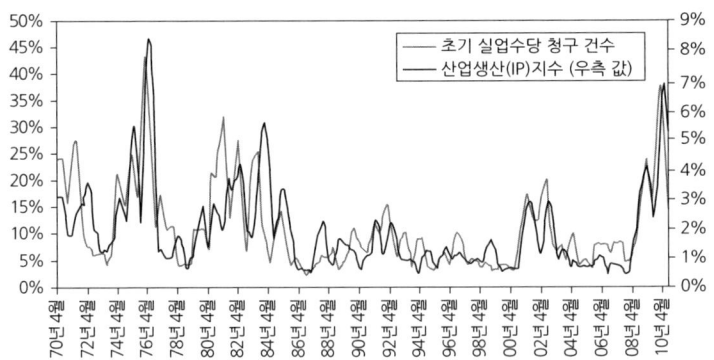

자료 출처: 블룸버그, 배리언트 퍼셉션

도표 4.4 경기순환주기의 변동성

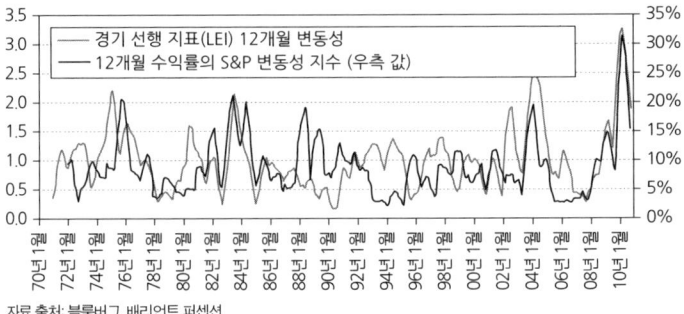

자료 출처: 블룸버그, 배리언트 퍼셉션

앞으로 경제 지표의 변동성 확대와 더불어 경제성장률의 장기 하향 추세로 말미암아 경기 후퇴가 잦아질 것이다. 또한, 이는 시장의 변동성을 한층 확대하는 결과로 이어질 수 있다.

경제의 변동성을 측정하는 방식은 여러 가지다. 필자들은 미래예측적인[58] 방식을 선호한다. 우리는 도표 4.4에서 볼 수 있듯이 지난 40년 동안의 선행지표 전반에 걸쳐 변동성이 최고점에 달한 때를 살펴보았다. 변동성은 경기 순환주기에 선행하는 경향이 있다. 즉, 경기후퇴기 직전에 늘어나고 경기확장기 이전에 줄어든다. 따라서 앞으로 후퇴기가 오면서 변동성이 확대된다고 예측할 수 있다.

변동성은 너무도 오랫동안 낮은 상태를 유지했고, 그럼으로써 투자자들의 방심을 유발했다. 앞으로 갈수록 경제와 시장 전반에서 변동성이 한층 확대되리라 예측할 수 있다. 이제까지 경기 순환상의 호황을 누렸으나 앞으로는 계속해서 강도가 세고 구조적인 불황을 맞아야 할 것이다. 이는 경기 후퇴가 더 잦아지며 그에 따라 변동성도 한층 확대됨을 의미한다.

1989년 닛케이지수 대폭락 이후 일본에서도 변동성이 확대된 것을 볼 수 있다. 닛케이지수가 최고점을 찍기 전에는 주식시장 거래물량이 증가할 때만 간헐적으로 늘어났을 뿐 전반적으로 변동성이 크게 잦아들었다는 점에 주목해야 한다. 도표 4.5가 보여 주듯 폭락 직후에 주식시장의 변동성은 두드러지게 확대되었고, 하방 변동성이 훨씬 우세해졌다.

---

58 forward-looking

도표 4.5 닛케이 225 지수

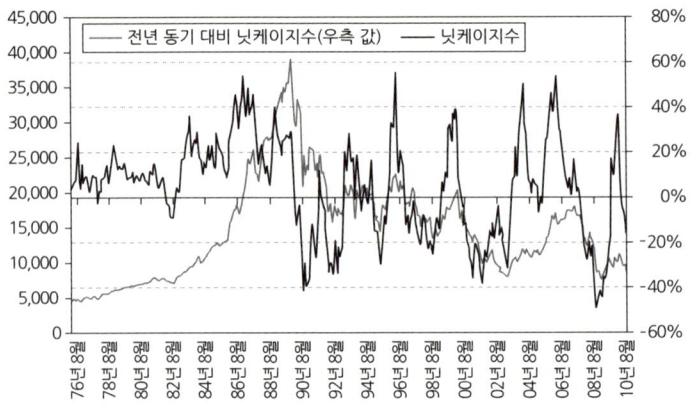

자료 출처: 블룸버그, 배리언트 퍼셉션

주식 변동성은 신용순환주기를 따른다. 상업 및 산업$^{C\&I}$ 대출을 앞으로 2년간 늘리면 시장 변동성 지수[59]가 상승하는 달까지 정확하게 예측할 수 있다. 따라서 앞으로 최소한 2년 동안은 변동성 상승국면이 나타날 것이라고 봐야 한다. 도표 4.6 참조

도표 4.6 변동성 지수 및 상업-산업 대출

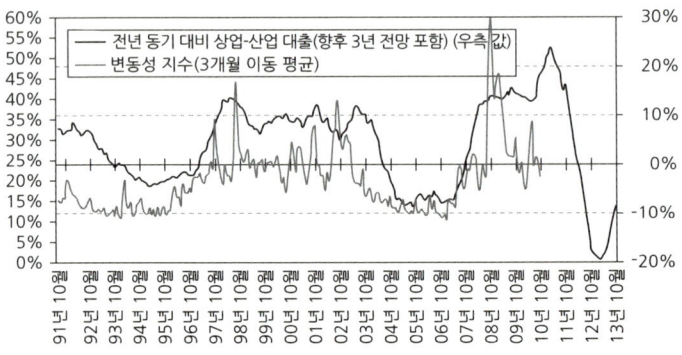

자료 출처: 블룸버그

---

59 Market Volatility Index, VIX

도표 4.7 연방기금 금리 대 채권 변동성

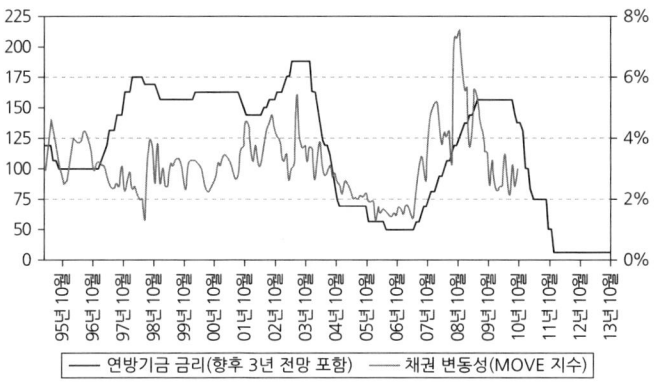

자료 출처: 블룸버그

채권 변동성 역시 2년이라는 시차를 두고 신용순환주기를 따른다. 도표 4.7은 미국 연방기금 금리가 3년이라는 시차를 두고 채권 변동성의 척도인 메릴 린치의 옵션 변동성 지수MOVE를 뒤따르는 것을 보여 준다.

우리가 '신용폭식'의 후유증으로부터 회복하더라도 계속해서 변동성이 높은 상태를 유지하리라 믿는 데는 이유가 한 가지 더 있다. 세계는 전에 없이 통합되어 있기 때문이다. 역설적인 얘기라 쉽게 믿기지는 않지만, 세계화가 진전됨에 따라 공급망이 확장되면서 세계는 변동성에 훨씬 취약해졌다. 도표 4.8 참조

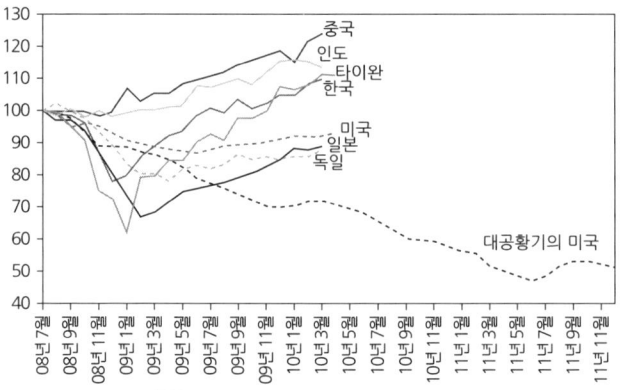

도표 4.8 주요 국가의 산업생산^{2008년=100} 및 미국의 대공황기^{1929년=100}

자료 출처: 경제순환연구소^{ECRI}, www.businesscycle.com/news/press/1870/

2007년에서 2009년 사이의 경기후퇴기 동안 일본, 독일, 한국, 타이완의 산업생산은 대공황기의 미국보다도 급감했다. 대공황기보다 감소세가 급격할 뿐 아니라 반등세도 더 급격했다. 실로 엄청난 사실이다. 세계화, 공급망 관리, 규제 완화 같은 것들을 신봉하는 사람이라면 그로 말미암아 전보다 더한 대안정기가 이어질 것이라고 생각할 것이다. 그런데 정반대의 일이 일어났다. 이는 신용경색 때문이다. 즉, 무역신용이 일시적으로 고갈되면서 수출주도형 국가들이 큰 타격을 받은 것이다. 일각의 주장처럼 세계화 그 자체 때문만은 아니다.

그렇다면 세계 경제가 이렇게 취약해진 원인은 무엇일까? 가장 큰 원인은 수출이다. 냉전 종식 이후 GDP 대비 수출 비율을 살펴보자. 세계 거의 모든 나라에서 지난 20년 동안 수출이 급증했다. 아시아에서는 수출이 2배로 뛰었고, 인도의 수출은 세 배로 늘어났으며, 미국의 수출은 50% 증가했다. 수출 때문에 세계는 연결고리로 이어져 있다. 이는 전에 없던 일이며, 공급망의 길이가 점점 길어진다는 얘기다.

공급망의 길이가 길어질수록 거시경제에 엄청난 영향을 끼친다. 경제순환 연구소가 지적하듯이 우리는 현재 채찍 효과를 경험하고 있다. 채찍 효과란 '손목을 조금만 움직여도 채찍 끝 부분이 크게 원을 그리듯이, 최종 수요자 단계에서는 상대적으로 경미하던 변동성이 공급망 윗단계로 올라갈수록 극적으로 증폭되는 현상'을 말한다.[2]

채찍 효과는 수출의존도가 높은 수출국들을 매우 위험한 상황에 빠뜨리고, 그로 말미암아 변동성을 확대시킨다. 도표 4.9가 그 점을 명확히 보여 준다. 그것이 바로 아시아 국가들이 2008년 대대적인 경기후퇴기에 다른 지역의 나라들보다 급격한 불황을 겪고 또 그 후 회복기에 급격한 호황을 겪은 이유다.

도표 4.9 아시아의 GDP 대비 수출 비율 백분율

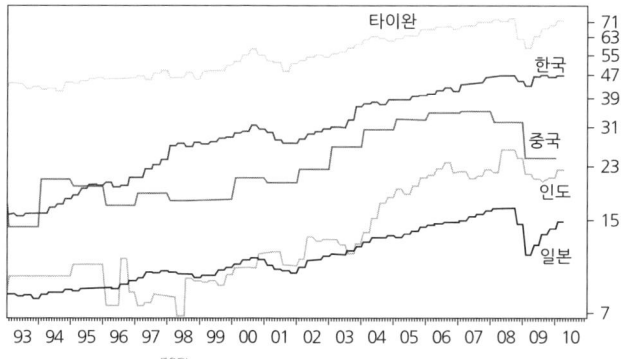

자료 출처: 경제순환연구소ECRI, www.businesscycle.com/news/press/1870/

2. 추세 성장 둔화

지난 4번의 경기순환주기 동안 GDP, 개인 소득, 산업 생산, 고용 등의 추세 성장이 장기적인 하락세를 보이고 있다. 도표 4.10이 이를 나타낸다.

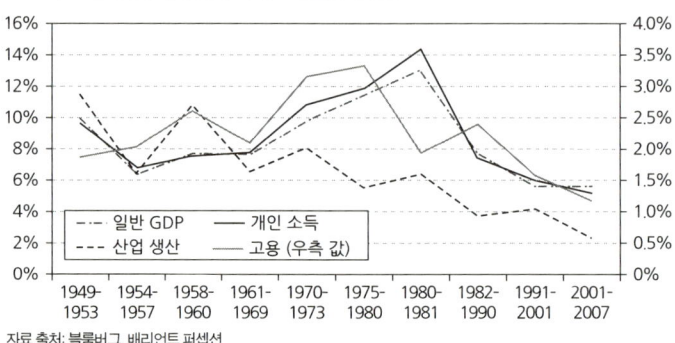

도표 4.10 경기팽창기 동안 경제지표의 연간 성장률

자료 출처: 블룸버그, 배리언트 퍼셉션

추세성장의 둔화에서 또 한 가지 살펴봐야 할 것은 명목 GDP의 하락이다. 도표 4.11은 미국의 12분기 연속평균이 지난 20년 동안 꾸준히 하락하고 있음을 보여 준다.

추세 성장의 둔화와 변동성 확대가 결합하면 경기 후퇴가 더 잦아질 것이다. 다시 말해 추세 성장률이 0에 가까워지고 변동성이 확대될수록 미국의 성장률은 0 미만으로 떨어질 가능성이 커진다는 것이다. 도표 4.12는 경기 후퇴의 양상을 그래프로 보여 준다. 특히 추세 성장률이 하락함에 따라 경제가 성장률 0%에도 미치지 못하는 일이 더 잦아진다는 점을 보여 준다.

변동성이 확대되면 모든 자산군 가운데서도 주식과 채권 투자가 가장 큰 영향을 받는다. 실제로 지난 10년 사이에 경기팽창기가 세 번 있었다. 그 이전에는 경기팽창기가 평균 4~5년마다 나타났으나, 이제부터는 경기후퇴기가 3~5년마다 나타날 가능성이 크다.

도표 4.11 미국 명목 GDP의 12분기 평균 전년 동기 대비

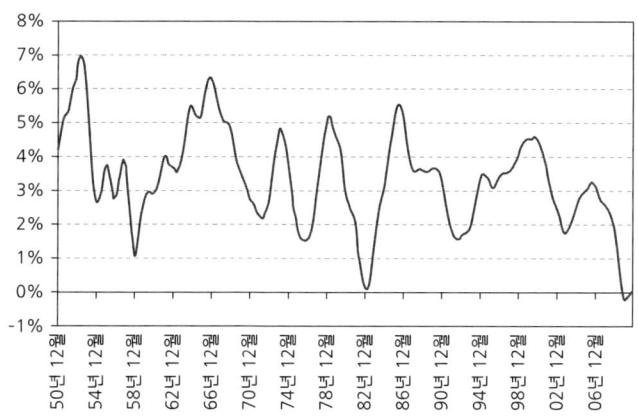

자료 출처: 블룸버그, 배리언트 퍼셉션

도표 4.12 경기 후퇴의 도식화

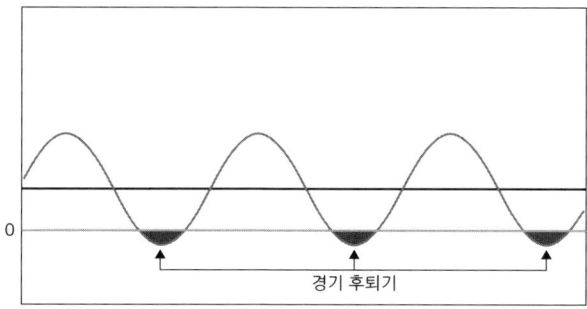

자료 출처: 경제순환연구소ECRI, www.businesscycle.com/news/press/1870/

3. 구조적 실업률 증가

고학력층과 저학력층, 고소득층과 저소득층 간의 실업률 격차가 점점 벌어지고 있다. 이는 경기후퇴기 이전에 시작된 구조적 전환이며, 경기후퇴기에 좀 더 두드러지기 시작했을 뿐이다. 실업률의 차이는 교육수준에 따라 분류한 실업률 자료를 보면 한층 더 극적으로 드러난다. 실제로 실업률과 시간당 평균 임금이 소득수준별로 큰 상관관계를 보이는 것을 볼 수 있다. 도표 4.13 참조

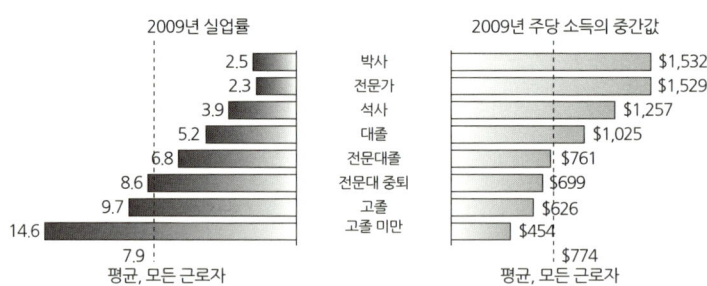

도표 4.13 교육수준에 따른 실업률과 소득

자료 출처: 위험 계산 블로그Calculated Risk, http://calculatedriskimages.blogspot.com/2010/09/bls-education-pays.html, 노동통계국Bureau of Labor Statistics, 현행 인구조사Current Population Survey

미국은 2.5%라는 고학력 인구의 실업률을 어떻게 줄일 수 있느냐는 문제에 직면해 있다. 불가능한 일이다. 이는 물론 직업이나 주거 지역을 바꾸는 과정에서 자연스럽게 나타나는 마찰적 실업률일 수도 있다. 경제 성장 속도가 빨라지거나 돈이 더 많이 공급된다고 해도 2.5%의 실업률을 끌어내릴 수는 없다.

그렇다면 어째서 미숙련 노동자의 실업률이 그토록 높은가 하는 문제도 생각해 봐야 한다. 부분적으로는 그 답을 긴급수당에서 찾을 수 있다. 2009년 3월 경기 침체가 한창일 때, 390만 명이 고용되었고 470만 명이 해고당했다. 한 달 만에 일자리 80만 개가 사라진 셈이다. 그러나 390만 명이나 고용되었

다는 점이 중요하다. 어쨌든 미국 경제는 일자리를 창출했다. 문제는 임금 수준이다. 세계화된 경제에서 미숙련 노동자의 임금은 계속 하락하고 있다. 중국, 인도 등 외국의 더 값싼 노동력과 경쟁해야 하기 때문이다. 그리고 최저 임금이 너무 높다는 점을 시인하고 싶어 하는 정치가는 없다. 따라서 정책 입안자들은 그 사실을 감추기 위해 부채와 이전지급에 의존한다. 정부가 그토록 오랫동안 방만한 통화 정책을 운용한 것도 그 때문이다. 손에 쥔 것이 망치뿐이면, 모든 것이 못처럼 보이는 법이다.

실업 기간에 따른 실업률을 살펴봐도 격차가 벌어지고 있다는 것을 알 수 있다. 도표 4.14를 참조하라.

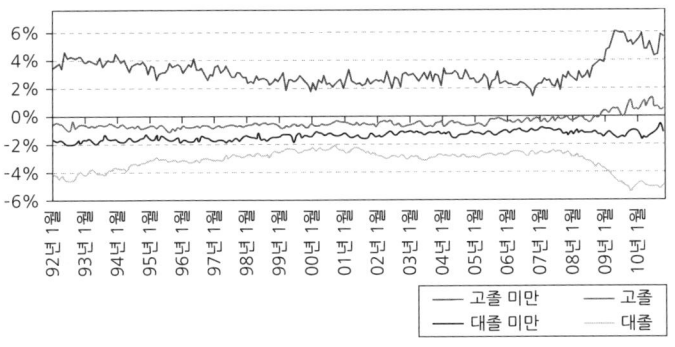

도표 4.14 미국 전체 실업률 대비 교육수준에 따른 실업률

자료 출처: 블룸버그, 배리언트 퍼셉션

추세가 뚜렷하게 나타난다. 학력이 높은 사람은 학력이 더 낮은 사람만큼 고통을 겪지 않는다. 사실상 일부 고학력 근로자의 상황은 약간 빠듯한 정도라고 할 수 있다.

또 한 가지 추세를 읽을 수 있다. 이미 실직 상태인 사람들은 평균적으로 더 오랜 기간 실직 상태에 머무른다. 평균 실업 기간은 2년 전만 해도 20주 미만이었다. 그런데 현재는 30주 이상으로 증가했다. 50%의 증가율이다. 실업기간이 비교적 짧은 사람이 전체 실업자 수에서 차지하는 비중은 전에 비해 줄어들었다. 그 대신 실업자 과반수가 만성적인 실업 상태에 놓여 있다. 이런 사람들일수록 기술이 녹슬어 다시 일자리를 찾기가 점점 어려워진다.

이러한 현상은 미국에만 국한된 문제가 아니다. 도표 4.15에서 보듯이 영국에서도 유사한 패턴이 나타나고 있다.

도표 4.15 영국의 실업률: 전체 실업 대비 실업 기간 백분율

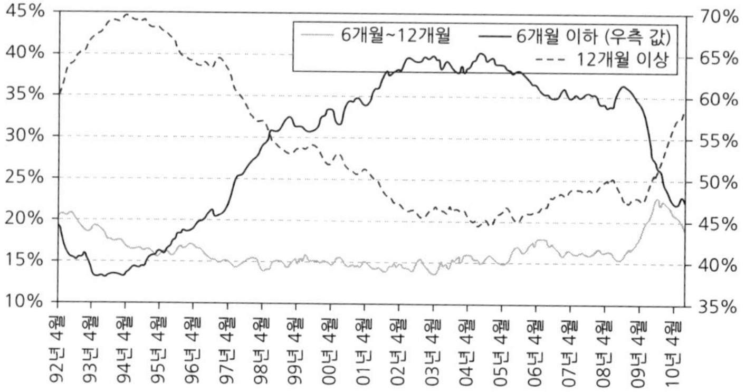

자료 출처: 블룸버그, 배리언트 퍼셉션

실업은 크게 구조적 실업과 경기적 실업 두 가지로 나뉜다. 이번 경기후퇴기에는 노동 시간이 줄어들고 임금이 하락하는 것을 볼 수 있었다. 이것이 경기적 실업이다. 그러나 경제 활동 가능 인구 중에서 실제로 취업이 된 사람의 비율을 나타내는 민간 참여율이 구조적으로 하락하고 있어 불안감을 준다. 장기 실업자의 숫자도 급증하고 있어 전체 노동력 가운데 3.5% 가까이 차지한다. 미국 경제는 이제 소비, 부동산, 금융 부문에서 제조업으로 전환해야 하기 때문에 실업자 대다수는 이전 직장으로 되돌아가지 못할 것이다. 실제로 영구 해고된 실업자들의 비율은 2010년 9월에 사상 최고치인 5.5%를 기록했다. 도표 4.16 참조

도표 4.16 평균 실업 기간 및 민간 참여율

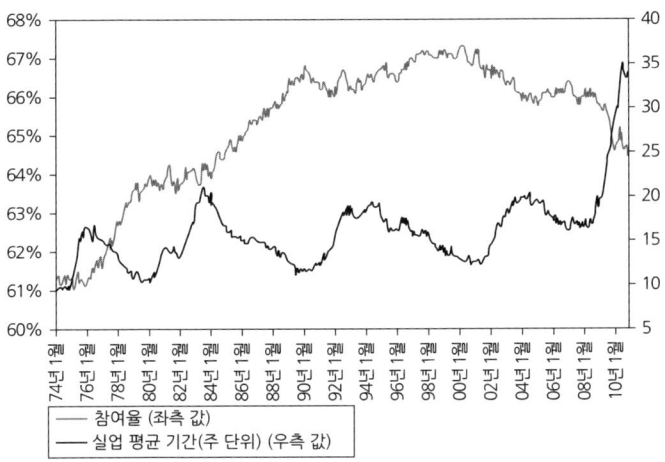

자료 출처: 블룸버그, 배리언트 퍼셉션

실업률의 구조적 문제는 도표 4.17에서 보듯 공식 실업률과 실제 실업률 간의 크나큰 격차에도 잘 반영되어 있다.

도표 4.17 미국 실업률: 공식 대 실제 실업률

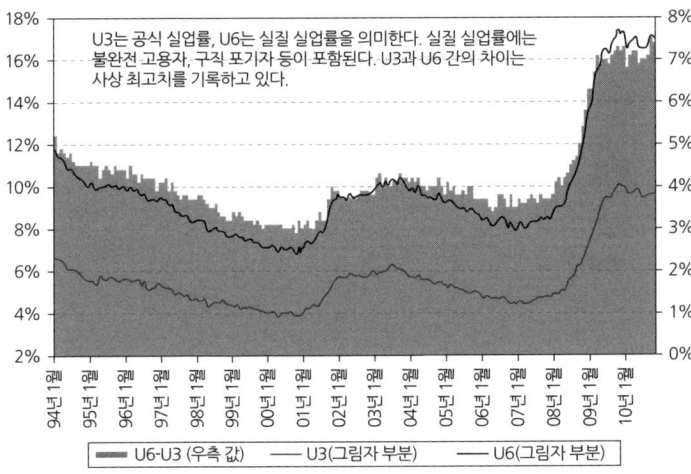

자료 출처: 블룸버그, 배리언트 퍼셉션

제4장 _ 성장 둔화와 반복적인 경기 후퇴에 따른 부담 **107**

성장 둔화, 일자리 감소, 적자 확대, 수익률 감소

변동성 확대, 추세성장 둔화, 구조적 실업률 증가 등의 구조적 문제점 세 가지가 한꺼번에 발생하면 어떤 결과가 나타날까? 변동성 확대와 추세 성장 둔화는 경기 후퇴의 횟수를 증가시킨다. 그리고 이로 말미암은 잦은 경기 후퇴와 높은 실업률은 취업 희망 인구를 모두 고용 상태로 되돌려 놓을 만큼 회복기가 장기간 지속되지 않음을 의미한다. 이는 어째서 높은 실업률이 현재 그렇게 큰 문제가 되고 있는지를 상당 부분 설명한다.

미숙련 노동자에게 이는 그리 좋은 소식이 아니다. 일자리를 유지할 수 있다면, 그만두지 않는 것이 상책이다. 실업기간이 길어질수록 다른 직업을 찾을 가능성은 작아진다. 버냉키가 지적했듯이 노동 대열에서 벗어나 있는 기간이 길어질수록 기술은 점점 녹슬고 다시 취직할 가능성도 줄어든다.

버티기 경제는 투자자들에게도 중요한 점을 시사한다. 투자자들은 이 새로운 현실에 적응해야 할 것이다. 먼저 차입금을 줄이고, 그다음으로는 투자 상품의 평균 보유 기간을 줄여야 할 것이다. 또 투자자들은 좀 더 민첩해져야 한다. 그렇게 되면 그 자체로 시장 변동성이 확대될 수 있다.

장기 투자자들도 이처럼 패러다임이 전환하기 때문에 전과 달리 계속해서 견조한 수익을 올리는 것이 훨씬 어려워진다는 사실을 받아들여야 한다. 좀 더 전략적인 안목을 지닌 단기 투자자들은 이처럼 새롭고 변동성이 확대된 상황을 훌륭한 기회의 원천으로 활용할 수도 있을 것이다.

경기 후퇴가 더 잦아지고 구조적 실업률이 증가하면, 정치가나 중앙은행은 어떻게 대응할까? 아쉽게도 경기 후퇴에서 탈피하기 위한 부양 조치가 더 잦아질 것이다. 또한 연준리 같은 경우에는 비관습적인 통화 조치를 시행하는 일이 많아질 것이다. 미국 의회가 운영방식을 바꾸지 않는 한, 재정 적자는 계속해서 어마어마하게 불어나 연준리가 어쩔 수 없이 돈을 찍어내어 정부 부채를 통화화할 가능성도 커진다.

성장률이 둔화되면 지금도 어려운 재정 상황은 더 심각한 난국에 빠질 뿐이다. 미국 재정 미래 위원회[60]는 이렇게 전망한다. "장기간에 걸쳐 메디케어, 메디케이드, 사회보장 등 3대 복지 프로그램이 연방 정부의 세입 대비 지출에서 차지하는 비중이 급증할 것이다. 합리적인 수준의 경제성장으로는 이러한 구조적 적자를 메울 수 없을 것이다. 따라서 미래의 적자를 억제하려는 노력에는 반드시 이러한 프로그램을 뒷받침하기 위한 대대적인 증세 정책이나 적자 증가를 막는 대규모 억제책을 시행하거나 또는 이 두 가지가 모두 시행되어야 한다."[3]

이는 우리 부모들이 현재 내는 세금으로 우리가 미래에 지금과 동일한 안전망과 사회보장 프로그램의 혜택을 받을 수 있다고 믿는다면, 그것은 철저한 착각이라는 것을 완곡하게 표현하고 있다. 한편으로는 복지 프로그램이 재정 현황에 비해 너무 후한 것도 사실이다. 그러나 성장률이 둔화하면 복지 프로그램에 지출되는 돈도 훨씬 더 많아져 상황이 한층 악화될 것이다.

경제 성장과 고용이 제자리를 되찾는다면, 문제는 많이 줄어들 것이다. 취업 인구가 늘어나면 소득세도 늘어나고, 그렇게 되면 정부 부채도 줄어든다. 성장을 통한 자연스러운 디레버리지인 셈이다. 하지만 불행히도 쉬운 해결책은 없다. 어디를 봐도 우리가 처한 문제에서 쉽사리 빠져나갈 방법은 찾을 수 없을 것이다.

---

60 the Committee on the Fiscal Future of the United States

제5장

이번엔 다르다

지난 8세기 동안 일어난 각 금융 위기의 개별 사례와 그 자료를 집중적으로
분석한 끝에 우리는 금융 위기 직전 호황기에 가장 자주 되풀이되며 가장 값비싼
투자 조언이 '이번엔 다르다'는 생각에서 비롯된다는 결론에 이르렀다.
이처럼 과거의 가치 평가가 현재에는 더 이상 적용되지 않는다는 조언은
생명력을 잃지 않고 되풀이된다.
금융 전문가와 정부 고위 관료들은 우리가 과거보다 잘하고 있다,
더 현명해졌다, 과거의 실수에서 교훈을 얻었다고 주장한다.
사회는 이처럼 매번 현재의 호황기가 과거 재앙으로 끝난 호황과 달리 건전한 펀더멘털,
구조적 개혁, 기술혁신, 그리고 좋은 정책을 토대로 한다고 스스로 주문을 건다.

카르멘 M 라인하트, 케네스 로고프 공저 「이번엔 다르다」

실패 없는 자본주의는 죄가 없는 종교와 같다.

찰스 킨들버거 「광기, 패닉, 붕괴 - 금융 위기의 역사」

잠재하던 위기가 현실화되는 것은 언제일까? 그리고 그러한 일은 어떻게 해서 일어나며, 그 원인은 무엇일까? 2006년에 거의 모든 사람이 미국을 비롯하여 일본, 유럽, 영국 경제에 아무런 문제가 없다고 믿었던 까닭은 무엇일까? 어떻든 우리는 현재 어려운 상황에 휘말려 있다. 버냉키 연준리 의장은 시장이 대폭락하여 연준리가 본격적으로 개입하기 불과 몇 달 전에 "서브프라임 사태는 진화될 것이다."라고 공언했다.

제5장에서는 미국 메릴랜드 대학교의 라인하트 교수와 하버드 대학교의 로고프 교수가 집필한 명저에서 자료와 조언을 발췌하여 다루고자 한다. 이들은 저서에서 지난 8세기 동안 66개국에서 발생한 금융 위기 사례 250여 가지를 차이점과 유사성을 기준으로 분류했다.[1] 일단 저자들이 취합한 데이터베이스의 분량부터 타의 추종을 불허한다. 이를 통해 우리는 경제학자들이 즐겨 하듯 현실 세계를 막연히 추측하거나 현실 세계에서는 통하지 않을 듯한 이론을 적용하는 대신 위기 상황에서 실제로 어떤 일들이 발생하는지 파악할 수 있다.

로고프는 국제통화기금에서 수석분석가와 조사국장을 역임했으며, 라인하트를 부국장으로 영입했다. 이를 계기로 두 사람은 부채와 위기의 역사를 공동으로 탐구하기 시작했고 덕분에 우리는 새로운 정보를 대량으로 접할 수 있게 되었다. 이들이 쓴 저서의 중요성은 아무리 강조해도 지나치지 않다. 이전에는 입증되지 않은 경험적 근거에 기반을 두고 위기를 다루었기 때문이다. 라인하트와 로고프가 취합한 자료는 지식의 보고이다. 저자들은 독자들이 첫 다섯 장과 마지막 다섯 장을 먼저 읽을 수 있도록 책을 구성했다. 그래서 독자들은 저자들이 제공하는 어마어마한 분량의 세부 사항을 건너뛰고도 책의 주요 내용을 파악할 수 있다. 이들의 저서를 구해서 당장 읽어 보길 권한다. 여기에서 소개하는 요약만으로는 『이번엔 다르다』에서 다루는 광범위한 내용을 모두 알기에는 부족함이 있다.

게다가 이 책은 읽는 이의 정신을 번쩍 들게 한다. 선진국들이 현재 직면한 위기에서 쉽사리 탈출할 수 있는가에 대해 이 책은 비관적인 의견을 전한다. 『이번엔 다르다』는 우리가 어째서 과거의 잘못된 선택 때문에 많은 고통을 겪어야 하는지에 대해 근거를 제시한다. 이는 필자들이 이 책에서 강조하는 바이기도 하다. 앞으로 정도의 차이는 있겠지만 모든 선진국이 그러한 고통을 겪을 것이며, 신흥국 역시 그러한 고통에서 예외가 될 수 없다. 문제는 실제로 고통을 겪을 것인가의 여부가 아니다. 고통을 피할 방법은 없다.

문제는 우리가 고통을 언제, 그리고 얼마나 오래 겪어야 하는가이다.

실제로 라인하트와 로고프의 연구에 따르면 고통을 미루는 기간이 길면 길수록 총체적인 고통의 강도가 커진다. 한마디로, 우리는 오버레버리지[61] 상태에 놓여 있다. 따라서 민간이든 국가든 디레버리지 과정이 결코 순탄치만은 않을 것이다.

필자들은 『이번엔 다르다』에 수록된 내용을 몇 가지 살펴볼 것이다. 또한 저자들과 깊이 있게 나눈 인터뷰 내용을 소개하려고 한다. 라인하트와 로고프는 이 책 곳곳에서 필자들이 중요하다고 본 단락을 인용할 수 있게 허락해 주었다. 인용문 가운데 굵은 글씨 부분은 에디토리얼 라이선스를 얻어 우리가 강조한 부분임을 주지하기 바란다. 일단 저자들이 내린 결론부터 살펴보자. 이들의 결론이야말로 현재 우리가 직면한 문제점을 단적으로 보여 준다.

> 역사가 우리에게 말하는 교훈은 다음과 같다. 기관과 정책 입안자들이 아무리 진보해도 한계를 뛰어넘으려는 유혹은 버릴 수 없다는 점이다. **제아무리 돈이 많던 사람이라도 파산할 수 있는 것과 마찬가지로 금융 시스템 역시 규제가 아무리 충분한 듯 보일지라도 탐욕과 정치와 수익의 압력에 붕괴할 수 있다.** 기술은 변하고 있다. 사람들의 평균 신장도, 유행도 변화하고 있다.
>
> 그러나 정부와 투자자들이 스스로를 기만하는 능력은 그대로이다. 그로 인해 주기적으로 황홀한 상태가 나타났지만 대부분은 눈물로 막을 내렸다. 프리드먼과 슈워츠의 저작을 찬찬히 읽은 독자들조차 정부가 금융 시장을 부실하게 관리한 결과로 얻은 교훈(우리가 행한 분석의 핵심 주제다)에 놀라지 않을 것이다.

---

[61] 역주 _ 차입금을 이용한 투자가 과도함

과도한 부채가 있는 나라의 금융 시장은 이제 붕괴 직전에 도달했다. 과도한 차입기는 대부분 거품 경제일 때 나타나며, 놀랄 만큼 오래도록 지속된다. 그러나 차입금 비율이 높으며 단기 부채의 만기를 유동성이 비교적 낮은 자산의 신뢰도에 의존해서 연장해야 하는 나라가 언제까지고 살아남을 수는 없다. 특히 이러한 상황에서 차입금을 억제하지 않고 계속해서 늘리는 나라는 생존이 어렵다.

이번엔 다른 것처럼 보이지만, 심층적으로 분석해 보면 절대 그렇지 않다는 것을 알 수 있다. 고무적이게도, 역사는 정책 입안자들이 자산 위험을 알아차릴 수 있도록 경고 신호를 보낸다. 과거 수세기 동안 전임자들이 그랬던 것처럼 신용 거품과 그로 인한 성공에 지나치게 도취해서 "이번엔 다르다."라고 공언하지만 않는다면, 이 경고를 감지할 수 있을 것이다.

안타깝게도 우리가 여기에서 얻는 교훈은 비관적인 것이다. 일단 디레버리지가 시작되면 해피엔딩은 기대할 수 없다. 필자가 지난 수년 동안 주장한 바와 같이 선진세계 대부분은 현재 나쁜 선택안 중에서 최악이냐 차악이냐를 고를 수밖에 없는 상황이다. 『이번엔 다르다』는 최악의 선택을 가려낼 수 있는 통찰력을 제공한다.

신뢰의 위기

위기가 본격적으로 전개되는 시점은 정해져 있지 않다. 순조롭게 돌아가는 것 같다가도, 채권 시장의 신뢰는 단기간에 추락할 수 있다. 그리고 그처럼 신뢰가 단명하는 속성이 채권 시장을 움직인다. 따라서 신뢰가 사라지면 외견상 정상적으로 기능하는 것처럼 보이던 채권 시장은 순식간에 무너진다. 신뢰 없이는 부채를 연장하는 능력이나 적당한 금리로 신규 부채를 끌어오는 능력이 상실된다. 금융 시장의 유동성도 사라지고 경제도 붕괴한다. 슬프게도 이는 지난 수백 년 동안 여러 차례 되풀이된 이야기다. 우리는 인류가 진보를 거듭했다고 믿는다. 하지만 앞서 소개한 장에서 보았듯이 인류는 중력의 법칙을 거스를 수 없었던 것처럼 경제학의 기본 법칙 역시 거스를 수 없었다.

이제 필자(몰딘)와 『이번엔 다르다』 저자들 간의 인터뷰 내용을 살펴보자.

로고프: 『이번엔 다르다』를 쓰는 과정에서 크게 깨달은 것이 있다. 라인하트는 나보다도 10년쯤 전에 그 깨달음을 얻었을지 모른다. 어쨌든 간에 내가 깨달은 점은 부채에 관한 수많은 학술 논문과 연구의 요점은 "우리는 지금 자녀에게 부채를 물려주고 있다. 그러므로 우리는 자녀와 손자들을 염두에 두어야 한다. 그리고 빚을 지는 것은 올바른 일이 아니다."라는 것이다. 수십 년 전에 제임스 뷰캐넌이 노벨상을 받은 것도 근본적으로는 부채에 대한 연구 고찰을 논문으로 발표했기 때문이다. 그러나 사실 이처럼 막대한 부채를 짊어지게 되면 그 불똥이 자녀나 손자에게 튀는 것이 아니라는 점이 문제다. 바로 우리가 살아 있을 때 그 타격을 입는다. 부채 비율이 높아지면 상환이 불가능해진다. 그러면 결과적으로 시장이 우려하게 된다. 시장은 채무자의 자녀나 손자가 부채를 상환할 수 있을지 우려하게 되고, 이로써 금리가 급격히 상승해 채무자는 여러 문제에 맞닥뜨리게 된다. 그러나 몰딘의 말이 전적으로 옳다. 부채 위기까지는 아니더라도 문제는 우리 세대에 발생한다. 그리고 그 이유가 아니라도 우리는 그 문제를 해결해야만 한다. 온전히 우리 자녀들에게 떠넘길 만한 문제가 아니기 때문이다.

라인하트: 한마디만 덧붙이겠다. 우리가 지금 당장 부채 문제에 관해 우려해야 하는 것은 이것이 공공 부문과 민간 부문을 관통하는 문제이기 때문이다. 미국과 일부 주요 선진국의 부채 비율이 현재 수준보다 높았던 때는 제2차 세계대전 이후로 없었다. 그리고 제2차 세계대전 당시 민간 부문의 부채 비율은 미미했다. 민간 부문은 대공황기와 전쟁을 거치면서 부채를 차츰 줄여나갔다. 그러나 현재는 모든 부문이 부채에 허덕이고 있다.

몰딘: 맞는 말이다. 현재 민간 부문이 차입금 비율을 줄이자 정부가 끼어들어서 줄어든 만큼 메우려 하고 있다. 그 결과 경제 전반의 차입금 비율은 줄어들지 않고 있으며, 오히려 증가

추세이다. 당신의 책을 읽다가 떠오른 생각인데, 문제는 정부 부채나 민간 부채뿐만이 아니라 총부채가 늘어나고 있다는 점이다. 더 이상 감당할 수 없는 수준으로 치솟은 것이 바로 총부채다. 차입금을 줄여야 한다. 더 이상 상환을 미뤄서는 안 된다. 현 상황에서 나까지 '긴축austerity'이라는 말을 남발하고 싶지는 않다. 하지만 차입금을 상환하기 시작해야 한다. 이미 한계에 도달했기 때문이다.

로고프: 특히 문제가 되는 것은 외국인 채권자에게 상환해야 할 외채다. 과거 신흥 시장에서 민간 부문의 외채가 채무불이행으로 끝나는 일이 많았다. 그러나 이는 민간 부채 상당 부분을 정부가 떠안게 된 오늘날의 유럽에서도 일어날 수 있는 일이다. 그런데 정부는 민간 부채에 대해 지급보증을 하지 않는다. 사실이 그러하다. 최근 문제가 발생하기 전에는 모든 금융부채에 대해서도 지급보증을 하지 않았다. 그러나 이제는 보증을 한다. 1980년대 중남미 부채위기에 대해 처음 연구를 시작할 때 나는 공공 부채와 민간 부채가 각각 어떤 현황인지 알아보려고 자료를 수집했다. 그 자료들을 살펴보니, 민간 부채는 계속 줄어들었다. 흥미로운 현상 아닌가? 그런데 알고 보니 공공 부문이 민간 부채를 지급 보증하고 있기 때문에 민간 부채가 줄어들고 있는 것처럼 보였던 거다. 즉, 공공 부문이 민간 부문의 부채를 떠안았고 그 결과 국가 부도사태가 일어난 것이다.

이제 『이번엔 다르다』로 되돌아가 보자.

이 책에서 다루는 여러 위기와 관련하여 하나의 공통된 주제를 찾자면, 국가든 은행이든 기업이든 개인이든 과도한 부채 축적이 호황기에 생각할 수 있는 것보다 커다란 체계적 위험을 불러일으킬 수 있다는 점이다. **자금의 유입은 정부가 실제보다 큰 성장 원동력을 경제에 투입하는 것처럼 보인다.** 민간 부문의 과도한 차입은 주택과 주가를 장기적으로 지속가능한 수준 이상으로 부풀릴 것이며, 그로 인해 은행은 실제보다 안정적이고 수익성이 높은 것처럼 보일 수 있다. 특히 과도한 부채 축적은 **신뢰**의 위기가 나타나면 경제를 취약하게 할 위험이 있다. 특히 단기부채가 대다수라 지속적으로 만기를 연장해야 할 때 그러하다. 부채에 기반을 둔 호황은 정부 정책의 효율성, 국민 생활 수준에 대한 착각을 유발한다. 이러한 경기호황은 대부분 불행한 결말로 끝난다. 물론 부채라는 수단은 과거나 현재

나 어느 국가에나 꼭 필요한 것이다. 그러나 부채의 위험과 기회 사이에서 균형을 유지하는 일은 정책 입안자, 투자자, 일반 국민이 항상 해결해야 할 도전과제라는 점을 잊지 말아야 한다.

아울러 핵심적인 내용을 소개한다. 아래 내용을 적어도 두 번은 되풀이해서 읽기를 바란다.

무엇보다도 **신뢰**의 불안정성과 취약성을 인식하지 못하는 점이 '이번엔 다르다' 증후군을 낳았을 것이다. 특히 단기부채의 만기를 지속적으로 연장해야 하는 상황에서 신뢰의 문제점을 인식하지 못한 것이 그런 심리를 확산시켰다. **부채 비율이 매우 높은 정부, 은행, 기업들은 평상시에는 부채의 만기를 얼마든 연장할 수 있다. 그러나 신뢰가 쾅! 하고 붕괴하고 대출 기관이 증발하면 위기가 닥치는 것이다.**

경제학 이론에 의하면, 신뢰는 취약하고 향후 어떠한 일이 일어날지에 관한 일반인의 예측에 의존하기 때문에 부채위기의 발생시점을 정확히 예측하는 것을 어렵게 한다. 여러 수학적 경제학 모델은 부채 비율이 높으면 부채 비율이 유지되거나 유지되지 못하는 '다중 균형모델multiple equilibria'로 이어진다고 제시한다. 경제학자들은 어떤 사건이 신뢰에 영향을 끼치고 어떻게 하면 신뢰의 취약성을 정확히 평가할 수 있는지 잘 알지 못한다. 금융 위기의 역사에서 반복적으로 보이는 것은 어떤 사건의 조짐이 보이면 결국 일어난다는 사실이다. 어떤 나라의 부채 비율이 과도해지면 문제를 겪게 되어 있다. 부채로 사들인 자산가격이 폭등하는 믿기 어려울 정도로 좋은 일이 발생해도, 문제는 발생한다. 그러나 그 정확한 시점은 추측하기가 매우 어렵다. 그리고 곧 닥칠 것처럼 보이는 위기가 어떨 때에는 몇 년 있다가 발생하기도 한다.

2006년 10월, 세계는 어느 정도로 확신에 차 있었을까? 당시 필자(몰딘)는 경기 후퇴, 서브프라임 위기, 신용 위기가 닥칠 것이라고 예견했다. 그때 필자는 누리엘 루비니와 『래리 커들로우 쇼』에 출연한 적이 있는데, 커들로우와 존 러틀리지는 필자의 암울한 전망을 강하게 비판했다. 필자의 주장은

"경기 후퇴가 닥치기 전에 주식시장에서 빠져나가야만 한다."라는 것이었다. 물론 그런 말을 하기에는 시기상조였을지도 모른다. 그 후 8개월 동안 주식시장은 20%씩 폭등세를 유지했기 때문이다. 하지만 그러다가 폭락이 왔다.

라인하트와 로고프는 이렇게 썼다.

> 부채 비율이 매우 높은 정부, 은행, 기업들은 평상시에는 부채의 만기를 얼마든 연장할 수 있다. 그러나 신뢰가 쾅! 하고 터지면 대출 기관이 증발하면 위기가 닥치는 것이다.

'쾅!'은 사태를 매우 정확히 묘사하는 말이다. 현재 추세가 계속될 것이며 상황이 그렇게까지 나빠지지는 않으리라고 추측하는 것이 인간의 본성이다. 추세는 추세일 때까지만 우리의 친구다. 제1차 세계 대전이 발발하기 1년 몇 개월 전의 채권 시장을 살펴보자. 그때만 해도 곧 전쟁이 발발하리라는 조짐은 보이지 않았고, 모든 사람이 냉정한 투자자가 우세할 것이라고 믿었다.

현재 위기를 겪으면서 우리가 어떤 실책을 저질렀는지 돌이켜 살펴보자. 우리는 '이번엔 다르다'고 믿었다. 예전보다 나은 금융기법을 갖추고 더 똑똑한 규제당국을 갖추었으며, 따라서 더 현대적이라고 믿었다. 물론 시대는 변했다. 레버리지를 어떻게 다뤄야 할지 알고 있었고, 집값이 계속해서 올라가는 한 주택담보 대출은 유리한 방식이었다.

현재, 상황이 다시 정상화되고 있다며 투자를 부추기는 목소리가 있다. 주요 기관에서는 과거 위기에서 회복한 사례들을 토대로 2010년 경제성장률을 4% 이상으로 상당히 높게 잡고 있다. 그러나 은행 위기의 근본적인 펀더멘털은 일반적인 경제순환 주기상의 침체기와 크게 다르다. 라인하트와 로고프의 저서는 이 점을 명확히 보여 준다. 은행 위기에서 발생한 과도한 차입금을 정리하는 데는 보통 몇 년이 걸리며, 실업률은 그로부터 4년 동안 상승을 거듭한다.

디레버리지로 인한 경기 후퇴라 문제다

이번 경기 후퇴는 디레버리지로 인한 경기 후퇴라는 점에서 이전과 차별된다. 먼저, 선진국 전반에서 과도한 차입이 이루어졌다. 게다가 국민이 사들인 주택, 채권, 유가증권 등 자산의 가치가 하락함에 따라 이제 각국은 대차대조표를 수정해야 하는 상황이 되었다. 맥킨지 글로벌 인스티튜트MGI가 발표한 길지만 흥미로운 연구결과를 보면 오버레버리지 이후 보통 6~7년 동안 성장 침체기가 뒤따른다. 이는 디레버리지가 전개되기 때문이다. 신속한 해결책이란 없다.

도표 5.1은 디레버리지 단계를 보여 준다.

도표 5.1 실질 GDP의 증가 추세는 디레버리지 초기 2~3년 동안 상당히 둔화된다.

연평균 실질 GDP 증가율(%)	10년 10년간 과거 추세	1-2년 레버리지가 여전히 증가하는 가운데 경기 침체 시작	2-3년 디레버리지 초기 수년간 경기 침체 지속	4-5년 디레버리지 계속되는 동안 경기 회복	10년 디레버리지 탈피 후 10년간 추세
❶ 긴축 n = 16	4.7	0.6	-0.6	4.8	3.2
❷ 고인플레이션 n = 8	4.3	-1.7	-1.4	4.1	4.2
❸ 대규모 채무불이행 n = 7	4.3	-1.8	-3.0	5.7	4.8
❹ 부채 탈피 n = 1	7.9	0.8	← 12.8[a] →		2.3
합계 n = 32	4.6	-0.5	-1.3	5.1	3.8

[a] 추세에서 벗어난 디레버리지는 경기 후퇴와 연관되지 않음.

자료 출처: 국제통화기금, 맥킨지 글로벌 인스티튜트 분석

일단 MGI 연구의 주요 결론부터 살펴보자(10장짜리 연구 요약본도 내용이 알차므로 읽어 보길 권한다). MGI의 분석은 위기 이전에 어떻게 해서 레버

리지 추세가 전 세계적으로 증가했으며 디레버리지가 어떻게 전개될 것인지 좀 더 자세한 설명을 제시한다.

- 몇 개국 일부 부문의 경우 차입금 비율이 여전히 매우 높다. 이는 미국만의 문제가 아니라 세계적으로 공통되는 문제다.
- 차입의 지속가능성을 평가하려면 부문별로 특화된 다양한 측정 기준을 이용해 좀 더 상세하고 입체적인 분석을 시행해야 한다. MGI의 분석은 디레버리지의 가능성이 큰 10개 부문을 5개국에서 밝혀냈다.
- 경험적으로 볼 때 디레버리지가 장기화되면 거의 항상 타격이 막대한 금융 위기가 뒤따른다.
- 디레버리지 과정은 평균적으로 6~7년 동안 지속되는 고통스러운 과정으로, GDP 대비 총부채 비중이 25%가량 감소한다. 디레버리지가 시작된 후 수년 동안은 GDP가 위축되다가 이후 회복하는 것이 일반적이다.
- 과거 사례를 살펴볼 때, 앞으로 몇몇 경제 대국 일부 부문에서 부채 삭감이 몇 년 동안 지속될 것이다. 그리고 이 과정은 GDP 증가율에 크나큰 제동을 걸 것이다.
- 디레버리지가 일어나는 분야에서 이에 대처하는 것도 기업 경영진에게 도전과제를 제공한다. 디레버리지는 신용이 줄어들고 더 값비싸지는 기간이 장기화될 것을 예고한다. 그럼으로써 사업모델의 실행 가능성이 뒤바뀌고 온갖 투자유형 가운데 새로운 유형이 부상하게 된다. 역사적으로 볼 때 디레버리지가 지속되는 동안에는 민간투자가 상당히 감소하는 일이 많았다. 오늘날 일부 국가에서는 가계부문에서 디레버리지가 일어날 가능성이 크다. 이것이 현실화된다면 소비성장률은 금융 위기 이전보다 둔화될 가능성이 있다. 그리고 소비패턴도 변화할 것이다. 소비재 산업에서는 소비패턴이 사치품에서 가치지향적 제품으로 변화하는 추세가 이미 나타나고 있다. 그리고 가계가 대차대조표를 개선하는 동안 이 새로운 패턴은 지속될 것이다. 이러한 변화에 부응하려면 기업 경영진은 유연성을 갖춰야 할 것이다.[2]

『파이낸셜 타임스』의 렉스 칼럼에서는 MGI 보고서와 관련하여 다음과 같은 분석을 실었다.

> 위기가 정점에 달했을 때 국민의 생활을 윤택하게 하려고 정부가 재원을 지출하는 것은 경제적, 정치적으로는 분별 있는 행동일 수 있다. 그러나 국가가 부채를 상환하는 데 걸리는 시간이 길어질수록 위기는 더 큰 고통을 주고, 그 기간도 장기화될 가능성이 있다. 물론 국채 투자자들이 들고일어나서 모든 것을 신속히 처리할 가능성도 있다.[3]

이것이 문제의 핵심이다. 미국 의회 예산처의 추산에 따르면 미국은 부채를 상환하기 위해 연간 1조 달러가 넘는 세금을 국내에서 거둬들여야 한다. 영국은 GDP만큼의 세금이 필요하며, 유럽의 다른 국가들도 마찬가지다. 일본은 한마디로 상상을 초월하는 수준이다. 몰딘이 지적했듯이 일본은 위험을 좇아 스스로 '자동차 앞유리에 날아드는 벌레'나 다름없다.

다가오는 수년 안에 전 세계 채권 시장은 시험대에 오를 것이다. 일반적으로 디레버리지 순환주기는 디플레이션을 수반하고, 그 결과 금리가 하락한다. 이로써 엄청나게 불어나는 적자를 감당할 재원을 국내에서 확보하지 못한다면? 이것이 일본에서 지난 20년 동안 계속된 일이다. 일본 국내 시장은 자국의 부채를 사들임으로써 그 상황을 지속할 수 있었다. 그러나 이제는 그러한 과정도 끝나가고 있다.

제임스 카빌은 죽은 후에 다시 태어나면 채권 시장으로 환생하고 싶다는 명언을 남긴 것으로 유명하다. 채권 시장이야말로 실질적인 권력이 존재하는 곳이라는 것이다. 우리는 앞으로 채권 자경단[62]이 어떻게 나오는지 가까운 시일 내에 알 수 있게 될 것이다.

무엇보다도, 만족스러운 상황은 언제나 갑작스럽게 끝난다는 점에 주목해야 한다. 위기는 몇 년에 걸쳐 서서히 나타나는 것이 아니라 급작스레 발생한다. 갑자기 방아쇠를 당기는 사건이 발생하는 것이다. 바로 2008년 8월에 나타난 일이다. 신뢰의 위기가 발생하기 전에는 모든 일이 순조롭게 진행된다는 점을 이 책은 입증하고 있다. 위기가 언제 닥치는지는 알 도리가 없다. 위기를 정확히 예고하는 부채 비율이나 환율절하 수준, 재정 적자 퍼센티지란 존재하지 않는다. "이것이다!"라고 단언할 수 있는 잣대가 없다는 말이다. 위기마다 상황은 항상 다르다.

---

62 역주 _ bond vigilante, 인플레이션 조짐이 있거나 통화 정책에 문제가 있다고 판단될 때 항의 차원에서 국채를 투매해 채권 시장에 영향력을 행사하는 투자자 집단

우리는 한 가지 흥미로운 점을 발견했다. 다양한 유형의 위기를 파악하고 살펴본 결과, 선진국에서나 신흥국에서나 위기 이후에 나타나는 후폭풍의 양상은 별 차이가 없다는 점이다. 선진국이라고 해서 위기를 회피하거나 신속히 회복하는 묘안이 있는 것은 아닌 듯하다. 사실 선진국이야말로 우월한 체제를 갖추고 있다는 자만심 때문에 신흥국보다 깊은 수렁에 빠질 수 있다.

어쨌거나 연준리는 이번 위기가 다가오는 것을 미리 파악했어야 한다. 라인하트와 로고프는 부채 위기를 확실히 예고하는 전조들을 몇 가지 발견했다.

> 첫째, 앞으로 살펴보겠지만 갈수록 확대되는 경상수지 적자와 무역 적자에서도 드러나듯 이 위기 직전 미국의 과도한 외채비율이 유일한 경고 신호는 아니었다. 사실 위기의 진원지인 미국 경제는 심각한 금융 위기가 닥치기 직전에 다양한 조짐을 보였다. 특히 부동산을 비롯한 자산가격 급등, 가계 차입금 증가, 생산성 둔화 등 다양한 척도가 나타나 우려를 자아냈다. 모두 심각한 금융 위기를 예고하는 선행 지표들이다. 미국에서 금융 위기가 발생하기까지의 기간을 순전히 정량적인 관점으로 보면, 위기가 임박했음을 알리는 조짐이 모두 나타났다는 것을 알 수 있다.

물론 금융 위기의 전형적인 경고신호는 미국에서만 나타난 것이 아니었다. 특히 영국, 스페인, 아일랜드에서는 미국과 동일한 조짐이 나타났다.

> 주택가격 상승을 묵인하던 연준리의 논리는 민간 부문이 주택이나 주가의 평형점을 적어도 정부 관료만큼 판단할 수 있다는 지극히 이성적인 가정에 기반을 둔다. 그러나 연준리는 자산가격 상승이 GDP 대비 가계 부채 비율의 걷잡을 수 없는 증가로 말미암아 발생했다는 점에 좀 더 주의를 기울여야 했다. 1993년까지는 가계 부채 비율이 개인 소득의 80% 정도로 안정된 수준을 유지했다. 그러나 2003년에 120%로 상승하더니 2006년 중반에는 130%에 달했다. 보르도와 잔의 연구와 국제결제은행의 자료를 살펴보면, 주택경기 급등은 부채의 급증을 동반하며 이때 위기의 위험도가 크게 상승한다. 비록 위와 같은 연구가

반드시 옳다고 할 수는 없겠지만 연준리의 순진한 묵인 정책에 대해서는 의문을 제기하게 하는 결과다.

자국의 금융과 규제감독 제도가 대규모 자본유입을 지속 가능한 수준으로 지탱할 수 있다던 미국의 자만심은 2000년대 후반 들어 전 세계에 금융 위기를 유발했다. 미국은 우월한 제도를 갖추고 있기 때문에 '이번엔 다르다.'라고 하던 생각이 결국은 잘못된 것으로 드러났다. 사실 **금융 시장의 막대한 수익률은 자본이 유입된 탓에 크게 과장되었다. 신흥국의 경우도 마찬가지다.** 되돌아 보면 서브프라임 모기지 시장 규제 완화와 2004년에 증권감독위원회가 투자은행이 자본금의 3배까지 차입을 투자할 수 있도록 허용한 것은 규제 당국의 가장 심각한 실수였다. 이는 당시에는 문제가 없어 보였다. 자본유입은 차입금 수준을 늘렸고, 온갖 위험자산 간의 수익률 격차를 줄이면서 자산가격을 상승시켰다. 결국 2007년 4월, 국제통화기금은 연 2회 발행하는 세계 경기전망 보고서에서 글로벌 경제의 위험 수준은 극히 낮으며 당분간은 크게 우려할 일이 없다고 발표했다. **글로벌 경제를 감시하는 국제기구가 위험이 없다고 발표하니, 그보다 더 '이번엔 다르다.'라는 생각을 입증할 수 있는 것은 없어 보였다.**

라인하트와 로고프는 이에 대해 시장 전반과 그중에서도 중앙은행 총재들이 '이번엔 다르다' 식으로 행동했음을 의미한다고 말한다. 이번엔 다르기 때문에 일반적인 경고 신호가 나타나도 우려할 필요가 없다고 판단했다는 것이다. 그러나 이들이 저서에서 말하고자 하는 바는 이번에도 절대로 다르지 않다는 것이다. 우리는 어떻게든 특수한 상황에 처해 있다고 믿으려 한다.

우리는 거시경제적 문제에 포커스를 맞췄으나, 위기가 시작된 때부터 생생하게 드러났듯이 많은 문제가 금융 시장의 '배관'에 숨겨져 있었다. 이러한 문제 가운데 일부는 해결되는 데만 수년이 걸렸다. 무엇보다 5년 동안 전국적으로 100% 상승한 주택 가격은 가계 부채의 급증으로 가열된 것이었으므로 경고신호로 받아들여져야 했다. 2008년 초 미국의 총 주택담보 대출액은 GDP의 약 90%였다. 정책 입안자들은 위기가 일어나기 수년 전부터 의도적으로 과열 현상을 제거하는 결단을 내려야 했다. **불행하게도 성장률을 유지하려는 노력과 주식시장 급락을 막으려는 조치는 압력밥솥에서 안전밸브를 제거하는 결과를 가져왔다.**

필자들이 제1장에서 예시로 든 멕시코의 바하 칼리포르니아의 잔불과 캘리포니아의 파괴적인 대형 산불 간의 차이를 기억하는가? 그 예시에서 알 수 있듯이 시스템의 자유로운 작동을 허용하지 않는 상황에서 소규모 위기를 피하려다가는 대형 위기로 이어질 뿐이다.

신호접근법 또는 대다수 대안적 접근법은 정확히 언제 거품이 꺼질지 또는 다가오는 위기의 심각성이 어느 정도인지 꼭 집어 알려 주지 않는다. 이러한 체계적인 연구를 통해 알 수 있는 것은 경제가 심각한 금융 위기로 발전하기 전에 나타나는 하나 이상의 전통적인 징후들을 보여 주느냐 하는 것이다. 효율적이고 신뢰할 만한 조기경보 시스템을 구축하는 데 가장 큰 장애는 여러 지표를 제때 포착하여 상대적으로 신뢰할 만한 위기 신호를 제시할 수 있는 체계적 틀을 설계하는 것이 아니다. **가장 큰 장애물은 정책 입안자들과 시장 참여자들의 보수적인 성향이다. 이들은 그러한 경고신호를 시대적으로 뒤떨어진 프레임워크에서 산출된 고리타분하고 부적절한 유물로 간주한다.** 이 책에서 다룬 과거에 관한 연구 결과를 고려한다면 경고신호는 앞으로도 빈번히 무시될 것이다. 우리가 기관의 체질개선을 주장하는 것도 그 때문이다.

둘째, 정책 입안자들은 은행 위기가 오래도록 지속되는 경향이 있다는 점을 인식해야 한다. 일부 위기 사례(1992년 일본이나 1977년 스페인 등)는 당국이 현실을 부정하는 기간만큼 더 연장되었다.

조짐은 이미 거기에 존재했다. 그런데도 연준리는 어째서 이를 놓쳤을까?

앤드루 스미더스의 명저 『월스트리트 파헤치기: 불완전한 시장과 무능한 중앙은행 Wall Street Revealed: Imperfect Markets and Inept Central Bankers』에서는 연준리와 그린스펀 전 의장, 그리고 무엇보다 버냉키 현 의장에게 신랄한 비판이 쏟아진다. 우리가 존경하는 분석가 제레미 그랜덤이 쓴 이 책의 서문은 라인하트와 로고프가 탐구한 주제와 일맥상통한다.

스미더스의 저서는 여러 경제이론 가운데서도 효율적인 시장가설^{이하 EMH}을 통렬하게 비판하고 있다. 스미더스는 그린스펀과 버냉키가 EMH의 원칙에 몰입하고 이를 맹목적으로 신봉한 나머지 거품을 알아차리지 못했다고 주장한다.

"거품과 거품 붕괴는 비합리성을 가리키기 때문에 있을 수 없는 일이라는 근거를 내세우며 금융 위기의 가능성을 일축하는 행위는 이론을 위해 현상을 무시하는 것이나 다름없다."라고 스미더스는 말한다. 그리고 스미더스의 저서에서 비판받은 이들은 실제로 그렇게 행동했다.

그랜덤은 서문에서 이렇게 썼다.

> 이들의 시각을 단적으로 보여 주는 예시로 내가 즐겨 인용하는 것은 2006년 말에 버냉키가 한 말이다. 가격에 거품이 낀 전례가 없던 미국 주택 시장이 100년 만에 폭등하면서 '쓰리 시그마 사건'의 정점에 달했던 때다. 버냉키는 "미국의 주택 시장은 미국의 견조한 경기를 반영할 뿐이다."라고 발언했다. 통계학자들에게 둘러싸여 있으면서도 데이터를 파악하지 못했던 것이다. 버냉키는 시장의 효율성에 대한 확고한 믿음 때문에 세상에 거품이란 존재할 수 없다고 생각함으로써 자신의 눈앞에 놓인 것도 보지 못했다.4

라인하트와 로고프는 거품은 항상 비극적인 결말을 맞는다는 점을 재차 강조한다. 실제 시장과 투자자들은 비합리적이기 때문이다. 주택 시장에 거품이 끼었고 시장을 진정시키기 위해 금리를 인상하고 증권화와 신용 등급 상황을 분석하는 등의 조치를 취할 것이라고 밝히려면 대체 어떤 사람이 연준리 의장이 되어야 할까? 일단, 강인한 사람이어야 할 것이다. 그런데 실제로 미국에서는 파생결합증권 시장이 확대하는 데도 이를 규제하지 않고 오히려 부추긴 사람이 바로 그린스펀 전 연준리 의장이었다. 또한 패니메이와 프레디맥을 철저히 감독하지 못하게 함으로써 미국 납세자들에게 대략 4,000억 달러를 전가한 의회가 있었다. 책임을 질 사람들이 한둘이 아니다.

로고프와 라인하트가 마지막으로 전하는 말

앞으로 다가올 위기에서는 어떻게 될까? 전면에 나서서 폴 볼커와 같은 기질을 발휘하며 경제를 벼랑 끝에서 구할 사람은 누구일까?

이번 장은 몰딘이 로고프와 라인하트와 나눈 인터뷰의 후반부 몇 단락을 소개하는 것으로 마치고자 한다.

> **몰딘**: 이제 다시 미국과 미국이 처한 상황으로 돌아가 보자. 미국이 취할 선택안이 없는 것은 아니지만, 내 생각에는 일본식 방향을 택해 일본처럼 지속 불가능한 수준으로 끝내거나 서서히, 그러나 상당한 수준으로 부채를 줄이기 시작하는 길 외에는 달리 선택의 여지가 없어 보인다. 미국은 오스트리아식 해결책을 택해 모든 경제 활동을 차단하고 대공황으로 빠져들지는 않을 것이다. 그러나 어떻든 재정적으로 절제력을 보여 줄 필요는 있다. 그래야 채권 시장이 제대로 움직일 것이다. 당신들도 그렇게 평가하는가? 아니면 다른 선택안이 있다고 보는가?
>
> **라인하트**: 미국은 일본만큼 시간이 충분하지 않다고 본다. 미국은 전 세계 각국에서 돈을 빌렸다. 게다가 최근에는 미미한 소비 수준에도 저축률은 상당히 낮다. 현재 관점에서 보면 저축률이 엄청나 보이지만, 역사적 관점에서 보면 보잘것없는 수준이다. 미국이 일본만큼 시간이 충분하지 않은 것은 바로 그 때문이다.
>
> **몰딘**: (매우 놀라고 두려운 어조로) 그런가?
>
> **라인하트**: 미국의 부채현황을 좀 더 총체적으로 살펴본다면 국가재정이라는 겉면이 존재한다. 내가 익숙하지 않은 분야를 잘 알고 있는 분석가들에게서 들은 얘기다. 캘리포니아에 대해

서는 모두 잘 알고 있었지만 우리가 그 분석가들의 연구를 듣고 놀랐던 이유는 이들이 미국의 각 주를 부채 문제의 심각도에 따라 분류했다는 점이었다. 미국의 전반적인 부채 현황을 보면, 상당수 정치가가 생각하는 것과 달리 시간적 여유가 많지 않다는 사실을 알려 준다. 내가 앞서 나열한 이유들에서 그렇다.

로고프: 세계 거의 모든 국가가 현재 미국이 얼마나 빠르게 재정부양책을 버릴 것인가 하는 문제와 이전보다 장기간 지속되는 부채 문제를 얼마나 우려하고 있느냐는 데 주목한다. 내가 가장 두려워하는 일은 너무도 많은 나라가 너무도 오랜 시간을 기다려야 할 것이라는 점이다. 이는 단순히 국가 부도사태로 끝난다는 말이 아니다. 좀 더 고통스러운 결과를 낳는 선택을 할 수밖에 없으리라는 얘기다. 지금은 원하는 대로 맘껏 대출받고, 계속해서 만기도 연장할 수 있고, 아무런 문제가 없어 보일 것이다. 그리고 그것이 많은 사람이 하는 얘기다. 그러나 그러다가 갑자기 쾅! 하고 한도를 넘어 버린다는 점을 우리는 거듭 강조하고 싶다. 그 누구도 어느 지점이 한도인지, 그것이 무엇인지는 알지 못한다. 그러나 당신이 한도에 도달했다는 점은 확실하다. 라인하트와 나는 고부채가 어느 정도인지 수치 자료를 가지고 있다. 그리고 미국은 그 한도를 넘어설 것이다. 그런데도 그것이 문제가 아니며 모두가 세계에서 가장 위대한 나라인 미국을 사랑할 것이라고 말하는 사람들이 있다. 심지어 중국이 미국 외에 대체 어디에 투자하겠느냐는 말도 한다. 사람들은 새로 등장한 '이번엔 다르다'라는 거창한 주제를 듣고 싶어 한다.

몰딘, 당신은 우리가 어떻게 해서 이 연구를 시작했는지에 관해 말을 꺼냈다. 우리가 2003년에 논문을 쓰면서 깨달은 것이 있는데 이는 우리 책의 초반 1~2장에도 실린 내용이다. 이론적일 뿐 아니라 수량적인 측면에서 나라마다 한계점이 있다는 것이다. 우리는 이를 대략적으로나마 측정하는 방법을 찾아냈는데, 그 한계점은 바로 대출자가 부담해야 하는 이자율이 폭등하는 지점이다.

우리가 이를 큰 깨달음이라 생각하는 이유가 있다. 이를 통해 우리가 마련하는 데 관여하고 관찰하고 의견을 제시하기도 했던 국제통화기금의 구제책이 어째서 대부분 빗나간 결과로 끝났는지 이해할 수 있었기 때문이다. 국제통화기금은 "이 나라의 부채 비율은 50%

이니 이제 속도를 좀 늦추라고 해야겠군. 그러다가 55%가 되면 대출을 줄이도록 하자."라는 계산으로 구제책을 시행했던 것이다. 그러나 부채 비율이 50%에 이르러 문제가 발생하는데도 이를 55%까지 되도록 놔두면, 시장이 신뢰를 상실해 대출자들이 부담해야 하는 이자율이 폭발적으로 치솟게 된다. 최근에 '부채 시대의 성장[63]'이라는 제목으로 완성한 논문이 있는데, 우리는 이 논문을 쓰면서 부채 비율이 90%에서 100%에 이를 때 선진국 대부분의 경제성장률이 한계에 직면한다는 점을 밝혀냈다.

거듭 말하지만 한계점이 있다는 우리 주장과 특히 라인하트가 말하는 바는 전적으로 옳다. 우리는 어느 정도가 한계점인지 파악했으며, 그 한계점의 표준오차가 크다는 사실도 알고 있다. 그러나 돈을 빌리지 않는 한 시장이 신뢰를 상실할지, 또 어떤 유형의 채무자가 될지 우려할 필요가 없다. 많은 돈을 빌린 사람이라면, 특히 엄청난 금액의 단기 자금을 대출받은 사람이라면, 크게 걱정해야 한다. 최근 논문을 통해 우리는 대출의 한계점이 있다는 것을 어느 정도 입증할 수 있었다. 간접적으로 입증하긴 했지만, 어쨌든 그 근거를 발견했다고 본다. 신흥국뿐만 아니라 미국 같은 선진국에도 대출하는 데는 한계가 있다.

라인하트: 내가 이 말을 하면 내 성격상 소심함이 드러날지도 모른다. 우리가 연구를 통해 강조하는 점은 부채 주기가 길다는 점이다. 부채를 쌓고 청산하는 데는 오랜 시간이 걸린다. 절대 빨리 끝나는 일이 아니다. 축적 단계 동안에는 누구나 천재가 된다. 자산 가격이 올라가고 경제가 활발한 성장세를 보이기 때문이다. 굳이 극단적인 시나리오를 들먹이지 않더라도 미국은 물론 신흥국을 제외한 세계 각국에서 지난 몇 년 동안 어떤 일이 일어났는지 보면 된다. 공공 부채와 민간 부채가 너무 늘어나 공공 부문에서는 더 이상 부양책을 기대할 수 없게 되었다. 부채 문제가 정부를 다른 방향으로 내몰고 있기 때문이다. 민간 부채의 경우, 지난번에 우리가 논문에 실은 미국의 역사적 통계수치를 살펴보자. 우리는 1916년 이후 미국의 통계수치로 도표를 작성했다. 아주 최근에 디레버리지 추세가 나타났는데도 미국은 전에 없이 차입금 수준이 높다. 미국은 **국가** 차원으로 볼 때 여전히 차입금 비율이 무척 과도하다. 다른 선진국들도 대부분 마찬가지다. 몰딘, 당신의 질문에 대한 답은 이

---

63 Growth in a Time of Debt

렇다. 미국은 저성장기에 돌입했다는 것이 내 생각이다. 저성장기 동안에는 1990년대에 기술주 거품이 터지고 최근에 서브프라임 사태가 터지기 전과 같은 투자 환경을 기대할 수 없다. 투자환경은 그때와는 판이할 것이다. 다시 말해, 투자환경은 훨씬 더 악화될 것이다.

몰딘: 나는 그것을 '버티기 경제[64]'라고 부른다. 현재 직면한 문제에서 성장을 통해 탈피하리라 단언하기가 점점 더 어려워진다. 그러나 라인하트와 로고프 당신들은 우리가 좀 더 신속하게 어떤 조치를 하지 않으면 문제가 닥침을 경고하고 있는 것 같다. 솔직히 당신들이 미국은 일본만큼 시간이 충분하지 않다고 말했을 때 나는 크게 당황했다. 우리가 현재 처한 디플레이션 환경에서 금리가 상승한다는 이야기가 모순으로 들리기 때문이다.

로고프: 좀 더 완곡히 말하겠다. 꼭 그럴 필요는 없지만 어쨌든 라인하트가 말한 바를 강조하고자 한다. 느린 성장이 시작되었다. 어떻게 보더라도 부채 때문이다. 그리스가 극단적인 사례다. 그리스인들은 허리띠를 졸라매야 한다. 외부에서 도움을 받을 방법을 강구하더라도, 그들은 앞으로 서서히 시작하든 지금 당장이든 허리띠를 졸라매야 한다. 그 말은 성장세가 둔화될 것이라는 얘기다. 정부 측에서는 세율을 인상해야 한다는 얘기다. 다른 많은 나라도 마찬가지다. 그 시기가 언제인지 알아내는 것이 중요하다. 어떤 나라들은 제때 허리띠를 졸라매지도 않으며, 어떻게 해야 할지 고민하지도 않을 것이다. 일단 국제통화기금에 도움을 청할 것이다. 그리고 결국 도움을 받지 못한 국가들은 부도 사태를 맞이할 것이다. 그러나 성장이 둔화하면 제아무리 애를 쓴다 하더라도 허리띠를 졸라맬 수밖에 없다. 믿기 어려울 정도의 대대적인 기술 혁신이 도래하거나 외계의 우방이 우리를 구제하지 않는 한, 라인하트가 말한 대로 우리는 저성장기를 피할 수 없다. 저성장기로 빨리 돌입하는 것이 좋은지는 우리도 확실히 답할 수 없다. 그러나 이를 피할 수 없다는 것은 정부가 국민을 위해 대책을 세우려면 반드시 인식해야 할 사실이다.

인용문 가운데 굵은 글씨 부분은 우리가 저자로부터 에디토리얼 라이선스를 얻어 필자들이 강조한 것임을 주지하기 바란다.

---

64 muddle-through economy

제 6 장

공공 부채의 미래

지속불가능한 길

> 국가에 돈을 빌려 주는 채권자들은 대개가 총명하다.
> 이들은 솔직하고도 타당한 호소를 들어도 자신에게 이득이 되고 안 되는 일이 무엇인지
> 너무도 잘 알고 있기 때문에 불가피한 상황이라 해도 자신들의 권한이 조정되는 것을 거부한다.
>
> 알렉산더 해밀턴, 「공공 신용에 대한 보고Report on Public Credit」, 1790년 1월 9일

『엔드게임』에서 필자들이 주장하는 바는 날로 늘어나는 정부 부채에 힘입어 아직도 부채 슈퍼사이클의 기간이 연장되고 있지만, 그러한 과정도 끝날 것이며 그 끝이 상당히 빠른 속도로 다가오고 있다는 것이다. 세계는 정부 지출 증가세를 억제해야 할 뿐 아니라 사실상 실제로 줄여야 하는 시기에 도달했다.

제6장에서 우리는 국제결제은행 BIS 에서 발간한 매우 중요한 보고서를 살펴볼 것이다. 이 보고서의 제목은 '공공 부채의 미래: 전망과 함의[65]'로 스티븐 체케티, M. S. 모한티, 파브리치오 잠폴리가 집필했다.1 국제결제은행은 중앙은행의 중앙은행 격으로 불린다. 공식적인 권한은 크지 않지만 그 영향력이 막강하며 존경할 만한 업적을 쌓았다. 무엇보다 과도한 차입금과 극단적인 신용증식의 위험에 대해 일관되게 경고한 거의 유일한 국제조직이다. 국제결제은행은 본질적으로 상당히 보수적이지만, 여기에 소개하는 보고서에 담긴 내용은 학술적이고 난해한 논문을 읽는 일이 많은 사람을 깜짝 놀라게 할 만하다. 구체적으로 말해, 이 보고서는 각국의 재정 정책과 노령인구 관련 지출 국민연금 및 의료비 지출이 정책에 미치는 함의를 통합해서 살펴봄으로써 GDP 대비 부채 비율을 예측한다.

제6장은 주로 이 보고서에서 인용한 내용으로 이루어진다. 작성자들의 글만으로도 충분히 설명이 되기 때문이다. 필요에 따라서는 우리의 사견과 설명도 일부 첨가할 것이다. 인용문 가운데 굵은 글씨 부분은 에디토리얼 라이선스를 얻어서 우리가 강조한 부분이며, 원 보고서의 영국식 철자법을 그대로 유지하기로 했다는 점을 주지하기 바란다.

국제결제은행의 보고서를 살펴본 다음에는 이 보고서가 제기하는 문제와 공공 부채에 미치는 함의에 대해 알아볼 것이다. 공공 부채가 지속 불가능한 수준이고 그로 말미암아 정부예산에 너무도 큰 부담을 지운다면 국채는 어떻게 될까? 현재 국채가 폰지 사기[66]나 다름없다는 결론을 피할 수 없다. 현재 부채약정 규모를 고려할 때, 각국 정부는 부채 비율을 유의미한 수준으로 줄일 역량이 없다. 그래서 우리는 '금융 억압'을 맞이할 가능성이 있다. 금융 억압이 시작되면 정부는 국채의 실질가치를 평가 절하하면서도 온갖

---

65 The Future of Public Debt: Prospects and Implications
66 역주 _ 아무런 수익 창출 행위 없이 신규 투자자의 돈으로만 기존 투자자에게 이자나 배당금을 지급하는 방식의 다단계 금융 사기로 투자원금을 상환하기가 거의 불가능하다.

수단을 동원해서 국채를 사도록 투자자에게 강권한다. 보고서의 내용을 살펴보자. 마음이 불편해질 수도 있지만 매우 중요한 내용이다.

배경 지식

시작하기 전에 국제결제은행의 용어 몇 가지를 소개한다. 복잡하게 들릴 수도 있지만 이해하는 데는 그리 어려움이 없을 것이다. 순환적 적자와 구조적 적자 간에는 큰 차이가 있다. 그리고 총 적자는 구조적 적자에 순환적 적자를 더한 것이다.

정부는 매년 세금을 거둬들이고 이를 지출한다. 그러나 불황기보다 호황기에 더 많은 세금을 거둬들인다. 또한 불황기보다 호황기에 지출이 줄어드는 것이 일반적이다. 예를 들면 정부는 경기 침체의 영향을 완충하기 위해 실업보험을 지출하기 때문이다. 경기순환주기에서 최저점에 도달할 때 실업률이 상승한다. 이는 정부에 세금수입이 줄고 지출이 늘어난다는 얘기다. 한편으로 경기순환주기가 고점을 찍으면 실업률이 낮아지고, 기업이 수익을 올리기 때문에 모든 사람이 더 많은 세금을 내게 된다. 경기순환주기의 저점에서 추가로 필요한 차입금이 바로 순환적 적자이다.

구조적 적자는 정부의 총지출액이 거둬들인 세금을 초과하는 탓에 경기순환주기 전반에 걸쳐 적자가 줄어들지 않고 남아 있는 상태를 말한다. 이 부족분은 경기 후퇴 여부와 상관없이 남는다.

다른 용어로 넘어가 보자. 정부 지출의 기초재정수지는 구조적 적자와 순환적 적자 모두와 관련된다. 기초재정수지는 부채에 대한 이자 지급분을 제외한 정부의 총지출이 정부의 총수입과 같아질 때 균형을 이룬다. 여기에서 눈여겨볼 사항은 이자 지급분이다. 금리 인상 속도가 경제 성장 속도를 앞지르면 총부채 비율이 증가하게 된다.

정부 재정 상태를 가장 잘 이해하려면 주택담보 대출을 받은 가계를 생각해 보면 된다. 주택담보 대출금이 크더라도 매달 상환하는 액수가 작으면 별 부담이 없다. 그런데 상환할 돈의 액수가 소득보다 빠른 속도로 늘어나면 대출금도 증가할 수밖에 없다. 국가 차원에서 봐도 마찬가지다. 금리가 경제 성장률보다 빠른 속도로 상승할 때 그 국가는 회복이 불가능한 지점에 도달했다고 보면 된다. 그 단계에 이르면 적자를 안정화할 수 있는 희망도 사라진다. 이것이 바로 현재 선진국 대다수가 처한 상황이다.

과감한 조치

> 우리는 공공 부채 비율을 예측한 결과, 선진국 다수의 재정 당국이 추구하는 길이 지속 불가능하다는 결론에 이르렀다. 현재 및 향후 정부 부채의 급격한 증가를 억제하고, 그러한 부채의 증가가 장기적인 성장과 통화안정에 끼치는 역효과를 줄이려면 과감한 조치가 필요하다.

과감한 조치란 국제결제은행의 경제 보고서 같은 글에서 흔히 접할 수 있는 표현이 아니다. 그러나 국제결제은행에서 나온 매우 간결하고 명료한 이 보고서에서 다룬 12개국의 상황을 보면 **과감한 조치**란 표현이 타당함을 알 수 있다.

보고서에서는 먼저 정부의 재정 적자 증가와 부채 증가를 언급한다. 미국의 재정 적자는 2.8%에서 오늘날 10.4%로 폭발적인 증가세를 보였으며, 2011년 예측치를 봐도 1.3% 감소하는 데 그친다. 부채는 GDP 대비 62%에서 2011년 말 이후에는 100%까지 급증할 것으로 예측된다. 그야말로 폭발적이라는 말이 딱 어울린다. 작성자들은 단도직입적인 어조로 보고서 초반부에서 다음과 같이 밝힌다.

공공 부채 정책은 국가마다 다르다. 불쾌한 경험에 덴 적이 있어 절제하는 문화가 자리 잡은 나라도 있다. 그런가 하면 이와 반대로 공공지출의 낭비가 만연한 나라도 있다. 최근 수년 동안 재정 건전화[67]에 성공한 사례가 몇 번 있었다. 그러나 그 정도의 재정축소로는 부채 비율을 완만하게 감소시킬 뿐이다. 재정 건전화로 부채 비율이 크게 감소하는 일은 거의 없다. 가장 중요한 점은 재정 적자에서 흑자로 선회할 때면 명목 금리가 하락하거나 실질성장률이 증가하는 경향이 있다는 것이다. 또는 두 가지 현상이 동시에 일어날 수도 있다. 오늘날 금리는 예외적으로 낮으며, 선진국의 경제 전망은 기껏해야 그저 그런 정도다. **이로써 우리는 시장이 정부에 압력을 가하는가보다는 언제 압력을 가하기 시작할 것인가가 문제라는 결론에 이르렀다.**

재정적 조치가 부재한 상황에서, 당국이 재정 낭비를 충당하기 위해 공공 부채 발행을 서서히 늘리는 가운데 투자자들은 어느 시점에 이르러야 그 위험에 대해 더 큰 보상을 요구하기 시작할까? 일부 국가에서는 부채 비율의 증가로 금리가 상승하고 이로 말미암아 부채 비율이 다시 증가하는 불안정한 부채역학의 조짐이 뚜렷이 나타나고 있다.

선진국이 현재 직면한 재정 문제는 상대적으로 단기간에 단호하게 해결되어야 한다. **그렇지 못한다면 중장기 국채수익률이 예기치 못한 수준으로 급등할 가능성이 커진다.** 그렇게 되면 경기 회복 초기 국면이 위험에 처할 수 있고, 또한 짧은 시일 안에 중앙은행이 물가 상승을 잡는 것도 까다로워져서 궁극적으로는 기존에 수립한 통화정책의 신뢰성까지 위협받을 것이다.

재정 문제는 조속한 시일 내에 해결되어야 하지만, 어떻게 하면 이를 경기 회복 초기 국면을 크게 위협하지 않고 해결할 것인지가 현재 재정 당국이 당면한 핵심과제다.

GDP 대비 부채 비율이 90%를 넘어서면 GDP가 1% 정도 감소한다는 로고프와 라인하트의 연구결과를 떠올려 보자. 국제결제은행 보고서 작성자들과 다른 학자들은 공공 부채가 늘어나면 생산적인 민간 부문에 대한 투자가 급감하기 때문에 이와 같은 일이 발생한다고 본다.

---

67 fiscal consolidation

잠시 고찰해 볼 일이 있다. 지금 경로로 계속 나아간다면 미국의 정부부채 비율이 수년 내에 GDP의 100%에 달할 것이 분명하다. 특히 주 정부와 지방 정부의 부채까지 합산하면 그 점은 한층 확실해진다. 이제까지 GDP의 추세성장이 연간 3.5%였다면, 앞으로는 성장률이 잘 되어봤자 2.5%로 하락할 것이다. GDP의 추세성장이 2.5% 정도면 다시금 완전고용으로 복귀하는 일은 불가능하다. 미국은 고실업 상태에서 오래도록 빠져나오지 못하고 있다. 그런 데다 최근에는 장기 실업수당의 연장안이 부결되어 실업자 100만 명 정도가 장기 실업수당을 받을 수 없게 되었다.

현재 정부의 몇 가지 이전지출[68]이 총 가계 소득의 20% 이상을 차지한다. 실업수당이 현재의 99주 이상으로 연장되지 않는 한, 이러한 이전지출은 앞으로 1년 동안 상당한 수준으로 감소할 것이다. 그런데 미국 의회는 그러한 조치를 취할 의지가 없는 것으로 보인다. 한편으로 이는 소비 지출에 상당한 저해 요인으로 작용할 것이다.

영국은 GDP 대비 정부 부채의 비율이 2007년 47%에서 2011년 94%로 2배 증가할 것이다. 게다가 대대적인 재정 조치가 취해지지 않는 한 연간 10%씩 증가할 것이다. 그리스의 부채 비율은 104%에서 130%로 불어날 것이다. 미국과 영국은 경쟁이라도 하듯 그런 그리스를 따라잡느라 애쓰고 있다. 스페인의 부채 비율은 42%에서 74%로 증가할 것이며, 그 후로는 고작 연간 5% 증가에 그칠 것이다. 그러나 스페인은 경기 후퇴를 겪고 있어 GDP가 위축되고 있고 실업률이 20%에 이른다. 포르투갈은 어떨까? 향후 2년 동안 부채 비율이 71%에서 97%로 증가할 것이다. 그리고 포르투갈이 부채문제에서 헤어 나올 방법은 거의 없다. 그런데 이러한 증가율도 정부가 예측한 자료를 받아들일 때 얘기다. 과거로부터 각국 정부가 내놓은 예측치를 살펴보면 증가율을 상당히 작게 잡아 산정한다는 점을 알 수 있다.

---

68 역주 _ 실업수당 등 정부가 국민에게 일방적으로 지급하는 돈

일본은 2011년 말 부채 비율이 204%에 달할 것이며 연간 9%씩 증가할 것이다. 일본은 모든 저축액을 국채에 쏟아 붓고 있다. 그 결과 생산적인 민간자본은 갈 곳을 잃었다. 앞서 인용한 라인하르트와 로고프는 일반적으로 은행 위기가 발발한 지 3년 후에는 공공 부채의 절대비율이 86% 증가하지만, 극심한 위기일 경우 부채 비율이 300%나 증가할 수 있다고 말한다. 한 예로, 아일랜드는 불과 5년 만에 부채 비율이 3배 이상 급증했다.

국제결제은행의 보고서는 다음과 같이 이어진다.

> 현재 위기는 적자와 부채에 미치는 영향을 고려할 때 일반적이지 않다고 본다. **고용률과 성장률이 가까운 시일 안에 위기 이전의 수준으로 돌아가지 않을 나라가 많기 때문이다.** 그 결과, 실업수당과 기타 수당이 수년 동안 지출되어야 한다. 더욱이 공공투자도 계속해서 높은 수준을 유지해야 할 것이다.
>
> 위기로 인해 잠재총생산에 영구적인 감소분이 발생하면, 결국 각국의 정부수입도 영구적으로 감소할 수밖에 없다. 아일랜드, 스페인, 미국, 영국 등에서 GDP 대비 정부수입의 비중은 2007년에서 2009년 사이에 2~4% 감소했다. 이러한 감소분이 경기 회복이 진행되는 동안 얼마나 복구될 수 있는지는 추측하기 어렵다. **경험에 따르면 가계와 기업이 실물경제 활동에 종사하지 못하는 기간이 장기화하고 신용 시장에서 차단되는 기간이 길어질수록 그림자 경제의 규모가 커진다.**

우리는 미국, 영국, 유럽에서 공공지출이 급증하는 분수령이 될 사건을 또렷이 지켜보고 있다. 거대금융 위기로 말미암아, 순환적 세금수입이 크게 반등하는 일은 이제 일어나지 않을 것이다. 그리고 국가재정을 채울 수 있을 정도의 경제 성장을 달성하는 데는 훨씬 오랜 시간이 걸릴 것이다.

이제 섹션 몇 개를 건너뛰어 이 보고서의 핵심이라고 할 수 있는 부채 예측치를 살펴보자.

향후 공공 부채의 예상 추이

우리는 국제결제은행 보고서의 그다음 섹션을 요약할지 또는 그대로 인용할지를 놓고 논의한 끝에 그대로 인용하기로 했다. 평소 국제결제은행의 보수적인 어조와 달리 이 부분은 어조가 매우 생생하기 때문이다. 우리는 독자가 작성자들의 우려를 있는 그대로 받아들이길 바란다. 위기가 심화되면서 선진국이 엔드게임으로 돌입하고 있다는 내용이다. 세계 각국의 정치 거물 상당수가 현 상황에 만족하는 듯 보이는 것과 이를 비교해 보면 놀랍다.

> 우리는 이제 10여 개 선진국(오스트리아, 프랑스, 독일, 그리스, 아일랜드, 이탈리아, 일본, 네덜란드, 포르투갈, 스페인, 영국, 미국)의 GDP 대비 부채 비율이 향후 30년 동안 어떻게 변화할지 일련의 예측을 해 보고자 한다. 우리가 30년이라는 기간을 택한 것은(일관되지 않을) 재정 정책의 향방에 대해 과도하게 억측하지 않고 앞으로 인구 고령화 관련 지출로 발생할 거액의 미적립 채무를 포착하고자 하는 의도에서이다. 베이스라인은 정부의 총수입 및 고령과 관련되지 않은 실질재정지출이 경제협력개발기구^{OECD}가 추산한 바와 같이 GDP 대비 2011년 수준을 유지하는 것으로 가정한다. 고령화 관련 지출은 미국 의회예산처^{CBO}와 유럽 집행위원회의 예측치를 사용하여 향후 30년 동안 정부의 총 실질재정지출과 기초재정수지의 추이를 산출했다. 자금 조달 비용을 결정짓는 실질 금리는 예측 기간을 통틀어 1998년에서 2007년 사이의 평균 수준을 유지하는 것으로 가정한다. 또 잠재 실질 GDP 성장률은 경제협력개발기구가 추정한 대로 위기 이전 수준인 것으로 설정한다.

이 대목에서 우리는 독자를 위해 실질 GDP와 명목 GDP의 차이를 설명하고자 한다. 명목 GDP는 GDP를 103달러와 같이 숫자 값으로 나타낸 것이다. 인플레이션이 3%라면 실질 GDP는 100달러가 된다. 정부가 성장률을 부풀리기 위해 인플레이션을 유발할 때가 종종 있다. 그 결과 물가와 급여가 상승하지만, 이는 실질적인 상승이 아니고 단순히 인플레이션 효과에 의한 것이다. 경제학자들이 항상 명목 GDP가 아닌 실질 GDP에 주목하는 것은 그와 같은 이유에서다. 현실적으로는 이 설명보다 조금 더 복잡하지만 이것이 일반적인 개념이다. 이 때문에 앞서 소개한 예측치가 상당히 보수적인 수치라는 것이다. 경제협력개발기구는 성장률을 상당히 낙관적으로 추정하기 때문이다. 덜 낙관적인 예측치를 사용하고 현재 유로 위기(독자가 2011년 이 책을 읽고 있을 때 유로 위기가 진행을 멈추지 않는 것은 물론 더 악화하리라는 것이 우리의 추측이다)와 향후 수십 년 동안 경기 후퇴가 지속할 가능성까지 고려했다면 훨씬 심각한 수치가 산출되었을 것이다. 이제 다시 보고서로 돌아가 보자.

부채 예측치

앞서 지적한 대로 다음은 보고서의 전반적인 목적을 이해하는 데 필요한 대목이다.

이러한 시뮬레이션을 통해 우리는 몇 가지 결론에 도달할 수 있다. **첫째, 우리의 베이스라인 시나리오에 따르면 전통적인 방식으로 산출되는 재정 적자는 가파르게 증가할 것이다.** 재정 정책의 기조가 바뀌거나 고령화 관련 지출이 삭감되지 않는 한, **GDP 대비 기초 재정 적자 비율은 2020년경 아일랜드에서 13%, 일본, 스페인, 영국, 미국 등에서 8~10%로 증가할 것이다.** [오바마 행정부는 법이 개정되면 문제가 마법처럼 사라지리라 주장하지만, 이 보고서 작성자들은 반대로 이야기하고 있다. 사실 법 개정이 현실화될 가능성은 거의 없다.] 또한 오스트리아, 독일, 그리스, 네덜란드, 포르투갈에서 3~7%로 상승할 것이다. 그리고 단지 이탈리아에서만 기초재정 적자가 기존 정책에 따라 상대적으로 억제된 상태를 유지할 것이다. 이탈리아가 균형 예산에 가까운 상태로 위기에 진입했으며 과거 수년 동안 그 어떤 실질적인 경기부양책도 시행하지 않았기 때문이다.

도표 6.1 GDP 대비 공공 부채 예측치

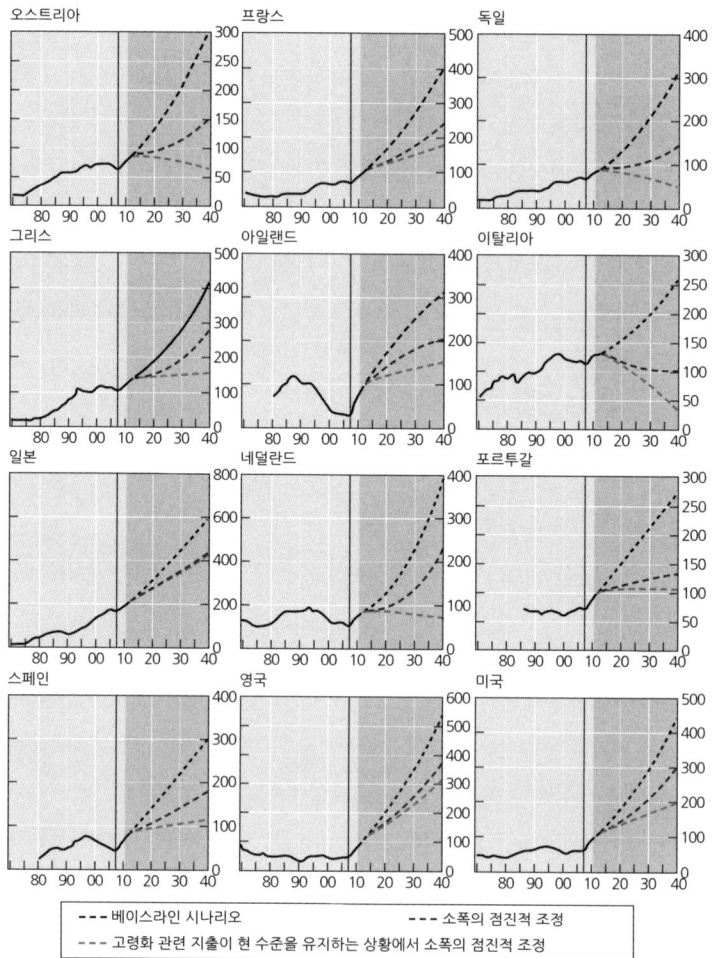

범례:
--- 베이스라인 시나리오
--- 소폭의 점진적 조정
--- 고령화 관련 지출이 현 수준을 유지하는 상황에서 소폭의 점진적 조정

자료 출처: 국제결제은행

그러나 재정 적자 시뮬레이션의 목적은 재정 적자가 부채에 미칠 영향을 보는 데 있다. 결과도표 6.1참조에서 보듯이, 베이스라인 시나리오에 따르면 GDP 대비 부채 비율은 앞으로 10년 동안 급격하게 상승하여 **일본에서는 GDP의 300%, 미국에서는 200%**, 벨기에, 프랑

스, 아일랜드, 그리스, 이탈리아, 미국에서는 150%를 넘어설 것이다. 또한 그래프 선의 경사도가 뚜렷하게 가리키듯 정책의 변화 없이는 지속 불가능한 길이 펼쳐진다. 이는 베이스라인 시나리오에서 예측한 금리의 추이를 통해서도 확인할 수 있다. 도표 6.1은 각국이 상환해야 할 이자가 얼마만큼 늘어나는지 보여준다. **이는 오늘날 5%대이지만, 모든 나라에서 10% 이상으로 상승한다. 특히 영국은 그 상승률이 27%나 된다.**

현 상황을 유지할 수 없다는 것을 깨달은 각국은 재정건전화 계획에 착수하고 있다. 미국은 총 연방예산 적자를 2015년까지 GDP 대비 11%에서 4%로 낮춘다는 계획이다. 영국의 재정건전화 계획은 2010년에서 2013년 사이에 예산 적자를 GDP 대비 1.3 퍼센티지 포인트 줄인다는 구상이다. 경제협력개발기구의 보고서[2009a] 참조

여기에 제시된 바와 유사한 점진적인 재정 조정이 장기간 어떠한 함의를 지니는지 살펴보기 위해 우리는 기초재정수지가 2012년부터 5년 동안 매년 GDP 대비 1%씩 개선된다는 가정하에 부채 비율을 추정했다. 그 결과는 도표 6.1에서 볼 수 있다. 그 같이 완만한 재정 조정을 시행할 경우 베이스라인 시나리오일 때보다는 부채축적 속도가 둔화되겠지만, 그렇다 해도 몇몇 주요 선진국의 부채비율은 향후 10년 간 계속해서 높은 수준을 유지할 것이다.

이는 현재 논의되는 식의 재정 조정이 앞으로 수십 년 동안 부채 비율을 적정 범위로 유지하기에는 충분하지 않다는 점을 시사한다.

지출삭감과 세입증대라는 전통적인 방식에도 대안이 있다. 아직 이행되지 않은 약속을 바꾸는 일이다. 이는 정책 입안자들이 고령화 관련 채무의 감축이라는 정치적으로 위험한 작업에 착수해야 함을 의미한다. 이러한 가능성을 염두에 둔 채로 우리는 점진적으로 재정이 개선된다는 가정과 GDP 대비 고령화 관련 지출이 2011년 예측 수준에서 동결된다는 가정을 모두 고려한 제3의 시나리오를 구상했다. 도표 6.1은 그처럼 가혹한 정책에 따른 결과를 보여 준다. 그 가혹함을 생각할 때 전혀 놀랍지 않은 결과이다. 오스트리아, 독일, 네덜란드에서는 증가 추세인 GDP 대비 부채 비율이 역코스로 전환되어 하락하기 시작한다.

다른 국가에서는 이러한 정책이 부채축적의 속도를 상당히 둔화시키는 결과를 낳는다. 흥미롭게도 프랑스, 아일랜드, 영국, 미국에서는 이러한 정책조차도 증가하는 부채 비율을 억제하기에는 역부족인 것으로 드러났다.

도표 6.2 GDP 대비 이자 지급분의 백분율 예측치

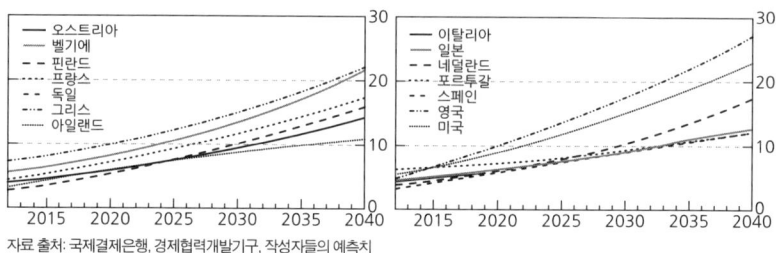

자료 출처: 국제결제은행, 경제협력개발기구, 작성자들의 예측치

그럼에도, 미국을 비롯한 여러 나라가 앞서 제시된 방향의 정책을 고려해야 할 것이다. 미국은 복리후생 경비의 상승분을 기대 수준대로 조달할 능력이 전혀 되지 않는다. 앞으로 30년 동안 가혹한 비용감축 추정치를 적용하더라도 미국의 GDP 대비 부채 비율은 200%대로 증가한다. 이것만 봐도 미국의 복리후생 프로그램이 얼마나 문제가 많은지 알 수 있다. 게다가 가까운 시일 내에 정책개혁이 일어날 가능성도 없다. 미국 정부가 국가 정책 차원에서 이러한 복리후생 프로그램이 반드시 필요하다고 결정하고 그대로 유지하기로 하면 대신 부가가치세가 상당히 인상될 것이다. 비용을 충당할 돈이 엄청나게 필요하기 때문이다. 그러나 부가가치세가 인상되면 성장은 더욱 둔화할 것이다.

채권시장은 도표 6.2에서 보듯 금리가 2020년 초반, GDP 대비 10%까지 상승하기 한참 이전부터 저항을 시작할 것이다. 물론 도표 6.2는 현실화될 리 없는 일들을 도표화한 것이다. 그러나 우리는 재정 적자가 억제되지 않는다면 엔드게임이 과연 어떻게 전개될 것인지 골똘히 생각해 봐야 한다. 다시 국제결제은행 보고서를 인용해 보겠다.

이 모든 것을 통해 우리는 기초재정수지가 어느 정도 될 때 각국의 GDP 대비 부채 비율이 위기 이전인 2007년 수준으로 돌아갈 것인가 하는 궁금증을 품게 되었다. 부채 비율이 낮은 상태로 위기를 맞은 나라라서, 2007년 수준으로 돌아갈 필요도 없다 하더라도 고찰해 볼 필요가 있는 의문이다. 표 6.1은 앞으로 5년, 10년, 20년 동안 부채 비율을 2007년 수준으로 끌어내리는 데 필요한 이자 지급 전 재정 흑자[69]의 평균치를 보여 준다. 5년 안에 이러한 목표를 달성하기 위해 과감한 재정 조정을 실시하면 미국, 일본, 영국, 아일랜드에서는 연평균 이자 지급 전 재정 흑자가 GDP 대비 8~12%에, 다른 나라에서는 5~7%까지 이르게 된다. 좀 더 장기간(예를 들어 20년 동안)에 걸친 점진적인 조정을 택한다면, 정부의 부채 비율은 중단기적으로 증가하여 매년 재정 흑자가 줄어든다.

표 6.1 GDP 대비 공공 부채 비율을 2007년 수준으로 안정화하는 데 필요한
평균 기초재정수지 GDP 대비 백분율 [1]

	5년 후	10년 후	20년 후	메모: 2011년의 기초재정수지(예측)
오스트리아	5.1	3.0	2.0	-2.9
프랑스	7.3	4.3	2.8	-5.1
독일	5.5	3.5	2.4	-2.0
그리스	5.4	2.8	1.5	-5.3
아일랜드	11.8	5.4	2.2	-9.2
이탈리아	5.1	3.4	2.5	0.0
일본	10.1	6.4	4.5	-8.0
네덜란드	6.7	3.7	2.3	-3.4
포르투갈	5.7	3.1	1.8	-4.4
스페인	6.1	2.9	1.3	-6.6
영국	10.6	5.8	3.5	-9.0
미국	8.1	4.3	2.4	-7.1

자료 출처: 국제결제은행, 경제협력개발기구, 작성자들의 추정치

---

69 primary surplus

미국이 GDP의 2.4%나 되는 예산 흑자를 기록할 수 있다는 것이 상상 속에서나 가능한 일인가? 이는 연간 3,500억 달러가 넘는 돈인데? GDP 대비 12% 가까이 되는 예산에서 이 정도면 큰 증가라 할 수 있다.

이제 작성자들이 재정 적자와 관련된 위험을 논하는 대목을 읽어보자. 일단 유럽의 27개국 가운데 25개국이 GDP 대비 3%를 초과한 재정 적자를 기록하고 있다. 아일랜드는 재정 적자 비율이 14.3%다. 포르투갈은 10% 가까이 되고, 그리스도 14%에 달한다.

재정 적자 수치를 정리한 도표 6.3을 살펴보자. 프랑스의 재정 적자 비율이 8%가 넘는다는 점에 주목하자. 그리고 유로존 전체적으로 6%가 넘는다. 놀라운 수치다. 여기에 어떤 함의가 있는지 잠시 후 살펴볼 것이다.

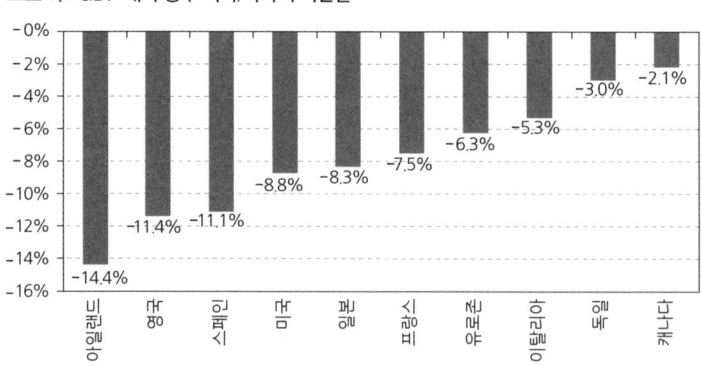

도표 6.3 GDP 대비 정부 적자/흑자의 백분율

자료 출처: 블룸버그, 배리언트 퍼셉션

물론 첫 번째로 보고서 작성자들이 '위험 프리미엄 증가'라고 칭하는 것에 의해 금리가 인상될 위험이 있다. 투자자들은 위험이 증가하는 데 대한 대가로 더 많은 수익을 기대하는 것이 보통이다. 5년 만기 그리스 국채의 수익률은 2010년 5월 15%였다. 현재는 그 수익률이 인위적으로 높은 수준을 유지하고 있다. 그러나 10년 만기 국채 수익률은 여전히 10%다. 그리스의 금리가 1년도 안 되는 기간에 4배 가까이 오른 10~15%대를 유지하는 한, 그리스가 부채문제에서 탈피할 방법은 없다. 유럽의 다른 비핵심 국가들도 금리가 오르기는 마찬가지다. 아일랜드와 스페인의 국채수익률은 유럽중앙은행이 구제에 나서지 않을 때마다 상승했다.

두 번째로 공공 부채 비율이 증가하면 장기 성장이 둔화할 위험이 있다. 공공 부채 비율이 상승하면, 사회의 자원 가운데 부채 상환에 지출되는 금액이 그만큼 늘어난다는 얘기가 된다. 이는 정부가 공공서비스와 이전지출을 특정 수준으로 유지하려면 부채가 증가할수록 세율을 인상해야 한다는 말이 된다. 하지만 세금은 자원 배분을 왜곡하고[70], 그 결과 성장률이 감소할 수 있다. 세율이 높은 일부 국가들의 세입을 볼 때, 세율을 인상한다고 해서 실제로 세입이 증가하는지 의구심을 느낄 수밖에 없다.

세금이 자원 배분을 왜곡하는 현상은 생산적인 민간부문에 투자가 이루어지지 않을수록 심화된다. 내수 의존적인 폐쇄 경제에서는 공공 부채가 증가하면 결과적으로 공공 부문이 소모하는 국부가 늘어나, 실질 금리가 인상되고 민간 자본 스톡[71]이 상쇄될 수 있다.

이는 GDP뿐 아니라 자본축적률까지 감소시켜 경제 성장률을 지속적으로 둔화시킬 수 있다. 신규 자본은 예외 없이 구자본보다 생산적이기 때문이다. 개방 경제에서는 투자자들이 국가의 상환 능력을 신뢰하는 한 국제 금융 시장이 이러한 효과를 완화할 수 있다. 그러나 민간 자본이 경색되지 않더라도, 외채가 증가한다면 외국인에게 이자를 지급해야 하므로 국내 소득이 감소해 GDP와 국민총생산의 격차가 벌어진다.

---

70 역주 _ 세율을 인상하면 각 경제주체들이 해당 자원 대신 다른 자원을 선택하는 등 의사결정을 왜곡하는 효과만 나타날 뿐 실제로 의도하던 효용성은 그대로거나 줄어든다는 원리
71 역주 _ 한 나라의 국부를 나타내는 척도로 매년 이뤄진 경제 활동이 실제로 얼마만큼의 생산 능력을 축적했는지를 보여 주는 지표

이는 국가부채가 GDP의 100% 가까이에 도달하면 GDP의 성장률이 1% 가까이 감소한다는 로고프와 라인하트의 연구 결과와 정확히 맞아떨어지는 얘기다. 앞서 말한 바와 같이 정부 부채와 지출은 생산성을 향상시키지 않는다. 생산성을 향상시키는 데는 민간 투자가 필요하다. 그리고 정부 부채가 민간 부문에의 투자를 압박하면 경제 성장률이 낮아진다. 로고프와 라인하트의 연구는 이를 명확히 보여 준다.

마지막으로 국제결제은행 보고서는 이미 막대한 재정 적자를 지고 있고 부채 비율이 높은 정부가 위기 시에 그 타격을 완화하기 위해서 재정 적자를 부담할 수 없을 때, 어떤 위험이 있는지도 지적한다. 실제로, 재정 정책이 큰 곤란을 겪는다.

중앙은행의 도전 과제

흥미롭게도 국제결제은행 보고서는 정부가 재정축소를 할 의지가 없을 때 인플레이션에 대한 기대 심리가 확산될 가능성도 중앙은행이 해결해야 할 문제 가운데 하나라고 우려한다. 정부가 재정 축소 의지를 내보이지 않는 한, 통화 정책은 효과를 발휘할 능력을 잃을 수 있다.

다시 말해, 위기 시에 연준리가 아무리 도움을 제공하려고 해도 미국 정부가 재정 적자 문제를 해결하지 않는 한은 효과적인 대책을 시행할 수 없다는 얘기다. 다시 국제결제은행 보고서로 돌아가자.

> 공공 부채가 인플레이션을 낳을 수 있는 메커니즘을 한 가지 더 살펴보자. 공공 부채가 증가하면 통화 정책 입안자들은 인플레이션을 통해 부채의 실제 가치를 떨어뜨려야만 하는 정치적, 경제적 압력에 직면할 수 있다. 인플레이션으로 부채 가치를 상쇄하려고 할 경우 상환액은 부채 금액이 크고, 평균 만기가 길며, 국내 통화로 표시된 금액이 크고, 외국인이 보유한 금액이 클수록 더 늘어난다. 더욱이 세금과 이전지급 체계가 주로 명목 현금 흐름

에 의존하고, 가계와 기업이 차입금의 실질가치를 줄이는 것이 사회적으로 유리하다고 정책 입안자들이 판단할 경우, 일시적으로 높은 인플레이션율을 감내할 만한 동기가 뚜렷해진다. 그러나 기대되지 않는 인플레이션을 창출하는 데는 언제나 막대한 비용이 들며 그 비용은 실질적으로 영구적인 고금리로 나타난다는 점에 주목해야 한다(또한 지속적으로 높은 인플레이션은 다른 왜곡도 초래한다).

최근 댈러스 연준의 리처드 피셔 총재는 몰딘과 대화를 나누던 중에 통화를 마구잡이로 과잉 발행할 수 없다는 것을 현재 연준리 지도부도 잘 알고 있다고 똑똑히 밝혔다. 그렇다면 국제결제은행 보고서가 인플레이션의 유혹을 느끼고 있다 판단한 주체는 어디일까?

먼저 지난 2년간 인플레이션율을 기습적으로 상승시킨 영국은행이 떠오른다(영국은행은 인플레이션 예측 능력이 형편없든가, 혹은 인플레이션에 대해 별로 거리낌이 없는 듯하다). 또한 일본은행도 떠오르고, 그 밖에 규모가 더 작은 유럽 국가의 중앙은행들도 있다. 유로화가 계속 하락하는 데도 자국의 환율이 절하되는 것을 꺼리지 않는 나라들도 마찬가지다. 국제결제은행이 지적하듯 인플레이션의 유혹은 커질 것이다. 그러나 공짜 점심은 없다. 인플레이션은 통제불능 상태를 유발하여 비극적인 결말로 이끌 수 있다. 또는 폴 볼커가 같은 강경 대응파가 나타나서 인플레이션을 잡으려고 하다가 디플레이션을 유발해 심각한 경기 후퇴로 내몰 수 있다. 방금 인용한 단락의 마지막 문장은 그러한 정책을 시행하는 나라는 더 무서운 악몽을 맞이할 수 있다는 점을 경고하고 있다.

이제 보고서의 결론으로 가 보자. 강조된 부분은 필자들에 의한 것이라는 점을 다시 한 번 밝힌다

> 공공 부채의 미래를 고찰한 결과 우리는 몇 가지 중요한 결론에 이르렀다. 첫째, 선진국에 닥친 재정 문제는 금융 위기와 경기 후퇴가 재정수지에 미치는 함의를 보여 주는 공식 부채통계보다 심각하다. 공공 부채가 국가총생산의 100%를 초과한 수준으로 상승한 점도

우려를 자아내지만, 인구의 급격한 고령화가 제기하는 위험은 한층 크다. 고령화 지출과 관련하여 미적립 채무액이 현재도 크지만 계속해서 증가하고 있다. 따라서 이는 오늘날 장기 재정계획을 세울 때 가장 중요하게 다뤄져야 하는 사안이다.

이제까지 재정 적자를 쉽게 충당할 수 있었다고 해서 방심해서는 안 된다. 금융 위기 이후에 미래의 생산규모는 우리가 몇 년 전에 생각하던 수준에 영영 도달하지 못할 것이다. 그 결과, 정부 수입은 감소하고 지출은 증가하여 재정건전화는 한층 어려워질 것이다. **더욱이 재정 정책을 지속 가능한 토대 위에 올려놓을 수 있는 조치를 취하지 않는다면, 그 비용은 급격하고 갑작스럽게 상승하기 쉽다.**

둘째, 대규모 공공 부채는 금융 및 실물부문에 심각한 악영향을 끼칠 것이다. 최근 일부 선진국에서 발행한 장기 국채의 위험 프리미엄이 급등한 현상은 **시장이 국채를 더 이상 저위험 자산으로 간주하지 않는다는 점을 시사한다.** 우리가 확보한 몇 가지 증거에 따르면, 채무불이행 위험 프리미엄은 부채 수준과 발맞추어 상승한다. 또한 GDP 대비 세금수입과 가용 민간 저축이 줄어들어도 상승한다. 이 밖에 **재정체계가 상대적으로 취약하고 재정 적자를 충당하는 데 외국인 투자자에 대한 의존도가 높은 나라는** 통상 국채의 가산 금리가 더 높다. 이러한 시장 차별화는 금융시스템의 긍정적인 특징이다. 하지만 이러한 특징으로 말미암아 재정 체계가 취약한 나라는 스스로의 바람이나 선택과 상관없이 더 짧은 시일 안에 긴축 재정으로 복귀해야 할 수 있다.

셋째, 공공 부채의 비율이 지속적으로 높은 수준을 유지하면 자본축적률, 생산성 증가율, 장기성장률이 줄어들 위험이 있다는 점을 지적하고자 한다. 직접적인 증거는 제시하지 않겠지만, 최근 어떤 연구에 따르면 공공 부채가 규모와 지속 가능성 여부에 따라 경제 성장에 부양 효과뿐 아니라 크나큰 역효과를 미칠 수 있고, GDP 대비 부채 비율이 한계점인 100%에 가까워질수록 생산에 미치는 역효과가 증가할 수 있다고 한다. 라인하트 및 로고프, 2009b

마지막으로 장기 재정 불균형이 예상되는데, 이는 앞으로 통화 안정성 전망에 상당한 위험을 제기한다. 부채역학이 불안정하면 다음의 두 가지 경로를 통해 인플레이션율이 상승할 수 있기 때문이다. 먼저 직접적인 부채의 통화화[72]를 들 수 있다. 또한 국채의 실질가치를 떨어뜨리려는 유혹도 인플레이션율 상승을 낳는다. 그러나 통화 당국의 정책 현황을 볼 때, 적어도 당장은 두 가지 위험이 현실화될 가능성이 그리 크지 않을 것이 확실하다.

경제 회복의 초기 국면을 크게 위협하지 않으면서도 이러한 재정적인 위험을 어떻게 타개하느냐가 오늘날 정책 입안자들이 해결해야 하는 주요 도전과제이다. **우리는 이를 어떻게 추진해야 하는지에 관해서는 구체적으로 조언하지 않을 것이다.** 하지만 미래의 미적립 채무를 줄이려면 재정건전화 계획에 신뢰할 수 있는 조치가 포함되어야 한다고 본다. 재량지출을 감축하고 단기 재정을 개선하기에 앞서 미적립 채무와 관련된 프로그램을 변경한다고 발표한다면, 당국은 위기에서 회복하는 것이 확실해질 때까지 기다릴 여유를 확보할 수 있다. 미래의 미적립 채무에 관한 조치를 마련할 때는 오늘날 투자 행태에 악영향을 미칠 가능성을 최소화해야 한다는 점을 명심해야 한다. 이러한 관점에서 볼 때, 복지 혜택을 줄이거나 세금을 인상하는 것보다는 은퇴 연령을 높이는 것이 더 바람직한 대책일 수 있다. 이는 소비 증대로까지 이어질 수도 있다(예를 들어, 영국의 사례를 분석한 배럴[Barrell] 등의 2009년 연구를 참조하라).

쾅! 하는 굉음

지금까지 아무도 몇몇 국가의 외국인의 국채 투자 규모와 그로 인한 롤오버 위험에 대해 이야기를 꺼내지 않았다. 롤오버란 어떤 채권의 만기가 도래하면 다른 채권으로 옮기는 만기 연장을 의미한다. 만기가 도래할 때 기존 채권을 매입한 당사자가 다른 상품에 투자하기 위해서 원금을 회수하려 하거나 채권의 위험을 더 이상 감당하지 않으려 한다면, 새로 발행되는 채권을 매입할 다른 투자자를 찾아야 한다. 그리스에는 곧 만기가 다가오는 대규

---

72 debt monetization

모 국채가 있다. 새로 발행되는 국채만이 문제가 아니다. 그리스는 기존에 발행된 국채를 매입할 투자자도 찾아야 한다. 이것이 바로 그리스에 그토록 막대한 돈이 필요한 이유다.

그러나 이는 그리스의 문제만이 아니다. 스페인은 국채의 45% 정도를 외국인이 보유하고 있다. 그런 데다 스페인은 올해만 해도 총 1,900억 유로 상당의 기존 국채와 신규 발행된 국채의 만기를 연장해야 한다. 이는 포르투갈의 GDP보다도 큰 금액이다. 스페인은 내부적으로는 이 금액을 조달할 수 없다. 그렇다고 외국인이 900억 유로 상당의 스페인 국채를 계속해서 매입할까? 매입한다고 해도, 스페인이 대대적인 긴축 조치를 시행하리라는 점을 확신할 수 없다면 외국인들은 어느 정도의 가격을 요구할까?

유럽중앙은행 정책위원회의 장-클로드 트리셰 총재의 말을 들어보자.

> 재정 정책에 관해서는 각국 정부가 공공 재정의 지속적이고 신뢰할 수 있는 건전화를 달성하도록 확고한 조치를 할 것을 촉구한다. 최근 자료에 따르면 대규모 재정 불균형을 바로잡는 데는 전반적으로 현재보다 강화된 조치가 필요할 것이다. 안정성장 협약[73]은 구조적 재정 적자를 연간 GDP의 0.5%를 넘지 않도록 규정한 바 있다. 이를 크게 초과하지 않는 방향으로 재정을 축소할 필요가 있다.
>
> 재정 조정을 뒤로 미루면 미룰수록 조정 요구도 커지고 평판과 신뢰도를 잃을 위험도 커진다. 반면에 지출에 초점을 맞춘 적극적이고 포괄적인 재정건전화 계획을 구조조정안과 동시에 신속히 시행한다면, 정부가 공공 재정의 지속 가능성을 회복시키고 있다는 국민의 신뢰가 강화될 것이다. 또한 금리의 위험 프리미엄도 감소하고, 그에 따라 지속 가능한 성장을 뒷받침할 수 있다.[2]

---

73 the Stability Growth Pact

이는 일부 부문의 미미한 삭감이 아닌 진정한 긴축을 바라는 사람의 말이다. 그러나 트리셰의 발언은 우리를 다시 문제의 핵심으로 이끈다. 우리는 앞서 대규모 재정 적자를 도표로 살펴보았다. 이러한 재정 적자가 상당 부분 해결된다 해도, 많은 나라가 경기 후퇴로 전면 돌입하고 일부는 성장률이 하락할 것이다. 어떤 나라는 그리스처럼 대공황이라고 불릴 수밖에 없는 상태에 빠질 것이다.

유로존 전체가 또다시 경기 후퇴에 돌입할 위험이 크다. 어쩌면 이 책이 출간될 때쯤에는 이미 경기후퇴기의 제2국면에 돌입할 가능성도 있다. 외국인들에게 자국의 국채를 매입하도록 설득해야 할 나라가 한두 곳이 아닐 것이다. 그러나 재정을 축소하는 나라는 GDP가 감소함으로써 역설적이게도 GDP 대비 부채 비율이 증가하고 투자자가 더 높은 이자를 원하는 악순환에 빠질 것이다.

"부채 비율이 높은 정부, 은행, 기업은 오래도록 승승장구하다가 갑자기 쾅! 하는 굉음과 함께 신뢰가 추락하고 채권자가 사라지며 위기가 닥치는 상황에 직면할 것이다."라는 라인하트와 로고프의 지적을 되새길 필요가 있다.[3]

중심부가 버티지 못한다

국채는 얼마 전까지만 해도 은행의 훌륭한 투자 수단이었다. 저금리 자금을 차입해서 국채에 투자하면 높은 가산 금리를 챙길 수 있었기 때문이다. 그러나 이제는 그것도 옛말이 되고 말았다. 유럽 전역에서 신용 가산금리가 확대되고, 유로존의 비핵심 국가에서 금리가 상승하고 있다.

우리는 다시 한 번 우울한 '민스키 순간[74]'으로 향하는 민스키 경로에 놓여 있다. 잘 알려진 바와 같이 하이먼 민스키는 안정이 불안정을 낳는다고 말했다. 동일한 상태를 유지하는 것이 많아질수록 사람들은 '쾅!' 하고 터질 때까지 방심상태에 빠진다는 것이다. 지금이 바로 민스키 순간이다. 사람들은 항상 '이번엔 다르다.'라고 믿고 싶어 하지만, 이번에도 전혀 다르지 않다.

민스키 경로란 투자금이 헤지 단위에서 투기 단위로, 그리고 다시 폰지 단위로 이동하는 것을 말한다. 헤지 단위는 투자를 통해 원금을 상환하는 단계를, 투기 단위는 이자만 상환하는 단계를, 폰지 단위는 투자 가치가 오를 때만 부채를 상환할 수 있는 단계를 말한다. 민스키 경로의 종착역은 항상 시장이 크게 동요하고 기대하지 않은 변동성이 나타나는 민스키 순간이다.

우리는 전 세계의 금융 체제가 무너졌던 2008년에 민스키 경로에 들어섰으며 결국 민스키 순간을 겪었다. 그 누구도 미국의 주택담보 대출 채권을 원하지 않았다. 그리고 모든 금융기관이 다른 기관의 대차대조표에 무엇이 기재되어 있는지 의심스러워했다. 또한 은행 간의 대출 시스템은 동결되었다.

그리스의 자금조달 상황은 현재 폰지 순간에 놓여 있다. 존 허스만이 지적했듯이 국채의 만기가 연장될 때 성장이 정체되고 금리가 15%이면, 사실상 국채의 원금을 상환할 길이 없다. 이처럼 시장이 등을 돌리는 것이 바로 민스키 순간이다. 그리고 쾅! 터진다.

허스만의 뉴스레터를 살펴보자.

> 근본적인 문제는 그리스의 경제 성장이 미흡한 수준이고, 재정 적자가 GDP의 14%에 달할 정도로 막대하며, GDP 대비 부채부담이 (120% 이상으로) 막중하고, (약 8%로) 금리가 치솟고 있다는 데 있다. 게다가 국채를 상환할 통화가 단일 통화여서 환율절하도 불가

---

[74] a Minsky moment

능하다. 이로 말미암아 경제학자들이 '횡단성 transversality' 또는 '노폰지 조건 non-Ponzi conditions'이라고 부르는 상태가 깨진다. 신뢰할 수 있는 방법으로 부채를 상환하려면, 해당 부채의 현재 가치가 제대로 평가되어야 한다(기술적으로 먼 미래까지 생각한다면 미래 부채의 현재 가치는 0이 되어야 한다).

횡단성 조건이 없이는 유가증권의 가치가 투자자들 마음대로 될 수 있다. 자산가치가 제 아무리 임의적이라고 해도, 투자자들은 얼마 동안은 자산가치의 상승세를 유지할 수 있다. 그러나 자산가치와 실제로 확보하는 현금 흐름과의 연관성은 차츰 줄어들 것이다. 어느 순간이 되면, 다른 사람에게 매각하리라는 기대 없이는 해당 자산을 보유할 이유가 없어진다. 자산을 매각해서 원래 매입 가격을 회수할 수 없다고 하더라도 마찬가지이다.

그리스가 대대적인 재정 긴축을 시행하지 않는 한, 그리스 국채는 현재 투자자들이 할인금리를 적용하여 부채규모를 줄이는 데 일조하고 있으나 그리스 정부가 대대적인 재정긴축을 시행하지 않는 한 그 시도가 무색하게 빠른 속도로 불어날 것이다. 더욱이 그리스의 구제가 일시적인 데 그치지 않으려면 재정 적자의 규모를 기존에 마스트리흐트 조약에서 합의한 것보다 한층 확대할 수 있도록 게임의 규칙이 바뀌어야 한다.[4]

또한 그리스가 추가적인 문제를 겪는다면 시장은 스페인 및 포르투갈과 아일랜드를 주시할 것이다. 스페인이 자금을 계속 조달하려면, 긴축 조치를 시행하기 위해 신뢰할 만한 수준으로 노력을 기울이고 있다는 점을 시장이 확신할 수 있어야 한다. 또한 스페인은 외국으로부터 막대한 자금을 조달해야 하며 롤오버 위험이 크기 때문에 그 시기는 우리가 생각하는 것보다 앞당겨질 수 있다. 스페인까지 혼쭐이 난다면 그다음은 어느 나라가 될까?

누가 손실을 감당해야 하는가?

국가 부도사태를 겪지 않고도 더 심각한 문제에서 벗어난 나라들도 있다.

그러나 그러한 나라들은 항상 환율절하와 고인플레이션 정책을 시행했다. 하지만 유로존 국가들은 다음의 이유로 환율을 절하할 수 없다. 유럽의 위험은 긴축정책이 디플레이션을 유발해서 부채부담을 한층 확대한다는 데 있다.

상환능력보다 더 큰 채무를 지면 손실을 감내해야 한다는 문제가 있다. 모건스탠리 증권의 아르노 마레의 글은 어떤 문제가 발생하는지 매우 정확히 보여 준다.

> GDP 대비 부채 비율은 지나치게 과거 회고적인 개념으로, 선진국 정부가 직면한 재정 문제를 상당히 축소하고 있다. 현재 각국의 정책은 대다수 정부가 심각한 마이너스 자기 자본 상태에 빠져 있다는 사실에 근거한다.
>
> 이는 우리가 보기에 정부가 일부 이해 당사자에게 손실을 떠넘겨야 한다는 말이다. 문제는 정부가 약속을 이행하느냐 하지 않느냐는 문제가 아니다. 그보다는 어떤 약속을 이행하지 않을 것인가, 그러한 불이행이 어떠한 형태를 띠느냐가 문제다.
>
> 이제까지 대규모 경기후퇴기에는 국채나 은행의 선순위 무담보 채권을 보유한 채권자만이 이러한 손해를 입지 않고 보호받을 수 있는 존재였다.
>
> 이러한 상황이 영원히 계속되리라는 것은 지나치게 낙관적인 추측이다. 국채 보유자와 정부의 다른 이해 당사자를 반목하게 하는 갈등은 그 어느 때보다도 강도가 높다. 그리고 이제 국채 보유자의 이해관계와 영향력 있는 정치권 인사의 이해관계는 충분히 부합하지 않는다.[5]

이 보고서의 저자는 각국의 공약이 대부분 은퇴연금 수령자와 노인인구와 관련된 것이라는 점을 강조한다. 따라서 정부가 사회보장수당이나 메디케어에 대한 지출을 줄이면 당연히 미래의 부채를 줄일 수 있다. 그러나 이러한 정책이 정치적으로 성공할 가능성은 없다. 인구가 고령화되면 노인 인구가 유권자 대부분을 차지하게 되기 때문이다. 앞서 소개한 보고서에 수록된 도표 6.4에 따르면, 미국과 유럽에서는 2020년 무렵에 노인 유권자가 유권자의 과반수를 차지하게 된다. 이를 기반으로 정치적 측면에서 생각해 볼 때, 각국 정부가 은퇴연금과 건강보험 프로그램을 수정할 시간은 매우 빠듯하다.

도표 6.4 중위 유권자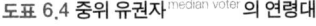의 연령대

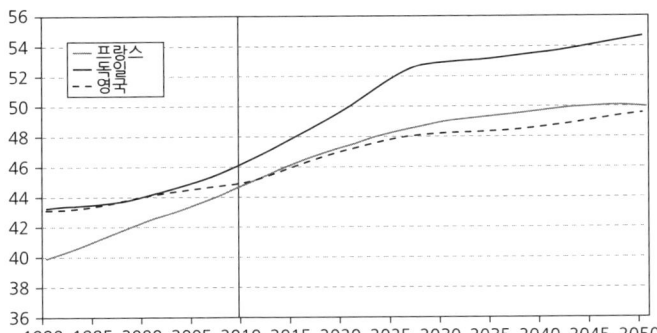

주석: 최근 대다수 의회선거의 투표율을 고려하여 연령군별 투표율이 안정적이라는 가정에 기반한 산출임.
자료 출처: 국제연합, 독일연방선관위, 프랑스 통계청, 입소스-모리, 모건스탠리 조사부[75]

정부가 노인인구에 대한 책임과 공약을 동시에 저버릴 수 없어 국채 보유자에게 원금을 상환하는 것이 불가능해진다면, 어떤 다른 선택을 할 수 있을까? 마레가 지적하듯, 정부는 '재정억압'이라는 잘 알려진 패턴을 따르기도 한다.

> 전면적인 국가 부도를 피할 수 있는 대안도 있다. (채권자에게 실질적으로 마이너스 수익률이나 인위적으로 낮은 수익률을 제시하는) '금융 억압'은 과거의 유사한 상황에서 여러 차례 시행되었다.

---

[75] 국제연합(UN), 독일연방선관위(Bundeswahlleiter), 프랑스 통계청(INSEE), 입소스-모리(Ipsos-Mori), 모건스탠리 조사부

투자자들은 금융 억압에 직면할 준비를 해야 한다. 최근 수익률의 급격한 하락을 감안할 때 금융 억압의 위협이 현실화될 가능성이 크다.

금융 억압은 과거에 흠잡을 데 없는 국채신용도를 갖추었다고 판단된 국가에 의해 국가부도에 대한 대안으로 시행되었다. 그 사례로는 1934년 루스벨트 행정부가 채권 계약서에서 금 조항을 폐지한 것을 들 수 있다. 또 휴 달튼 영국 재무상이 1946년부터 1947년까지 수익률을 인위적으로 낮춘 2.5%의 영구 채권을 발행한 것도 금융 억압 사례이다. (제1,2차 세계 대전 직후)프랑스는 물론 (제2차 세계 대전 직후)영국과 미국의 인플레이션 정책도 마찬가지다. 역사적으로 금융 억압은 모두 정부의 유한한 자원에 대해 상충하는 요구가 높고 국채 투자자들의 정치적 권한이 줄어들었을 때 발생했다.[6]

현재 선진 각국에서 금융 억압이 시작되고 있다. 미국, 영국, 유럽 각국의 정부는 사회보장기금으로 국채만 매입하도록 종용하고 있다.

예를 들어, 미국에서는 사회보장기금이 재무부로 흘러들어 가고 있다. 그리고 재무부는 이에 대해 '채권'을 발행한다. 그런데 이를 채권이라고 부르는 것은 온당하지 않다. 사실상 차용증서이기 때문이다. 사회보장신탁기금은 '채권'을 받지만, 이 '채권'은 재무부 외에는 매각할 수 없다. 진짜 채권이라면 개방된 시장에서 매각할 수 있어야 한다. 그러나 사회보장신탁기금에 발행된 '채권'은 매각할 수 없고, 그저 미국 재무부로부터만 원금을 상환받을 수 있을 뿐이다. 또한, 한편으로 재무부가 정부의 세금수입인 사회보장기금을 사용한다고 하더라도 이를 재정 적자 차감분으로 계상할 수 있어서 문제의 규모를 감출 수 있다.

일본에서는 한동안 정부 산하 조직들이 일본 국채를 사들이느라 여념이 없었다. 실제로 일본 국채의 3대 보유자는 일본우정공사, 일본우정보험, 정부연금투자기금이다. 그러나 이러한 국민의 돼지저금통이 공공 부채에 남용되는 데도 한계가 있다. 일본의 인구추세를 볼 때 보험적립액이 꾸준히 감소를 거듭하고 있으므로 일본우정보험은 정부 채권의 매입을 중단할 날도 멀지 않았다. 실제로 일본우정보험의 전년 동기 대비 국채 보유 증가율은 0%다. 어떤 시점에 이르면 일본 정부는 국채를 사 주는 '봉'을 놓치게 되는 것이다.

확실한 것은 앞으로 금융 억압 조치가 잇따르리라는 점이다. 그런 동시에 적자를 통화화하고 인플레이션을 통해 부채의 미래 가치를 줄이려는 시도도 늘어날 것이다. 보기 좋은 상황은 아닐 것이다.

제7장

디플레이션의 요인

미국인들이 통화조절을 은행들에 맡긴다면 은행들은 먼저 인플레이션을,
그다음으로 디플레이션을 동원해 그 자손들이 노숙자로 전락할 때까지
모든 재산을 갈취할 것이다.

토머스 제퍼슨

전 세계적으로 어마어마한 부채 규모와 막대한 정부 지출을 고려할 때, 현재 가장 중요한 질문 가운데 하나는 앞으로 인플레이션이나 디플레이션을 겪을 것인가 하는 문제다. 그리고 이에 대해서는 즉각적으로 '그렇다'라고 대답할 수 있다.

별로 오래 생각하지 않고도 선진 각국이 앞으로 인플레이션과 디플레이션을 모두 겪을 가능성이 있으리라는 것을 알 수 있다. 따라서 문제는 이 두 가지를 어떤 순서로 겪을지 파악하는 것이다. 이 책에서는 8장에서 먼저 디플레이션을, 그리고 9장에서 인플레이션과 초인플레이션을 살펴보면서 이 두 가지 현상을 유발하는 요인을 탐구할 것이다.

디플레이션을 고전적으로 정의해보자. 디플레이션이란 일반적인 가격수준이 실질적으로 하락하는 기간이다. 또한 총수요가 부족한 경제 환경을 의미하기도 한다.

미국, 영국, 일본, 유럽의 비핵심 국가는 과도한 부채 문제와 강제 청산에서 비롯된 강력한 디플레이션 압력을 동시에 겪고 있다. 이는 고전적인 대차대조표 경기 침체를 유발했다. 이러한 상황에서는 전국적으로 자산가격에서 거품이 빠지면서 상당수의 민간 부문의 대차대조표에서 자산은 줄어들고 부채가 증가하는 현상이 일어난다. 중앙은행과 재정 당국은 그에 대응하여 대차대조표의 규모를 대대적으로 확대하고 지출을 증대해 민간 부문의 삭감을 보완하려고 했다. 그럼에도, 중앙은행과 재정 당국의 정책은 디레버리지와 디스인플레이션[76]의 속도를 늦추는 데 그쳤을 뿐이다. 그러나 앞으로는 이러한 상황도 바뀔 수 있음을 살펴보고자 한다.

슈퍼트렌드 퍼즐 이해하기

나(몰딘)는 퍼즐은 다 좋아하지만 특히 그림 퍼즐을 좋아한다. 조각들이 어떻게 맞춰지는지 골똘히 생각하는 것도 좋고, 완성되는 그림을 보는 것도 좋다. 패턴을 구성하는 데 필요한 빠진 조각을 찾아내느라 책상에 앉아 몇 시간씩 시간을 보내는 것도 즐겁다.

내가 경제학과 투자에 흥미를 느끼는 것도 퍼즐을 좋아하는 성격과 연관이 있을지도 모른다. 경제학이나 투자만큼 거대한 퍼즐은 없기 때문이다(물론 신학적인 수수께끼나 여성의 마음을 제외했을 때 그렇다는 말이다. 내게는 둘 다 짐작하기 어려운 것들이다).

---

[76] 역주 _ 인플레이션의 속도가 감소하는 현상

경제학 퍼즐의 큰 문제점은 조각의 모양이 다른 조각과 맞춰질 때마다 조금씩 바뀔 수 있다는 점이다. 퍼즐 조각 두 개를 결합하다 보면, 맞췄다고 생각해서 고정한 다른 조각의 결합 방식을 바꿀 때가 있다. 그렇게 되면 당연히 이미 맞춰진 조각을 바꿔야 할 수도 있다. 그러면 그때까지 깔끔하게 보이던 경제라는 그림이 갑자기 현실 세계처럼 보이기 시작한다.[77]

경제학이라는 퍼즐은 대개 두 가지 조각으로 나눌 수 있다.

먼저 불변의 추세라는 조각이 있다. 저절로 변동하지는 않으며, 저절로 변동하더라도 그 속도가 매우 느린 추세를 나타낸다. 그러나 불변의 추세에 닿은 조각은 강력한 영향을 받아 변화를 일으킨다. 장기간에 걸친 인구 구조의 변화나 기술 진보가 바로 불변의 추세를 나타내는 사례이다.

두 번째로 균형화 추세가 있다. 불가피한 추세는 아니지만, 한 번 나타나면 큰 영향을 끼치는 추세를 말한다. 이 균형화 추세 조각을 다른 조각과 맞추면 주위 다른 조각의 모양이 변화한다. 특히 경제학 슈퍼트렌드라는 퍼즐에서는 균형화 추세가 다른 조각의 모양을 비정형화된 방식으로 바꿔 버린다.

디플레이션과 인플레이션이 바로 균형화 추세로, 다른 모든 변수의 행태까지 뒤바꿔 버린다.

디플레이션과 인플레이션은 동전의 양면이다. 이들로 말미암아 어떤 사람들은 승자가 되고 어떤 사람들은 패자가 된다. 이를 피해 갈 방법은 없다. 적정한 인플레이션은 채무자에게 유리한 반면, 채권자에게는 불리하다. 적정한 디플레이션은 반대로 채무자에게 타격을 주고, 채권자에게는 이득이 된다(물론 심각한 인플레이션이나 디플레이션이 닥쳤을 때는 그 누구도 돈을 빌리거나 빌려주려고 하지 않으므로 채권자나 채무자나 모두 손해를 본

---

[77] 모든 수학 모형이 현실 세계와 관련되지 않은 모형을 제외하고는 모형을 작동시키는 동적인 변수에 대해 가설을 세우는 것도 그 때문이다.

다). 인플레이션이 부채가치를 떨어뜨리면 저축한 사람이나 채권자 모두 타격을 받는다. 그러나 디플레이션과 직면한 사람은 인플레이션 때와 달리 소비, 저축, 투자, 생활 전반의 방식을 바꾼다.

연준리 위원으로 임명된 사람은 밀실로 안내되어 그곳에서 디플레이션에 항상 거부감을 느끼는 본능을 갖추도록 유전자 이식을 받는 것이 아닌가 싶을 정도다. 그만큼 디플레이션은 경제의 판도를 뒤바꾸어 놓는 요인이다.

디플레이션은 좋은 디플레이션과 나쁜 디플레이션으로 나뉜다. 이 중 생산성 증대에서 비롯되는 좋은 디플레이션은 바람직하다. 1800년대 말, 미국은 거의 30년 동안 디플레이션을 겪었다. 이때 맥코믹 수확기 같은 농업기술의 혁신이 일어났고, 철도 발달로 제품 수송능력이 크게 향상했기 때문이다. 실제로 너무나 많은 철도가 건설되어서 철도 건설회사 상당수가 파산하기도 했다. 광케이블의 보급에서 경험했듯이 철도 수송 시설이 과도하게 늘어나서 수송료가 내려갔다. 이는 주주에게는 손실을 입혔지만, 소비자에게는 이득이 되었다. 디플레이션이 찾아왔지만, 이때는 대규모 경제 성장기였다.

좋은 디플레이션은 누구나 직관적으로 알아차린다. 컴퓨터처럼 품질은 계속해서 개선되면서 가격은 인하되는 것을 일상적으로 접하는 첨단기기를 통해 이미 경험했기 때문이다. 앞으로 10년 안에 우리가 사용하는 아이패드의 가격이 급락하지 않고 그 품질이 크게 향상되지 않는다고 하면, 놀라지 않을 사람이 없을 것이다. 이러한 디플레이션은 우리 주위에서 흔히 일어나는 현상이다. 사실 산업 생산성이 증대되는 세계에서는 가격이 언젠가 내려가게 되어 있다.

1800년대 후반에 좋은 디플레이션이 나타났는데, 그렇다고 해서 문제가 없었던 것은 아니다. 가격하락으로 큰 고통을 겪는 농가가 많았다. 사회적으로 크게 불안정한 시기였다. 농가 대다수가 애초에 대출을 받아서 농장을 사들였고, 종자와 농기구를 사기 위해서 또 대출을 받았다. 디플레이션은 채권자에게 유리하고 채무자에게는 불리하다고 앞서 말했다. 가격이 내려가는 상황에서 고정부채까지 결합해 농가들은 큰 타격을 받았다. 디플레이션 때문에 19세기 말의 30년 동안 돈이 정치계를 지배했다. 윌리엄 제닝스 브라이언 같은 대권 후보는 금본위 체제에 대한 대안으로 인플레이션을 유도하자는 주장을 하기도 했다.

나쁜 디플레이션은 가격 결정력과 최종 수요가 감소하는 데서 비롯된다. 이는 고용주와 근로자 모두의 소득을 갉아먹는다. 또한 생산 시설을 확충하고 고용을 확대하려는 기업가의 발목을 잡는다. 바로 이것이 전 세계가 대공황기에 겪은 일이다. 이때 물가는 25%나 폭락했다. 이러한 현상은 1989년에 거품이 붕괴한 이후의 일본에서도 나타났다. 디플레이션 역학이 시작되면 사람들은 디플레이션이 지속되리라 예상한다. 즉, 물가가 계속해서 하락하리라고 보는 것이다. 그리고 제품의 가격이 점차 내려간다는 점을 알고, 이 때문에 지출을 미루게 된다.

우리 대다수가 이제까지 인플레이션만 경험했다. 특히 1970년대를 산 사람들은 걷잡을 수 없는 인플레이션이 끼치는 문제를 직접 체험했다. 따라서 디플레이션이 닥칠 수 있다는 점은 독자 대다수에게 현실적이지 않은 일로 느껴질지도 모른다. 그렇지만 디플레이션 위험은 존재하며, 절대 간단히 무시할 수 있는 문제가 아니다. 현재 미국의 실업률이 10%에 이르고 있다(유럽 전역에서도 높은 실업률이 나타나고 있다). 이는 지난 20년 동안 평균 실업률의 두 배에 가까운 수치다. 또한 생산 설비 가동률도 매우 낮다. 경기가 살아나고 있으나, 더블딥[78] 또는 추가적인 경기 후퇴를 겪으면 물가 상승률이 0% 아래로 떨어져 디플레이션 역학이 시작될 수 있다. 그렇게 되면 우리는 디플레이션의 요소를 모두 겪을 것이다.

---

78 역주 _ 경기가 침체된 후 잠시 회복세를 보이다가 다시 침체하는 현상

2011년이나 그 직후에 더블딥이 나타나고 그 영향으로 물가 상승률이 매우 낮아지면, 디플레이션을 맞이할 가능성이 현실화된다. 그렇기에 우리는 디플레이션에 대해 철저히 파악해야 한다.

디플레이션의 요인: 디플레이션 파헤치기

학생들은 물이 수소 두 개와 산소 하나H_2O라는 간단한 구성식으로 이루어진다는 사실을 안다. 그것과 마찬가지로 나쁜 디플레이션도 구성식이 있다. 그중에 몇 가지를 살펴보자(소개되는 순서는 중요도와 상관없다).

    초과 설비 및 실업: 먼저 디플레이션은 실물 경제가 지나치게 방만해져서 생산 설비가 과도해진 상황에서 나타날 수 있다. 경쟁사들도 필요 수준을 넘어서는 설비를 갖추면, 가격 결정력을 행사하기가 어려워진다. 따라서 경쟁사는 수익을 내면서 물건을 판매할 수 있는 수준으로 가격을 떨어뜨린다. 실제로, 현재 세계는 초과 설비로 신음하고 있다. 결과적으로 우리는 그 설비를 모두 가동할 수 있는 수준으로 경제를 성장시키든가, 파산이나 설비 감축을[79] 통해서 규모를 줄이든가, 아니면 기존의 사업분야를 포기해야 할 것이다. 기업에서 남아도는 설비와 인력이 많아지면 물건을 살 돈이 부족해지므로, 결과적으로 최종 수요가 줄어든다.
    도표 7.1이 보여 주듯 리먼 브러더스의 파산 직후 침체했던 경기는 강력한 회복세를 보였지만, 과거 경기 후퇴 시기의 저점을 밑도는 수준에서 벗어나지 못하고 있다.
    도표 7.2는 미국과 유럽연합 각국의 실업률이 10%에 이르렀음을 보여 준다.

---

79 근로자를 해고하는 것도 이에 해당한다.

도표 7.1 미국과 유럽연합의 설비 가동률

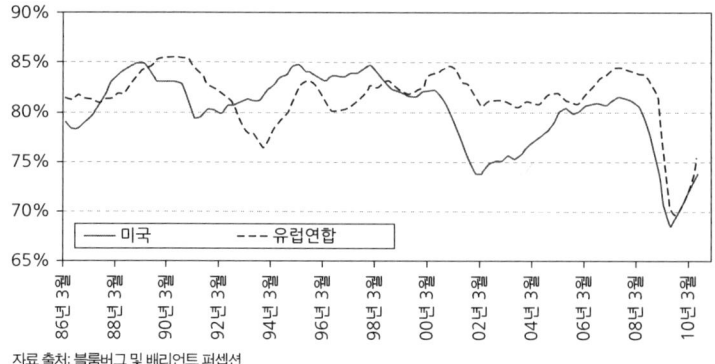

자료 출처: 블룸버그 및 배리언트 퍼셉션

도표 7.2 미국과 유럽연합의 실업률

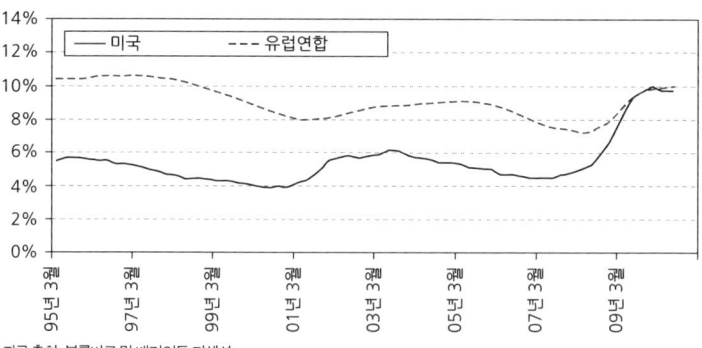

자료 출처: 블룸버그 및 배리언트 퍼셉션

역의 자산 효과: 디플레이션은 대규모 부의 파괴와도 연관된다. 2007년 가을 이후 일어난 일들은 분명히 그러한 역할을 했다. 주택가격은(주택시장에 거품이 끼어 있을 것으로 보이는) 캐나다와 호주를 제외한 세계 각국에서 하락했다. 이로써 수조 달러의 부가 사용되지도 못한 채 증발했다. 마찬가지로 선진국의 주식시장이 하락국면으로 들어서면서 주가총액이 수조 달러씩 줄어들었다. 그 결과, 소비자 가운데서도 특히 은퇴 연령에 이른 사람들이 구멍 난 대차대조표를 보완하기 위해 저축을 늘리기 시작했다.

저축률 증가는 개인에게는 이득으로 작용할 수 있지만 케인스가 말한 '저축의 역설'이라는 역효과도 낳는다. '저축의 역설'이란 한 사람이 저축을 하면 문제 될 것이 없지만, 모든 이가 저축을 하면 소비자 지출이 줄어든다는 개념이다. 소비자 지출이 감소하면(제학적으로는 '최종 수요가 줄어든다'고 말한다) 기업의 가격 결정력이 줄어들고, 그 자체로 디플레이션의 원인이 된다.

주택 가격 폭락: 주택가격이 폭락하고 주택시장이 침체하는 것도 디플레이션의 요인이다. 이는 미국만의 이야기가 아니다. 유럽 각국도 부동산위기를 겪고 있고, 일본은 1989년 이후 일부 도시에서 부동산의 명목 가치가 90% 가까이 추락했다. 일본의 일자리 증가율이 20년째 제자리에 머물고 명목 GDP가 17년 전 수준을 유지하는 것도 그 때문이다.

디레버리지: 디플레이션은 대형 신용 위기가 수반하는 대규모 디레버리지 때문에도 발생한다. 소비자와 기업만 부채를 축소하는 것이 아니라 은행도 대출서비스를 축소하기 때문이다. 은행의 손실은 이 글을 쓰는 현재 2조 달러를 넘어섰고, 계속해서 증가하고 있다. 디플레이션은 채무불이행, 부도, 구조조정으로 이어지고, 결국은 금융 위기를 유발할 수 있다. 디플레이션은 또한 담보물의 명목 가치를 떨어뜨려서 기업의 신용도를 하락시키는 결과를 초래한다. 그렇게 되면 기업은 손해를 감수하고라도 자산을 매각할 수밖에 없다.

여담이지만, 유럽연합의 은행들을 대상으로 하는 스트레스 테스트는 너무 느슨하게 시행되었다. 스트레스 테스트는 국채의 채무불이행을 예측하지 못했다. 그리스가 국채를 상환하지 못한다는 생각은 채 떠오르지도 않았던 것 같다. 다른 문제점도 많지만, 이 점이 가장 눈에 띈다. 유럽 중앙은행이 나서서 은행들로부터 모든 국채를 사들여 은행의 대차대조표에서 국채를 덜어내지 않는 한, 유럽계 은행들은 문제에서 탈피하지 못할 것이다.

위대한 고전 경제학자인 어빙 피셔는 시장의 모든 이가 부채를 줄이기 위해 출혈 매각을 할 때 부채 디플레이션이 일어난다고 말했다. 이는 은행 대출금이 상환되기 때문에 통화 공급의 위축으로 이어진다. 그 결과 자산가격이 하락하고 기업의 순가치가 한층 더 폭락해서 다시 기업 도산, 수익률 급감, 생산성 하락, 무역 감소, 고용률 하락으로 이어진다. 그렇게 되면 시장의 신뢰가 떨어지고 화폐의 퇴장[80]이라는 현상이 나타나며 명목 금리가 하락한다. 또한 디플레이션을 반영한 금리는 상승한다. 그야말로 디플레이션이 디플레이션을 낳는 악순환이 발생하는 것이다.

화폐와 대출의 붕괴: 통화 유통 속도가 둔화되는 것과 동시에 통화 공급이 감소하면 심각한 디플레이션을 유발할 수 있다. 이는 미국만의 이야기가 아니다. 전 세계적으로 광의의 통화량 증가율이 0에 가깝다.도표 7.3 참조 디플레이션의 압력은 (인플레이션이 문제가 되고 있는) 영국을 제외한 선진 각국에서 공통으로 나타나고 있다.

정부의 긴축: 정부 지출미국의 경우 연방, 주, 지방 정부의 지출을 줄이면 지난 장에서 보았듯이 단기적으로 디플레이션 현상이 나타난다. 마틴 울프는 (재정 긴축 조치는 경솔했다고 주장하면서) 2010년 7월에 『파이낸셜 타임스』에 다음을 기고했다.

---

80 hoarding of money, 명목 소득보다 명목 지출이 줄어드는 과소 지출의 결과로 나타나는 화폐의 축적

도표 7.3 **미국과 유럽의 총 통화량** M2, 광의의 통화량 **증가**

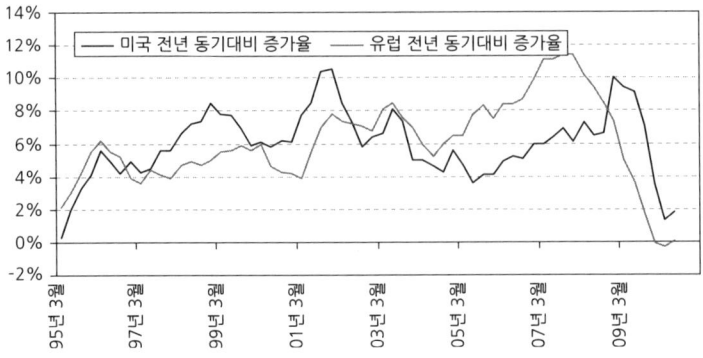

자료출처: 블룸버그, 배리언트 퍼셉션

우리 앞에는 두 가지 큰 위협이 도사리고 있다. 첫째, 디플레이션 압력의 강도를 인식하지 못하는 것이다. 섣부른 재정 긴축과 통화 긴축은 세계 경제를 다시 침체로 빠뜨릴 수 있고, 그 가능성은 절대 적지 않다. 신흥 대국들이 자신을 보호하는 데 성공해도 결과는 다르지 않을 것이다. 두 번째 위협은 세계경제가 지속 가능하고 건전한 회복을 달성하는 데 꼭 필요한 중기적인 재정 정책, 금융부문, 수출 의존성 등의 구조 개선을 이루지 못하는 데서 비롯된다.

우리는 침체기의 디플레이션을 눈앞에 두고 있다. 그리고 전 세계 중앙은행 총재들은 합심하여 이에 대응하려고 하고 있다. 올봄에 내가 폴 맥컬리에게 온갖 부양책과 통화량 확대정책이 시행되고 있는데 인플레이션에 대한 우려는 들지 않느냐고 물었더니, 그는 "오히려 인플레이션을 유발하지 않을까 봐 걱정인 걸." 하고 재치있게 대답했다. 맞는 말이다. 앞으로는 인플레이션 문제를 겪지 않는다고 하더라도 그보다 훨씬 심각한 문제를 해결해야 할 것이다.

경제학에서 성인 반열에 오른 밀턴 프리드먼은 인플레이션은 언제 어디서나 통화적인 현상이라고 설교했다. 다른 모든 조건이 동일할 때 중앙은행이 돈을 너무 많이 찍어내면, 통화의 가치를 떨어뜨려 인플레이션이 유발될 수 있다. 그러나 문제는 현실적으로 다른 모든 조건이 동일하지 않다는 데 있다. 이는 모양이 바뀔 수 있는 퍼즐 조각이다. 디플레이션의 요인이 바른 순서대로 조합된다면, 중앙은행은 인플레이션을 일으키지 않고도 대량의 화폐를 찍어낼 수 있다. 현재 여러 나라에서 그러한 조합을 목격할 수 있다.

호이싱턴 자산관리의 레이시 헌트에 따르면, 프리드먼은 통화량 공급의 증가가 항상 인플레이션으로 이어지는 것은 아니라고 생각했다. 즉, 프리드먼은 통화량 증가가 과도할 때 인플레이션이 유발되고, 부족할 때 디플레이션이 유발된다고 보았다. 그런 이유로 프리드먼은 통화량이 노동력과 생산성의 증기를 충당할 정도로만 증가하도록 의무화하는 통화 관련 법규가 연준리의 역할을 대신해야 한다고 주장했다. 당시 프리드먼은 통화의 유통 속도가 기본적으로 안정적이라고 판단했기 때문에 과도하거나 불충분한 통화량 증가를 인플레이션이나 디플레이션으로 해석했다는 사실을 파악할 필요가 있다. 프리드먼이 실증적인 연구를 수행하던 시기인 1950년대에서 1980년까지는 그것이 적절한 생각이었다. 그러나 1980년 이후 통화의 유통 속도는 급격히 증가해 1997년에 최정점에 이르렀다. 이는 그때까지 최고 수준이던 1918년의 속도를 능가하는 것이었다.

통화 유통 속도

밀턴 프리드먼이 인플레이션을 통화현상이라고 말했을 때 고려되지 않았으나 퍼즐의 모양을 뒤바꿀 수 있는 조각은 무엇일까? 그것은 통화의 유통 속도다. 화폐를 찍어도 유통되지 않으면 인플레이션이 일어나지 않는다.

시중에 돈은 많이 나도는데 제품이 부족할 때 물가가 상승한다는 것은 우리 모두 경험을 통해서 체득한 사실이다. 시중에 유통되는 돈이 부족하면 물가는 하락한다.

제2차 세계 대전 당시 포로수용소에서는 배급 물자 대부분이 적십자 구호품 형태로 보급되었다. 구호품에는 쿠키, 초콜릿, 설탕, 잼, 버터 같은 물자가 포함되었다. 또, 당시에는 거의 모든 사람이 별생각 없이 흡연했기 때문에 담배도 들어 있었다. 포로들은 초콜릿과 잼 또는 담배와 쿠키를 교환했다.

이것이 물물교환 경제의 사례다. 예를 들어 잼 한 병이 마가린 반 파운드[81]의 가치로 환산되었다. 담배는 초콜릿 몇 조각과 맞먹었다. 그런데 이러한 물물교환은 비효율적이다. 곧 담배가 화폐의 역할을 하기 시작했다. 공급과 수요가 동시에 가장 높은 품목이 담배였기 때문이다. 담배는 화폐의 기능인 회계 단위이자 매개 수단이 되었다.[82]

적십자 구호품이 도착할 때마다 포로수용소에는 통화 유통량이 증가했다. 자연히 적십자 구호품이 도착할 때마다 물가가 올랐다. 반대로 담배 수량이 줄어들면 물가도 떨어졌다. 전황의 변화로 적십자 구호품 배급에 차질이 빚어지면, 담배의 공급 수량이 줄어들었다. 또 담배 가운데 일부가 흡연으로 소모되면 교환할 담배는 줄어들기 때문에 다른 제품과 서비스의 가격도 하락했다. 이것이 바로 디플레이션이 일어나는 사례다.[1]

일반적인 통화수량설을 알아보자. 돈의 역할을 하는 담배의 수량을 늘리면 가격이 상승한다. 그리고 담배의 수량을 줄이면 가격이 하락한다. 이제까지는 단순하다. 그러나 이를 복잡하게 하는 것이 바로 속도다.

통화 유통 속도라는 개념을 좀 더 자세히 알아보자. 통화 유통 속도는 통화 단위가 평균적으로 몇 번이나 사용되는지를 나타낸다. 두 사람만 존재하고 통화 공급량이 100달러인 매우 작은 경제 체제를 예로 들어 설명해 보겠다. 첫 번째 사람이 100달러로 다른 사람에게서 꽃을 산다. 그러면 그 사람은 첫 번째 사람에게 그 100달러를 내고 책을 산다. 통화 공급량은 100달러에 불

---

81 약 226그램
82 물론 사람들이 곧 피워서 소모해 버리므로 가치의 저장 수단은 되지 못했다.

과한데 GDP는 200달러가 되는 셈이다. 매달 이런 식의 거래를 한다면(200달러×12개월), 본원 통화량 100달러로 연간 GDP 2,400달러를 창출할 수 있다.

이는 GDP가 단지 통화 공급량뿐 아니라 국가 내 통화 유통 속도의 작용이기도 하다는 얘기다. 등식으로 표현하면, P(GDP 총액)=MV(통화 공급량×통화 유통 속도)가 된다. 여기에서 GDP는 인플레이션이 반영되지 않은 명목 GDP를 말한다.

기술적인 내용이긴 해도 매우 중요한 이야기이므로, 독자들이 조금만 더 인내심을 발휘해 주길 바란다.

이제 우리가 든 사례를 조금만 꼬아서 생각해 보자. 그렇다 해도 매우 기본적인 내용이라, 어떤 사람들은 어째서 이처럼 단순한 이야기를 하느냐고 불만을 품을 수도 있다. 난이도를 차차 높일 테니 이 역시 조금만 더 참아 주길 바란다. 회사가 10개이고 통화 공급량이 100만 달러인 어떤 섬나라가 있다고 가정해 보자. 각 회사가 분기당 10만 달러 정도의 제품을 생산한다면 이 섬나라의 GDP는 400만 달러가 된다.[83] 그러므로 섬나라의 통화 유통 속도는 4이다.

회사들의 생산성이 좀 더 높다면 어떨까? 흥미로운 금융 상품, 은행, 새로운 생산 설비, 컴퓨터, 기술 혁신, 로봇 공학 등을 통해 모든 회사가 매달 10만 달러를 생산한다고 가정해 보자. 그러면 GDP는 1,200만 달러가 되고 통화 유통 속도는 12가 된다. 그렇지만 통화 공급량은 그대로이다. 아직도 같은 액수의 돈으로 거래하는 셈이다. 또 이번에는 모든 회사의 처음과 같은 상태를 유지한다고 가정해 보자. 매달 같은 액수만큼 사고판다고 하면, 손해를 보거나 이익을 보는 회사가 없는 것이다.

---

83 1분기에 100만 달러이므로 일 년이면 여기에 4를 곱하면 된다.

이 사례를 조금 더 꼬아 보겠다. 회사 사주의 자녀 두 명이 각자 새로운 회사를 설립하기로 했다고 가정해 보자. 부모에게 전수받은 노하우로 이들은 금세 매달 10만 달러씩 생산하면서 성공을 거두었다. 이 경우 GDP가 1,400만 달러에 이를 것이다. 모든 회사가 동일한 총소득을 올린다고 가정하면, 통화 유통 속도는 14로 증가해야 할 것이다.

중요한 사실이 있다. 앞서 말한 사례들에서는 돈의 액수에 변화가 없었다. 변화한 것은 돈의 유통 속도이다. 그러나 유통 속도가 증가하지 않는다면?

통화 유통 속도가 증가하지 않으면 모든 회사가 매달 사고파는 제품이나 서비스의 액수가 줄어든다는 얘기가 된다. 여기에서 명목 GDP가 통화 공급량에 유통 속도를 곱한 것이라는 점을 상기하라. 속도가 증가하지 않으면 GDP는 같은 수준을 유지한다. 회사의 숫자가 12로 늘어났으므로, 연간 120만 달러이던 평균 생산은 100만 달러로 줄어들 것이다.

각 회사의 매달 생산량은 8만 달러다. 전반적으로 생산량은 동일하지만, 분배할 회사 수가 늘어났기 때문이다. 그래서 각 회사는 경기가 침체했다고 느낄 것이다. 각자 보유한 달러도 줄어든다. 따라서 구입을 줄이기 때문에 물가도 떨어진다. 이것이 디플레이션 환경이다. 이때, 이곳의 중앙은행은 통화 공급량이 통화 수요와 균형을 잡을 수 있는 수준으로 늘어나야 한다는 점을 인식한다.

그런데 중앙은행이 통화 공급량을 과도하게 늘리면, 제품에 비해 너무 많은 돈이 유통되므로 인플레이션이 나타날 것이다.[84]

중앙은행이 돈을 너무 많이 찍어내어 통화 공급량이 두 배인 200만 달러로 늘어나고 통화 유통 속도가 12를 유지한다고 가정하면, GDP는 2,400만 달러로 증가한다. 바람직한 일처럼 보인다.

---

84 이것이 각 회사의 생산량에는 변동이 없으며 모든 설비가 완전히 가동된다는 가정에 따른 극히 단순한 예라는 점을 명심하자.

하지만 20%의 생산 증가는 회사 두 곳의 창업으로 비롯된 것에 불과하므로 바람직한 결과라고 할 수 없다. 생산과 가격 사이에는 관련성이 있다. 각 회사의 매출이 두 배로 늘어나 매달 20만 달러에 이르고 이를 제품과 서비스 구입에 사용한다면, 생산이 20% 증가한 데 불과하다. 결과적으로 회사들이 구입하고자 하는 제품의 가격이 올라가기 시작하고 인플레이션이 시작될 것이다. 1970년대를 생각해 보면 된다.

통화 유통 속도에 대해서도 알아보자. 노벨 경제학상에 빛나는 밀턴 프리드먼은 인플레이션이 언제 어디에서나 통화적인 현상이라고 설파했다. 프리드먼은 자신의 연구에서 통화 유통 속도를 상수로 간주했다. 그가 기념비적인 연구를 수행한 시기는 1950년부터 1978년이었다. 그러나 지금은 상황이 바뀌었다. 다음 두 가지 차트를 보자.

도표 7.4 연간 통화 유통 속도 1900~2009년

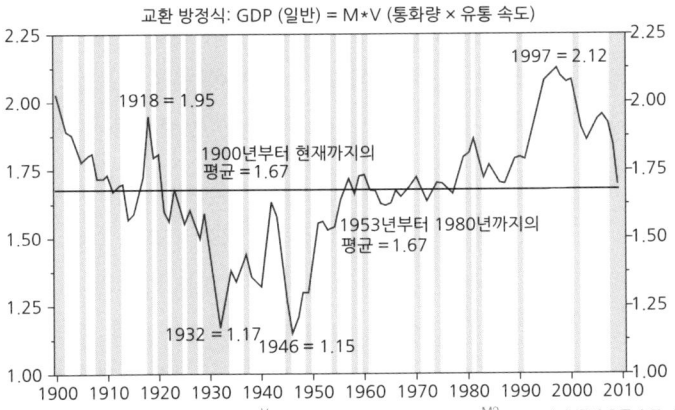

주석: 2008년까지. 2009년은 통화 유통 속도^V=GDP/월, GDP=14.3조 달러, 총통화^{M2}=8.4조 달러, 통화 유통 속도=1.69
자료 출처: 호이싱턴 투자 관리, 연준리, 경제분석국, 인구조사국, 미국 통화 통계[85]

---

[85] 호이싱턴 투자 관리(Hoisington Investment Management), 연준리(Federal Reserve), 경제분석국(Bureau of Economic Analysis), 인구조사국(Census Bureau), 미국 통화 통계(Monetary Statistics of the United States)

도표 7.5 미국의 분기별 통화 유통 속도

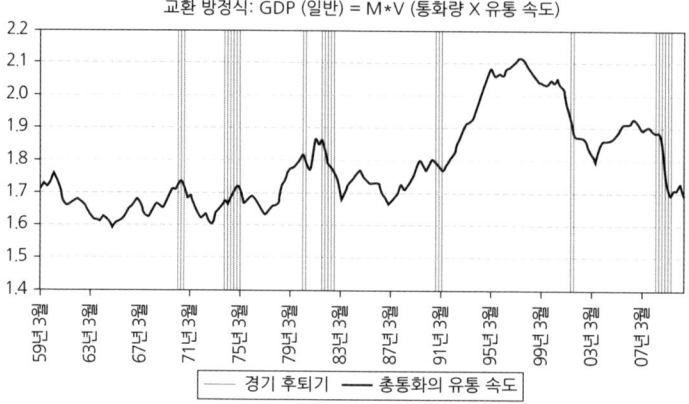

자료 출처: 블룸버그, 배리언트 퍼셉션

지난 108년 동안 통화 유통 속도를 정리한 도표 7.4부터 보자. 대공황기에 통화 유통 속도가 감소한 점에 주목하라. 또 1953년부터 1980년까지 통화 유통 속도는 정확히 지난 100년 동안의 평균에 가까웠다. 통화 유통 속도가 장기간에 걸쳐 평균으로 회귀하는 경향이 있는 듯 보이는 데 주목하라. 이는 통화 유통 속도가 시간이 지나면 중심값이나 평균으로 증가하거나 감소한다는 뜻이다.

제2차 세계 대전처럼 좀 더 최근의 시기부터 현재까지의 평균을 봐야 한다고 주장하는 사람도 있을 것이다. 그러나 그렇더라도 평균 회귀 경향이 있다는 것은 통화 유통 속도 V가 느려진다는 말이다. 또한 평균 회귀 경향이란 V가 평균 아래로 떨어진다(평균을 과도하게 수정한다)는 점을 시사한다. 이는 어떻게 보든 평균 회귀 경향이 있다면 V가 감소한다는 점을 명확히 시사한다. 어째서 그러한 일이 나타나는지 차차 실제적인 관점에서 살펴보겠다.

이제 1959년부터 통화 유통 속도를 기록한 차트를 보자. 여기에서 음영으로 표시된 부분은 경기후퇴기의 횟수다. 연준리는 후퇴기에 어떻게 대응할까?

경기순환주기와 경기 후퇴의 영향을 상쇄하기 위해 통화 공급량을 늘린다. 통화 유통 속도가 감소하면, 통화 공급량이 늘어나야 명목 GDP가 증가한다. 연준리는 통화 공급량을 늘림으로써 경기를 다시 성장기로 되돌려 놓으려 하는 것이다.

GDP가 14.5조 달러, 총통화량^{M2}이 8.5조 달러이므로, 통화 유통 속도가 몇 년 전 약 1.95에서 1.7로 감소했다고 추정할 수 있다. 통화 유통 속도가 평균으로 회귀하거나 평균 미만에 이른다고 하면 현재 수준보다도 10% 감소함을 뜻한다. 어째서 이러한 일이 발생하는지 곧 설명하겠다.

그러나 지금은 P=MV라는 등식을 다시 살펴보자. 통화 유통 속도^{V}가 10% 감소하면 공급량^{M}이 10% 증가해야 정태적인 경제가 유지된다. 그러나 이는 인구증가율이 1%, 생산성 증가율이 2%, 목표 인플레이션이 2%에 이르지 않는다는 가정하에서만 성립하는 얘기다. 즉 통화 유통 속도가 같더라도 통화 공급량이 연간 5% 증가해야 정태적인 경제가 유지된다는 말이다. 현재 경제 성장이 상대적으로 둔화된 상황임을 고려할 때 그다지 고무적인 사실은 아니다.

통화 유통 속도의 둔화

그렇다면 통화 유통 속도가 둔화되고 있는 까닭은 무엇일까? 1990년부터 1997년까지 통화 유통 속도의 증가추세를 보자. 총 통화량의 증가율이 이 시기에 거의 내내 하락했으나 경제는 성장추세였다. 이는 통화 유통 속도가 평소보다 빠른 속도로 상승했으리라는 얘기다. 왜 그럴까? 증권화와 부채담보부 증권^{CDO} 등 1990년대 초반에 도입된 금융기법의 혁신이 그 주된 원인이다. 통화 유통 속도가 추세를 웃도는 수준으로 상승하도록 한 것은 최첨단 금융 상품이었다.

최첨단 금융 상품의 과도한 증가가 신용 위기로 이어지고, 그에 따라 최근에 그 실체가 속속 드러나고 있다. 원칙적으로 CDO나 서브프라임 자산담보부 증권은 좋은 상품이다. 적어도 도입 초반에는 그러했다. 그러나 기준이 느슨해지면서 탐욕이 개입했고, 월스트리트가 이러한 상품 체계를 이용해 장난치기 시작했다. 이것이 종말로 이끌었다.

통화 유통 속도를 최고치로 상승시킨 요인(금융 기법 혁신)은 이제 작용하지 않는다. ABCP(자산유동화 기업 어음), SIV(구조화 투자회사), CDO, CMB(유동성 관리 증권) 같은 온갖 멋들어진 상품이 통화 유통 속도를 상승시키는 일은 더 이상 볼 수 없다. 이러한 최첨단 금융 상품이 사라지자 돈이 도는 속도가 느려지고 있다. 통화 공급량이 유의미하게 증가해 통화 유통 속도의 둔화를 상쇄하지 않았다면, 경제는 더 심각한 침체 상태에 빠졌을 것이다.

연준리는 총 통화량에 대해서는 통제 권한이 없다. 연준리에서 금리를 내리면 사람들은 더 많은 위험을 감내하고 대출을 받고자 한다. 그렇게 되면 경기가 활성화되므로, 간접적인 영향은 끼치는 셈이다. 도표 7.6에서 보듯 총 통화량은 연준리가 시장에 유동성 공급을 대폭 늘린 2008년 직후 급증한 이래 최근까지 그리 큰 폭으로 증가하지 않고 있다.

여기서 주목할 점은 통화 공급량의 증가율이 경제가 향후 몇 년 동안 감내할 수 있는 수준을 훌쩍 뛰어넘으리라는 것이다. 그것으로 충분할지, 너무 급격한 수준은 아닌지, 적정 수준인지는 당분간은 알 수 없을 것이다. 그래서(경제학자 대부분이 그러하지만) 안락의자 경제학자들은 느긋하게 탁상공론만 되풀이하는 수밖에 없다.

도표 7.6 **총 통화량 대 본원통화량** 단위: 10억 달러

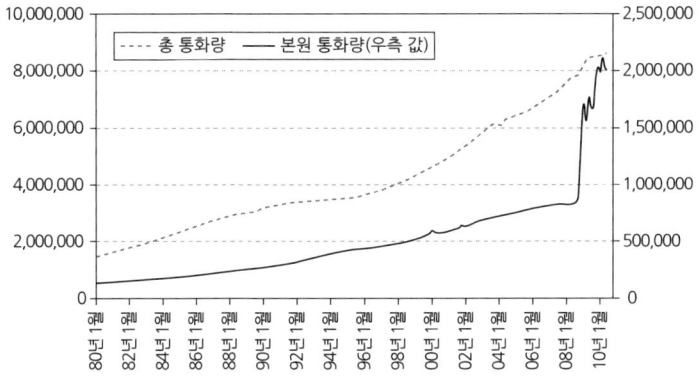

자료 출처: 블룸버그, 배리언트 퍼셉션

통화 유통 속도라는 개념은 금본위제 지지자들의 골머리를 썩인다. 이들은 '어디에 투자해야 하는가'라는 질문에 항상 '금과 일부 천연자원'이라고 대답한다. 이들은 명목 화폐, 즉 지폐가 사라지리라고 믿는다. 물론 이는 역사적으로 볼 때 비현실적인 추측만은 아니다. 문제는 그 시점이 언제냐 하는 것인데, 금이 지폐의 자리를 대신해 오래도록 쓰이려면 오랜 세월이 지나야 할 것이다. 금본위제 지지자들은 루트비히 폰 미제스가 주도한 오스트리아 경제학파의 학설을 지지한다. 그런데 폰 미제스는 자신의 경제 방정식에 통화 유통 속도라는 요인은 반영하지 않았다.

통화 공급량이 증가하면 금본위제 지지자들은 인플레이션이 유발되기 때문에 금값이 상승한다고 해석한다. 통화 유통 속도가 상수라면 그들의 말이 옳다.

그렇다면 통화 공급량과 통화 유통 속도가 물가에 직접적인 영향을 준다고 볼 수 있다. 그러나 통화 유통 속도가 하락하면 통화 공급량이 크게 증가할 수 있으며, 통화 유통 속도의 하락 속도가 통화 공급량의 증가 속도보다 빠를 경우 물가는 하락한다. 이것이 금본위제 지지자들의 골머리를 썩게 만드는 요인이다.

솔직히 말해, 필자들은 금 보유에 찬성하는 사람들이다. 어떤 나라나 어떤 통화권에서는 금을 보장성 자산으로 치부하기보다는 될 수 있는 한 많이 보유하라는 투자 조언이 대세다. 우리는 금을 인플레이션 헤지보다는 통화 헤지 수단이라고 본다. 금을 보유하라고 외치는 웹사이트나 책들은 모두 금이 인플레이션 헤지 수단이라는 점에 초점을 맞추지만, 놀랍게도 금은 적어도 달러에 대해서는 인플레이션과 뚜렷한 상관관계를 보이지 않는다. 1970년대는 실질적인 인플레이션이 마지막으로 나타난 시기인데, 이때는 대두나 목재의 수익률이 금보다 좋았다. 그러나 대두나 목재는 매입이나 보유가 쉽지 않다. 짐바브웨 달러나 독일의 라이히스마르크[86]를 신용할 수 없다고 해서 대두를 사모으는 사람은 없을 것이다.

금은 통화와 그 통화가 적절한 구매력을 유지하도록 조절하는 중앙은행에 대한 투자자들의 신뢰가 있다면 매우 유용한 투자 수단이다. 최근 금값은 달러 대비 상승했다. 그러나 퍼센티지로 볼 때는 달러보다 유로나 파운드 대비 상승폭이 더 크다.

중앙은행은 통화 공급량을 조절하고 은행의 지급준비율을 규제하며 은행에 대한 대출 금리를 조정함으로써 통화의 유통에 어느 정도 관여한다. 그러나 단순화해서 생각해 보면 대출 증가가 통화 공급량을 늘린다는 것만 알면 된다.

통화 공급량은 시중의 현금총액에 대출 및 신용총액을 더한 것이라고 볼 수 있다.[87] 지난 60여 년 동안 통화 공급량, 부채, 차입금은 계속해서 증가했다. 처음에는 꾸준히, 어느 시점부터는 급격히 증가하는 추세이다. 그러나 그림자 금융 체제가 붕괴한 현재, 부채의 증가를 이끌던 역학이 후퇴하고 있다.

---

86 역주 _ 1924년부터 1948년까지 독일에서 사용된 화폐 단위
87 전 세계적으로 볼 때 현금은 2조 달러, 대출과 신용은 50조 달러다.

도표 7.7에 따르면, 시간이 흐름에 따라 부채 1달러가 경제 성장에 미치는 영향이 점점 축소되고 있다. 심지어 이제 부채는 경제 성장을 저해하는 요인이 되었다. 그 까닭은 무엇일까? 로고프와 라인하트 교수의 저서를 인용한 제5장을 다시 한 번 살펴보라. 최근에 증가한 부채는 정부 부채라 경제에 해를 끼치는 것이다. 정부 부채는 가계 저축과 민간 부문에 대한 투자를 몰아내는 역할을 하기 때문이다.

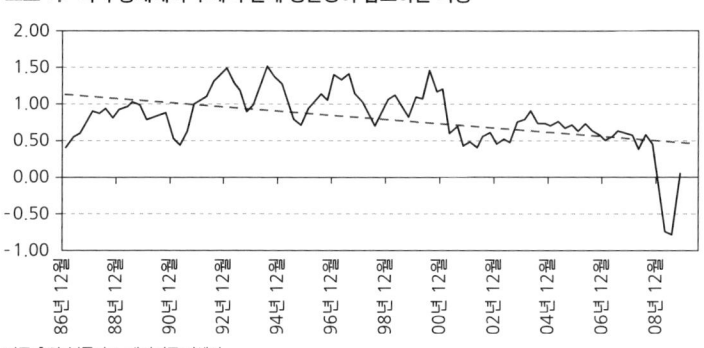

도표 7.7 미국 경제에서 부채의 한계 생산성이 감소하는 과정 단위: 달러

자료 출처: 블룸버그, 배리언트 퍼셉션

연준리의 대차대조표가 두 배로 불어났을지는 몰라도, 현재 미국의 차입금은 줄어들고 있다. 개인과 기업이 부채를 상환하고 대출을 줄이고 있기 때문이다. 은행도 대출을 축소하고 있다. 이는 다른 선진국에서도 공통되게 나타나는 현상이다. 그런데 이때 정부가 개입해서 줄어든 부채 규모를 늘리고 있다. 앞으로 알아보겠지만, 아무리 경제 강국이라고 해도 차입하는 데 한도가 있는 법이다. 정부와 반대로 기업과 개인이 디레버리지에 나서면서 통화 유통 속도는 하락하고 있다.

경제가 부채 슈퍼사이클의 막바지에 도달한 것이다. 이것이 바로 엔드게임이다. 차입금과 부채가 줄어들자 통화 공급량과 통화 유통 속도가 하방 압력에 직면하고 있다. 부채의 축소는 오늘날 가장 큰 디플레이션 요인 가운데 하나이다. 도표 7.8은 각국의 총 유동성^{M3}[88] 을 보여 준다. 이처럼 총 유동성이 마이너스로 돌아서는 일은 오래도록 보기 드물던 현상이다.

도표 7.8에 따르면 적어도 유럽의 경우, 총 유동성이 마이너스로 급감하고 있다.

도표 7.8 유럽의 전년 동기 대비 총 유동성^{M3}

자료 출처: 블룸버그, 배리언트 퍼셉션

호주의 총 유동성 추이는 도표 7.9에서 볼 수 있다.

---

88 역주 _ 가장 넓은 의미의 통화 지표로 본원통화인 M1에 저축성 예금, 거주자 외화 예금 등 M2를 더하고 여기에 제2금융권의 저축성 예금을 더한 것이다.

도표 7.9 호주의 총 유동성^{M3}

자료 출처: 블룸버그, 배리언트 퍼셉션

신흥국을 대표하여 남아프리카 공화국의 총 통화량을 도표 7.10에 제시한다.

도표 7.10 남아공의 총 유동성^{M3}

자료 출처: 블룸버그, 배리언트 퍼셉션

앞으로의 지침: 버냉키의 '헬리콥터' 연설

앞서 본 바와 같이 현재 인플레이션과 통화 유통 속도가 하락하는 추세다. 앞으로 몇 달 동안 소비자 물가지수CPI[89]를 더욱 면밀하게 주시해야 하는 것도 그 때문이다.

미국이나 유럽이 전면적인 디플레이션에 돌입한다면 중앙은행은 자산 매입을 늘리고 정부 부채를 통화화하며 보험회사와 연금 기금이 보유한 국채를 사들이는 식으로 대응할 것이다. 디플레이션이 발생할 경우, 대출을 줄이고 있는 은행에 예금을 늘리는 것은 그리 좋은 해결책이 아니다. 주택 담보대출과 기업대출을 늘릴까? 단기 채권 매각 및 장기 채권 매입을 통해 수익률 곡선을 뒤트는 정책을 추진할 것인가? 모두 연준리와 유럽중앙은행이 검토하고 있는 정책들이다. 앞으로 어떤 정책이 추진될지 주목할 필요가 있다.

희소식이라면, 우리가 참고할 수 있는 지침이 있다는 점이다. 영화 『패튼 대전차 군단』에서 가장 기억에 남는 장면은 패튼 장군 역할을 맡은 조지 C. 스콧이 독일군을 무찌르고 "롬멜[90], 이 바보 같은 놈아, 나는 네놈이 쓴 전술서를 읽었단 말이다."라고 외치는 장면이다. 오늘날의 투자자는 롬멜의 전술서 대신 버냉키 연준리 의장의 연설을 들었다고 말하면 된다. 2002년 11월, 버냉키는 '헬리콥터' 연설로 더 잘 알려진 '디플레이션이 일어나지 않도록 하는 방법[91]'[2]이라는 연설을 했다.[92]

연설에서 헬리콥터가 언급되는 대목은 돈을 많이 찍어내면 인플레이션을 창출할 수 있다는 내용으로 요약된다. 그러나 연설 전체에서 이는 그리 홍

---

89 역주 _ 일반 소비자가 구입하는 상품과 서비스의 전반적인 가격 수준을 취합한 측정치
90 역주 _ 제2차 세계 대전에서 활약한 독일 장군으로 전략과 전술에 능한 것으로 유명하다.
91 Deflation: Making sure 'It' Doesn't Happen
92 여담으로, 버냉키는 연설을 통해 인쇄기로 돈을 찍고 헬리콥터에서 돈을 뿌린다는 둥 경제학적인 유머를 구사하려 시도했겠지만 나는 그 유머가 주효하지 못했다고 본다. 이러니 경제학자들이 코미디 무대에 설 수 없는 것도 당연하다.

미로운 대목이 아니다.

버냉키가 실제로 한 말을 몇 가지 살펴보자. 먼저, 버냉키는 디플레이션 가능성이 희박하다고 말했다. 그렇지만 일본에서 디플레이션이 발생했고 현재 일본이 처한 문제의 원인도 디플레이션으로 보이는 만큼, 우리는 디플레이션의 가능성을 완전히 무시해서는 안 된다. 따라서 디플레이션에 대한 대책으로 무엇이 있을 수 있는지 파악해야 한다.

버냉키는 또한 디플레이션이 미리 방지하는 것이 무엇보다 중요하다고 말했다. 버냉키는 중앙은행은 약간의 '쿠션'을 고려해야 하며, 제로 인플레이션을 목표로 삼아서는 안 된다고도 주장했다. 버냉키는 목표 인플레이션을 1% 이상으로 보았다. 일반적으로 중앙은행은 1~3%의 인플레이션을 목표로 한다. 그러나 이는 평상시에 인플레이션이 허용 가능한 목표치를 넘어설 가능성이 불황기에 0% 밑으로 떨어질 가능성보다 크다는 말이다.

중앙은행은 통상 금리를 올리거나 내림으로써 인플레이션을 조절한다. 그러나 연방기금 금리가 0%로 하락한다면? 그러나 이를 막을 정책 수단이 있기 때문에 걱정할 필요가 없다고 하는 버냉키의 말을 인용하겠다.

> 연준리의 목표 금리, 즉 단기 연방기금 금리가 0%로 떨어진다면 연준리는 어떻게 해야 할까? 현재 우리가 시행하는 정책을 그대로 확대하는 방법이 있다. 만기가 아직 먼 국채, 즉 장기 국채의 금리를 인하해서 지출을 부추기는 것이다.
>
> 더 직접적인 해결책은 개인적으로 내가 선호하는 방식인데, 연준리가 중기 국채(2년 안에 만기가 도래하는 국채)의 수익률에 명백한 한도를 정해서 발표하는 것이다. 연준리는 만기가 2년 이하인 국채를 목표 수익률에 부합하는 가격으로 무한정 사들임으로써 이러한 금리 한도를 강제할 수 있다. 그런데 이러한 방식이 성공을 거두지 못하면, 중기 국채의 수익률이 감소할 뿐 아니라(미래 금리에 대한 기대심리로 작동되는 연관성 때문에) 장기 국채와(주택담보 대출 등) 민간 채권의 수익률도 떨어질 수 있다.

만기별 국채와 민간 채권의 금리가 모두 하락하면 일반적으로 총수요가 활성화되어 디플레이션을 물리칠 수 있다. 물론 비교적 만기가 짧은 국채의 물량이 불충분하다고 판명되면, 연준리는 만기가 3~6년 정도로 비교적 긴 국채의 수익률에 한도를 정할 수도 있다.

그런 다음 버냉키는 경제가 디플레이션으로 빠져들면 어떤 정책을 취할 수 있을지, 사례를 들거나 앞서 소개한 바와 같이 헬리콥터 등의 비유를 통해 설명한다. 맥락으로 보건대, 버냉키는 디플레이션이 현실화될 때 연준리가 추구할 수 있는 정책을 학자의 처지에서 생각해 본 듯하다. 버냉키는 그러한 정책의 실제 적용 가능성에 대해서는 언급하지 않았다. 우리도 그가 실제로 그러한 정책을 검토하는 일은 없으리라고 생각한다. 버냉키는 그저 연준리가 원하기만 한다면 디플레이션을 물리칠 수 있다는 점을 지적하고 싶었던 것이다(그리고 2010년 후반 현재, 디플레이션 문제는 학술적인 수준을 넘어서고 있을지도 모른다).

이를 배경 지식으로 삼으면, 우리는 버냉키의 연설에서 핵심이라고 할 수 있는 점을 어느 정도 파악할 수 있다. 굵은 글씨에 주목하여 다음 문장을 읽어 보자.

> 중앙은행은 **정책 금리가 평균적으로 0%를 기록할 때**라도 독자적이든 다른 정부 부처와 공조하든 총수요를 확대하고 경제 활동을 활성화할 정도로 막강한 힘이 있다.

> 따라서 디플레이션을 방지할 수 있는 근본 해결책은 적어도 원칙적으로는 간단하다. 총지출을 부양하는 데 필요한 통화 정책과 재정 정책을 구사하는 것이다. [더 이상 케인스학파다운 발언은 없을 것이다.]

> 어떤 관찰자들은 중앙은행의 정책 금리가 사실상 최소치인 0%로 떨어지면 통화 정책은 총수요를 부양하고 경제를 활성화할 힘을 잃는다고 결론짓는다.

> 단기 금리가 0%에 이르렀을 때 **총지출을 부양하려면**, 연준리는 자산 매입 규모를 확대하거나 매입하는 자산의 유형을 다양화할 필요가 있다.

이제 연설의 결론으로 가보자.

디플레이션이 유지되는 현상은 현대 경제에 매우 파괴적인 영향을 끼칠 수 있으므로 반드시 물리쳐야 한다. 다행히 당분간은 미국에서 심각한 디플레이션이 발생할 가능성은 희박하다고 하겠다. 일차적인 원인은 미국 경제의 근원적인 힘이지만, 디플레이션의 가능성을 사전에 차단하려는 연준리와 미국의 다른 정책 입안자들의 의지도 중요한 요인이다. 더욱이 디플레이션이 현실화될 것 같으면 앞서 말한 온갖 대응책을 사용할 수 있다. 이러한 대응책 가운데 일부는 일반적인 정책에 비해 잘 알려지지 않았기 때문에 향후 경제에 미칠 수 있는 효과를 측정하거나 시행하는 데 실제적인 문제가 발생할 수 있다. **그래서 디플레이션을 사전에 방지하는 것이 발생한 다음에 해결하는 것보다 바람직하다는 점을 다시 한 번 강조하고자 한다.** 어쨌든 나는 여러분이 연준리나 경제 정책 입안자들이 디플레이션의 위협이 있고 연방 기금 금리가 0% 가까이 떨어지는 상황에서도 결코 속수무책으로 당하고 있지는 않을 것이라는 점을 믿어 주길 바란다.

지금이 바로 그런 상황이다. 모든 자료가 경기가 둔화하고 있음을 가리킨다. 그로 말미암아 미국은 디플레이션의 위험에 직면해 있다. 우리가 검토해야 하는 것은 주요 경제 지표 그 자체가 아니다. 우리는 경기가 더블딥 침체에 빠지고 디플레이션을 겪으면 연준리가 어떻게 대응할지 생각해 봐야 한다. 버냉키가 말한 바와 같이 장기 금리를 끌어내리고 단기 금리는 올리는 식으로 수익률 곡선을 뒤틀 것인가? 아니면 주택 담보 채권과 회사채처럼 다양한 유형의 자산을 대규모로 매입할 것인가? 그렇게 되면 시장과 투자에는 어떤 영향이 미칠까?

"그래서 디플레이션을 사전에 방지하는 것이 발생한 다음에 해결하는 것보다 바람직하다는 점을 재차 강조하고자 한다."라는 부분을 다시 한 번 읽어 보자. 버냉키가 약속을 지킨다고 쳐 보자. 그렇다면 경제 지표가 계속해서 약세를 보이고 디플레이션이 실질적인 위협을 제기하면 경기후퇴기가 닥치기 전에 먼저 조치를 취하겠다는 얘기다. 그런데(연준리가 새로운 조치를 취하기 전에 참고할) 경제 지표에서는 디플레이션의 위협이 보이지 않는다. 2002년에 디플레이션이 우려로 끝났을 때처럼 이번에도 현실화되지 않기를 바랄 뿐이다. 그러나 상황은 계속 주시해야 한다.

경제가 과다 부채 때문에 크게 위축되고 그로 말미암아 디플레이션이 발생하면, 연준리가 할 수 있는 일은 디플레이션을 일시적으로만 저지하는 것뿐이다. 이러한 디플레이션은 불가피하기 때문이다. 양적 완화 조치는 반드시 새로운 부채 사이클을 유발할 것이다. 이는 이미 차입금 비중이 과도한 경제에 차입금이 추가된다는 얘기다. 따라서 양적 완화가 경제에 성장 동력을 제공할 수 있는 기간은 제한되어 있다. 어째서 그럴까? 추가 차입금은 경제를 퇴보시키고 체계 내의 위험을 확대한다. 그러므로 과다 부채로 신음하는 경제를 근본적으로 바로잡는 방법은 시간과 긴축밖에 없다. 장기간 효력을 발휘하는 통화 정책 수단은 없다.

디플레이션에 관한 이번 장을 마치기 전에 한 가지 더 생각해 볼 것이 있다. 경기 후퇴는 디플레이션과 일맥상통한다. 로고프와 라인하트의 『이번엔 다르다』에서 얻은 교훈 가운데 하나는 신용 위기 이후 경제의 취약성이 악화하고 변동성도 확대되는 데다 경기 후퇴가 잦아진다는 점이다. 그뿐 아니라 신용 위기 이후에 경제의 건전성을 높이려면, 세금 인상보다는 지출감축이 더 효과적이라는 점도 그 책에서 배운 점이다.

미국이나 유럽이 조만간 새로운 경기 후퇴를 피할 수 없다는 것은 기정사실이며 순리라고 본다. 그러나 그처럼 불가피한 경기 후퇴를 가능한 한 미루는 것이 바람직할지도 모른다. 또 가능하면 인플레이션이라는 완충책과 활발한 대책의 여지가 있을 때 경기 후퇴가 나타나는 것이 낫다. 2011년이나 2012년의 경기 후퇴는 재앙까지는 아니더라도 큰 문제를 일으킬 것이다. 금리는 떨어질 대로 떨어졌다. 경기 후퇴를 해결하기 위해 적자지출을 늘리는 것은 심각한 문제를 불러일으키지 않고는 시행하기 어려운 정책이다. 그러나 다시 경기 후퇴에 접어들면 실업률이 급증하고 연방 정부, 주 정부, 지방 정부의 세금수입은 모두 감소할 것이다.

경제가 이처럼 취약할 때 부시 행정부의 세금 인하 정책을 폐지하는 것에 대해 우리가 우려하는 것은 위와 같은 이유에서이다. 독자가 이 글을 읽을 때쯤이면 미국 의회가 어떤 결정을 내렸는지 알 수 있겠지만, 우리가 이 글을 쓰는 현재는 아직 결정이 나지 않은 사안이다. 세금을 인상하든 말든 문제없다고 주장하는 사람들의 말이 맞을 수도 있다. 자기 나름대로 학술적인 근거가 있으니 그런 주장을 할 것이다. 그러나 그러한 이들의 연구에 결함이 있거나 데이터 마이닝[93]을 통한 연구라는 점을 지적하는 논문이 부지기수다.

마이클 보스킨 교수는 지난 7월 『월스트리트 저널』에 "오바마 대통령은 경기부양책을 지원하기 위한 세금 인상이 경제에 타격을 준다는 점에 경제학자들이 동의한다는 사실은 말하지 않는다.[94] 오바마 대통령이 다른 중요한 시각을 접한 적이 없거나, 자신의 주장을 지지하는 시각만 중요하다고 생각하는 것이리라. 어떻든, 오바마 대통령의 참모진은 상관을 제대로 모시지 못하고 있다."라고 기고했다.

---

93 역주 _ 이미 결론을 내려놓고 그것을 지지할 수 있는 데이터를 끼워 맞추는 행위
94 시카고 대학의 하랄드 울릭(Harald Uhlig)은 정부가 지출하는 1달러마다 3.4달러의 생산성 감소를 초래한다고 추정한다.

좋은 선택안은 없다

이 책의 집필을 마칠 때쯤, 연준리가 2010년 6월까지 국채를 6,000억 달러 매입할 것이며 추가로 매입할 계획이 있다고 발표했다. 버냉키가 연설에서 언급한 이론들이 현실 경제에서 시험될 모양이다.

현재 연준리는 리플레이션[95] 정책을 취하려고 한다. 리플레이션의 효과가 지속된다면 성공을 거둘 것이다. 그러나 그러한 시도가 달러 가치에 어떠한 비용을 초래할지는 우리도 확실히 알지 못한다. 리플레이션 정책이 과연 적합한 조치인지(물론 필자들은 적합하지는 않다고 확신한다), 은행이 도산하고 금융권이 자체적으로 정화되도록 연준리가 아무 조치도 취하지 말아야 하는 것은 아닌지 이론적인 논쟁을 펼치는 사람도 있을 것이다. 우리는 그러한 논쟁이 지루하기만 하고 아무 소용이 없다고 본다.

결정 권한이 있는 사람들은 오스트리아경제학을 신봉하지 않는다. 좋은 논쟁거리일지는 몰라도, 오스트리아경제학파의 이론이 정책으로 실현되는 일은 없을 것이다. 그보다는 연준리와 미 의회가 실제로 어떤 조치를 취할지 궁금하다. 그래야 투자 포트폴리오를 그에 맞춰 재구성할 수 있기 때문이다(유럽이나 영국, 일본에 사는 이들도 우리와 마찬가지로 중앙은행과 정책 입안자들의 결정에 더 큰 관심이 갈 것이다).

필자의 정신적 스승에 따르면 시장은 가능한 한 많은 사람에게 가장 큰 고통을 유발할 수 있는 일이면 무엇이든 한다. 앞으로 몇 분기 또는 몇 년 동안 디플레이션이 전개되도록 내버려 두는 것도 그중 하나라고 본다.

그렇게 되면 인플레이션과 스태그플레이션이 차례로 나타나 그 고통스러운 여정을 중단시키기도 전에 수많은 투자 상품이 타격을 받기 때문이다. 물론

---

95 역주 _ 심각한 인플레이션을 유발하지 않을 정도로 유동성을 확대하는 것

그럴 경우에는 그때까지 보유할 여력만 된다면 금이 투자 상품으로 적합할 것이다.

이번 위기 끝에 물가 상승이 전혀 없으면서도 성장은 유지하는 골디락스 경제가 실현될 수도 있지 않을까? 연준리가 온갖 조치를 적절히 조합하여 시행하고 미국 의회가 정신을 차려 성숙한 재정 문제 전문가에게 권한을 맡길 가능성도 있지 않을까? 무슨 일이든 가능성은 있다. 다만, 우리는 그러한 일이 현실화되지 않으리라고 본다.

가까운 미래의 일을 확신하는 사람들도 있지만, 필자들은 다르다. 변수가 너무 많기 때문이다. 우리가 우려하는 시나리오가 있다. 미국 의회가 자제력을 잃고 앞으로 2년간 수조 달러를 더 지출할 수도 있다는 시나리오다. 또 연준리가 더 공격적인 양적 완화를 시행한 후 리플레이션에 성공하는 상황이다. 그 결과 채권시장에서 신뢰가 사라져 장기 금리가 상승하기 시작한다. 고실업률 시대에 금리 인상은 기지개를 켜기 시작한 경기를 위협할 수 있다.

연준리가 부채를 통화화해서 인플레이션을 유발하고 달러 가치를 더 떨어뜨릴 것인가? 또는 금리를 인상해서 미국 경제를 다시 한 번 침체^{트리플딥 상태}에 빠뜨릴 것인가? 연준리는 다른 나라의 중앙은행과 달리 두 가지 과제를 달성해야 한다. 가격 균형을 유지하고 완전 고용을 장려할 수 있는 정책을 수립해야 하는 것이다. 앞으로 연준리는 그 가운데 무엇을 우선으로 선택할까? 그러나 무엇을 우선책으로 선택하든 좋은 선택은 할 수 없다.

제 8 장

인플레이션과 초인플레이션

이제까지 정부의 부도로 타격을 입은 것은 인류라기보다는 정부가 부채를 조달하는 능력이다.

R. H. 토니, 『종교와 자본주의의 발흥Religion and the Rise of Capitalism』 1926년

정부는 지속적인 인플레이션 과정을 통해 국민이 지닌 부에서
중요한 부분을 은밀하고도 눈에 띄지 않게 몰수할 수 있다.

존 메이너드 케인스, 『평화의 경제적 귀결Economic Consequences of Peace』

일자리를 잃은 사람들이 배낭을 한두 개씩 메고 농부 사이를 왔다갔다했다.
심지어 불법으로 식료품을 구할 수 있는 지역으로 가기 위해 기차 여행까지 했다.
도시에 가면 자신들이 낸 돈의 3~4배 가격에 팔 수 있기 때문이었다. 처음에는 농부들도 만족해했다.
달걀과 버터를 판 대가로 지폐 다발이 쏟아졌기 때문이다.
그러나 물건을 사기 위해 서류 가방에 지폐를 가득 채워서 도시에 가 보니 분통 터지는 일이
기다리고 있었다. 자신들이 농산물을 팔 때는 다섯 배 오른 가격에 팔았는데,
낫과 망치, 가마솥처럼 필요한 물건을 사려고 보니 가격이 50배 올라 있었던 것이다.

슈테판 츠바이크, 『어제의 세계The World of Yesterday』 1944년 [1]

앞서 디플레이션을 살펴봤다. 이제 반대의 경우인 인플레이션과 초인플레이션을 살펴보자. 초인플레이션은 인플레이션의 극단적인 경우로, 이를 겪는 사람에게는 악몽 같은 상황을 초래한다.

이제까지 우리가 사는 세상이 너무 많은 부채에 빠져 허우적대는 모습을 살펴보았다. 세계 각국의 가계와 정부가 이러한 부채를 모두 상환할 수 있을 것 같지는 않다. 어떤 경우에는 상환 자체가 불가능하고, 또 어떤 경우에는 부채를 상환하려는 사람들이 오랜 기간 생고생을 해야 할 것이다. 정책 입안자들은 인플레이션이 부채 문제보다 해결하기 쉬운 문제라고 생각하는 경향이 있다.

기업과 가계는 부채가 과도하면 파산하는 수밖에 없지만, 국가는 인플레이션으로 부채의 가치를 떨어뜨려서 해결하는 일이 많다. 인플레이션이 나타나면, 부채는 고정돼 있지만 물가와 임금은 상승하기 때문에 전체 부채 부담이 줄어든다. 일반 국민은 이렇게 인플레이션으로 물가와 임금을 상승시킬 수 없으나, 정부는 인플레이션을 유발할 수 있다. 특히 지난 몇 년 동안은 인플레이션 유발에 기막힌 솜씨를 보였다. 인플레이션, 부채의 통화화, 환율절하는 갑자기 나타난 정책들이 아니다. 모두 정부가 부채를 탕감하기 위해서 지난 수천 년 동안 사용해 온 것들이다. 그리고 실제로 제대로 효과를 발휘했다.

보통은 인플레이션이 돈을 찍어낼 때 유발된다고 생각한다. 틀린 얘기는 아니다. 실제로 초인플레이션의 가장 생생한 사례가 이를 입증한다. 1920년대에 독일에서는 라이히스마르크가 불쏘시개로 쓰였다. 1945년에 헝가리에서는 펭괴[96]가 길거리에 나뒹굴었다.

초인플레이션이 부채를 어떻게 줄였는지 보려면 그렇게 먼 과거로 갈 필요도 없다. 브라질은 가장 최근에 초인플레이션을 겪은 나라로, 1980년대 후반부터 1990년대까지 브라질 부채 대부분은 초인플레이션을 통해 탕감되었다.

---

96 역주 _ 헝가리에서 1927년 1월 21일부터 1946년 7월 31일까지 쓰였던 통화 단위로, 초인플레이션을 겪은 후 포린트로 바뀌었다.

오늘날 브라질의 부채 규모는 얼마 되지 않는다. 인플레이션의 효과로 부채 가치가 줄어들었기 때문이다. 브라질 경제는 호황을 누리고 있으며 국민은 중앙은행을 신뢰한다. 브라질의 성공신화는 널리 알려져 있다. 미국이 1970년대에 고인플레이션을 겪을 때 폴 볼커라는 근면성실한 중앙은행 총재가 나타났던 것처럼 브라질도 새로운 정부가 들어서서 인플레이션을 꺾고 GDP를 크게 끌어올렸다. 정부의 정책을 바탕으로 브라질은 지난 20년 동안 경제적으로 가장 큰 성공을 둔 나라가 되었다. 터키 같은 나라도 성공 사례로 꼽힌다. 터키 역시 일단 초인플레이션을 통해 통화 가치를 떨어뜨리고 나서 통화와 재정의 기강을 바로잡았다.

1993년에 브라질의 물가 상승률은 대략 2,000%에 달했다. 그런데 불과 4년이 지난 1997년에 물가상승률은 7%로 떨어졌다. 마법을 부린 것처럼 부채는 사라졌다. 브라질이 1991년에서 1996년 사이에 했듯이 미국이 현재 9,000억 달러인 통화 공급량을 1만 배 늘린다고 상상해 보라. 그렇게 되면 연준리의 대차대조표에는 9,000조 달러가 쌓일 것이다. 0이 몇 개가 붙는지도 가늠이 안 될 정도다. 그렇게 되면 현재 13조 달러인 미국의 부채가 얼마 안 되는 액수로 줄어든다. 이런 수단으로 부채를 탕감하는 정책을 반대하는 사람이라면, 미국이 이를 추진할 경우 다시 미국에 돈을 빌려줄 나라는 없을 것이라고 지적할 수도 있을 것이다. 하지만 그럴 가능성은 거의 없다. 투자자란 안타깝게도 기억력이 좋지 못한 존재들이며, 시장은 채무불이행과 인플레이션에는 언제나 관대하다. 브라질, 볼리비아, 러시아의 최근 사례를 보라. 외국인들이 이 나라들에 투자하지 못해서 안달이다.[97]

---

[97] 현재 시행을 앞둔 연준리의 2차 양적 완화 조치가 실효를 거두지 못하리라고 예상하는 것도 금액 때문이다. 미국의 막대한 부채 규모를 고려할 때 6,000억 달러 정도는 아무것도 아니다. 연준리가 6조 달러 정도를 푼다면 모를까.

인플레이션이나 초인플레이션 때문에 엔드게임이 복잡해지지는 않는다. 디플레이션은 유발하지 않아도 된다. 경제가 성장을 멈출 때 통화를 찍어내고 정부 부채를 통화화하는 일은 실효를 거둘 수 있다. 인플레이션은 짐바브웨, 우크라이나, 타지키스탄, 타이완, 브라질 등 수많은 신흥국에서 부채를 탕감시키는 효과를 거두었다. 미국에서도 부채를 전액 탕감하기 위한 수단으로 사용할 수 있다. 그러는 데는 몇 년이 걸릴 수 있다. 또한 그 후에 폴 볼커 같은 단호한 사람이 나타나 인플레이션을 억제할 수 있어야 한다. 그렇게만 되면 미국도 브라질 같은 성공신화로 남을 수 있다.

그런데 솔직히 말해서 우리가 초인플레이션을 권고한 것은 농담이다. 물론 요즘에는 진지한 경제학자들조차 해결책으로 인플레이션을 제안한다. 세계적으로 디플레이션 압력이 거세지는 점을 고려할 때 물가 상승률은 낮은 수준을 유지할 것이다. 그래서 일부 주류 경제학자들이 단기적으로 부채 문제를 해결하기 위해 인플레이션을 창출하면 된다고 마음 놓고 말할 수 있는 것이다. 국제통화기금의 수석 경제학자 올리비에 블랑샤르는 중앙은행이 인플레이션 목표치를 현재 디플레이션을 막기 위한 수준보다 높여야 한다고 주장한다. 구체적으로 살펴보자면, 노벨상 수상자인 폴 크루그먼이나 블랑샤르 같은 경제학자들은 중앙은행이 인플레이션 목표치를 4%나 되는 수준으로 높여야 한다고 주장한다. 폴 맥컬리는 중앙은행이 "책임감을 지닌 채 무책임해야 한다."라고 주장한다. 그러나 인플레이션을 정책적 수단으로 사용할 경우 몇 가지 문제점이 발생한다.

이번 장에서는 인플레이션과 초인플레이션의 정의와 그 차이점, 그리고 초인플레이션의 결과에 대해서 살펴보기로 한다.

약간의 인플레이션

지난 장에서는 현재 위기 상황에서 통화 유통 속도가 하락하여 상승하지 않을 경우 어째서 디플레이션이 나타날 위험이 있는지 살펴보았다. 그러나 디플레이션이 현실화되지 않으리라고 보는 데는 많은 이유가 있다.

디플레이션이 일어날 것이라고 주장하는 디플레이션 주의자들이 한 가장 큰 실수는 잉여 생산 설비에 주목하는 태도에서 비롯된다. 중앙은행이나 경제학자 대부분은 현재 일어나고 있는 대규모 디레버리지 때문에, 그리고 경기후퇴기라 생산 설비가 남아도는 현상 때문에 정부가 미친 듯이 돈을 찍어내고 부채를 늘려도 인플레이션이 유발되지 않는다고 말한다.

그런데 경기 후퇴의 강도를 볼 때 이들의 말이 틀린 것을 알 수 있다. 일반적인 침체기에는 생산이 둔화하지만, 잉여 생산설비는 그대로 유지된다. 그래서 수요가 회복될 때 이를 통해서 추가 공급량을 창출할 수 있다. 그러나 은행대출이 중단되어 기업의 장기 생산성을 떨어뜨리는 식의 심각한 신용경색은 경제구조에 좀처럼 사라지지 않는 타격을 입힌다.

인플레이션이 발생하지 않을 것이라고 보는 사람들은 그 증거로 미국, 영국, 유럽의 높은 실업률을 꼽는다. 그러나 앞서 본 바와 같이 선진국 실업자 상당수가 미숙련 근로자이거나 또는 숙련된 근로자라고 하더라도 기술이 완전히 녹슬기 전에는 재취업이 되지 않을 가능성이 크다. 다시 말해, 남아도는 생산설비가 있다 해도 이를 채울 사람이 없으니 무용지물이다.

키프로스 중앙은행 총재이자 유럽 중앙은행 정책위원을 맡고 있는 아타나시오스 오르파니데스는 매우 중요한 논문을 남겼다. 오르파니데스는 "첫째, 생산 갭[98]의 조정치는 생산 갭 그 자체만큼이나 오류를 내포하고 있다. 둘

---

98 역주 _ 실질 GDP와 잠재 GDP의 격차를 의미함. 경기순환주기와 인플레이션 동향을 알려 주는 지표

째, 조정치의 오류는 계속해서 바로잡히지 않을 가능성이 크다. 셋째, 생산 갭의 실시간 추정치는 경기순환주기가 다음 국면으로 전환될 때 심각하게 왜곡되는 경향이 있다. 특히 정책이 부정확한 추정치에 기반을 두어 수립되고 그로 말미암아 초래되는 비용이 가장 클 때, 왜곡 가능성이 크다. (중략) 대부분 문제는 생산성 추세를 측정하는 데 사용되는 최신 자료가 대개 신뢰도를 확보하지 못하고 있다는 데서 비롯된다."[2]라고 결론짓는다.

이를 알아듣기 쉽게 바꿔 보면, 경제학자와 중앙은행이 생산 갭을 엉터리로 추정한다는 말이다. 전혀 놀랍지 않은 얘기다.

생산 갭은 측정 오류에 좌우되기 쉬우며, 실질 GDP와 잠재 GDP가 조정될 때 이 역시 조정되는 일이 많다. 따라서 실시간 자료를 토대로 추정하는 생산 갭이나 설비 가동률은 무용지물이나 다름없다. 그뿐 아니라 조정한 수치가 생산 갭 자체보다 훨씬 크게 나타나는 일도 있다(누구나 실수는 할 수 있다. 그러나 실제로 일을 망치는 것은 컴퓨터로 일하는 전문가다).

연준리 위원들도 그러한 문제가 있다는 것은 잘 알고 있다. 필라델피아 연방준비은행의 찰스 플로서 총재는 "자료의 불확실성은 그저 이론적인 호기심을 자아내는 데 그치지 않는다. 정책이 잘못 측정된 생산 갭을 토대로 수립되면 경제 불안처럼 일어나지 않아도 되는 실질적인 문제들이 초래된다. **이를 가장 통렬하게 보여 주는 사례가 1970년대 미국의 인플레이션 사태다.**"[3]라고 지적한다.

필자들은 앞서 연준리 위원으로 임명된 사람은 밀실로 안내되어 그곳에서 본능적으로 항상 디플레이션에 거부감을 느끼도록 유전자 이식을 받는 듯 보인다고 썼다. 요즘 중앙은행 사람들은 디플레이션보다는 인플레이션을 더 바람직하다고 생각하며, 인플레이션을 유발하는 데 도사들이다.

도표 8.1은 1600년대 후반부터 지금까지 미국의 인플레이션 동향을 보여 준다.[99] 도표 8.1에서 보듯 미국과 세계 각국이 금 본위제를 도입할 당시에는 인플레이션과 디플레이션이 번갈아 나타났다. 가격은 평균적으로 비슷한 수준을 유지했다. 어떤 해에 인플레이션이 나타나도 다음 해에 디플레이션으로 그 영향이 상쇄되었기 때문이다. 그러나 차트의 우측을 보면 갑자기 디플레이션이 나타나지 않는 것을 알 수 있다. 1948년에 브레튼우즈 협정이 체결되어 명목상으로만 금에 대한 달러의 가치를 고정했을 뿐 달러가 세계 기축 통화로 자리 잡게 된 이후와 미국이 달러와 금의 태환 정지를 선언한 1971년 이후에 변화가 일어났다. 이때부터 인플레이션만 나타난 것이다.

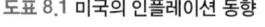

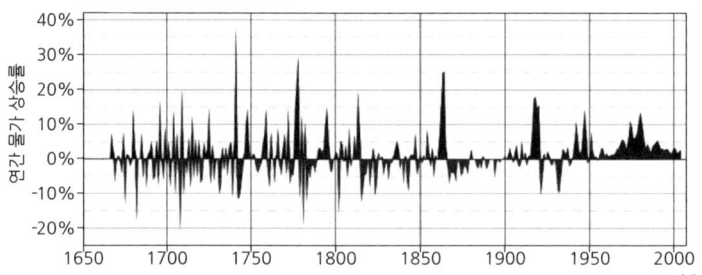

자료 출처: 존 J. 맥커스커, 『요즘 가치로 환산하면 얼마일까? 통화 가치의 변동을 고려한 미국 경제의 과거 물가 지표[100]

도표 8.1은 인플레이션이 지폐가 주도하는 세계에서 일반적인 현상이라는 점을 보여 준다. 중앙은행과 정부는 인플레이션을 편애한다. 이들은 금리가 플러스일 때 통화 정책을 규제하기가 훨씬 더 쉽다는 사실을 알고 있다. 따라서 경제에 항상 어느 정도 인플레이션 현상이 나타나는 것을 선호한다. 실제로 1948년과 1971년 이후에는 디플레이션이 거의 나타나지 않았다.

---

99 경제사가들이 몇백 년 전의 물가를 어떻게 파악했는지 항상 신기하다는 생각이 든다. 물론 그 과정은 이 책에서 다룰 주제와는 상관없지만 말이다.
100 How Much is That in Real Money? A Historical Price Index for Use as a Deflator of Money Values in the Economy of the United States』 1992년; 2000년

앞 장에서 우리는 디플레이션의 요인을 알아보았다. 디플레이션은 금융 위기나 자산 거품 붕괴 직후에 나타날 수 있다. 예를 들어, 일본의 거품이 붕괴하고 일본계 은행이 도산하기 시작하자 디플레이션이 발생했다. 또 1997년에 홍콩의 주택 거품이 붕괴하고 2008년에 아일랜드의 은행들이 줄줄이 도산하고 역시 2008년에 발트 해 연안국들에서 주택 거품이 붕괴한 직후에도 디플레이션이 나타났다. 1971년 이후에 디플레이션이 실제로 발생한 것은 앞서 언급한 사례뿐이다. 이러한 사례는 대부분 정부가 통화 정책을 통제할 수 없는 상황에 빠졌을 때 나타났다. 홍콩, 아일랜드, 발트 해 연안국들은 자국의 환율을 미국 달러나 유로에 고정하는 제도를 시행했기 때문에 자국의 통화량을 조절할 수 있는 권한이 없었다(사실 아일랜드는 당시 이미 유로화를 쓰고 있었다). **외국의 통화에 환율을 고정하지도 않고, 특정 통화 연맹에 속해 있지도 않은데 디플레이션이 나타난 나라는 일본뿐이다.**

라인하트와 로고프의 글을 인용한 대목에서 보았듯이 금융 위기는 국채 부도로 이어지고, 국채 부도는 인플레이션으로 이어지는 것이 일반적이다.

    금융 위기 ▶ 부도 ▶ 인플레이션

간단히 말해, 금융 위기는 디레버리지와 통화 유통 속도 하락이라는 강력한 디플레이션 압력을 유발한다. 이러한 환경에서 국민, 기업, 그리고 정부는 부채를 상환할 수 없게 되어 파산이나 부도를 선언한다. 어떤 나라의 정부가 국채 부도를 선언하면, 통상 외국인들이 그 나라 통화를 매각해서 환율이 절하된다. 환율절하는 수입 제품의 가격을 크게 인상시키기 때문에 인플레이션을 유발한다. 동시에 정부와 중앙은행은 통화 팽창을 동원해서 침체를 타개하려고 한다. 그 결과, 인플레이션은 한층 심화된다.

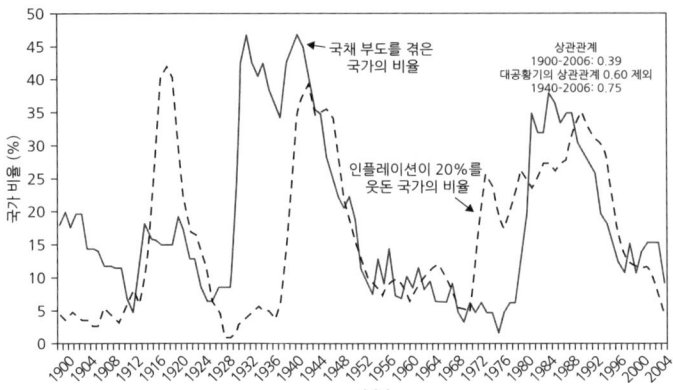

도표 8.2 인플레이션과 외채 1900~2006년

자료 출처: 라인하트와 로고프, 은행 위기: 동등한 기회의 위협[101]

앞 단락에서는 인플레이션이 보통 어떻게 해서 일어나는지 매우 단순화해서 설명했다(경제학자들은 이를 '양식화'해서 설명했다고 말한다). 그러나 저런 패턴으로 일어나는 것은 분명하다. 라인하트와 로고프의 논문에서 인용한 도표 8.2는 인플레이션이 일반적으로 금융 위기 직후에 터지는 외채부도에 뒤따라 나타난다는 점을 매우 잘 보여 준다.

어째서 그러한지도 이해하기 쉽다. 명망 있는 경제학 교수가 적자를 통화화해서 공짜 점심을 들라고 권유하는 글을 자주 볼 수 있다. 물론 세상이 그런 식으로만 움직인다면 괜찮다. MIT 경제학과의 천재적인 리카르도 카발레로 교수가 쓴 글을 인용해 본다.

> 우리에게 필요한 것은 공공 부채를 증가시키지 않는 방법으로 (예를 들어 일시적으로 판매세를 대규모 인하함으로써) 재정을 확충하는 것이다. 이는 (연준리가) 재무부에 '헬리콥터로 돈을 뿌리는 행위'[102]로 실현될 수 있다. 즉, 연준리가 재무부에 통화라는 선물을 주는 것이다.

---

101 Banking Crises: An Equal Opportunity Menace, www.bresserpereira.org.brterceiros/cursos/Rogoff, Banking_Crises.pdf
102 역주 _ 세금을 인하하면 소비가 진작되므로 시중에 유통되는 통화량이 늘어나고, 그 증가분을 연준리가 재무부의 재정 부양 정책에 지원하면 된다는 의미

반대하는 사람들은 아직 정부와 연준리의 연결 대차대조표의 부채가 늘어나는 상황에서 이는 주술 회계[103]라고 치부해 버릴 것이다. 그러나 이들은 현재 경제가 유동성 함정[104]에 갇히기 직전이라는 사실을 간과했기에 그렇게 주장하는 것이다. 유동성 함정에 갇힌 경제는 통화를 무한정으로 흡수하려고 한다. 이러한 상황에서 공공 부문 전반의 총부채에서 돈이 향하는 방향을 (재무부로) 바꾼다면, 정부는 일종의 '공짜 점심'을 챙길 수 있게 된다.[4]

물론 카발레로 교수는 이런 주장에 앞서 유동성을 빨아들이는 메커니즘을 갖춰야 한다는 것을 전제했다. 그러나 현실적으로 재무부나 연준리가 이러한 정책을 제대로 시행할 정도로 현명할까?

인플레이션이라는 대책이 효과를 거두지 못하는 데는 여러 가지 이유가 있다. 인플레이션이 상황을 악화시킨다는 점은 인플레이션의 폐해가 가장 뚜렷이 드러나는 극단적인 사례, 즉 초인플레이션을 통해 알 수 있다. 지금 소개할 초인플레이션은 독자들이 읽기에는 매우 재미있을 내용이지만 이를 실제로 겪은 사람이라면 그렇게 생각하지 않을 것이다.

초인플레이션의 특징

금융 위기와 부채 위기에 관해서 라인하트와 로고프의 저작이 바이블 격이라면, 초인플레이션의 바이블은 스위스 바젤 대학의 페터 베른홀츠 교수가 쓴 『통화 체제와 인플레이션 Monetary Regimes and Inflation』이다. 이 책은 역사상 모든 인플레이션의 사례를 소개하며, 초인플레이션의 근원과 특성을 논한다. 초인플레이션의 메커니즘에 관심이 있다면 꼭 한 번 읽어 볼 만하다.

103　역주 _ 레이건 행정부 시기에 조지 부시 부통령이 말한 '주술 경제학(voodoo economics)'을 빗댄 것. 부시는 당시에 세금을 인하하면 세금수입이 오히려 늘어난다는 경제학자들의 주장을 앞의 표현을 들어 말도 안 되는 일이라며 비판한 바 있다.
104　역주 _ 금리를 낮춰도 소비와 투자가 활성화되지 않는 상태

베른홀츠 교수는 통화를 창출하지 않아도 인플레이션이 발생할 수 있다고 지적한다. 고대 그리스와 로마 시대에는 권력자들이 금화나 은화의 크기를 줄이거나 귀금속 함량을 줄인 불량 통화를 유통해서 그 가치를 떨어뜨리기도 했다는 것이다. 그러나 **진정한 초인플레이션은 지폐 경제에서만 나타날 수 있다.**[5]

표 8.1 역사상 초인플레이션

국가명	연도	월별 최고치%	국가명	연도	월별 최고치%
아르헨티나	1989/90	196	헝가리	1945/46	1.295×10^{16}
아르메니아	1993/94	438	카자흐스탄	1994	57
오스트리아	1921/22	124	키르기스스탄	1992	157
아제르바이잔	1991/94	118	니카라과	1986/89	127
벨라루스	1994	53	페루	1921/24	114
볼리비아	1984/86	120	폴란드	1989/90	188
브라질	1989/93	84	폴란드	1992/94	77
불가리아	1997	242	세르비아	1922/24	309,000,000
중국	1947/49	4,209	구 소련	1945/49	279
자이르(콩고 민주 공화국)	1991/94	225	타이완	1995	399
프랑스	1789/96	143	타지키스탄	1993/96	78
그루지야	1993/94	197	투르크메니스탄	1992/94	63
독일	1920/23	29,500	우크라이나	1990	249
그리스	1942/45	11,288	유고슬라비아		59
헝가리	1923/24	82			

자료 출처: 페터 베른홀츠 『통화 체제와 인플레이션 Monetary Regimes and Inflation』 2006년

표 8.1에서 보듯 초인플레이션은 대부분 20세기에 발생했다.[105]

20세기 이전에 초인플레이션이 나타난 시기는 프랑스 혁명기뿐이다. 물론 당시 프랑스의 통화 체제는 지폐 본위제였다.

---

105 베른홀츠 교수가 초인플레이션에 관한 책을 쓴 것은 짐바브웨 사태가 발생하기 전의 일이라는 사실을 주지하기 바란다.

대부분 나라에 대해서는 매우 오랜 기간에 걸친 인플레이션 자료가 집계되지 않은 상태다. 그러나 역사적인 자료가 집계된 영국의 사례에서 보듯 물가 상승률은 600년 가까이 비교적 안정된 수준을 유지했다. 진정한 인플레이션이 시작된 것은 영국이 지폐 본위제를 채택한 이후나 되어서였다. 이는 불행히도 지폐 본위제를 택한 모든 나라에도 적용되는 얘기다. 도표 8.3 참조 각국이 금 본위제를 철폐한 이후 디플레이션보다 초인플레이션이 더 자주 발생한 점도 흥미롭다.

도표 8.3은 인플레이션 데이터다. 여기에서 인플레이션과 초인플레이션을 구분할 필요가 있다. 고인플레이션은 많은 나라가 겪은 현상이다. 그러나 통화량이 한 달 만에 50% 급증하는 초인플레이션은 아주 특수한 사례다. 통화량은 한 번 급증하기 시작하면 이렇게 천문학적 숫자로 늘어날 수 있다.

독일 바이마르 공화국의 인플레이션 데이터를 집계한 도표 8.4를 보면, 인플레이션이 한 번 시작되면 얼마나 걷잡을 수 없이 치솟는지 짐작할 수 있다. 1923년 말이 되자 물가는 연간 1,600만 % 상승했다.

도표 8.3 영국의 세기별 인플레이션 로그 스케일 지표

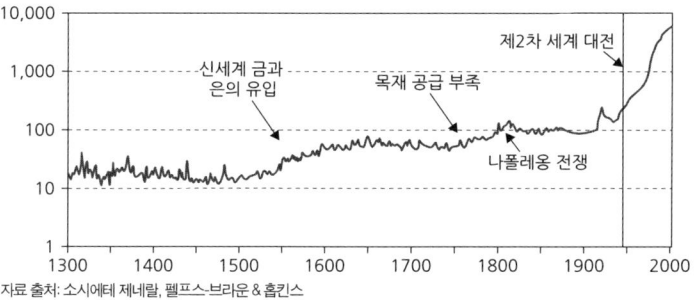

자료 출처: 소시에테 제네랄, 펠프스-브라운 & 홉킨스

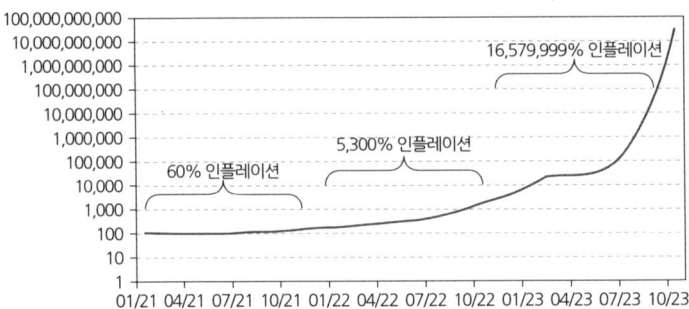

도표 8.4 독일 바이마르 공화국의 소비자 물가 지수 로그 스케일 사용: 연간 인플레이션

자료 출처: 소시에테 제네랄 '흔한 착각: 독일의 초인플레이션에 관해 내가 배운 유용한 사실들', 브레시아니-투로니, 소시에테 제네랄 크로스 자산 조사[106]

물가가 1,600만 % 급등하면 얼마만큼의 금액을 치러야 할까? 당시 바이마르 공화국의 중앙은행인 라이히스방크가 발행한 은행권 가운데 가장 가치가 높은 것의 액면가가 100조 마르크였다고 한다(이는 숫자로 표현하면 100,000,000,000,000이며 로그 스케일로 환산하면 1,000억이다).[6] 바이마르 공화국의 초인플레이션이 정점에 달했을 때, 달러 대비 환율은 1달러에 4조 마르크였다. 지폐를 인쇄하던 한 회사는 라이히스방크에 32,776,899,763,490,417.05 또는 3,300경 마르크의 대금을 청구했다.[7]

이처럼 물가를 어마어마하게 급등시킨 요인은 무엇일까? 베른홀츠 교수는 그 과정을 아주 명쾌하게 설명한다. 정부가 인플레이션을 선호했다는 것이다. 이를 입증하는 근거도 제시한다. 정부의 인플레이션 욕구를 억제할 수 있는 것은 독립적인 중앙은행뿐이다. 각국의 인플레이션 데이터를 살펴보고 초인플레이션 사례를 모두 분석하면 다음과 같은 교훈을 얻을 수 있다.

---

106 소시에테 제네랄 '흔한 착각: 독일의 초인플레이션에 관해 내가 배운 유용한 사실들(Popular Delusions: Some Useful Things I've Learned about Germany's Hyperinflation 2010년 2월 26일)', 브레시아니-투로니(Bresciani-Turroni, 1931), 소시에테 제네랄 크로스 자산 조사(SG Cross Asset Research)

- 금이나 은을 주된 통화로 정하는 금속 본위제는 지폐 기반의 자유 본위제보다 인플레이션 경향이 훨씬 낮다.
- 중앙은행이 정치권으로부터 독립성을 확보할 경우 지폐 기반의 자유 본위제는 중앙은행이 의존적일 때보다 인플레이션 경향이 덜하다.
- 지폐 기반의 자유 본위제에 기반을 두고 고정환율제를 채택하며 금속 본위제와 병행되거나 중앙은행이 독립적인 통화는 중앙은행의 독립성과 상관없이 인플레이션 경향이 낮다.[8]

베른홀츠 교수는 초인플레이션 사례 29개 가운데 자료가 충분한 12개를 면밀하게 검토했다. 그에 따르면 모든 초인플레이션은 동일한 특성을 띤다. "초인플레이션은 언제나 통화 창출에 의해 충당되는 정부 예산이 적자일 때 나타난다."라는 것이다. 그러나 더 흥미로운 점은 베른홀츠 교수가 초인플레이션이 시작되는 지점을 파악했다는 것이다. 그는 "적자가 지출의 40% 이상에 달하면 더 이상 유지되지 못한다는 점을 수치를 통해 똑똑히 알 수 있다. 그 경우 고인플레이션을 거쳐 초인플레이션으로 이어진다."[9]라고 결론짓는다. 흥미롭게도 정부 적자의 비율이 훨씬 낮을 때도 인플레이션이 나타날 수 있다. 예를 들어, 초인플레이션의 사례 중 4개가 재정 적자 비율이 20%일 때 나타났다.

중요한 대목이니 집중해 주길 바란다. 분석가들은 대부분 재정 적자를 GDP 대비 백분율로 인용한다. 이들은 "미국의 재정 적자는 GDP 대비 10%다."라고 말하는 경향이 있다. 그러한 방식도 틀린 것은 아니나, 이는 재정 적자가 지출 대비 얼마나 큰지 알려 주지는 않는다. "재정 적자는 미국 경제 규모의 10% 정도다."라고 하는 것과 "현재 미국의 재정 적자는 전체 정부 지출의 30%를 넘어섰다."라고 하는 것은 확연히 다르다.

도표 8.5는 초인플레이션이 나타나기 직전 각국의 지출 대비 재정 적자의 규모를 보여 준다.

현재 일본과 미국의 적자규모가 초인플레이션 직전과 크게 다르지 않다는 점에 주목할 필요가 있다. 일본이나 미국과 초인플레이션을 실제로 겪은 나라 간의 중대한 차이점은 일본이나 미국은 중앙은행에서 적자를 통화화하지 않았다는 사실이다. 적자를 통화화한다면 우표 한 장이나 샌드위치 한 조각에 1,000조 달러를 내야 할 날이 다가올 수도 있다. 도표 8.6 참조

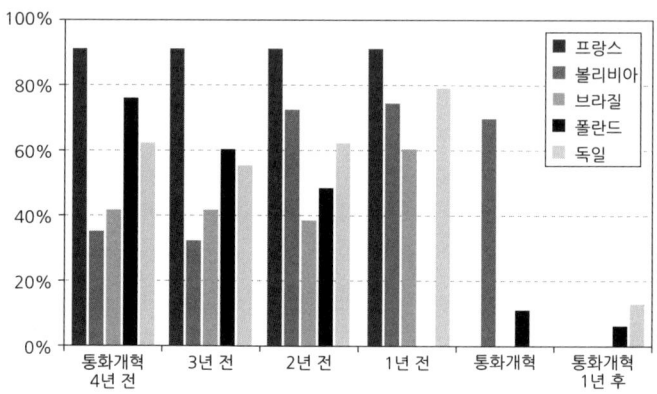

도표 8.5 초인플레이션 직전의 재정 적자 규모

자료 출처: 소시에테 제네랄 Societe Generale

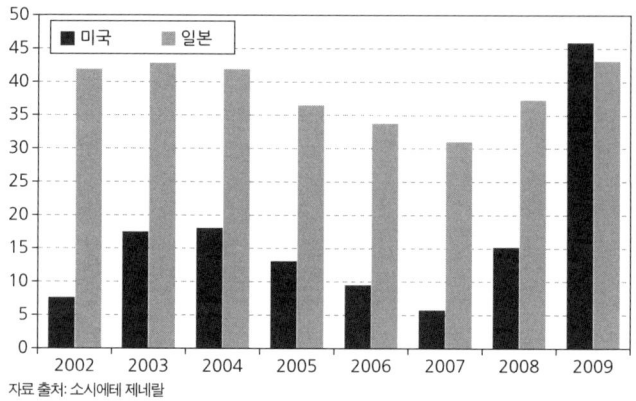

도표 8.6 현재 미국과 일본의 지출 대비 재정 적자 규모

자료 출처: 소시에테 제네랄

무엇보다 베른홀츠 교수의 결론에 반드시 주목할 필요가 있다. 초인플레이션을 유발하는 것이 적극적인 중앙은행이 아니라는 점이다. 그의 의견은 초인플레이션은 무책임하며 세금수입을 한참 뛰어넘는 수준으로 재정 낭비를 조장하는 입법기관과 정부에 도움의 손길을 내미는 협조적인 중앙은행이 유발한다는 것이다.

이러한 결론이 오늘날에 시사하는 점은 무엇일까? 중앙은행이 계속해서 정부 부채를 통화화할 경우, 재정 적자는 실질적으로 초인플레이션을 일으킬 수 있다. 독립적인 권한을 위임받은 중앙은행이 있는 나라는 신규 통화를 찍어 내어 부채를 상환하는 식의 매우 편리하지만 파국을 초래하는 선택은 하지 않는다. 그 대신 이미 유통되는 돈으로 부채를 상환하거나 채권을 새로 발행해서 이를 국민이나 중앙은행에 매각하고 필요한 자금을 확보해야 한다. 이때 중앙은행은 반드시 공개 시장을 통해서 국채를 매입해야 한다. 그래야 통화를 창출해 본원 통화를 늘릴 수 있기 때문이다. 이런 식으로 정부 지출을 조달하는 방식이 부채의 통화화이다. 부채의 통화화는 두 단계로 나뉜다. 먼저 정부가 지출을 감당하기 위해 국채를 발행하고, 중앙은행이 이를 국민으로부터 사들이는 것이다. 그 결과 시장에는 본원 통화량이 증가한다.

최근 미국은 2차 양적 완화 조치를 시행했지만 어떤 이들은 미국이 앞에서 소개한 경로로 가고 있다고 주장한다. 엘-에리안은 다음과 같이 말한다.

> 아쉽게도 2차 양적 완화는 미국의 높은 성장률을 유지하고 일자리를 창출하는 데 부분적으로만 성공을 거둘 것이며, 오히려 다른 나라들의 상황을 복잡하게 할 것이다. 국내총생산이 정부의 기대치에 못 미치는 수준으로 하락하는 지금, 연준리가 추가로 양적 완화 조치를 시행하는 것은 시간문제에 불과하다. 지난 수요일에 연준리는 2차 양적 완화 조치를 시행한다고 발표함으로써 이례적으로 적극적인 개입을 시사했는데, 이것이 마지막 개입은 아닐 것이다.

그렇다면 연준리가 인플레이션을 조절할 책임을 내던지고 정부 부채를 통화화할까? 그럴 것 같지는 않다. 그러나 경제를 활성화할 정도의 불꽃을 기대하고 적당한 인플레이션을 유발하려다가 자칫 통제 불능 상태로 빠질 수 있다. 그렇게 되면 연준리는 초과 지급 준비금을 은행으로부터 회수할 수밖에 없고 그 결과 경기 후퇴가 발생할 수 있다. 이는 볼커 의장 시대에 경험한 일이다. 그러한 결과가 초래되지 않기만을 바랄 뿐이다.

인플레이션은 어째서 위험한가

앞서 재미삼아 소개한 브라질의 사례에서 보았듯이 인플레이션이 과다 부채를 해결하는 치료제라면 어째서 고인플레이션과 초인플레이션이 상황을 악화한다는 것인가 하고 의문을 느낄 수 있다. 정부는 일 년 내내 돈을 지출해야 한다. 그러나 세금은 연말에 거둬들이는 것이 보통이다. 따라서 정부의 세금수입은 지출함에 따라 실질 가치가 계속해서 줄어든다. 그런데 그러한 구멍을 인플레이션으로 메우려고 하다가는 구멍의 크기만 키울 뿐이다. 경제학에서는 인플레이션이라는 수렁에 깊숙이 빠져드는 데 따른 세금수입 감소 효과를 가리켜 이 개념을 소개한 비토 탄지의 이름을 따서 탄지 효과라고 한다.

초인플레이션은 서로 비슷하다. 먼저 악화가 양화를 구축한다. 고대 그리스와 로마 시대에 크기나 함량을 줄인 금화가 유통될 때 이를 금 함량이 높은 옛날 금화와 교환할 만큼 멍청한 사람은 얼마 되지 않았다. 이렇게 사람들이 내놓지 않게 되면서 옛날 금화는 점차 유통되지 않았다. 이처럼 악화가 양화를 구축[107]하는 현상을 그레셤의 법칙 Gresham's Law 이라고 한다.

---

107 역주 _ 몰아서 쫓아낸다는 뜻

금화가 존재하지 않는 현대에 초인플레이션이 나타나면, 가치가 하락한 지폐를 소유하지 않으려고 사람들이 재화와 서비스를 물물교환하는 경향이 나타난다. 이때 달러나 도이치마르크처럼 다른 나라 통화와 교환 가능하고 가치가 떨어지지 않을 것 같은 외화를 손에 넣을 수 있다면, 사람들은 그러한 외화를 사용하기 시작할 것이다. 먼저 외화를 임금과 가격을 협상하는 과정에서 회계 단위로 사용하고, 그런 다음 교환 수단으로, 마지막으로 가치 저장 수단으로 사용할 것이다. 그러한 외화를 사용하는 사람이 어느 수준에 이르면, 그레셤의 법칙이 반전되고 초인플레이션이 극복될 것이다. 결과적으로 외국의 양화가 악화를 구축하고, 가치가 상승한 기존 통화는 완전히 가치를 상실한다. 이를 '데어의 법칙 Their's law'이라고 한다.

아르헨티나가 실제로 겪은 일이기도 하다. 당시 아르헨티나에서는 집을 사려면 계약할 때 미국 달러를 커다란 가방에 가득 담아가야 했다. 그리고 한 사람이 현금을 세는 동안, 다른 사람이 서류를 검토했다.

초인플레이션의 결말은 참혹하다. 민간 저축과 공공 저축의 구매력을 송두리째 파괴하기 때문이다. 지폐를 보유하고 싶어 하는 사람이 사라지고, 그에 따라 과소비와 실물 자산의 축적이라는 결과가 나타난다. 투자자들은 불확실성 때문에 투자를 피하고, 실업률은 천정부지로 치솟으며, 저축액이 국외로 이탈한다. 2008년에 세계적으로 가장 수익이 좋았던 주식시장은 초인플레이션을 겪던 짐바브웨였다. 경제는 추락하고 있었는데도 말이다. 이는 사람들이 주식으로 환 위험을 분산시키려 했기 때문이다.

인플레이션의 문제점

부채 비율이 높은 나라라면 인플레이션을 이용해서 부채 부담을 줄인다는 생각이 솔깃하게 느껴질 수 있다. 인플레이션은 부채의 실제 가치를 떨어뜨리기 때문이다. 부채가 고정된 상황이라면, 노동자와 기업, 정부는 더 많은 소득을 올릴 수 있다. 물가와 임금이 인플레이션에 연동되기 때문이다.

그런데 고인플레이션이나 초인플레이션에는 주된 문제점이 있다. 대부분 사람이 실질 소득 감소로 더 가난해질 수 있다는 사실이다. 자료를 보면 70년대 후반이나 최근 몇 년과 같은 고인플레이션 시기에 실질 소득이 마이너스로 돌아섰다는 것을 알 수 있다. 한편, 디스인플레이션과 디플레이션 시기에는 실질 소득이 플러스로 증가했다. 간단히 말해, 물가가 소득보다 빠른 속도로 상승한다는 말은 필요한 물건의 가격이 급여 인상분보다 많이 오른다는 얘기다. 도표 8.7 참조

인플레이션으로 부채가치를 떨어뜨리려다가는 세 가지 큰 문제점을 유발할 수 있다. 먼저 투자자들은 제아무리 슬쩍 추진되더라도 인플레이션 정책을 곧바로 감지해 내고 수익률을 재빨리 끌어올리는 경향이 있다. 또 세계 각국의 정부가 연금과 급여를 인플레이션율에 따라 변동시키도록 조치해놓았기 때문에 정부 지출은 물가 상승과 더불어 늘어난다.

도표 8.7 전년 동기 대비 대리 실질 소득

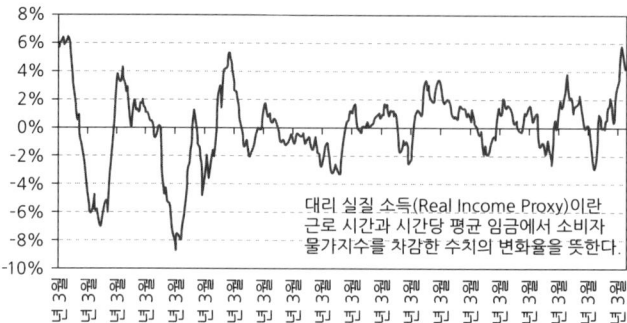

자료 출처: 블룸버그, 배리언트 퍼셉션

연방 정부의 지출 가운데 약 절반이 인플레이션에 연동되어 있다. 따라서 인플레이션이 상승하면 그만큼 재정 적자도 늘어난다. 연방 정부의 지출액 가운데 25% 정도를 차지하는 사회보장기금은 공식적으로, 메디케어와 메디케이드는 비공식적으로 인플레이션에 연동된다. 미국 의회 예산처는 2009년부터 2020년까지 사회보장기금, 메디케어, 메디케이드가 연방 정부 지출 총액의 증가분 가운데 72%를 차지하며 정부 부채 증가분 가운데서도 그만큼을 차지할 것으로 추정한다. 그런데 의회 예산처의 추정치는 오히려 실제보다 작게 산정된 것으로 보인다. 미국에서는 메디케어로부터 환급받는 의사들의 진료비에 대한 대대적인 삭감이 논의되고 있는데, 현행법에 따르면 예산처의 추정치에 이러한 삭감분을 미리 반영하게 되어 있다. 그러나 2003년에 논의가 시작된 이후 진료비 삭감은 매년 연기되고 있다. 인플레이션의 상승이 기존 부채의 가치를 떨어뜨릴 것은 확실하다. 그러나 앞으로 발생하는 재정 적자 금액을 크게 늘리고, 그에 따라 GDP 대비 부채 부담을 증가시킬 가능성도 있다. 의회 예산처는 앞으로 10년 동안 인플레이션이 예측치보다 1퍼센티지 포인트 상회할 경우, 그 기간의 재정 적자가 대략 7,000억 달러 증가할 것으로 추정한다.[10]

미국이 초인플레이션을 맞이할 가능성은?

미국 의회는 짧은 휴가를 얻고 육지에 나와서 술에 취한 선원보다도 돈 쓰는 것을 좋아한다. 연준리는 그 어떠한 문제에 대해서도 유동성 확대를 해결책으로 제시한다. 이러한 불안한 역학을 고려할 때, 미국이 고인플레이션과 초인플레이션을 겪을 가능성은 어느 정도나 될까?

이 질문에 대답하는 데 세계적인 초인플레이션 전문가 베른홀츠 교수만한 적임자가 있을까? 베른홀츠 교수는 미국의 모든 재정 문제와 통화 정책을 고려할 때 문제가 많은 것이 사실이지만, 현재로서는 미국이 초인플레이션을 겪을 위험이 없다고 진단한다.

> 그렇다면 이것은 미국에서 인플레이션이 초인플레이션으로 진전된다는 의미일까? 그렇지는 않다고 본다. 과거에 지출의 40% 이상을 신용으로 충당하는 식의 적자 재정을 운영한 나라가 초인플레이션을 겪은 것은 사실이지만, 내가 책에서 재차 강조했듯이 중요한 요인은 신용의 규모뿐 아니라 신용의 구성이다. 책에서 그 내용은 "**초인플레이션의 사례 12개를 고찰한 결과, 모든 사례가 막대한 재정 적자를 통화 창출로 충당할 때 발생했다는 것을 보여 주고자 한다.**"라고 지적되어 있다. 이는 통화 당국이 직간접적으로 정부에 제공한 신용만이 통화 창출로 이어지고 본원 통화를 확대한다는 사실을 말하는 것이다. 정부가 자본 시장에서 차입한 부채는 연준리에 되팔지 않는 한 본원 통화를 확대하지 못한다. 이러한 관점에서 볼 때, 정부의 차입금이 모두 연준리에서 충당된 것은 결코 아니다. 잠정적으로 대충 추정해 본다면 미국 정부의 지출 가운데 40%가 아닌 13%만이 연준리에서 충당되었다. 더욱이 이러한 문제를 논할 때는 달러화 가운데 3분의 2가량이 외국에서 유통되고 있다는 점을 고려해야 한다. 이러한 사실과 더불어 중국, 인도, 페르시아 만 연안의 산유국들이 막대한 달러 자산을 보유하고 있다는 점을 고려할 때, 한참 후에 다른 문제가 나타날 가능성은 있다. 그러나 그러한 문제도 외국에서 유통되는 달러화가 미국에 재유입되고 연준리가 외국인이 보유한 달러 자산을 사들이지 않는 한 초인플레이션을 유발하지는 않을 것이다. 앞으로 몇 년 동안 인플레이션율이 다소 상승할 수는 있으나, 현재 미국이 초인플레이션을 겪을 위험은 없다.[11]

그런데 베른홀츠는 연준리와 미국 의회에 대해 지나치게 너그러운 것 같다. 연준리가 통화를 발행해 7,000억 달러가 넘는 돈을 주고 패니메이와 프레디맥에서 사들인 주택담보부 증권은 고려하지 않았기 때문이다. 다른 나라의 중앙은행이 자국이 보유한 주택담보부 증권을 헐값에 매각하지 않았다면 연준리는 재정 적자 100%를 국채 매입을 통해서 통화화했을 것이다. 베른홀츠 교수가 말한 초인플레이션의 요인을 갖춘 나라는 현재 영국뿐이라는 점이 흥미롭다. 영국의 재정 적자 100%가 중앙은행에 의해 통화화되었기 때문이다. 그 후 영국의 인플레이션이 영국은행의 예측치를 계속해서 뛰어넘는 것도 놀랄 일은 아니다. 영국의 중앙은행 사람들은 그 상관관계를 파악하지 못한 것이 분명하다.

미국이나 일본을 비롯한 각국이 조만간 초인플레이션에 돌입할 가능성은 없으나, 각국의 중앙은행이 독립성을 상실하거나 계속해서 재무 부처와 공조해서 대책을 내놓을 경우, 상황이 어떻게 바뀔지는 알 수 없다. 중앙은행들은 양적 완화를 통해 독립성을 크게 상실했다. 중앙은행 사람들은 입법부나 재무 부처로부터 독립성을 유지하고 있다고 주장하겠지만, 그 말을 믿을 사람은 거의 없다. 영국, 유럽, 미국의 중앙은행은 현재 자국의 재무부처와 함께 경제에 유동성을 퍼붓는 데 성공하고 있다. 물론 아직은 민간 부문의 대대적인 디레버리지 추세 때문에 그러한 정책이 부분적인 성공만 거두었지만, 앞으로도 유동성 확대를 계속해서 더 큰 규모로 추진할지도 모른다. 그 규모가 커질수록 정부와 공조할 필요성도 커지고 독립성도 그만큼 상실된다. 경제가 후퇴기로 빠져들고 그 어떠한 재정 위기가 닥치더라도, 중앙은행들이 현명하게 처신하여 정부 부채를 통화화하지 않길 바란다. 하지만 슬프게도, 통화화할 가능성이 크다.

연준리는 지난 수십 년 동안 끔찍한 실수를 저질렀다. 그린스펀 의장 시기에는 뭐든 문제가 생기기만 하면 유동성을 확대하는 것이 해결책이었다. 역시 손에 망치만 쥔 사람에게는 주위의 모든 것이 못처럼 보이는 법이다. 버냉키 시기에는 연준리가 정부 부채와 패니메이, 프레디맥 같은 국책 기관의 주택담보부 증권을 통화화해 버렸다.

이번에 경기후퇴기가 다시 도래하면, 연준리는 다시 한 번 망치를 들어 올릴까? 정부 부채 가운데 훨씬 많은 몫을 통화화하여 더 많은 유동성을 제공할까? 그러지 않기를 바란다. 부채의 디플레이션도 바람직하지 못하지만, 초인플레이션은 훨씬 무서운 결과를 초래한다. 앞으로 중앙은행들이 정부로부터 독립성을 유지하는지 눈에 불을 켜고 지켜봐야 할 것이다.

제 2 부

세계 각국의 현황
엔드게임은 어느 나라에서
시작될까?

베이즈식으로 추론해 보자. X가 나타날 때마다 특정한 정보가 몇 가지 관찰되고
X가 존재하지 않을 때는 그 정보가 절대 관찰되지 않는다고 해도,
당신은 X가 모자 속에 숨겨져 있을지는 몰라도 분명히 거기에 있을 것이라고
결론지을 것이다.
내가 광대들이 식료품점 안을 돌아다니며 땅콩을 사는 것을 봤는데,
식료품점 앞 공터에 커다란 천막이 처져 있고 외바퀴 자전거 몇 대가 세워져 있는
광경까지 보면 '서커스단이 왔구나.' 라고 결론지을 것이다.

존 허스만

앞으로 나올 장들에서는 비교적 문제가 심각한 나라들의 상황을 살펴볼 것이다. 그 가운데 어떤 나라는 너무 작아서 지도에서 찾기조차 어려울 정도다. 그와 반대로 크고 잘 알려진 나라도 있다. 이들의 공통점은 두 가지 막중한 도전 과제에 직면했다는 점이다. 다시 말해, 이들은 과도한 부채와 막대한 재정 불균형 문제를 해결해야 한다.

위기를 겪는 나라가 어디일지 예측하는 일은 생각보다 어렵지 않다. 어떤 나라가 부채 위기에 취약성을 보이는 데는 몇 가지 원인이 있다. 또 위기를 앞둔 나라에서는 뚜렷한 조짐이 몇 가지 나타난다. 그러한 조짐을 따로 떼어놓고 보면 그리 위협적이지 않지만, 몇 가지가 결합해서 나타나면 얼마 후 금융 위기가 발생한다.

사람들은 자기 주위의 문제는 잘 집어낸다. 그런데 경제학자들이 위기를 예측하는 데 그토록 서투른 이유는 무엇일까? 예를 들어 설명해 보겠다. 이웃에 신용카드를 많이 쓰는 사람이 있다고 가정해 보자. 이 사람은 신용카드 대금을 내기 위해서 항상 다른 사람에게 돈을 꾼다. 당신은 이 사람이 파산할 가능성이 크다고 보지 않겠는가? 상식적으로 위험하다고 볼 것이다. 책임감 있는 사람들은 빌린 돈을 갚으려고 다른 빚을 지지 않는다. 따라서 위험하다고 보는 것이 맞다. 재정적으로 안정된 사람들은 그런 짓을 하지 않는다. 마찬가지로 이웃 국가에서 돈을 너무 많이 빌린 나라는 문제를 겪는다. 그렇지만 경제학자들은 어떤 나라가 파산할지 전혀 예측하지 못하는 것 같다.

왜 그런지는 나라의 규모는 작지만 최근 들어 세계에서 가장 극적인 위기를 겪은 아이슬란드의 사례를 보면 된다.

아이슬란드는 미국 캔자스 주의 위치토 시보다 인구가 적다. 그러나 외국 은행에 500억 유로나 되는 빚을 졌다. 자국 GDP의 10배 정도 되는 금액이다. 이와 비교해 미국의 총부채는 민간 부채와 정부 부채를 합해도 GDP의 3.5배 정도다.

유럽의 다른 소국들과 마찬가지로 아이슬란드는 저리로 외화를 대출받고 외화 예금에는 고금리를 지급했다. 다시 말해 아이슬란드는 일본의 엔화를 0%에 가까운 금리로 대출받고, 이를 외국의 투자자들에게는 매우 높은 이자를 제공한 것이다. 예를 들어, 아이슬란드계 카우프팅 은행의 영국 맨섬 지점은 영국 파운드화 예금에 연간 이자 7.15%를 제공했다. 또 아이슬란드 국내에서 자국 통화인 크로나로 예금하면 최대 15%까지 이자를 받을 수 있었다.

그런데 아이슬란드의 환율이 크게 오르면서 엄청난 불균형이 초래되었다. 캐리 트레이드[108]로 금리 격차가 매우 커지면서 크로나의 가치는 절상되었다. 아이슬란드 크로나의 강세로 구매력이 커지자 아이슬란드인들은 점점 차와 고급 전자제품, 고가의 시계 같은 수입품을 많이 사들이기 시작했다. 이들이 외국 제품을 어찌나 흥청망청 사 댔는지 2006년 아이슬란드의 경상 수지 적자는 GDP의 25%에 달했다. 미국도 경상수지 적자가 위험한 수준이었지만 당시 GDP의 7% 정도였다.

수지 불균형이 너무나 막대했기 때문에 아이슬란드는 큰 위험을 안고 있었다. 물론, 외화가 계속 유입되는 한 경상수지 적자를 메우고 대출 만기도 연장할 수 있으므로 문제가 없었다. 그러나 다른 거품 붕괴 때와 마찬가지로 외화 유입이 주춤해지자마자 아이슬란드 경제는 카드로 만든 집처럼 쉽게 무너졌다. 리먼 브러더스의 도산 직후, 아이슬란드 은행은 모조리 도산했다.

그 직전으로 돌아가 보자. 당시 외국의 중앙은행에서는 아이슬란드에 대해 어떻게 예측했을까? 이번 아이슬란드 사태를 예측한 은행은 한 군데도 없었다.

연준리에서 분석가와 운영위원으로 재직한 프레드 미시킨은 '아이슬란드의 금융 안정성[109]'이라는 2006년 논문의 공동 저자다. 이 논문은 아이슬란드 경제의 펀더멘탈^{기초여건}이 강세를 보인다고 주장했다.

> 아이슬란드의 금융규제감독수준은 높다고 판단된다. 아이슬란드의 재정상태는 탄탄하며, 미국과 일본, 유럽보다도 월등하다. 아이슬란드의 금융부문은 이미 10년 전에 완전히 자유화되었다. 국내 시장에 집중하던 은행부문은 스칸디나비아 반도의 국가와 영국 등 다른 나라에 중개 서비스를 제공하는 형태로 탈바꿈했다.

> 재정 불안정으로 가는 길은 전통적으로 세 가지가 있다. 이는 최근의 금융 위기를 통해서도 입증되었다. 먼저 은행의 건전성에 대한 규제와 감독이 약한 상황에서의 금융 자유화

---

108 역주 _ carry trade, 금리가 낮은 국가의 자금을 차입하여 금리가 높은 국가의 통화·주식에 투자하는 거래
109 Financial Stability in Iceland

를 들 수 있다. 그다음으로 극심한 재정 불균형이 있다. 마지막은 무분별한 통화 정책의 시행이다. 아이슬란드는 현재 그 어디에도 해당하지 않는다. 경제는 이미 오래전에 마무리된 금융 자유화에 적응을 끝냈고, 건전성에 대한 규제와 감독도 전반적으로 매우 철저하게 이루어지고 있다.[1]

장님이 장님을 이끄는 격이다. 미시킨은 버냉키 의장의 최측근이며 연준리에서 2006년부터 2008년까지 재직했기 때문이다. 심지어 버냉키와 물가안정 목표제[110]에 관해 저서를 집필하기도 했다.

미시킨의 무덤덤한 태도와 대비되는 사례를 보자. 2006년에 시카고 대학교 경제학과의 로버트 앨리버 교수는 아이슬란드를 관심 있게 지켜보기 시작했다. 그에 대한 마이클 루이스의 명쾌한 묘사를 읽어 보자. "앨리버는 런던 경영 대학원에서 아이슬란드에 관한 대담을 들었다. 그때만 해도 아이슬란드에 관해 전혀 알지 못했다고 한다. 그런데도 앨리버는 그 대담을 듣자마자 조짐을 알아차렸다. 그 후 그는 자료를 면밀하게 검토한 끝에 어떤 고전적인 저작에서 다룬 과거 금융 광기 현상의 특성이 아이슬란드에서 모두 나타나고 있다는 것을 발견했다. 앨리버는 아이슬란드 금융의 급부상을 '완전한 거품[111]'이라고 불렀다. 그가 떠올린 고전은 바로 1978년에 킨들버거가 발표한 『광기, 패닉, 붕괴: 금융 위기의 역사』인데, 마침 그는 현재 그 개정판의 편집 작업을 하고 있다. 앨리버는 아직 아이슬란드가 붕괴하지 않았던 2006년에 이미 그 개정판에 아이슬란드의 사례를 남해 거품 사건, 네덜란드 튤립 광풍과 함께 자그맣게 싣겠다고 결심했다. 그가 볼 때, 아이슬란드의 실질적인 붕괴는 당연히 일어날 수밖에 없는 일이었다."[2]

어째서 미시킨은 위기를 예측하지 못했는데 앨리버는 무슨 일이 일어나고 있는지를 즉각 알아차렸을까? 어째서 미시킨은 연준리 운영위원이자 아이

---

110 역주 _ inflation targeting, 중앙은행이 인플레이션 목표치를 미리 제시하고 이를 지킬 것을 공약하는 통화 정책
111 the Perfect Bubble

슬란드를 직접 방문하기도 했고 금융 안정성을 수호할 임무까지 있는 사람이면서 뚜렷한 조짐을 놓쳤던 걸까? 반면에 아이슬란드에 가 본 적도 없는 학자가 그곳의 거품을 포착할 수 있었던 까닭은 무엇일까?

위기 직전에 특징적으로 나타나는 징후

그 이유는 간단하다. 미시킨은 '미니 아주머니'를 포착하지 못한 것이다.

'미니 아주머니'는 의료계에서 쓰이는 용어로, 어떤 질병에서 보이는 일련의 결정적이거나 특징적인 증세를 말한다.[112] 개별 증세는 흔히 나타나는 것일지 몰라도, 몇 가지가 동시에 나타나면 어떤 질병이 의심되는 수준을 넘어선다.

앞으로 이어지는 장들에서는 몇 개 나라를 선택해서 경제적으로 질병의 징후가 뚜렷하게 나타나는지 짚어 볼 것이다. 어떤 요인이 보일 때 위기가 닥칠 가능성이 있는지, 그리고 어떤 요인이 위기를 확대하지 않는지 알아보자. 또 전 세계적으로 엔드게임이 어떻게 전개될지 살펴보자.

다음 리스트는 글로벌 경제에 대해 신랄한 평가를 내놓는 마이클 페티스가 작성한 것이다. 문제 국가를 미리 파악하는 방법을 이만큼 훌륭하게 다룬 글도 찾아보기 어렵다. 마이클 페티스가 말하는 주요 사항 다섯 가지를 읽어 보자(필자들이 일부를 편집했다는 점을 밝혀둔다).[3]

1. 부채 비율이 중요하다. 부채 비율의 최고 척도는 GDP 대비 총부채나 수출 대비 외채다. 부채가 많을수록 이를 상환하는 데 더 많은 어려움을 겪는 것은 당연한 일이다. 이자율도 중요하다. 저금리 부채는 고금리 부채보다 상환하기가 훨씬 쉽다.

---

112   그리스어로 질병 판정에 능숙하다는 의미의 pathognomonikos에서 비롯된 용어다.

2. 대차대조표의 구조가 중요하다. 사실 부채 비율보다 이것이 더 중요할 수도 있다. 부채라고 다 같은 것은 아니다. 투자자는 '역부채'와 '헤지된 부채'를 구분해야 한다. 역부채는 부채 가치가 자산 가치와 플러스 상관관계를 보인다. 따라서 부채 부담과 상환 비용이 호황기에는 줄어들고 불황기에는 늘어난다. 반면에 헤지된 부채는 음의 상관관계를 보인다.

외화와 단기 차입금이 역부채에 속한다. 이러한 역부채는 호황기에는 경제를 한층 활성화하고, 불황기에는 한층 악화시킨다. 현지 통화로 표시된 장기 고정 금리 대출이 바로 헤지된 부채다. 헤지 부채는 인플레이션 시기나 환율 위기 동안 실질 가치로 환산하면 부채 상환 비용이 줄어들기 때문에 대출받은 사람의 부담이 경감된다. 경기가 악화할수록 경감되는 폭이 커진다.

역부채가 과도한 구조는 음의 충격을 강화하고 경제를 통제 불능 상태로 초래할 수 있기 때문에 매우 위험하다. 그러나 역부채가 대부분이라는 점이 문제다. 일반적으로 부채 비율이 높아지는 호황기에 역부채가 양의 충격을 확대하기 때문이다.

3. 경제에 내재한 변동성이 중요하다. 변동성이 적은 나라는 특히 경제 실적이 자금 조달 능력과 상관관계를 보이는 경우, 격렬한 경기 변동을 겪을 가능성이 줄어든다. 변동성은 특히 원자재에 의존도가 높은 나라에서 문제가 된다. 원자재 가격은 통상 불황기에 하락하기 때문에 수출로 흑자를 기록하기가 훨씬 어려워진다.

4. 투자자 기반의 구조가 중요하다. 위기가 전염되는 현상은 일반적으로 생각하는 것과 달리 공포보다는 차입금 비중이 높은 약정액이 거액일 때 일어나기 쉽다. 이 경우 투자자들은 가격이 오르면 투자 상품을 매수하고, 떨어지면 매도하는 델타 헤지 기법을 이것저것 동원할 수밖에 없다.

5. 투자자 기반의 조성도 중요하다. 국채의 부도는 항상 정치권에서 결정한다. 따라서 채권단이 국내 정치에 대해 권한이나 영향력이 거의 없을 때 부도가 나기 쉽다. 예를 들어 외국인 투자자들이 구식 포격함을 보유했거나 새로운 자금 조달 기법이라도 독점하고 있지 않는 한, 현지 투자자들에게 국채 부도를 선언하는 것보다 외국인 투자자들에게 선언하는 것이 정치적 안전을 보장받을 수 있을 것이다. 또 현지 투자자 가운데서도 부유하고 권력이 막

> 강한 사람들에게 채무불이행을 선언하는 것보다는 금융 억압을 통해 일반 가계에 부채를 상환하지 않는 편이 정치적으로 안전하다.

이로써 부채의 조성과 소유 구조가 부채의 절대 비율 자체보다 중요하다는 것을 알 수 있다. 이는 매우 중요한 점을 시사한다. 앞으로 각 나라를 다루면서 그 시사점을 알아보기로 한다.

특히 현지 통화로 대출받는 것이 외화로 대출받는 것보다 유리하다는 통찰이 핵심이다. 예를 들어 미국과 영국은 자국 통화로만 대출을 받을 수 있다. 이는 경기가 안 좋은 시기에 충격을 흡수하는 역할을 한다. 또 금융 억압의 수단으로 환율절하와 인플레이션을 동원할 때도 이점을 제공한다. 환율절하는 외국인 채권자들에게 타격을 주고, 인플레이션은 단기적으로 자국 통화로 된 부채의 부담을 경감시킨다.

규모가 작은 나라일수록 자국 통화로 돈을 빌리기가 어렵다. 그래서 아이슬란드와 헝가리같이 작은 나라가 외화로 거액을 차입하게 되면 차입의 악순환에 빠지게 된다. 여기에서 빠져나오려면 부도를 선언할 수밖에 없다. 미국처럼 규모가 크고 자국 통화로 대출받을 수 있는 나라들은 인플레이션의 가능성이 크다. 계속된 지출로 자금 부족에 시달리는 정부에 중앙은행이 구원의 손길을 내밀기 때문이다.

우리의 세계 일주는 즐거운 경험은 아닐 것이다. 그렇지만 적어도 독자들에게 정보를 제공할 수 있는 여행이 되기를 바란다.

미국
난국에 빠지다

우리는 되돌릴 수 없는 예산 붕괴의 길을 가고 있다.
그 결과, 글로벌 채권 시장과 환율 시장에 모든 위기를 일으키는 근원이 탄생할 것이다.

데이비드 스톡만, 레이건 행정부 관리예산처 실장 역임

지속될 수 없는 것은 중단되게 되어 있다.

허브 스타인, 닉슨 행정부 경제자문위원회 위원장

이 책을 쓰기 시작하면서 우리는 정치가도 미국이 처한 문제의 속성을 제대로 이해할 수 있도록 쉽게 쓰기로 마음먹었다. 그 가운데서도 이번 장은 특히 미국 의회 의원들을 염두에 두고 썼다. 모든 의원이 이번 장을 읽었으면 한다. 또한 국가적인 담론에 우리가 쓴 내용이 긍정적으로 이바지하길 바란다.

리먼 브러더스와 AIG가 도산한 이후 미국인 대부분이 월스트리트를 증오했다. 그런데 놀랍게도 그 월스트리트보다 미국인들에게 인기가 없는 기관이 있다. 너무 뻔해서 어느 곳인지 맞추고 말고 할 것도 없다.

미국 의회가 바로 미국에서 가장 미움을 받는 곳이다. 그런 데는 이유가 있다. 여론조사기관 퓨 시민 언론 센터[113]가 발간한 보고서를 살펴보자.

"의회에 대한 인상을 가장 정확히 묘사할 수 있는 단어를 하나만 고르시오."라는 질문에 사람들이 가장 많이 고른 답변은 '제 기능을 못하는', '부패한', '자기 이익만 추구하는', '서툰' 등이다. 의회를 표현하는 단어를 제시한 사람 가운데 86%가 부정적인 단어를 선택했으며, 긍정적인 단어를 선택한 사람은 4%에 불과했다. 그리고 12%만이 미국이 직면한 주요 사안을 공화당과 민주당이 합심해 처리한다고 믿었고, 81%는 그렇지 않다고 답했다.[114] [1]

미국 의회가 이처럼 나쁜 평가를 받는 이유는 무엇일까? 전?현직 대통령들도 그렇지만 특히 미국 의회가 미국에 타격을 줄 장기적인 문제점을 해결하지 않고 그대로 놔두었다는 사실을 앞으로 살펴볼 것이다. 누구나 정부지출이 지속불가능한 방향으로 나아가고 있다는 사실을 안다. 그러나 행동을 취할 용기는 둘째치고 혜안을 갖춘 정치가는 극소수다.

불행히도 워싱턴 정가에서는 당파적이고 유해한 논쟁이 벌어지고 있다. 진심으로 재정개혁을 하려는 시도는 어디에서도 찾아볼 수 없다. 모든 의원이 원칙적으로는 지출을 감축하고 복지프로그램을 축소해야 한다는 데 찬성하나, 선뜻 이를 실행에 옮기려는 사람은 거의 없다.

이번 장에서는 정치가에 대한 문제를 다루지 않는다. 우리는 개혁조치를 취하지 않을 경우, 미국이 걸어갈 수 있는 파멸의 길에 관해 비당파적이고 독립적인 분석가들이 연구한 내용을 살펴볼 것이다. 이를 보면 이들이 만장일치의 평결을 내렸음을 알 수 있다. 비당파적이고 독립적인 연구 상당수가 미국이 현재 놓인 안쓰러운 상황에 주목하고 있다. 우리는 그 가운데 일부

113　the Pew Center for People and the Press
114　흥미롭게도 자기 지역구 의원에 대한 조사에서는 공화당과 민주당이 합심한다고 응답한 비율이 눈에 띄게 증가했다. 국민이 싫어하는 멍청이들은 다른 지역구의 의원인 것이 분명하다. 이 장을 읽는 의원들이여, 사람들이 싫어하는 것은 당신이 아니라 다른 지역구 의원이다. 당신 지역구의 유권자들은 당신을 사랑한다.

연구를 소개한다. 이를 통해 제정신인 사람이라면 미국이 지금 벽돌 담을 향해서 시속 160킬로미터로 달리는 자동차와 같다는 점을 누구나 인식해야 한다는 것을 알 수 있을 것이다.

이는 공화당의 문제도 아니고, 민주당의 문제도 아니다. '티파티[115]'의 문제도 아니다. 미국인 모두가 관련된 문제다. 미국인이 문제를 어떤 방식으로 해결하고 어떤 선택을 내리는지에 따라 미국인이 노후에 받는 사회보장수당, 의료 혜택의 수준과 앞으로 얼마만큼의 세금을 낼 것인지가 결정된다. 불행히도 미국인은 앞으로 기대하던 수준에 훨씬 못 미치는 혜택을 받고, 그 대신 세금은 훨씬 많이 내야 할 것이다.

난국에 빠진 미국

버냉키 의장은 최근 의회 증언에서 미국이 현재 처한 지속 불가능한 재정 상황을 알리고, 매우 어려운 결단을 내려야 한다고 지적했다. 그의 말을 여기에 인용한다.

> 사회보장 및 메디케어 평의회의 최근 예측에 따르면, 프로그램에 변화가 없는 한 사회보장과 메디케어 지출액이 현재 GDP의 8.5% 수준에서 2020년에는 10%, 2030년에는 12.5%로 증가한다. 이미 GDP 대비 부채 비율이 증가한 상황이며, 이런 증가분을 충당하기 위해 무한정 대출을 계속할 수는 없다. **미국이 재정문제를 타개하려면 기꺼이 어려운 결단을 내려야 한다.** 결국, 의회와 행정부, 미국민은 무엇보다 미국의 경제 자원 가운데 복지 프로그램을 비롯한 연방 정부 프로그램에 얼마나 큰 몫을 할당할 것인지 결정해야 한다.[2]

2010년 7월, 국제통화기금은 미국의 경제정책을 평가하는 연차보고서를 냈다. 관료만이 쓸 수 있는 표현으로 작성된 이 보고서는 "국장들은 재정안정

---
115 역주 _ Tea Party. 공화당도 민주당도 싫다는 보수 성향의 유권자 단체

화에 대한 당국의 의지를 환영했다. 그러나 GDP 대비 부채 비율을 안정시키려면 이미 결정된 예산 조정안보다 훨씬 규모가 큰 조정이 필요하다는 점을 지적했다."[3]라고 말한다. 이러한 관료어를 일반인의 말로 해석한다면 일종의 호된 질책이다.

그러나 읽다 보면 훨씬 나아진다. 국제통화기금은 미국의 부채가 그리스와 같은 성격을 띠고 있다고 말한다. 2010년 7월에 발간된 '주요 사안 보고서[116]' 제6절에서 **"오늘날 연준리의 재정 정책에서 비롯된 미국의 재정 불균형은 국채할인율을 적용하여 해결하기에는 너무 크다."**라고 진단한다.

이 말을 해석해 보면, 미국은 파산한 것이나 다름없다는 말이다. 그리고 거둬들이는 돈과 지출하는 돈의 격차를 메울 가능성은 거의 없을 것이라는 말이다. 국제통화기금은 "재정 격차를 메우려면 미국 GDP의 14%에 상응하는 재정 조정이 매년 영구적으로 이루어져야 한다."라는 말을 덧붙인다. 14%라면 엄청난 비율이다. 다시 말해, 미국이 재정 상태의 균형을 바로잡으려면, 연간 1조 달러 넘는 돈이 필요하다는 말이다.

국제통화기금만이 미국이 난국에 처했다고 말하는 것은 아니다. 앞선 장에서 우리는 국제결제은행에서 발간한 보고서를 인용했다. 그를 통해 선진국 대다수가 지속 불가능한 길을 가고 있다는 점을 알 수 있었다. 미국의 전문가들도 그 사실을 잘 안다. 예를 들어, 미국 재정 미래 위원회가 국립 과학 학술원, 국립 행정 학술원과 맥아더 재단의 후원으로 설립되어 재정예산의 시나리오를 예측하는 연구를 대대적으로 실시했다. 향후 미국의 재정을 안정적인 방향으로 나아가게 한다는 취지에서였다. 연구 보고서는 공화당 성향도, 티파티 성향도, 민주당 성향도 아니다. 이를 집필한 위원들의 정치적 성향이 다양하기 때문이다. 보고서에서도 그렇게 말한다.

---

116 the Selected Issues Paper

위원들은 상당히 다양한 배경을 지녔고 예산에 대해서도 다양한 시각을 고수한다. 상당수 정책 사안에 대해서 의견이 일치하지 않는다. 그렇지만 미국의 재정이 나아가고 있는 경로를 바꾸려면, 강력하고 고통스럽기까지 한 조치를 당장 취해야 한다는 데는 모두 의견이 일치한다.

연방 정부는 현재 세입보다 훨씬 많은 돈을 지출하고 있다. 그리고 당분간은 그런 추세가 계속될 것이다. 장기적으로 볼 때 메디케어, 메디케이드, 사회보장수당 등 3대 프로그램이 연방 세입 대비 지출에서 차지하는 비중이 더 빠른 속도로 늘어날 것이다. 경제 성장률이 웬만큼 되지 않고서는 이러한 구조적인 적자를 해결할 수는 없을 것이다.

현재와 같은 연방예산 경로는 유지될 수 없다. 경로를 바꾸지 않는 한 미국은 파멸적인 재정 위기를 맞이할 위험이 있다. 늘어나는 구조적 적자를 해결하기 위한 조치가 미뤄질수록 그런 위험은 매년 증가할 것이다. 지체되면 될수록 극단적이고 한층 까다로운 선택밖에 남지 않게 된다. 그럼으로써 한층 더 큰 고통이 미래 세대에 전가될 것이다.

예상되는 세입과 연방정부의 정책과 공약으로 발생할 수 있는 세출 간의 격차가 계속 누적되면 그 타격이 상당하며, 그에 따라 미국이 현재 지출을 충당하기 위해 차입해야 하는 금액도 급증할 것이다. 정부의 지출에는 점점 불어나는 이자 지급분도 포함된다. 이러한 근본적인 불균형 외에도 2008년에서 2009년 사이의 경기 침체로 지출은 급증하고 세금수입은 급감했다. 그 결과 불과 1년 만에 부채가 1.5조 달러 넘게 늘어났다. 미국인 한 명당 4,500달러를 추가로 대출받은 셈이다. 이처럼 **차입금이 일시적으로 급증한 것도 문제지만, 현재 정책들을 고려할 때 앞으로 장기간에 걸쳐 예측되는 지출과 세금수입 간의 격차가 한층 커지는 것이 더 큰 우려를 자아낸다. 그리고 이것이 우리 보고서가 역점을 두는 부분이다.** [4]

미래를 대비하지 못한다면, 현재 조치를 취할 수 없다. 케인스학파는 경제를 활성화하기 위해 단기 재정 지출과 적자를 늘려야 한다고 주장한다. 이러한 관점에 따르면 재정의 균형을 잡기 위해 침체기일수록 더 큰 융통성을 발휘해서 지출을 늘려야 한다. 아이러니한 일이다. 연준리 운영위원을 맡았던 컬럼비아 대학교의 프레드 미시킨 교수는 미국이 지금 당장 앞으로의 재정 적자를 해결하기 위해 확고한 조치를 내린다면, 정부는 필요한 만큼 단기간 적자 재정을 운영할 여유를 누릴 수 있다고 지적했다. 미시킨은 "의회는 반드시 재정의 장기적인 지속 가능성을 진지하게 고려할 필요가 있다."라고 썼다.[5]

미국 의회에 상정되는 법안을 검토하는 미 의회 예산처에서도 미국의 재정 현황에 대해 비당파적이고 독립적인 성향의 분석을 내놓았다. 이 보고서는 매우 불길한 예측을 제시한다. 먼저, 베이스라인 시나리오라면 어떤 일이 발생할지 보여 준다. 이러한 '희망적인 시나리오'에서는 모든 일이 잘 굴러간다. 도표 9.1이 그러한 시나리오를 보여 준다.

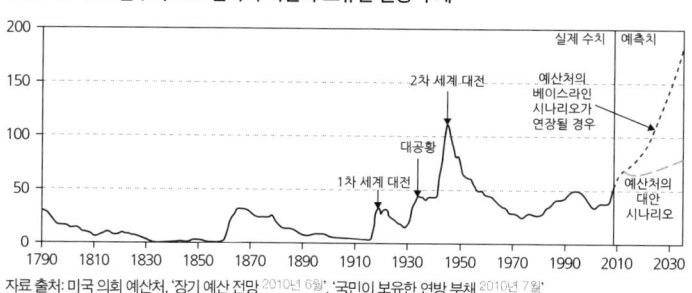

도표 9.1 1790년부터 2035년까지 국민이 보유한 연방 부채 GDP 대비 백분율

자료 출처: 미국 의회 예산처, '장기 예산 전망 2010년 6월', '국민이 보유한 연방 부채 2010년 7월'

예산처는 훨씬 타당성을 지닌 대안 시나리오도 제시한다. 보다시피 미국은 20년 안에 GDP 대비 부채가 200%에 이름에 따라 일본과 같은 상황이 된다.

대안 시나리오는 다음을 가정한다.

"따라서 예산처는 원래 2001년과 2003년에 시행된 세금 감면 프로그램 대다수가(현행법에서 일정을 잡은 대로 올 연말에 끝나는 대신) 연장되는 대안 시나리오를 마련했다. 최소한의 대안세가 인플레이션에 연동된다(현행법에서는 범위가 늘어나지만, 이것이 중단된다는 가정이다). 메디케어의 의사 환급금은 시간이 지날수록 상승한다(현행법대로라면 상승하지 않는다). 세법은 장기간에 걸쳐 개정되어 세입이 GDP 대비 19% 정도에 머문다. 현행법의 몇 가지 항목도 앞으로 개정된다."

미국의 부채가 늘어남에 따라 나타날 수 있는 문제점들이 우려를 자아낸다.

> 연방 정부 부채규모의 증가로 치러야 할 대가는 점차로 늘어날 뿐 아니라 돌발적인 재정 위기의 가능성도 커진다. 그러한 위기가 닥치면 투자자들이 정부의 부채관리 능력을 신뢰하지 않기 때문에 정부는 감당할 만한 금리로는 대출을 받지 못하게 된다. 정부에 대한 투자자의 신뢰지수가 낮아짐에 따라 금리가 점점 상승할 가능성도 있다. 그럴 경우 입법부는 상황이 악화하고 있다는 사전 경고를 받게 되어 그만큼 시간을 벌 수 있고 위기를 방지하는 정책을 선택할 수 있다. 그러나 다른 나라들의 사례에서 나타나듯이 미국에 대한 투자자들의 신뢰가 급격히 추락하여 정부 부채에 부과하는 금리가 급등할 가능성도 있다. 미국에 그러한 위기가 닥치는 시점이 언제인지 정확히는 알 수 없다. 부분적으로는 GDP 대비 연방 부채의 비율이 이례적인 수준으로 증가하고 있기 때문이고, 부분적으로는 위기가 닥칠 위험이 정부의 장기 부채 전망이나 단기 차입 필요성, 경기 건전성 같은 다양한 요인으로부터 영향을 받기 때문이다. 재정 위기는 보통 경기후퇴기에 일어난다. 그 결과, 정부가 침체에 대응하느라 정책을 조정하기가 한층 어려워진다.[6]

미 의회 예산처는 매우 중요한 점을 지적한다. 이는 앞서 언급한 모래더미와 불안정성의 손가락과도 연관된다. 붕괴는 급작스럽고도 예기치 않게 일어난다. 내재하는 불안정성 때문에 일어나고 사소한 사건으로 유발되기도 한다.

필자(몰딘)와 친한 니얼 퍼거슨은 붕괴가 얼마나 예기치 않고도 비선형적으로 일어나는지에 대해 썼다.

제국의 붕괴는 역사학자 상당수가 상상하는 것보다 훨씬 갑작스레 일어난다. 재정 적자와 과도한 군비 확장이라는 조합을 볼 때, 벼랑 끝에 선 다음 제국은 미국이 될 수도 있다.

제국을 아르카디아[117]에서 정점으로, 또 아마겟돈[118]으로 서서히 순환하는 대신 언제든 급격하고도 파멸적인 기능 오류에 굴복하는 복합 시스템으로 가정해 보자. 그렇다면 이것이 오늘날 미국에 시사하는 점은 무엇일까? 먼저 쇠퇴기에 대해 논쟁해 봤자 시간 낭비일 뿐이다. 정책 입안자와 국민이 더 우려해야 할 것은 급작스럽고도 예기치 못한 붕괴다. 둘째, 제국의 붕괴는 대부분 재정 위기와 연관된다. 앞서 제시한 모든 제국에서 세입과 세출 간에 격차가 두드러졌고, 공공 부채를 충당하는 데 어려움을 겪었다. 따라서 미국은 2009년에 GDP 대비 약 11.2%이자 지난 60년 동안 최대 규모인 1조 4,000억 달러 이상의 적자를 기록했고 2010년에도 그와 비슷한 적자를 고려하는 지금, 커다란 경고의 종소리가 울리는 것을 들어야 한다. 그 기간에 공공 부채는 2008년 5조 8,000억 달러에서 2019년 14조 3,000억 달러로 증가할 것이다. 10년 안에 두 배 이상 증가하는 셈이다. 같은 기간에 부채에 대한 이자 지급분도 연방 정부 세입의 8%에서 17%로 급증할 것으로 예상된다.

이러한 수치는 문제가 있다. 그러나 정치 조직의 영역에서는 문제를 알아차리는 것이 문제만큼, 아니 그 이상으로 중요할 수 있다. 제국의 위기에 정말 큰 영향을 끼치는 것은 권력을 물리적으로 떠받치는 토대가 아니라 향후 권력에 대한 기대다. 앞에 인용한 재정 현황은 그 자체만으로 미국의 힘을 잠식할 수 없다. 하지만 미국이 어떠한 위기라도 이겨 낼 수 있다는 오랜 믿음을 약화시키는 역할은 할 수 있다. 현재 세계는 아직도 미국을 믿는다. 즉, 미국이 난국을 버텨나가다가, 윈스턴 처칠의 말을 빌리자면 모든 대안이 소진될 때 문제에 정면으로 대결해서 해결할 것이라고 본다. 이러한 시각으로 보면 재정 적자에 대해 과거에 울린 경고의 종소리가 과장된 것으로 보인다. 게다가 미국의 부채가 천문학적인 비율에 이르 수 있는 2080년은 먼 미래처럼 보인다. 그래서 그때까지 재정의 틈을 메울 수 있는 시간이 충분해 보인다. 그러나 언젠가는 신용평가기관의 부정적인 전망이라든가 보기에는 우

---

117 역주 _ 목가적 이상향
118 역주 _ 종말

발적인 악재가 평소에 평온하던 언론의 헤드라인을 장식할 것이다. 그렇게 되면 외국인 투자자들은 말할 것도 없고 소수의 정책 전문가들뿐 아니라 국민 전반이 미국 재정 정책의 지속 가능성을 갑자기 우려하기 시작할 것이다. 이러한 분위기 전환이 결정적 역할을 한다. 적응력이 뛰어나던 복합 시스템도 그 부품이 시스템의 생존 가능성에 대해 믿음을 잃는 순간 큰 위험에 빠진다.[7]

사람들이 예기치 못하게 갑자기 미국의 부채에 대한 신뢰를 저버리면, 금리의 상승세와 달러화의 하락세는 절대 완만하지 않을 것이다. 그 경우 적합한 조치를 할 시간이 있을 것 같지도 않다. 그때쯤이면 너무 늦을 것이다. 쇠퇴기는 급격하고도 예기치 못하게 찾아오기 때문이다.

무능하고 무지하며 무관심한 의회

미 의회 예산처, 국제결제은행, 미국 재정 예측 위원회, 기타 다양한 조직의 현명한 조언을 두루 읽어만 봐도, 미국 의회가 미국의 재정이 얼마나 지속 불가능한 경로로 가고 있는지 깨달을 수 있을 것으로 생각하는 독자가 많을 것이다. 그런데 과연 그럴까? 의원 가운데 일부는 이러한 보고서들을 읽었을 수도 있다. 몇몇은 우려하고 있을 것이다. 하지만 중요한 점은 이 문제에 대해 행동하는 사람은 한 명도 없다는 사실이다. 사회보장수당, 메디케어, 건강보험 등을 건드리는 것은 정치적인 자살 행위가 될 수 있기 때문이다. 그렇게 하지 않아야만 선거에서 승리할 수 있기 때문이다. 그러한 이유로 개혁은 일어나지 않는다.

의회는 재정지출을 억제하려는 시늉도 전혀 하지 않을 태세다. 연방 정부 공무원의 급여가 민간 부문의 급여보다 더 빠른 속도로 인상된 사례만 봐도 이를 알 수 있다. 일반 근로자들의 소득은 그대로인 데다, 연방 정부 공무원의 평균 소득은 민간 부문 근로자의 소득 대비 두 배 이상으로 증가했다(잘

못 쓴 것이 아니다!). 이러한 총체적인 무책임함은 어제오늘 일이 아니다. 지난 9년 동안 연방 정부 공무원은 민간 부문 근로자보다 많은 급여와 기타 수당을 받았다. 이렇게 급여와 수당이 지속적으로 증가하면서 연방 정부 공무원과 민간 부문 근로자 간의 소득 격차는 지난 10년 사이에 2배로 증가했다.

경제분석국에 따르면 2009년 연방 정부 공무원들의 평균급여와 수당은 12만 3,049달러였다. 반면에 민간 근로자의 평균소득은 6만 1,051달러였다. 도표 9.2 참조 최근의 자료는 이것이 전부다. 연방 정부 공무원 급여와 다른 근로자 급여 간의 격차는 2000년 3만 415달러에서 지난해 6만 1,998달러로 증가했다.[8]

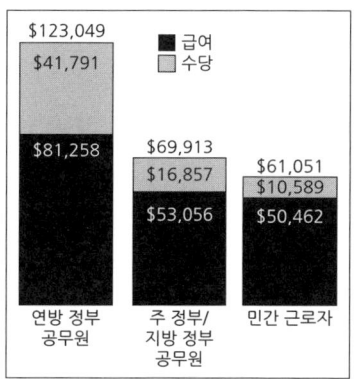

도표 9.2 미국의 평균 소득 2009년

자료 출처: 경제분석국(줄리 스나이더, USA 투데이)

미국의 재정문제는 연방 정부에 국한되지 않는다. 46개 주 이상이 2011년 회계연도에 엄청난 예산 부족을 메우느라 골치를 앓았다. 도표 9.3 참조 이 밖에도 2009년과 2010년 회계연도에도 48개 주가 막대한 예산 부족을 경험한 바 있다.[9]

도표 9.4가 나타내듯이 예산 부족은 눈에 띄게 늘어났다. 일부 주는 지출의 40~50%를 빚으로 충당하고 있다. 이러한 주가 국가라면, 국가부도나 초인플레이션을 겪을 가능성이 클 것이다.

불행히도 이러한 막대한 예산적자는 경기 침체 때문만은 아니다. 최근 경기 후퇴기가 시작되기 전에도 대다수 주가 막대한 예산적자를 기록했다. 금융시장이 방심한 틈을 타서 이렇게 불어난 것이다. 침체기에 상황이 악화되었으나, 침체기를 벗어난다 해도 다시 호전될 것 같지도 않다.

도표 9.3 2011년 46개 주의 예산 적자

주석: FY 2010년에 적자를 기록한 주 포함
자료 출처: 예산 및 정책 우선순위 센터[119]

---

[119] Center on Budget and Policy Priorities(cbpp.org)

도표 9.4 2011년 회계 예산 대비 적자의 백분율

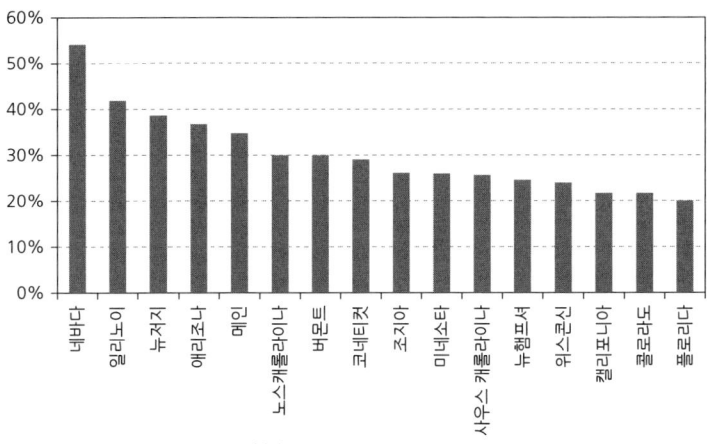

자료 출처: 예산 및 정책 우선순위 센터[120]

2012년에 통과될 주 정부의 예산규모를 추측할 수는 없으나 적자는 예측할 수 있다. 도표 9.5가 보여 주듯 네바다 주와 일리노이 주는 앞으로 40%의 적자를 기록할 것이다.

이처럼 엄청난 예산 적자를 유지하기란 결코 불가능하다. 닉슨 행정부에서 경제자문위원회 위원장이던 허브 스타인은 "지속될 수 없는 일은 중단되어야 한다."라고 말했다. 주 정부와 지방 정부의 지출이 통제 불가능할 정도로 치솟던 것도 언젠가 끝이 나게 되어 있다. 문제는 그것이 '언제'인가다. 심판의 날이 닥칠 때, 위기도 나타날 것이다.

---

120 Center on Budget and Policy Priorities

도표 9.5 2011 회계연도 예산 대비 2012 회계연도의 적자 백분율

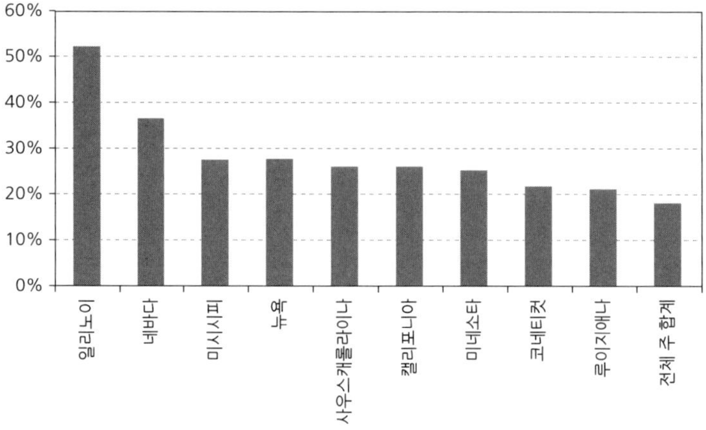

(막대그래프: 일리노이 약 52%, 네바다 약 36%, 미시시피 약 27%, 뉴욕 약 27%, 사우스캐롤라이나 약 26%, 캘리포니아 약 26%, 미네소타 약 25%, 코네티컷 약 22%, 루이지애나 약 21%, 전체 주 합계 약 18%)

자료 출처: 예산 및 정책 우선순위 센터

단기적으로 볼 때, 연방 정부의 구제책 덕분에 주 정부의 위기는 늦춰졌다. 도표 9.6은 연방 정부가 주 정부와 지방 정부에 지급한 금액(보조 교부금)의 증가 추이를 보여 준다.

블룸버그 뉴스를 인용해 본다.

> 상무부가 취합한 자료를 보면 보조 교부금은 이 기간에 총지출의 약 3배 속도로 증가했다. 2분기에 제공된 보조 교부금을 1년 치로 환산하면 5,250억 달러다. 이는 2년 전보다 33% 증가한 것이다. 자금의 대부분은 메디케이드 비용과 교육비를 충당하는 데 쓰였다.
>
> 연방 정부는 주 정부와 지방 정부가 50년 전에 지출한 금액 1달러당 보조 교부금 131.25달러를 지원했다. 총 지출액은 2분기에 45.75달러에 불과했다. [10]

매우 단순하게 생각해 보면 주 정부는 과소비로 빚을 진 어린애로, 연방 정부는 자녀에게 구원의 손길을 뻗는 아버지로 비유할 수 있다. 하지만 이 상황이 언제까지고 지속될 수는 없다. 좋은 부모라면 어느 시점엔가 자녀가 자신의 행동에 따른 대가를 치르도록 해야 한다. 이렇게 보면 납세자인 당신과 다른 주들은 부모 역할을 하는 것이며, 책임감 있는 주는 무책임한 주를 구원하는 셈이다. 납세자는 결과적으로 낭비 성향의 정부를 구제하는 것이다.

도표 9.6 총 지출 대비 보조 교부금의 증가 추이

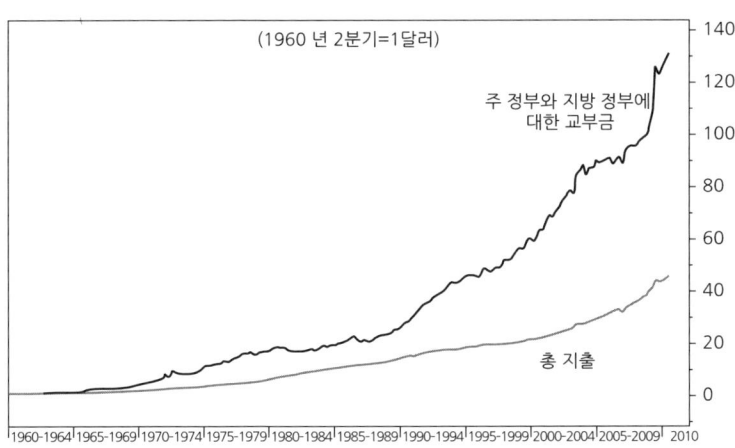

자료 출처: 블룸버그 오늘의 차트, 미 상무부

흥미로운 점은 이번 위기가 모든 주와 모든 사람에게 동등하게 나타나지는 않으리라는 점이다. 실제로 낭비하는 주와 납세자를 구제하는 것은 재정적으로 보수적인 주와 재정적으로 보수적인 납세자가 될 것이다. 표 9.1은 극도로 흥미로운 사실을 전달한다. 정부가 더 많은 일을 해 줘야 한다는 유권자가 많은 주는 부채가 더 많다. 작은 정부를 지지하는 주는 통상 부채가 더 적다. 매케인 후보를 찍은 모든 주는 GDP 대비 부채가 매우 적지만 오바마를 찍은 주는 매우 크다.

도표 9.1 주별 1인당 부채

맥케인 지지율이 높은 주	1인당 부채	오바마 지지율의 높은 주	1인당 부채
켄터키	$1,685	코네티컷	$4,859
미시시피	$1,478	매사추세츠	$4,606
알래스카	$1,345	하와이	$3,996
루이지애나	$1,271	뉴저지	$3,669
캔자스	$1,140	뉴욕	$3,135
조지아	$1,120	델라웨어	$2,489
웨스트버지니아	$1,079	캘리포니아	$2,362
유타	$957	워싱턴	$2,226
사우스캐롤라이나	$917	로드아일랜드	$2,127
앨라배마	$796	오레곤	$1,859
미주리	$780	일리노이	$1,856
애리조나	$736	위스콘신	$1,720
오클라호마	$570	메릴랜드	$1,608
아이다호	$532	뉴멕시코	$1,398
텍사스	$520	플로리다	$1,123
몬태나	$358	미네소타	$1,037
노스다코타	$327	펜실베이니아	$938
테네시	$318	오하이오	$933
아칸소	$312	네바다	$925
사우스다코타	$135	버지니아	$895
와이오밍	$77	노스캐롤라이나	$765
네브래스카	$15	메인	$760
1인당 평균 부채	**$749**	미시간	$748
		버몬트	$709
		뉴햄프셔	$665
		인디애나	$493
		콜로라도	$400
		아이오와	$73
		1인당 평균 부채	**$1,728**

자료 출처: 마크 페이버, '글룸 붐 앤 둠 보고서', 척 데보어, '큰 정부' http://biggovernment.com[121]

---

121 마크 페이버(Marc Faber), '글룸 붐 앤 둠(Gloom, Boom & Doom) 보고서', 척 데보어(Chuck Devore), '큰 정부(Big Government)' http://biggovernment.com

도표 9.7 보이지 않는 부채 부담

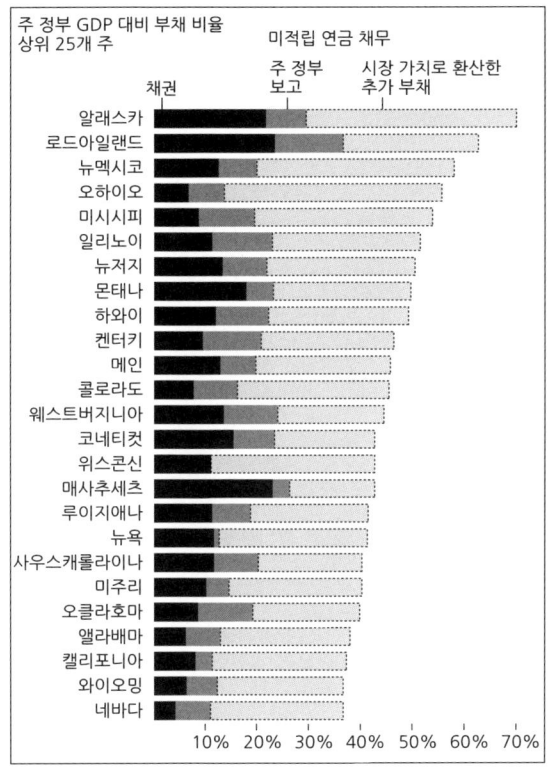

[주석] 미상환 채권 등 주 정부의 드러난 부채는 감당할 수 있는 것처럼 보이나, 여기에는 연금 채무가 포함되어 있지 않다. 현재 공공 연금기금은 채무의 시장 가치[122]를 공개하지 않아도 된다. 그런데 시장가치가 훨씬 더 의미 있는 척도다. 주 정부는 국채 부담도 지고 있다. 그런 이유로 주 정부의 총부채는 훨씬 늘어날 수 있다.

자료 출처: 앤드루 G. 빅스, 공공 정책 연구를 위한 미국 기업 연구소(the American Institute for Public Policy Research)의 허락을 받고 실음

수치가 제시하는 것보다 문제는 훨씬 심각하다. 미국 전체적으로 볼 때로 그렇지만 각 주 정부에도 숨겨진 부채가 아주 많다. 캘리포니아의 총부채는 GDP의 8% 정도라 감당할 만한 수준처럼 보인다. 그러나 연금기금의 부족분을 공정 가치로 포함하면 총부채는 37%로 급증한다.

---

122 역주 _ 자산이 공개 시장에서 교환되는 가격

앞서 그리스 및 유럽 비핵심국의 문제를 살펴본 바 있다. 미국의 상당수 주가 끔찍한 상황에 놓여 있다. 경제학자 앤드루 빅스는 이들이 만일 유럽 국가라면 연금 채무의 공정가치가 유럽연합의 마스트리흐트 조약에 근거하여 GDP 대비 60%를 넘어서게 된다고 말한다.

일부 경제학자들은 연금 채무의 형태로 숨겨진 부채가 주 정부와 지방 정부에 결정타가 되리라고 본다. 도표 9.7에서 보듯 연금 채무가 주 정부의 예산에서 부채로 보고되지 않는다고 해도 이것이 부채임은 사실이며, 여기에 기존 부채까지 더해지면 주 정부의 실질적인 부담은 3~4배까지 증가한다.

『뉴욕타임스』에 따르면 "노스웨스턴 대학교 경제학과의 조슈아 라우 교수와 시카고 대학교 경제학과의 로버트 노비-마르크스 교수는 최근 50개 주의 연금 채무를 채권시장에서 부채가치를 평가하는 방식으로 재산정했다. 그 결과 5조 1,700억 달러라는 수치가 도출되었다. 주 정부의 연금채무로 설정된 1조 9,400억 달러를 차감하자, 3조 2,300억 달러의 격차가 발생했다. 이는 주 정부가 채권자들에게 상환해야 할 금액의 3배가 넘는 액수"[11]라고 한다. 이 3조 달러라는 액수는 다른 방식으로 산정한 두 개의 연구에서도 산출되었다.

미국 전체적으로 봐도 미적립 채무 문제가 심각하다. 총부채는 GDP에 약간 미치지 못하지만 장기 부채는 GDP보다 훨씬 크다. 보스턴 대학교 경제학과의 로렌스 코틀리코프 교수는 다음과 같이 지적했다.

> 미국의 '공식' 부채와 실제 순부채 간의 어마어마한 격차는 놀라운 일이 아니다. 이는 경제학자들이 꼬리표 문제라고 부르는 것을 반영한다. 미국 의회는 지난 수년 동안 대다수 '비공식' 채무에 꼬리표를 다는 데 신중했다. 그렇게 해서 대차대조표에 계상되는 시기를 먼 미래로 늦췄다. (중략) 재정 격차는 꼬리표를 달든 그렇지 않든 영향을 받지 않는다. 이는

> 장기 재정 상황에 대해 이론적으로만 정확한 척도이며, 어떤 표지가 달리든 모든 지출을 고려하면 장기 단기 정책을 포괄하기 때문이다.[12]

미국의 공식 적자와 부채는 현금주의 회계에 기반을 둔다. 당좌 예금 계정에 들어오고 나가는 돈만 기록하는 방식이다. 일반인은 이런 방식을 이용해서 현재 고지서 대금을 지급해도 문제가 없으나 신용카드 빚, 자동차 대출, 주택담보 대출, 기한이 지난 전기요금을 포함한 재정 현황을 가늠하는 데는 문제가 있는 방식이다. 따라서 기업과 복잡한 기관들은 발생주의 회계를 사용한다. 이를 사용하면 계정만 봐서는 영업 실적을 파악하기가 어렵다. 발생주의 회계는 소득과 지출이 발생하는 시점에 이를 기록하며, 재정 현황에 관해 더 정확한 그림을 제시한다.

그런데 연방법이 100만 달러 이상 매출을 올리는 기업에 대해 발생주의 회계를 사용하도록 의무화한 것이 가장 큰 아이러니다. 민간 기업이 발생주의 회계 대신 현금주의 회계를 이용하면 경영진이 정부로부터 기소당할 수 있다. 정부는 장기적인 부채인 연금 채무를 부채로 계상하지 않고 유권자로부터 은닉하는데, 기업이 이와 비슷하게 자기 부채를 은닉하는 식으로 회계 처리를 하면 불법인 것이다.

시사점

미국인이 내야 할 세금이 인상될 가능성이 매우 크다. 그리고 세금 인상이 유익한 측면도 있을 것이다. 신설된 일부 세금은 현재와 같이 특수이익집단이 정부로부터 보조금 명목으로 돈을 받는 어이없는 상황이 곧바로 역전시키는 작용을 할 수 있기 때문이다. 그러나 세금 인상은 경제 성장에 매우 불리한 작용을 할 수도 있다.

마틴 펠드스타인이 쓴 글을 읽어보자.

> 방위 지출을 제외한 연방 정부의 지출 대부분은 사회연금수당과 메디케어 외에는 직접 현금으로 지출되는 것이 아니라 특별 세법에 근거해 집행된다. (중략) 이러한 세법은 정부가 거둬들일 수 있는 세금수입을 감소시키는 결과를 낳기 때문에 정부의 직접 지출이나 마찬가지다. (중략) 의회 공동 조세 위원회가 추산한 바에 따르면 올해 세출로 연방 정부의 적자가 1조 달러 증가할 것이다. 의회가 진심으로 정부 지출을 감축할 의향이 있다면, 이러한 세출이 어떻게 쓰이는지 추적해야 한다.[13]

사실 미국의 세금 부담은 다른 나라들과 비교하면 적은 편이다. 도표 9.8을 보면 다른 선진국보다 세금 부담이 적다는 것을 알 수 있다.

도표 9.8 OECD 국가의 세금 부담 GDP 대비 백분율

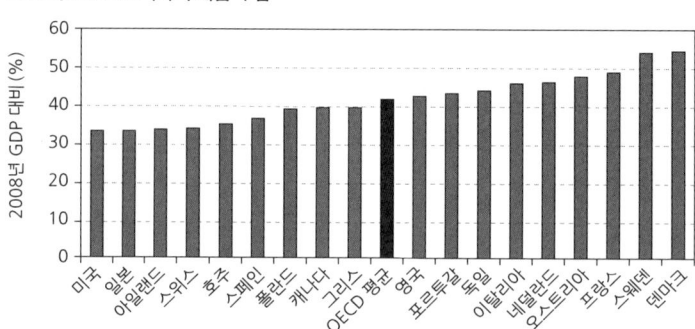

자료 출처: 미국 재정 미래 위원회, 미국 연구 평의회, 국립 행정 학술원, 미국의 재정 미래 결정하기

이방인의 친절에 의존하기

미국은 발행된 국채 대부분을 외국인에게 매각하고 있다. 미국 국채를 가장 많이 사들인 나라들로는 중국, 러시아, 사우디아라비아가 있다. 중국과 일본은 달러를 재순환시킨다. 미국이 중국과 일본산 제품을 수입하면, 이들은

벌어들인 달러를 파는 대신 미국 국채를 매입해서 자국 통화의 절상을 막는다. 미국에 원유를 수출하는 사우디아라비아와 러시아도 마찬가지다. 벤더 파이낸싱[123]의 변종이라고 할 수 있다.

그러나 외국인들은 미국 국채에 대해 점점 안심하지 못하는 상황이다. 미국의 재정 상황이 지속 가능하지 않다는 점을 알기 때문이다. 외국인들이 미국 국채를 어떻게 생각하는지 잘 알려 주는 에피소드를 소개한다.

영국의 일간지 『텔레그래프 The Telegraph』지는 팀 가이트너 재무부 장관의 첫 번째 중국 방문을 다루면서 "재무부 장관에 임명된 이후 중국을 첫 공식 방문하는 팀 가이트너 장관은 베이징에서 정계 및 학계 인사와 함께한 자리에서 본인은 아직도 달러화의 환율 강세를 지지한다고 밝혔다. 또한 중국이 투자한 수조 달러가 경제 위기로부터 타격을 입지 않을 것이라 주장했다. 가이트너는 베이징 대학에서 한 연설에서 '중국의 자산은 매우 안전하다.'라고 말했다. 이 발언을 들은 학생 청중은 크게 웃음을 터뜨렸다."[14]라고 보도했다. 중국 학생들조차 미국이 재정 개혁을 할 가능성이 없다는 것을 알고 있는 것이다.

레이건 행정부 당시 관리예산처장을 지낸 데이비드 스톡먼의 말을 들어보자.

> 얼마 전 팀 가이트너가 베이징 대학의 학생들 앞에서 미국 정부가 5년 안에 재정수지 균형을 바로잡을 것이라고 말하자 학생들이 크게 웃었다. 놀라운 일이 아니다. 미국 경제는 노후한 데다 부채 부담에 시달리며 제조는 거의 하지 않는 국민으로 구성되어 있다. 사실 오늘날 과잉 설비 현상을 보이는 글로벌 경제에서는 제조에 치중하지 않는 것이 경쟁력을 높이는 방법이다. 실제로 노동 인력은 1억 5,000만 명인데 제조업 일자리는 800만 개로 감소했다. 이러한 경제는 지출을 대대적으로 감축하고 저축을 증가시켜 여유 자금으로 재투자해야 한다. 그래야 다시 탄탄한 기반을 확보할 수 있다. 이는 예산흑자를 통해 공공부문 적립액을 늘리고 가계저축액을 지난 수십 년 간에 비해 끌어올려야 한다는 말이다.[15]

---

123 역주 _ 기업이 공급업체로부터 자금을 빌린 뒤 제품이나 서비스를 구매하는 금융 기법

표 9.2 중국의 신용평가기관 다궁이 발표한 신용 등급

순위	국가	본국 통화		외국 통화	
		등급	전망	등급	전망
1	노르웨이	AAA	안정적	AAA	안정적
2	덴마크	AAA	안정적	AAA	안정적
3	룩셈부르크	AAA	안정적	AAA	안정적
4	스위스	AAA	안정적	AAA	안정적
5	싱가폴	AAA	안정적	AAA	안정적
6	호주	AAA	안정적	AA+	안정적
7	뉴질랜드	AAA	안정적	AA+	안정적
8	캐나다	AA+	안정적	AA+	안정적
9	네덜란드	AA+	안정적	AA+	안정적
10	중국	AA+	안정적	AAA	안정적
11	독일	AA+	안정적	AA+	안정적
12	사우디 아라비아	AA	안정적	AA	안정적
13	미국	AA	부정적	AA	부정적
14	한국	AA−	안정적	AA−	안정적
15	일본	AA−	부정적	AA	안정적
16	영국	AA−	부정적	AA−	부정적
17	프랑스	AA−	부정적	AA−	부정적
18	벨기에	A+	안정적	A+	안정적
19	칠레	A+	안정적	A+	안정적
20	남아공	A	안정적	A	안정적

자료 출처: 다궁 신용 평가기관, '2010년 50개국 국채 신용 등급 보고서'

가이트너가 베이징을 방문하고 나서 얼마 후 중국의 신용평가기관인 다궁이 설립 이후 최초로 국가별 국채의 신용 등급을 발표하며 글로벌 국채 시장에 충격을 안겨 주었다. 다궁은 피치, 스탠더드 & 푸어스, 무디스와 비교해 '부 창출 능력'과 외화보유고에 더 큰 비중을 두었다. 그 결과, 미국은 AA, 영국과 프랑스는 AA-로 신용 등급이 강등되었다. 벨기에, 스페인, 이탈리아는 말레이시아와 더불어 A- 등급을 받았다. 표 9.2는 미국의 신용 등급이 세계에서 13위임을 보여 준다.

어떠한 근거로 신용 등급을 평가했는지 다궁의 말을 직접 들어 보자. 다만, 글이 다소 어색함을 양해하길 바란다.

> 신용 관계가 존재하고 안정적으로 발전한다는 사실을 근거로 할 때 일반적인 신용과 부채의 관계에서는 새로 대출받은 자금 대신 채무자가 새로이 창출한 현금 흐름이 부채 상환의 핵심이 되어야 한다. 차입금과 대출 만기 연장에 대한 과도한 의존은 결국 채권 시장의 강력한 대응으로 이어진다. 따라서 차입 비용과 어려움이 증가하면 극적인 신용 위기가 터지는 것이다.
>
> 따라서 다궁은 동등한 상황에서 재정 수입으로 부채 상환액을 충당할 수 있는 나라가 부채를 상환하기 위해 차입에 의존하는 나라보다 튼튼한 재정적 힘을 갖추었다고 본다. 단기적으로 후자가 안정적으로 차입할 수 있는 것처럼 보여도 마찬가지다. [16]

간단히 말해, 미국의 부채가 끝이 보이지 않는 수준으로 증가하고 있기 때문에 미국이 부채를 상환하지 못할 것이라는 얘기다. 만기 연장만 계속할 뿐이다. 매번 과거의 부채를 갚기 위해 국채를 새로 발행하고, 조금 더 많은 돈을 빌린다. 앞서 지적한 대로 이는 횡단성이나 노폰지 조건이라는 개념에 위배된다. 의미 있는 재정 개혁이 일어나지 않는 한, 미국 국채를 보유할 까닭이라고는 다른 사람이 자신이 산 가격보다 더 많은 돈을 지불하리라는, 즉 세상에 나보다 멍청한 사람이 있으리라는 기대감 외에는 없다. 그런데 결국에는 시장에도 바보의 씨가 마를 때가 오리라는 점이 문제다.

미국 정부가 다궁의 미국 시장 진입을 금지하는 것도 당연하다. 다궁은 베이징에 본사가 있는 데다 미국에 지점이 없고 미국계 기업의 신용 등급은 평가하지 않기 때문일 수도 있다. 미국에서 다궁 보고서를 구독하는 사람이나 기업도 없다. 그런데 더 뚜렷한 이유는 문제를 고치기보다 그 문제를 전한 사람에게 화풀이하는 것이 더 쉽다는 점이다.

미국에서 엔드게임은 어떻게 전개될까?

라인하트와 로고프가 지적하듯 위기에는 다양한 유형이 있지만, 그 후폭풍은 선진국과 신흥국을 가리지 않는다. 다만, 선진국은 위기를 피하거나 더 빨리 회복하는 비법을 습득하지 못한 것 같다. 선진국은 자만심 때문에, 그리고 다른 나라보다 월등한 시스템을 갖추었다는 믿음 때문에 신흥국보다 위기에 더 깊이 빠지는 경향이 있다. 지금 미국을 보면 알 수 있다. 재정 개혁이 필요한데도 이를 시행하지 않은 까닭은 미국의 자만심 때문이다. 미국이 부채와 환율 위기를 겪은 수많은 신흥국의 전철을 밟지 않으려면 어려운 결단을 내려야 한다.

재차 강조하건대, 빚이 너무 많은 사람은 파산할 수밖에 없다. 그리고 부채가 너무 많은 나라는 다음 세 가지 선택을 할 수 있다.

1. 인플레이션을 통해 부채 액수를 떨어뜨린다.
2. 채무불이행 선언을 한다.
3. 환율을 절하해 외국인 채권자들에게 타격을 입힌다. 이 역시 인플레이션 전략의 일종이다.

현재에 미래가 달렸다

잠깐 검토해 볼 것이 있다. 지난 10년 동안 미국 정부는 10대 청소년만큼이나 나쁜 선택을 일삼았다. 은행이 과도한 차입금을 쌓는 데도 내버려 두었고, AIG 같은 일부 금융 기관이 탄탄한 대차대조표를 근거로 신용 디폴트 스왑[124]의 순수 콜옵션을 순 가치보다 훨씬 높은 가격에 판매해도 규제하지 않았다. 그로 말미암아 금융 체제 전반이 위험에 빠졌다. 상환할 능력이

---

124 역주 _ 채무불이행의 가능성 여부를 추정하여 제공되는 파생 상품. 보험 성격을 띤다. 가격은 채무불이행 가능성이 클수록 올라간다.

없는 사람들에게 주택담보 대출을 거액으로 해 주는 바람에 전 세계의 금융 체제는 납세자가 낸 세금을 거액으로 퍼부어야만 파멸에서 벗어날 수 있는 지경에 이르렀다. 미국인은 집값에 거품이 끼지 않았으며 계속 올라갈 것으로 생각했다. 그래서 집을 담보로 대출받아 멋들어진 생활을 누렸다. 그리고 미국 정부는 주택담보대출 시장을 규제하지 않았다. 정부는 계속해서 늘어나기만 하는 적자 재정을 운영했다. 미국인 개인도 저축을 많이 하지 않았다. 미국은 신용평가기관이 무지막지한 수준으로 자국 등급을 강등하는데도 속수무책이었다. 한두 가지가 아니다. 그렇지만 이 정도면 실상을 알기에 충분할 것이다.

이제 미국은 계속되는 위기와 다양한 거품 붕괴의 후유증을 겪어야 한다. 정부 재정 적자도 막대하고, 공공 부채도 점점 늘어나고 있다. 게다가 실업률도 최근에 사상 최고치를 기록했고, 소비자들은 구멍 난 대차대조표를 메우느라 정신이 없다.

앞선 장들에서 우리는 현재 추세가 그대로 계속된다면 앞으로 10년 안에 15조 달러를 조달해야 정부 부채를 상환할 수 있다는 사실을 살펴보았다. 여기에 주 정부, 지방 정부, 시 정부의 부채는 포함되어 있지 않은데도 말이다. 기업이나 가계 대출금은 어떨까? 이 돈을 다 어디에서 조달할 것인가? 절대 조달할 수 없을 것이다. 2019년이 되기 한참 전에 이미 채권 시장이 반란을 일으키고 그로 말미암아 불편한 변화가 일어날 것이다.

좋은 선택은 할 수 없는 상황이다. 단지 어려운 선택이냐 나쁜 선택이냐의 문제다. 미국은 큰 고통을 유발할 수밖에 없는 상황을 자초했다. 고통이 뒤따르느냐 그렇지 않느냐의 문제가 아니다. 문제는 미국이 언제, 어떻게 그 고통을(어쩔 수 없이) 감당해야 하는가이다. 쉬운 길은 없다. 그러나 다른 것보다 덜 나쁜 선택은 할 수 있다. 이제 미국이 선택할 수 있는 길을 알아보자(다시 말하지만, 여기에서는 매우 일반적인 내용만 다룬다).

최악의 선택: 아르헨티나식 초인플레이션

재정 적자는 아르헨티나를 비롯한 몇몇 나라들이 했던 방식으로 처리할 수 있다. 돈을 찍어 내어 적자를 메우는 방식이다. 그렇게 하면 결과적으로 초인플레이션이 발생하고 환율이 폭락하며 국채 부도가 일어나는 것은 물론이다. 그런데 이를 택할 수밖에 없다고 말하는 분석가들도 있다. 적자를 해결하려는 정치권의 의지가 없는 상황에서 이처럼 막대한 부채를 달리 어떻게 처리하겠느냐는 것이다.

브라질의 대형 헤지펀드 매니저 한 사람은 아르헨티나라는 나라는 이항식 같다고 우스갯소리를 한 적이 있다. 두 가지 선택안[이항] 사이에서 항상 나쁜 것을 고른다는 점 때문이다. 미국도 마찬가지일까?

앞서 논했듯이 초인플레이션은 경제적인 현상이 아니고 정치적인 선택이다. 현재 미국의 정치현실을 볼 때, 유권자층이 말뿐인 개혁을 넘어선 행동을 해야 할 필요성에 대해 점점 주목하고 있다는 점을 알려 주는 조짐이 보인다. 재정 적자 규모에 대해 유권자의 불안감이 점점 커지고 있다. 더욱이 초인플레이션을 일으키려면 연준리의 협조가 있어야 하는데, 현재로서는 그럴 가능성이 희박하다(거의 없다). 미국 의회가 법을 개정하여 연준리의 권한을 집행하려고 든다면? 그것도 가능할 수는 있으나, 필자는 제정신이 박힌 정치가라면 그런 일을 추진하려고 할까 싶은 의심이 든다.

미국에서 초인플레이션이 일어날 가능성은 극히 적다. 최근의 2차 양적 완화 조치를 보더라도 연준리가 실제로 디플레이션을 저지한다는 명목적인 이유라면 몰라도, 정부가 대규모 적자를 쌓도록 돕기 위해 부채를 통화화할 것 같지는 않다. 어쨌든 아르헨티나 방식은 나쁜 선택안 가운데서도 최악의 선택이다.

오스트리아식 해법

여기에서 오스트리아식 해법이란 루트비히 폰 미제스와 프리드리히 하예크의 연구에 기반을 둔 오스트리아학파의 경제 이론을 뜻한다. 오스트리아학파 신봉자 가운데는 연준리를 폐지하고 금본위제로 돌아갈 필요가 있다고 주장하는 학자들도 있다. 몸집이 지나치게 불어난 은행은 제대로 운영되지 못한 기업(예를 들어 크라이슬러나 GM)과 마찬가지로 도산하도록 놔두고, 제대로 운영되는 신규 은행과 기업이 우위를 차지하도록 하라는 주장이다.

이들의 모형에서는(대개) 정부 지출이 세금과 함께 최대한 줄어들어야 한다. 극심한 경기 후퇴를 통해 고통을 한꺼번에 겪으면 좀 더 **빠른** 경기 회복을 기대할 수 있다는 것이 이 이론이 내세우는 장점이다. 그러나 단점도 있다. 실업률이 30%까지 치솟을 수 있고 장기간의 경기 침체가 올 가능성도 있다.

이는 오스트리아학파의 주장을 매우 단순화한 것이다. 이에 대해 좀 더 알고 싶은 독자는 웹사이트[125]를 방문하기 바란다. 오스트리아학파의 이론을 한눈에 살펴볼 수 있는 우수한 웹사이트다. 필자(몰딘)는 오스트리아학파 신봉자는 아니지만, 오랜 시간을 들여 그들의 연구논문을 읽어 보았고 그 시각에 어느 정도 동의하는 편이다.

그렇다고 해도 오스트리아식 해법은 미국에서 시행될 가능성이 거의 없다. 미국 의회에는 필자의 친구인 론 폴과 그의 아들인 랜드 폴 상원의원만이 오스트리아식 해법을 지지한다. 오스트리아학파의 대부분은 천성적으로 자유의지론자다. 그런데 자유의지론은 적어도 앞으로 10년 동안은 미국의 정치 현실에 부합하지 않는다.

---

[125] http://www.mises.org

동유럽식 해법

그러고 보니, 니얼 퍼거슨[126]이 지난해 봄 미국 댈러스를 방문했을 때 고맙게도 필자를 강연에 초대했다. 퍼거슨의 강연은 훌륭했다. 퍼거슨이 저자 사인회를 마친 후, 우리는 함께 가까운 술집으로 향했다. 그곳에 앉아서 우리는(퍼거슨은 스카치, 필자는 테킬라를 마시며) 이 세상의 문젯거리에 대한 해법을 밤늦도록 생각해 보았다. 퍼거슨은 유머 감각이 풍부하고 박식한 사람이라 처음에 예상했던 것보다 오랜 시간 이야기를 나누게 되었다.

우리는 앞으로 어떤 선택을 할 수 있을지 이야기했다. 그때 퍼거슨이 내가 오래도록 생각하지 않았던 것을 상기시켜 주었다. 퍼거슨은 구소련으로부터 동유럽 국가들이 해방되고 베를린 장벽이 무너진 후에 나타난 시대를 언급했다. 당시 동유럽 국가들의 경제 체제는 매우 취약했다. 이들은 공산권이 붕괴한 이후 매우 짧은 시간에 정부 체제와 경제 체제를 재편했다. 물론 모든 동유럽 국가에서 경제와 정치를 발맞추어 재편한 것은 아니지만, 동유럽 국가는 사유화나 세금인하 같은 정책을 열심히 추진했다.

미국인들은 항상 개혁할 필요가 있다고 말한다. 보건 개혁, 교육 개혁, 에너지 개혁에 대해 말은 무성하다. 하지만 동유럽의 개혁은 미국이 말하는 개혁과는 다르다. 대부분 아무것도 없는 상태에서 시작해서 새로운 제도를 구축했기 때문이다. 그전까지의 방식을 지속해서는 안 된다는 데 동유럽인들이 합의했기 때문에 변화를 추구하기가 좀 더 쉬웠다.

현재 미국에는 변화에 저항하는 유권자가 많다. 그래서 진정한 구조적 전환이 필요한데도 임시로 윤곽만 손보는 데 그치고 있다. 아쉽게도 미국에서 대변혁이 일어날 가능성은 그리 크지 않다. 금융규제 부문에 크나큰 변화가 절실하지만, 이조차 달성할 수 없다.

---

126 명저 『금융의 지배』를 쓴 하버드 대학교 교수

차악의 선택: 일본병

우리는 이 책의 후반부에서 일본이 직면한 문제점들을 좀 더 자세히 살펴볼 것이다. 그러나 여기에서 일본의 상황을 요약해서 알아볼 필요가 있다. 일본은 인구가 급감하고 있다. 특히 노동력 급감이 문제다. 일본은 막대한 재정 적자를 지고 있으며 이러한 상황이 거의 20년째 지속되고 있다. 일본의 GDP 대비 정부 부채는 현재 200%에 이르는데, 이것이 몇 년 안에 220%를 넘어설 것으로 보인다. 일본의 '잃어버린 10년'이 시작될 무렵, 저축률은 16%였다. 그런데 현재 저축률은 2%로 감소했다. 인구의 고령화로 은퇴해서 저축액을 지출하는 사람들이 늘어났기 때문이다. 또 일본의 일자리 수는 20년 동안 정체 상태이고, 명목 GDP는 17년 전과 같은 수준이다.

지금 미국의 거품 문제도 심각하지만, 일본의 거품은 훨씬 컸다. 그 거품이 붕괴한 후 상업 자산의 가치가 87% 떨어졌다. 주가는 거품이 붕괴한 지 20년 후인 지금까지도 그때의 70% 수준이다. 은행의 차입금 규모는 미국의 2배나 된다(미국의 은행 대출금이 지금보다 두 배 더 많으면 얼마나 쪼들릴지 생각해 보라. 그러면 채무불이행과 자본 부족 현황도 더 심각해질 것이다).

그러나 일본인들은 버텨 나가고 있다. 생산성 덕택에 일본인의 생활 수준은 높은 상태를 유지하고 있고, 최근까지는 수출도 강세였다. 전 세계 증권 거래소에는 일본이 내부적으로 붕괴하리라고 믿고 일본 국채를 모조리 매도했던 증권 트레이더들의 시체가 즐비하다. 물론 현재와 같은 경로로 가다가는 결국 내부적으로 붕괴하리라고 생각되지만, 일본은 전혀 타당하지 않은 일이 생각보다 오래 지속될 수 있음을 보여 주는 사례다.

도쿄 노무라 증권의 수석 이코노미스트인 리처드 쿠는 일본은 대차대조표 경기 침체를 겪었고 이를 타개하기 위해서는 막대한 재정 적자를 지는 수밖에 없었다며 열띤 주장을 펼친다. 은행도 기업도 모두 거품 붕괴로 엉망이 된 대차대조표를 메우느라 은행은 대출 서비스를 중단했고 기업은 더 이상 돈을 빌리지 않았기 때문에 이런 현상이 일어났다는 것이다. 한때는 도쿄 황궁의 땅값이 캘리포니아 주 전체보다 더 나가던 적도 있다. 미국의 거품은 일본에 비하면 새 발의 피다.

일본과 미국이 다르다는 주장도 타당성이 있다. 그러나 비슷한 점도 있다. 미국도 일본처럼 대차대조표 경기 침체를 겪었다. 물론 미국의 경우 비용 지출을 줄이고 대차대조표를 메워야 했던 것은 정부가 아니라 개인과 금융기관이 대부분이었지만 말이다.

일본은 대규모 재정 적자를 쌓고 세금을 인상하는 방법을 택했다. 그러나 앞선 장에서 장기적으로 볼 때 정부의 부양책과 재정 적자가 GDP에 긍정적인 효과를 미치지 못한다는 연구를 살펴본 바 있다.

제3장에서 우리는 정부가 지출을 늘리면 단기적으로는 GDP에 긍정적인 영향을 미치지만 장기적으로는 그렇지 못하다는 점을 등식을 통해 알아봤다. G의 증가는 소비자, 기업, 외국인의 저축으로 충당해야 한다는 말이다.

그러나 G가 증가한다고 하더라도 생산성이 전반적으로 개선되는 것은 아니다. 정부지출은 필요할지 모르나 생산성을 높이는 것과는 크게 상관이 없다. 생산성은 민간 기업이 투자를 통해 일자리를 창출하고 제품을 생산할 때 개선된다. 그러나 정부가 투자자본을 흡수해 버리면 민간 기업이 사용할 수 있는 자금이 줄어든다.

일본이 처한 상황이 이와 같다. 일본 정부는 모든 자금을 흡수해서 막대한 재정 적자를 지고, 세금을 인상해서 생산성 있는 기업으로부터 자금을 갈취하고 소비자의 저축능력을 감소시켰다. 그래서 20년 동안 경제성장률이나 일자리 수가 제자리걸음인 것이다.

미국이 나아가는 경로도 이와 비슷한 것 같다. 일본의 사례를 보면 일반적인 생각과 달리 막다른 벽에 부딪히기까지 어떤 나라가 꽤 오랜 기간 지탱할 수 있다는 점을 알 수 있다. 미국의 저축률이 증가하고 현재 그렇듯이 은행이 이를 대출해 주는 대신(대차대조표를 보완하기 위해) 연준리에 적립해 놓는다면, 미국은(필자들을 포함한) 대다수 관측가가 장담하는 것보다 오랜 기간에 걸쳐 대규모 적자재정을 운영할 수 있다.

앞으로 5년 동안 1,500만 개에서 1,800만 개에 달하는 일자리가 새로 창출되어야 몇 년 전 수준을 회복할 수 있다. 그러나 새로운 산업을 창출하지 않는 한, 일자리 수를 그 정도로 늘리기란 불가능하다. 전체 인구의 20% 가까운 미국인이 몇 년 전에 내던 수준에 훨씬 못 미치는 세금을 내고 있다. 또 1,000만 명 이상이 어떤 형태로든 실업수당이나 복지수당을 받고 있다.

정부의 이전지출[127]은 미국에 필요한 만큼 일자리를 창출하는 데는 역부족이다. 앞서 보았듯이, 민간 기업만이 일자리를 그 정도로 창출할 수 있다. 현실적으로 미국에 필요한 것은 순 일자리 수를 늘릴 수 있는 신생 기업이다. 이는 곧 투자가 필요하다는 말이다. 그런데 자금이 국채에 투자되고, 투자 주체이자 기업을 설립하는 기업가에게 필요한 자본에 세금을 부과한다면 경제 성장이 지체된다.

정부가 대규모 재정 적자를 진다고 해서 감내해야 할 고통이 줄어드는 것도 아니다. 단기간은 고통을 줄여 주는 것처럼 보이지만, 채권시장이 금리를 올리는 등 경제에 지각변동이 일어날 수 있다. 이러한 경로는 나쁜 선택이다. 그러나 슬프게도 연방 정부의 지출을 대대적으로 감축하는 조치가 뒤따르지 않는 한, 이러한 경로를 택할 수밖에 없는 것이 현실이다.

---

[127] 역주 _ 이전소득을 지출하는 정부의 입장에서 본 것. 즉, 생산에 관여하지 않은 개인에게 정부가 연금, 각종 수당 등의 명목으로 지급하는 것

이 책의 후반부에서 일본이 그리스와 마찬가지로 진실의 순간에 직면하리라는 점을 살펴볼 것이다. 미국도 계속해서 대규모 적자를 쌓는다면 생각지도 못한 순간에 일본과 같은 결말을 맞게 될 것이다. 금리가 치솟고, 적자는 더 늘어나며, 실업률은 증가하고, 생활 수준은 떨어질 것이다. 현명한 선택은 아니다.

활공경로

활공경로란 항공기가 착륙하기 전 마지막으로 비행하는 경사진 운항경로다. 활공경로에서 미끄러지듯 아찔한 비행이 있어야 무사히 착륙할 수 있는 법이다. 이러한 활공경로는 미국에도 필요하다. 적자를 지속 가능한 수준으로 유지하려면 이러한 장치를 마련하여 상황이 급속히 하강하는 데 대한 충격을 막아야 한다. 흑자는 꿈꿀 여지도 없는 현 상황에서 더더욱 시급한 일이다. 어느 시점에 이르면 자의에 의해서든 채권 시장의 강요에 의해서든 막대한 적자를 장기간 유지할 수 없다는 점을 깨닫게 되기 때문이다.

미국 의회와 대통령이 명목 GDP보다 낮은 수준으로 적자를 줄이기 위해 현실적이고 믿을 만한 계획을 5~6년에 걸쳐 세우기로 한다면, 채권시장은 평정을 유지할 것이다. 성장 속도를 늦추고 지출을 감축해서 연간 1,500억 달러씩 적자를 줄인다면 5년 후에 이 목표를 이룰 수 있다.

문제는 이 같은 해법에는 일시적으로 뼈아픈 고통이 뒤따른다는 점이다. 제3장에서 소개한 등식을 기억하는가?

GDP(국내총생산)=C(소비)+I(투자)+G(정부 지출)+순수출(수출-수입)

민간 부문이 성장하지 않는다고 가정할 때, 정부지출을 줄이면 GDP도 얼마간 줄어든다. 따라서 당장은 고통을 감내해야 한다. 그래야만 나중에 더 큰 고통을 피할 수 있기 때문이다. 연방 정부의 재정 적자가 거품처럼 급증한다면, 거품이 항상 그러하듯이 터질 때의 고통은 이루 말할 수가 없을 것이다.

이처럼 지금 당장 고통을 감내하는 식의 활공경로를 택하면(다른 해법과 마찬가지로) 구조적 실업률이 우리가 예상하는 것 이상으로 증가한다. 게다가 세금이 크게 인상되기 때문에 경제성장이 둔화된다. 물론 메디케어, 사회보장기금, 연금에 쌓인 70조 달러 규모의 미적립 채무 문제도 처리해야 할 것이다. 세금 인상이 논의에 그치지만은 않을 것이다. 특히 메디케어가 그 형체라도 유지하려면 정부는 곧 부가가치세를 도입해야 할 것이다. 그런데 그처럼 대대적인 세금 인상은 성장친화적인 정책에 부합하지 않다는 점을 명심하라.

편하거나 유리한 선택안은 없다. 부가가치세를 도입할 때 정부가 법인세라도 충분히 내려주길 바랄 뿐이다. 그래야 기업이 그나마 세계적으로 경쟁력을 확보하고 일자리를 창출할 여지가 마련된다.

미국이 직면한 문제는 앞으로 몇 년이 지난다고 해서 저절로 해결될 것이 아니다. 미국은 너무도 깊숙한 수렁에 빠져 버렸다. 이번 위기는 일반적인 경기 후퇴가 아니다. 이번 경기 후퇴는 'V' 자 형태[128]가 아니다. 고통에 직면해야만 한다. 기존 주식 투자 수익률이 줄어들어 결과적으로 달러의 환율이(유로, 파운드, 엔을 제외한) 대다수 통화에 대해 하락할 것이다. 채권 수익률도 감소하고, 유럽식 실업이 나타나며, 기업의 장기 수익률도 감소할 것이다. 전반적으로 경기성장세가 매우 둔화된다. 그러나 활공경로를 택하면 언젠가 때가 되었을 때 고통을 극복할 수 있다.

---

128 역주 _ 짧은 기간의 침체와 즉각적인 회복

국가 차원에서 대차대조표를 보완할 수도 있다. 시간이 흐름에 따라 적자를 조절할 수 있을 것이다. 1970년대에도 힘겹기는 했으나 적자를 줄일 수 있었다. 새로운 산업과 첨단 기술이 존재하므로 일자리 창출도 기대할 수 있다.

마지막으로 생각해 볼 것이 있다. 쉬운 일은 아니겠지만 정치권에 어떤 형태로든 활공경로라는 해법을 마련하려는 의지가 남아있다고 가정해보자. 그럴 경우, 활공경로 마련에 가장 결정적인 선거는 2010년 11월 중간선거도 아니고 2012년 대선도 아니다. 오히려 2014년에 치러질 중간선거가 활공경로 마련을 가늠할 것이다.

필자들이 이 책에서 제시한 여러 시나리오 가운데 그 어느 것이라도 미래에 전개된다면 실업률이 다시 5%대로 감소하고 경제가 다시 활성화되는 일은 없을 것이다. 따라서 현직에 있는 정치가들에게는 불리한 상황이다.

유권자의 의지도 중요하다. 유권자가 미 의회에 대해 경기부양책과 지출을 자꾸만 요구한다면 정치인들은 유권자에게 끝까지 버틸 수 있는 자제력이 없다고 생각하여 어려운 결단을 내리지 못하게 된다.

미국의 지도자들은 국민에 마법과 같은 대책이나 쉬운 해법이 없다는 점을 허심탄회하게 털어놓아야 한다. 책임을 전가할 때가 아니다. 지속 가능한 경제로 되돌아갈 길을 닦아 경제를 성장시키고, 과거 수준으로 일자리와 기회를 다시 창출하여 후손에게 물려주는 일을 미국인은 게을리하지 말아야 한다. 앞으로 몇 년 동안은 어려울 수밖에 없다. 그러나 처음 선택이 중요하다. 선택만 하면 어떻게든 헤쳐나갈 수 있는 법이다.

현 상황에서 미국인이 분별을 잃는다면 한층 더 고통스러운 날들이 미국인을 짓누를 것이다. 이럴 때일수록 적극적으로 미래를 개척해야 한다.

정책 제안

지출감축이나 세금 인상에 대해 구체적인 방법을 제시하는 것은 이 책의 취지에 벗어난다. 미국이 재정 적자를 명목 GDP 아래로 끌어내려야 하고 더 바람직하게는 흑자를 이룩해야 한다는 점이 우리가 이 책에서 주장하는 논점이다. 최근 대통령 직속 적자 위원회의 위원들은 흥미로운 정책들을 제안했다. 내용을 보니 정치적으로 야심이 없는 사람들인 것이 분명하다. 그러나 그러한 제안은 반드시 실현되어야 한다. 적자를 타당한 수준으로 줄이려면 어려운 결단을 내리고, 포기할 것은 포기해야 한다.

일반적으로 재정을 부양하려면 세금을 인상하기보다 지출을 줄여야 한다. 앞선 장들에서 보았듯이 세금 인상은 성장을 볼모로 잡는다. 그런데 현재 미국에 필요한 것은 성장이다. 세법을 손보더라도 미국 기업이 경쟁력을 확보할 수 있는 방향으로 개정해야 한다. 그리고 기업이 외국에서 벌어들인 소득에 대한 세금을 낮추는 방법을 반드시 마련해야 한다. 그래야 기업이 이를 외국에 투자하는 대신 미국으로 이전해서 미국에서 일자리를 창출할 것 아닌가!

이제 고정관념에서 탈피하는 정책을 몇 가지 제안해 보고자 한다.

고학력 이민을 받아들이자

미국에는 연간 100만 명이 외국에서 유입된다. 이들 대다수는 미국에 거주하는 사람들의 친척이다. 교육수준이나 경제수준이 높은 사람들이라고는 할 수 없다. 하지만 미국도 몇 년 동안은 캐나다처럼 교육수준이 높고 돈도 있는 이민을 받아들이면 어떨까?

더 구체적으로 생각해보자. 외국인이 현금으로 집을 사고 건강보험료 2년 치를 선납하면 임시 영주권을 받는다. 그 후 4년이 되면 영구 영주권을 취득

할 수 있다. 연간 25만 명과 1인당 가족 1~2명의 입국을 허락하면 어떨까? 그럼 이들은 집을 구입할 것이고, 현재 초과공급 상태인 집들이 팔리는 데는 몇 년 정도면 될 것이다. 그렇게 되면, 집값의 추가 하락을 막고, 주택건설업계의 회복도 더 빨리 촉진할 수 있다. 그 결과, 많은 일자리가 창출되고 GDP를 제 수준으로 회복시키는 데도 크게 기여할 수 있다.

더욱이 이러한 이민자 모두가 가구, 식료품, 의복, 자동차까지 구매할 것이다. 경제가 활성화될 수밖에 없다. 달러 가치도 절상될 것이다. 이들이 평균 20만 달러에 주택을 구입한다면 그것만도 500억 달러다. 그리고 추가로 100억 달러 이상이 다른 품목에 지출된다. 달러로 환전되는 이러한 돈들이 경기를 직접적으로 부양시키는 효과를 끼칠 수 있다. 이렇게만 되면 추가로 세금을 거둘 필요도 없다.

게다가 이들은 미국에서 일을 해야 할 것이다. 복지수당을 받으면 영주권이 소멸하기 때문이다. 이러한 이민자 대부분은(직원을 고용하는) 소규모 사업을 시작하거나 생산 노동력에 편입된다.

그리고 그래 봤자 지금 허용하는 수준 외에 더 많은 이민을 받아들일 필요도 없다. 몇 년 동안만 이민자 구성을 바꾸는 것뿐이다. 제3장에서 봤듯이 경제를 성장시킬 길은 인구를 늘리거나 생산성을 증대하는 것 외에는 없다. 바로 그것이다. 단지 미국에 친척이 있다는 이유 외에도, 다른 기준으로 미국에 필요한 사람을 받아들임으로써 미국은 경제를 발전시킬 수 있다(물론 기존 정책을 완전히 포기해야 한다는 말은 아니다. 그저 일시적으로만 초청이민의 비중을 줄이라는 말이다).

이러한 의견을 좀 더 현실적으로 생각해보자. 자연과학 분야에서 석박사를 받은 모든 외국인에게 임시 영주권을 부여하는 것은 어떨까? 이들이 미국에서 트레이닝을 받고 본국으로 돌아가면, 그 나라의 생산성도 증대되고 일석

이조이다. 미국에 필요한 사람들은 이런 사람들이다. 고학력 이민자들이 없었다면 실리콘 밸리는 아직도 한적한 오지 신세를 벗어나지 못했다. 여하튼 미국 경제가 다시 한 번 발전을 이루고 생산성을 확보하려면 인재들을 이민으로 받아들이는 정책을 고려해봐야 할 것이다.

앞으로 몇 년 안에 미국뿐 아니라 다른 선진국들이 가장 우수하고 똑똑한 인재를 차지하기 위해 세계 무대에서 경쟁을 벌이는 아이러니가 펼쳐질 것이다. 특히 외국에서 가장 우수하고 똑똑한 인재를 끌어들이는 한편 자국의 인재들을 확보하려는 경쟁이 치열할 것이다.

에너지 정책을 바로 세우자

앞선 장에서 보았듯이 소비자와 기업이 차입금을, 정부가 적자를 줄이기로 하면 무역 적자가 불어날 수 있다. 반드시 한 번에 두 가지만 달성할 수 있다는 점도 살펴보았다(앞에서 논했듯이 항등식 회계 원칙 때문이다). 재정 적자를 정말로 조절하고자 한다면, 무역 적자부터 해결해야 한다. 외국산 원유에 대한 의존도에 관해 진지하게 고민해 봐야 한다는 얘기다. 캐나다 앨버타 주를 미국의 51번째 주로 만들지 않는 한, 실질적인 변화가 필요하다.

미국의 석유 관련 순 수입액은 2,040억 달러다. 이는 2008년 7,000억 달러에서는 급감한 것이지만, 2009년 무역 적자 3,800억 달러의 절반을 훌쩍 뛰어넘는 액수이다.

필자들을 비롯한 경제학자 상당수가 휘발유세를 인상해야 한다고 말한다. 현재 휘발유세는 재량 소득이기 때문에 다른 제품이나 서비스에 쓰이거나 외국에 송금될 수 있다. 이를 미국 국내에서 필요한 부분에 지출되도록 한다면 어떨까?

앞서 외국산 석유에 대한 의존도가 사라질 때까지(매달 2.5센트로 시작해) 매년 갤런당 0.30달러씩 인상하자는 제안을 했다. 세금은 에너지 순 수출국이 될 때 다시 낮추면 된다. 이렇게 하면 사람들은 유럽에서처럼 연비가 좋은 소형차를 선택할 것이다. 그리고 국가 차원에서 유럽식 연비 기준을 도입하면, (완전히 독립하지는 못하더라도)석유 독립의 길에 들어서는 셈이다.

미국은 매년 갤런당 1,400억 달러 정도를 휘발유에 지출한다. 이는 전체 석유 소비량에서 72% 정도의 비중이다. 그러므로 휘발유세를 인상하면 첫해에는 약 400억 달러가, 2년째에는 800억 달러가 세금수입으로 창출된다. 엄청난 액수다.

그런데 이러한 세금을 연방 정부의 재정에 편입시켜서는 안 된다. 휘발유세 전액을 교량, 도로, 수로, 스마트 송전망, (보조금 없이 운영되는)공공교통 등 노후 인프라를 재구축하는 데 사용하는 것이 바람직하다. 그리고 그처럼 거액의 세금은 그 세금이 거두어지는 현지에서 사용되어야 한다. 더욱이 국가적 프로젝트에 할당되는 예산이 부족한 상황이므로 더욱 그렇게 되어야 한다.

일단 그러한 프로젝트를 진행하면 일자리가 많이 창출된다. 또 인프라가 개선되어서 이를 사용할 우리 후손들이 혜택을 본다.

좀 더 분명히 알아보자. 이는 실제로 세금 인상이라기보다 조세대체[129]다. 소비자의 선호도를 바꿈으로써 원유 수출국으로 흘러들어 가는 돈을 미국이 확보하고, 이를 미국에서 사용하는 것이다.

그다음으로 미국은 댈러스의 석유 재벌 티 분 피켄스가 하는 말에 귀를 기울여 트럭 연료를 모두 천연가스로 바꿔야 한다. 미국은 천연가스 매장량이

---

[129] 역주 _ 국민에 불리한 세금은 줄이고 유리한 세금은 늘리는 조세 방식

풍부하기 때문이다. 휘발유세 가운데 일부를 필수적인 인프라 구축에 사용하는 것도 좋지만, 구축된 인프라를 각종 기업에 임차한다면, 시간이 흐름에 따라 구축 비용을 회수할 수도 있다.

미국의 휘발유 소비가 둔화세를 보임에 따라 유가가 과거 대비 하락하는 효과가 나타날 수 있다. 유가 하락은 미국이 재정 적자를 조절하고 외국산 에너지에 대한 의존도를 줄이는 데 도움을 줄 것이다.

2020년대에는 전기자동차로 전환하는 소비자들이 늘어날 것이다. 그렇다면 전기를 어떤 방식으로 창출해야 할지도 생각해 봐야 한다. 물론 석탄을 이용하면 되지만, 이보다 청정하고 효율적인 방식이 첨단 원자력 기술이다. 미국이 화석연료에 대한 의존도를 줄일 수 있는 스마트 송전망을 구축하려는 지금, 앞으로 원자력 발전소를 적어도 50개나 75개, 최대한 100개 정도 건설해야 할 것이다.

일자리 창출로 이어지는 교육 정책

선출 관료와 그 밑의 관료들은 매일 아침 일어날 때마다 '내 담당 영역에서 어떻게 하면 일자리 창출이 용이하도록 할 수 있을까?' 하고 생각해야 한다. 개인과 기업이 세율이 높고 규제가 많은 주에서 그렇지 않은 주로 옮기고 있고, 그로 말미암아 세입의 불균형이 초래되고 있다. 그러므로 특히 세율이 높고 규제가 깐깐한 주에 사는 사람이라면 일자리 창출에 대해서 고민해 볼 필요가 있다.

물론 규제는 필요하다. 그러나 신생 기업이 진입할 수 있도록 장벽을 최대한 낮추기 위해 규제를 최소화해야 한다. 그리고 공공안전에 대한 법규는 필요하다. 하지만 소규모 기업과 변호사들이 여는 작은 사무소에 법규를 적용하는 것은 불필요하다. 사업에 대한 이해도 없고 정작 필요할 때는 응답도 하지 않다가 그럴 준비가 되어야 비로소 응답하는 관료들이 요구하는 별도의 서류 작업을 작성하는 것은 말할 것도 없고, 사업을 운영하는 것은 그 자체로 고된 일이다.

제대로 된 직업정책은 교육기회에서 비롯된다. 그러려면 학교가 아이들을 가르치는 본연의 임무를 인식하고 제대로 된 교육부터 시켜야 한다. 필자(몰딘)는 자녀가 일곱 명이나 된다(그 가운데 다섯은 입양했다). 그런데 자녀마다 교육에 대한 요구조건이 다 달랐다. 아이의 특성에 따라 잘 맞는 학교를 찾기 위해 학교들을 찾아다니며 조사한 적도 몇 번 된다. 모든 학생에게 획일화된 교육을 제공하는 학교는 현대 세계에서 설 자리가 없다. 또 교원이 학생에 우선하는 학교 역시 양질의 교육을 제공하기 어렵다. 미국은 학생들의 다양한 학습 요구사항에 맞춰 주는 학교가 필요하다는 점을 인식해야 한다.

이뿐 아니라 미국은 중국, 인도, 인도네시아, 독일 등 여러 국가와 경쟁해야 한다는 점을 인식해야 한다. 미국도 한때 교육에 적극적으로 치중했던 시기도 있으나, 요즘은 그때만큼 적극적이지 않은 것 같다. 미국의 고유한 인적 자원은 젊은 기업가들이라는 점을 인식하여 이들을 길러내고 찾아내는 데 힘을 기울여야 한다. 또한 미래의 일자리가 생성되는 산실이 미국의 학교라는 점도 명심해야 한다.

신생 기업에 유리한 세금 정책

일자리를 창출하고 실업률을 낮추지 않는 한, 심각한 고통을 겪지 않고는 재정수지의 균형을 바로잡을 가능성은 없다. 기업의 최우선 과제는 일자리 창출 방법을 찾아내는 것이다. 신생 기업이야말로 일자리 창출의 진정한 근원이다. 따라서 신생 기업을 장려하는 정책을 개발해야 한다. 앞으로 3년 안에 회사를 설립하는 사람에게 회사를 설립해서 최소한의 일자리만 창출한다면 설립한 지 5년 이후 언제든지 원하는 때에 양도소득세 없이 매각할 수 있다고 제안하는 것은 어떨까? 필자들이 보기에는 효과적인 인센티브가 될 것 같다.

또한 미국은 세계 시장에서 적극적으로 일자리를 확보해야 한다. 다국적 기업을 상대로 미국에서 회사를 설립하면 초기 10년 동안 법인세를 감면해 준다는 제의를 하는 것이다. 법인세는 그 후부터 조금씩 인상하면 된다. 12.5%인 아일랜드보다 낮은 법인세율 12%를 제시하면 어떨까? 이러한 감면 혜택이 다국적 기업에 경쟁력을 제공하는 것은 당연하다. 따라서 다른 나라와 경쟁할 수 있는 수준으로 법인세를 인하하자.

세금은 필요하다. 그러나 필요를 충족시키기 위해 세법을 개혁하는 방안을 생각해 볼 수 있다. 이 책의 집필을 마칠 때쯤 어스킨 보울스와 앨런 심슨이 최고 세율은 23%로 하되, 자본 이득과 배당금에 대해서도 같은 세율을 적용하는 내용의 세법 개혁안을 상정했다. 이들의 상정안에는 일부 세금을 그대로 유지하면 어떤 비용을 초래할 수 있는지 보여 주는 흥미로운 표가 포함돼 있다. 예를 들어 자녀 세액 공제와 근로소득 공제를 유지하면, 모든 납세자의 세율이 추가로 1% 인상된다. 주택담보 대출 이자 공제의 경우, 세율을 추가로 4% 인상한다. 미국인 가운데 무주택자가 40%라는 점과 재산이 거의 없는 사람이 큰 비중을 차지한다는 점을 고려할 때, 이러한 세액 공제는 재검토할 필요가 있다.

피트 도미니치 전 상원의원과 클린턴 행정부에서 관리예산처장을 지낸 앨리스 리블린 등 양당 의원들도 최저 세율과 최고 세율을 각각 15%, 27%로 하고 판매세 6.5%를 부과하는 안을 상정했다.

앞으로 상정안들이 보울스의 상정안과 같은 형식을 갖췄으면 한다. 세법의 각 항목이 어떤 비용을 초래하는지 보여 줌으로써 어디에 세금을 투자하면 좋을지 아닐지 납세자가 결정하도록 해야 한다.

앞으로도 세제에 관련해 많은 제안이 상정될 것이다. 따라서 필자들은 이에 대해 상세한 논의는 하지 않으려고 한다. 그러나 저축과 신생 기업을 장려하고 재정 적자는 줄이는 방식으로 세제를 개혁하려는 논의가 막 시작되었다는 점이 신선하다고 생각된다.

미국은 지난 10년 동안 세 차례 거품 붕괴를 겪었고, 이제 그 마지막 붕괴의 여파를 겪고 있다. 그런데 마지막 거품은 정부의 재정에 있었다. 이 마지막 거품이 가장 해결하기 어려울 것이다. (연방 정부, 주 정부, 지방) 정부 규모를 감당할 만한 수준으로 축소해야 하고, 공공 투자에 돈이 몰려 신생 기업과 민간 부문에 대한 투자가 축소되지 않도록 해야 하기 때문이다. 쉬운 작업은 아니다. 하지만 민주, 공화 양당이 개혁안을 제안한다는 사실(물론 양당에서 아우성을 자아내고는 있지만)이 고무적이다. 이것만 봐도 문제를 인식한 의원이 있다는 점을 알 수 있다.

마지막으로 우리는 미국이 문제를 해결하는 방법을 찾아낼 것임을 확신한다. 시간이 흐르면서 미국의 신세대 기업가들이 어떻게 하면 소비자가 원하는 재화와 서비스를 제공할 수 있을지 파악함에 따라 새로운 일자리가 창출될 것이다. 개인용 컴퓨터와 인터넷이 나타났던 것처럼 생명공학, 무선 통신(특히 우리가 상상조차 할 수 없는 무선 통신망이 곧 모습을 드러낼 것이다), 로봇 공학, 전기 자동차, 스마트 인프라 등의 부문에서 기술혁신이 일어날 것이다.

1970년대 후반에 일본이 미국의 골머리를 썩일 무렵, 미국의 물가는 걷잡을 수 없이 상승하고 금리는 20%를 넘어섰으며 실업률은 10%에 이르렀다. 기업은 고전을 면치 못했다. 그때 "일자리는 앞으로 어디에서 창출될까?"에 대한 적절한 대답은 "나도 몰라. 하지만 창출될 거야."였다.

지금도 똑같은 대답을 하고 싶다.

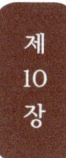

유럽 비핵심 국가
현대판 금 본위제

> 유럽은 공동통화지역의 단점을 보여 주는 사례다. 유럽은 다른 언어를 쓰고 다른 풍습을 지닌 독립 국가들로 구성되어 있다. 그리고 각국 국민은 공동시장이나 유럽이라는 공동체 개념보다는 자국에 더 큰 충성도와 애착을 지닌다.
>
> 밀턴 프리드먼 교수의 1997년 11월 19일 『더 타임스』 인터뷰

> 역사상 단일 국가가 아닌 통화 공동체가 지속된 사례는 없다.
>
> 오트마 이싱, 1991년 독일 분데스방크 수석 이코노미스트

유럽 비핵심 국가는 과도한 부채 때문에 도미노처럼 무너지고 있다. 그리스는 2010년 5월 유럽연합과 국제통화기금에 구제 금융을 신청했다. 아일랜드도 몇 달 후인 2010년 11월에 그리스의 전철을 밟았다. 우리가 이 책을 쓰는 시점에 관측자들은 포르투갈과 스페인이 그다음 타자가 되리라고 전망하고 있다. 미국의 서브프라임 사태로 베어스턴스나 리먼 브러더스 등 주택 담보 대출을 한 은행이 가장 먼저 무너졌듯이 과도한 부채는 유럽 국가들을 붕괴 일보 직전으로 몰아넣고 있다.

좋았던 시절에 포르투갈, 아일랜드, 그리스는 유로화를 쓴다는 이점을 향유했다. 하지만 시간이 지나면서 재정 불균형이 차츰 확대되어 이제는 시정될 때만을 기다리고 있다. 이번 장에서는 유럽 비핵심 국가들이 어떻게 해서 그러한 지경에 이르렀고, 현재 문제점은 무엇이며, 어떻게 하면 난국에서 벗어날 수 있을지 살펴보고자 한다.

유로화: 최적이 아닌 통화지역

너무 당연한 일 같지만, 유럽은 단일 국가가 아니다. 유럽은 여러 국가가 있는 대륙이다. 아프리카와 중동에서 찾아오는 이민자들에게는 더 나은 삶을 제공하는 이상향으로 비치는 곳이다. 그러나 한편으로 유럽은 통화 공동체이기도 하다. 바람직하지 못한 통화 공동체다.

대개는 자국에 고유한 통화가 있다는 점을 당연시한다. 달러, 파운드, 엔, 유로화가 처음부터 존재했다고 믿는 것이다. 실제로는 상당히 오랫동안 은행들은 증서를 발행하고, 이를 보유한 사람에게 금과 바꿀 수 있는 권리를 부여했다. 통화가 국가 영토와 정확히 일치해야 한다는 개념은 역사적으로 볼 때 매우 최근에 나타난 일이다.

유로화가 만들어지기 전에 경제학자 로버트 먼델은 최적 통화지역을 만드는 요소에 관해 썼다. 그 논문은 중요성을 인정받아 먼델이 노벨 경제학상을 받는 데 큰 역할을 했다. 먼델의 설명에 따르면, 통화지역은 다음이 충족될 때 최적의 상태를 유지한다.

- 자본과 노동력의 이동성
- 소득과 물가의 유연성
- 유사한 경기순환주기
- 다른 지역의 경기 후퇴의 충격을 완화해 줄 수 있는 재정 이전

유럽은 이 가운데 하나도 갖추고 있지 않다. 단적으로 말해서, 바람직한 통화지역이 아니다.

반면에 미합중국은 바람직한 통화공동체다. 알래스카나 플로리다나 캘리포니아나 메인이나 모두 같은 동전과 지폐를 쓴다. 미국은 경기 후퇴의 충격도 상당히 잘 흡수한다. 1990년대 초반에 냉전이 끝나고 국방비의 감축으로 일자리를 잃은 남부 캘리포니아 사람이나 1980년대 초반에 유가 거품의 붕괴로 일자리를 잃은 텍사스 사람이 짐을 챙겨서 잘 나가는 주로 옮기는 일이 허다했다. 그런데 유럽에서는 이러한 일이 있을 수 없다. 그리스인이 짐을 챙겨 핀란드로 이주하는 일은 없다. 일단 그리스인은(핀란드 밖에 사는 사람 누구나 그러하겠지만) 핀란드어를 구사하지 못한다. 또한 미국인은 캘리포니아든 텍사스든 어디에 머물러도 중앙 정부로부터 경기 침체의 타격을 완화하는 데 필요한 재정이전을 받을 수 있다. 그러나 유럽에는 중앙 정부가 없어서 이러한 재정이전을 해 줄 수가 없다. 미합중국은 노동력과 자본이 자유로이 이동하고 재정 타격도 흡수하기 때문에 통화지역으로 적합한 것이다.

현대의 유로화 통화체제는 금 본위제와 흡사하다. 물론 유로는 금과 맞바꿀 수 없다. 그렇지만 몇 가지 면에서 유사하다. 금 본위제와 마찬가지로 유로제는 이를 채택하는 국가에 환율 조정 대신 실질 물가와 임금 조정을 강제한다. 또 경기 후퇴적인 편향이 있다는 점[130]도 금 본위제와의 공통점이다. 금 본위제에서는 조정 부담이 항상 강세 통화가 아닌 약세 통화를 지닌 국가에 부담된다.

고전적인 개념의 금 본위제가 시행되면, 자국의 통화가치가 하방 조정된 나라는 경제를 위축시킬 수밖에 없다. 이때 수요가 감소하는 만큼 임금이 빠

---

130 역주 _ 경기 후퇴 이후 재정 적자가 큰 나라에 조정 부담을 부과하는 것

른 속도로 감소하지 않기 때문에 실업률이 상승하는 일이 일반적이다. 반면에 시장이 통화가치에 상방 압력을 가하는 나라는 조정부담을 받지 않는다. 이러한 일방적인 조정 메커니즘으로 경기 후퇴에 빠진 나라에는 디플레이션 편향이 나타난다. 그리고 역사적으로 볼 때, 디플레이션 편향은 큰 고통을 초래한다.

배리 아이켄그린은 금 본위제에 관한 한 세계 최고의 권위자이며 『금의 족쇄 Golden Fetters』와 같은 역작을 쓴 경제학자다. 아이켄그린은 미국이 대공황을 물리칠 수 없었던 가장 큰 요인은 금 본위제를 고수했기 때문이라고 본다. 금 본위제를 고수함에 따라 1929년의 주식 시장 폭락에 이어 나타난 소규모 경기 후퇴가 대공황으로 진전되었다는 것이다. 그리고 1929년에 금 본위제를 채택하지 않던 나라나 빠르게 이탈한 나라는 경기실적이 그리 악화되지 않은 상태로 대공황을 탈피할 수 있었다고 주장한다.

더 나아가기 전에 일단 매우 중요한 구분부터 하고 넘어가자. 유럽에서 이른바 핵심국가는 독일, 프랑스, 네덜란드, 벨기에다. 이러한 나라들은 일반적으로 부유하고 물가도 더 안정되어 있으며 다른 나라와의 경제통합 정도도 높다. 비핵심 국가는 포르투갈, 아일랜드, 이탈리아, 그리스, 스페인으로, 각 국가명의 앞글자를 따서 'PIIGS'로도 부른다. 이러한 나라들(이나 그 국내 지역들)은 역사적으로 빈곤에 시달렸고, 물가도 안정되어 있지 않으며, 독일이나 프랑스 같은 나라와 통합 정도도 낮다. 또한 경기순환주기도 다르다. 이러한 핵심 국가와 비핵심 국가 사이의 격차가 우리가 이번 장에서 논할 문제점 대부분을 초래했다.

과거 10년간, 유럽의 비핵심 국가는 핵심 국가보다 임금과 물가가 크게 상승했다. 독일에서 물가와 임금이 정체 상태를 보였던 반면에, 비핵심 국가에서는 물가와 임금이 급속도로 인상되었다. 그로 말미암아 비핵심 국가는 독일이나 다른 핵심 국가보다 경쟁력이 크게 떨어졌고, 수입이 수출을 앞질러 대규모 경상수지 적자를 기록했다. 이를 바로잡을 방법은 내부적 평가절하 또는 디플레이션으로 물가와 임금을 실질적으로 떨어뜨리는 것뿐이다. 그런데 이러한 방식은 상반된 효과와 심각한 문제를 불러일으킬 수 있다.

금리는 낮은데 물가가 급속도로 상승함으로써 비핵심 국가의 실질금리는 마이너스로 떨어졌다. 단순하게 말해서 물가상승률이 4%인데 대출금리가 3%라면, 실제로는 물가상승률보다 1% 낮은 금리에 돈을 빌리는 셈이 된다. 즉, 대출받으면서도 돈을 버는 것이다. 그래서 사람들은 대출을 받았다. 이렇게 해서 비핵심 국가는 유로화로 막대한 부채를 쌓았는데, 문제는 이 나라들은 유로화를 마음대로 찍어 낼 수가 없다는 점이다.

미국, 영국, 스위스의 통화당국은 각 은행에 유동성을 공급하고, 통화를 팽창시켜 재정을 확대하고, 장기 금리를 조절하고, 자국의 통화 가치를 떨어뜨리기 위해 부채에 대한 통화화를 실시할 수 있다. 그러나 비핵심 국가는 그런 선택을 할 수 없다. 유럽 비핵심 국가의 상황과 유일하게 맞아떨어지는 사례가 있다. 금 본위제에서 디플레이션을 겪었던 나라들이다. 그러한 나라들은 돈과 달리 맘껏 찍어 낼 수도 없는 금으로 부채를 상환해야 했다는 점이 현재 비핵심 국가와의 공통점이다.

독일은 유럽 국가 간의 균형을 잡고 경제가 취약한 국가의 어려움을 해결하기 위해 막대한 무역 흑자를 줄이고 내수를 확대하라는 요구를 거부하고 있다. 적자가 나면 흑자가 나는 쪽도 있는 법이다. 독일은 대신에 비핵심 국가와 마찬가지로 지출을 줄이고 내수를 떨어뜨리느라 여념이 없다. 유로제는 금 본위제와 흡사하기 때문에 디플레이션 편향이 강하다. 적자를 기록하는 비핵심 국가에 조정 부담이 부과되므로, 이들은 디플레이션에 굴복해야 한다.

금 본위제와 달리 유로제를 이탈하기란 거의 불가능하다. 마스트리흐트 조약은 유로존에 가입하는 데 관해서는 명시적으로 언급하고 있으나, 이탈에 대해서는 아무런 언급이 없다. 장기적으로 보면 올바른 정책이라고 해도 유로존을 이탈하는 과정에서 많은 혼란이 유발되므로, 이탈을 반대하는 정치가나 기업인이 대부분일 것이다. 이탈리아가 유로존을 이탈하는 즉시 어떠한 일이 일어날지 예상해 보자.

> 시장 참여자들이 이 사실을 알아차릴 것이다. 기업은 국내 예금이 다시 리라로 표시될 것으로 예상하고, 예금을 유로존의 은행에 예치할 것이다. 리라 환율이 유로 대비 절하되리라고 생각하기 때문이다. 이렇게 해서 금융계 전반에서 대규모 예금 인출 사태가 뒤따를 것이다. 또, 투자자들은 자신들이 보유한 이탈리아 국채가 리라로 상환된다고 예상하고, 유로존의 다른 나라로 투자처를 옮길 것이다. 이는 국채부도사태로 이어진다. 의회에서 리라화를 포기하느냐 마느냐에 관해 논쟁을 촉발시킨다면, 유럽의 중앙은행은 최종 대부자로서 대대적인 지원을 하지 않을 것이다. 이탈리아 정부 재정이 이미 약화된 상태라면, 은행을 구제하고 국채를 다시 사들이기 위해 차입하는 것도 불가능할 것이다. 이는 여러 금융 위기를 유발할 것이다(그리스의 과정과 다르지 않다). [1]

그 결과는 정치가들이 상상하기조차 싫을 정도로 참혹할 것이다. 그러나 어쨌든 정치가들이 수단과 방법을 가리지 않고 유로 이탈을 막을 것이므로 유로존은 계속해서 유지될 것이다. 이는 경제성장률, 디플레이션, 금융시장에 중대한 시사점을 제시한다.

유로존은 경제적이라기보다 정치적인 개념의 통화지역이다. 그래서 정치권의 의지가 존속하는 한 유로는 그대로 남을 것이다. 아이러니하게도, 내부 위기를 겪지 않고도 유로존을 이탈할 수 있는 나라는 독일이나(현재 우리가 이 책의 최종본을 편집하느라 머물고 있는) 네덜란드처럼 잘 사는 나라다. 독일이나 네덜란드, 그리고 이러한 나라들의 은행은 비핵심 국가의 국채를 많이 보유했는지 아닌지는 그다지 중요하지 않다.

현재 디플레이션과 경기 위축이 일어나고 있다는 근거는 무엇일까? 유럽의 인플레이션율은 다른 나라들의 수준을 밑돌고 있다. 부채를 통화화할 수 있는 나라에서는 인플레이션이 발생하고, 그렇지 못한 나라에서는 디플레이션이 발생할 것이라고 예상된다. 도표 10.1은 미국과 영국의 인플레이션율이 최고치임을, 그리고 유로존 국가와 디플레이션의 덫에 갇힌 일본의 인플레이션율이 최저치임을 보여 준다. 놀랍지 않은 결과다.

도표 10.1 일부 국가의 근원 인플레이션

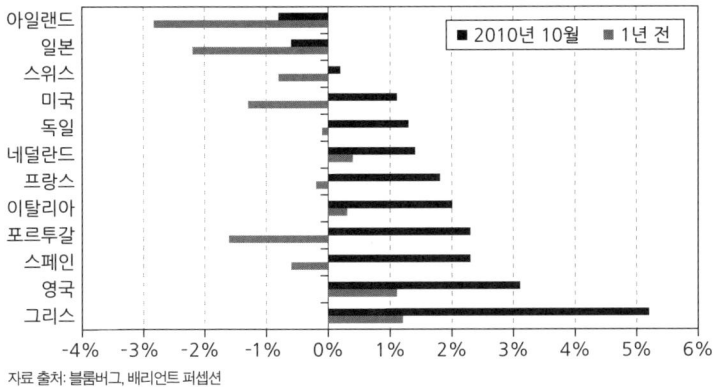

유럽 비핵심 국가가 장기 디플레이션에 시달릴 가능성이 가장 큰 지역이라는 사실에 주목할 필요가 있다. 도표 10.2 참조

도표 10.2 근원 소비자 물가지수: 스페인, 라트비아, 아일랜드, 그리스, 일본

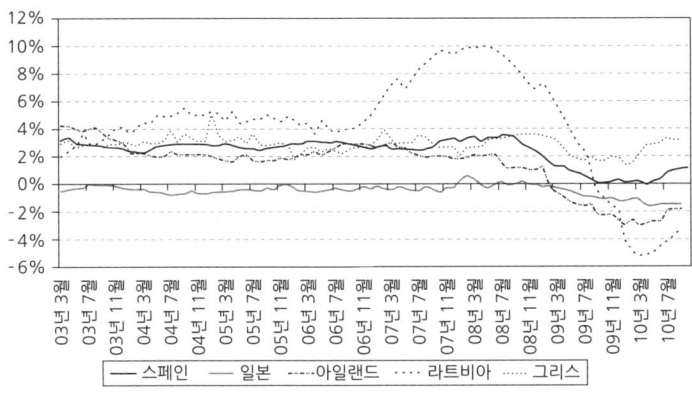

투자자와 언론인이 지난해에 가장 크게 주목한 사안은 서서히 윤곽을 드러내는 그리스와 비핵심 국가의 부채 현황이었다. 도표 10.3은 이를 극명하게 보여 준다. 이러한 문제는 어제오늘 일이 아니지만, 시장이 이제야 그 문제의 심각성에 눈을 뜬 것이다.

도표 10.3 독일과 유럽 비핵심 국가 간 국채 수익률 스프레드

자료 출처: 블룸버그, 배리언트 퍼셉션

미국 월간지 『베니티 페어』지 2010년 9월 호에 마이클 루이스가 기고한 글 일부를 살펴보자.[2]

> 지나고 보니, 모든 불이 꺼지고 막대한 차입금을 떠안은 채 어둠 속에 홀로 남았을 때 그리스인들이 원했던 일은 자국 정부가 엄청난 돈이 채워진 피냐타[131]로 돌변해 그 돈을 국민에게 펑펑 나눠 주는 것이었다. 지난 10년 동안 그리스 공공 부문의 임금은 실질적으로 두 배 상승했다. 물론 여기에는 공무원들이 챙긴 뇌물은 고려하지 않았다. 공무원 평균 소득은 민간 부문 근로자 평균 소득의 3배 가까이 된다.
>
> 그리스 철도공사는 연 매출이 1,000억 유로인데 연간 인건비는 4,000억 유로다. 더욱이 기타 경비가 3,000억 유로나 된다. 철도공사 직원의 연평균 소득은 6만 5,000유로다. 성공한

131　역주 _ 아이들이 파티할 때 눈을 가리고 막대기로 쳐서 넘어뜨리는 장난감과 사탕이 가득 든 통

사업가에서 재무부 장관으로 변신한 스테파노스 마노스는 20년 전 그리스의 철도 승객을 택시에 태우는 편이 싸게 먹힐 것이라고 지적했다. 아직도 유효한 말이다. "그리스의 철도 공사는 상상을 초월할 정도로 파산한 상태다. 그런데도 민간 기업 가운데 직원 평균 소득이 그 정도 되는 곳은 한 군데도 없다."라고 마노스는 지적한다.

그리스의 공립학교 시스템 역시 놀라우리만큼 비효율적으로, 유럽에서 최하위를 기록했다. 그러나 최상위를 기록한 핀란드와 비교해 학생당 교사의 수가 네 배나 많다. 공립학교에 자녀를 보내는 그리스인들은 반드시 가정교사를 고용해야 한다. 그렇게 하지 않으면 아이들이 배우는 것이 없기 때문이다. 그리스에는 국유 방위산업체가 세 곳 있다. 이들의 부채를 모두 합치면 수십억 유로에 달하며, 적자 규모도 계속 늘어나고 있다.

'고된' 것으로 분류되는 직종의 은퇴 연령은 남녀 각각 55세와 50세이며, 이때부터 국가는 은퇴자들에게 후한 연금을 퍼 주기 시작한다. 그런데 그리스에서 '고된' 것으로 분류되는 직종은 미용사, 라디오 아나운서, 웨이터, 음악인 등을 비롯해 600여 직종에 달한다. 그리고 그리스의 국가 건강보험 시스템은 의료기관 비품에 유럽 평균보다 너무 많은 돈을 지출한다. 그리스에서는 간호사와 의사가 양팔 가득 종이 타월이나 기저귀, 그리고 비품 창고에서 빼내 갈 수 있는 것은 무엇이든 품에 안고 퇴근하는 모습을 흔히 볼 수 있다. 이는 필자가 아는 그리스인들도 직접 목격한 사례다.

그리스인들은 세금을 내려고 하지 않는다. 탈세해도 처벌받는 사람이 없기 때문이다. 숙녀에게 문을 열어 주지 않는다고 해서 처벌받지 않는 것과 매한가지다.

낭비가 끝나는 시점과 도둑질이 시작되는 시점이 어디냐는 중요하지 않다. 어떤 사람이 가면을 쓰면, 다른 사람도 이를 따라 한다. 예를 들어 정부에서 일하는 사람은 누구나 뇌물을 받는 것이 기정사실이다. 국가에서 운영하는 의료기관에 가는 사람은 치료를 받으려면 의사에게 뇌물을 주는 것이 당연하다고 믿는다. 한평생 공공 부문에서 일한 정부 부처 장관들은 퇴임 후에 수백만 달러짜리 고급 주택을 구입하고, 전원주택을 두세 채씩 구입한다.

그리스는 말로 표현할 수 없을 정도로 대대적인 변화를 겪어야만 한다. 루이스가 지적하듯 예산 불균형을 약간 손보고 지출을 조금 감축하는 것으로는 어림도 없다. 일단 국민성 자체를 바꿔야 한다. 즉, 모든 이가 몸에 밴 습관을 바꿔야 한다.

유럽의 지도자들은 그 어떠한 유럽연합 회원국도 부도가 나도록 내버려 두지 않겠다며 호언장담한다. 방법이 있으리라는 것이다. 그러나 현실적으로 그리스는 더 많은 돈을 빌려서 문제를 해결하는 수밖에 없다. 그러나 그 돈을 갚는 것이 불가능하기 때문에 국가부도의 가능성이 있는 정도가 아니라 상당히 크다.

그리스는 메가톤급 국채 사태를 일으켰으나, 나라 자체는 작다. 비유하자면 그리스는 코끼리 옆구리에 달라붙은 벼룩 수준이다. 명목 GDP는 유로 지역 전체 대비 2% 정도다.

이와 비교해 스페인은 12%가 넘는다. 스페인은 최악의 주택 거품을 겪었다. 그 결과, 팔리지 않은 빈 주택이 미국만큼 많다. 하지만 스페인은 미국 면적의 6분의 1 크기라는 점이 문제다. 스페인의 명목 GDP는 유로 전체에서 12% 정도 되지만, 2000년 이후 지어진 신규 주택 수는 유럽 전체 신규 주택 수의 30%를 차지한다. 신규 주택 대부분이 외국 차입금으로 지어졌다. 따라서 스페인의 주택사태는 신용위기와도 밀접한 연관이 있다.

금융 부문이 입은 타격도 크다. 스페인 주택개발업체의 미상환 부채는 2000년 335억 유로에서 2008년 3,180억 유로로 치솟았다. 8년 만에 850%가 증가한 것이다. 건설 부문의 부채까지 더하면, 개발업체와 건설업체의 전체 미상환 부채 규모는 4,700억 유로다. 이는 스페인 GDP의 약 50%를 차지하는 비중이다.

스페인의 미분양 주택문제는 너무도 심각해서 대규모 주택공급이 제공하는 이점을 모두 상쇄한다. 스페인 주택부에 따르면, 스페인의 미분양 주택은 2008년 12월에 61만 3,512채였다. 여기에다 당시 건설 중이던 주택 62만 6,691채까지 더해야 한다. 그 가운데 25만 채가 팔렸고(하지만 계약 취소가 가능했다), 그 밖의 주택들은 완공되기 직전이었다. 따라서 보수적으로 산정해도 스페인의 미분양 주택은 100만 채가 넘는 것이다. 불행히도 이러한 주택 대부분은 해안 지방에 자리하고 있으므로, 과도한 차입금에 시달리는 영국인 관광객이 되돌아오지 않는 한 판매되지 않는 채로 남아 있을 가능성이 크다. 스페인 주택은 지어진 위치부터 잘못된 셈이다.

스페인의 건설주 거품은 미국의 거품이나 다른 고전적 거품과 매우 유사해 보인다. 10배까지 치솟았다가 90%나 폭락했기 때문이다. 그 이상 단순할 수가 없다.

이처럼 안타까운 상황을 고려할 때 독자들은 스페인의 주택 가격이 미국처럼 폭락했으리라 짐작할 것이다. 그런데 그렇지 않았다. 도표 10.4에서 보듯, 공식 통계수치에 따르면 스페인의 주택 가격은 정점에 달했을 때보다 10% 남짓 하락했을 뿐이다.

도표 10.4 스페인의 주택가격지수 추이 스페인 주택부 자료

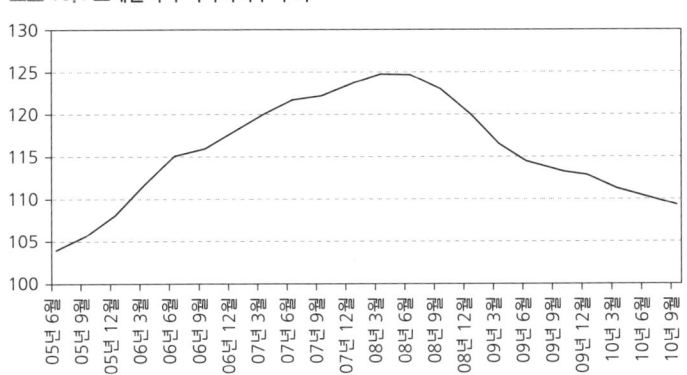

자료 출처: 블룸버그, 배리언트 퍼셉션

주택 거품이 최고 수준이고 국가경쟁력이 부족하다는 사실로 볼 때 스페인은 장기 침체를 겪을 가능성이 크다. 게다가 당분간은 엄청난 재정 적자를 감당해야 할 것이다. 스페인의 실업률은 도표 10.5에서 보듯 프랑스 같은 핵심 국가 평균의 2배에 이른다. 최근 노동시장 재편에도 구조적인 문제가 남아 있다.

도표 10.5 스페인과 프랑스의 실업률 추이

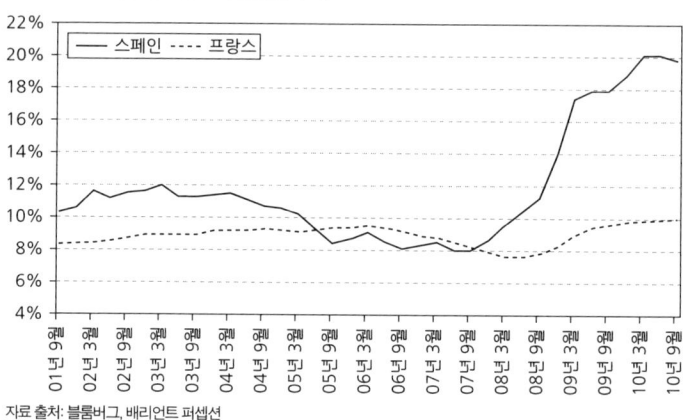

자료 출처: 블룸버그, 배리언트 퍼셉션

그러나 핵심 국가와 비핵심 국가 간의 차이에서 유발되는 문제가 더 심각하다. 최근 유럽의 금리 스프레드는 그리스 사태와 상관없이 2000년에서 2010년 사이의 평온한 시기와 비교해 훨씬 큰 폭으로 벌어지고 있다. 2010년 말 이 책을 쓰고 있는 시점에서 비핵심 국가의 금리 스프레드는 다시 한 번 위기 수준으로 급등해 추가 국채부도 사태를 예고하고 있다. 재정 신용도가 불량하고 10년간의 인플레이션 후 성장전망도 불투명한 데다, 소비가 과열되고, 국민이 분수를 모르고 낭비하는 데도, 투자자들은 너무 오래도록 방심한 채 말도 안 되는 금리로 비핵심 국가에 기꺼이 돈을 빌려 주었다.

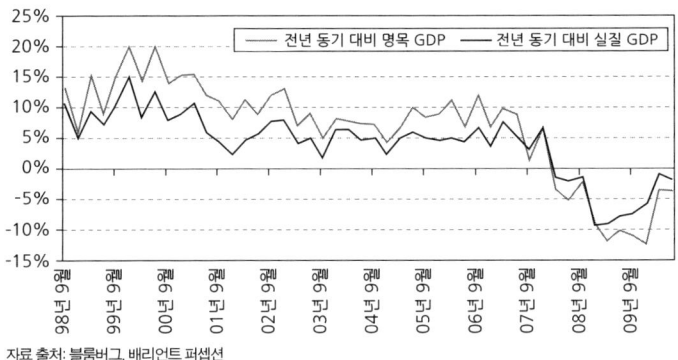

도표 10.6 전년 동기 대비 아일랜드 GDP의 추이

자료 출처: 블룸버그, 배리언트 퍼셉션

유럽 비핵심 국가는 어떠한 미래를 앞두고 있을까? 아일랜드의 전철을 밟으리라고 예상된다. 아일랜드는 유럽의 모든 국가 가운데 디플레이션이 가장 심화된 상태다. 극심한 디플레이션을 겪고 있고 GDP 성장률이 분기별로 회복되고 있는데도, 도표 10.6에서 보듯 명목적으로는 여전히 경제가 위축되고 있다.

디플레이션은 장기적으로 정부의 재정 적자를 악화시킨다. 기업들이 내는 세금이 실질 세금이 아닌 명목 세금이기 때문이다(디플레이션 환경에서는 디플레이션 후의 실질 세금은 증가하는 반면에 명목 세금은 감소할 수 있다).

비핵심 국가는 시장을 안정화하기 위해 정부 지출을 삭감할 것이다. 그렇게 되면 단기적으로 경기 위축 효과가 발생할 수 있다. 과도하게 평가된 실효환율[132]과 경쟁력 약화는 디플레이션이 오래도록 지속되어야 바로잡힐 것이다. 그로 말미암아 장기적으로 재정 긴축을 시행할 수밖에 없게 된다.

---

132 역주 _ 자국 통화와 모든 교역 상대국 통화의 종합적인 관계를 나타내는 환율

모든 나라가 수출을 통해 번영을 되찾을 수는 없다. 특히 그리스, 스페인, 포르투갈이 그러하다. 이러한 비핵심 국가는 반드시 재정 적자를 줄여야 한다. 그렇다면, 재정균형을 유지하려면 어떻게 해야 할까? 흑자를 기록하는 다른 유럽 국가들이나 이들과 교역을 하는 나라들이 흑자규모를 줄여야 한다. 예를 들면, 중국이 흑자를 줄이거나 미국이 적자를 늘려야 한다는 말이다.

유로화의 약세도 비핵심 국가에 불리하다. 도표 10.7에서 나타나듯이 그리스, 스페인, 포르투갈은 GDP 대비 유로존 외부로의 수출 비율이 매우 낮다. 아일랜드를 제외하면 비핵심 국가들은 완전한 개방 경제라고 할 수 없으며, 수출 대부분이 다른 유럽 국가를 상대로 이루어진다.

도표 10.7 유로존 이외 국가로의 수출

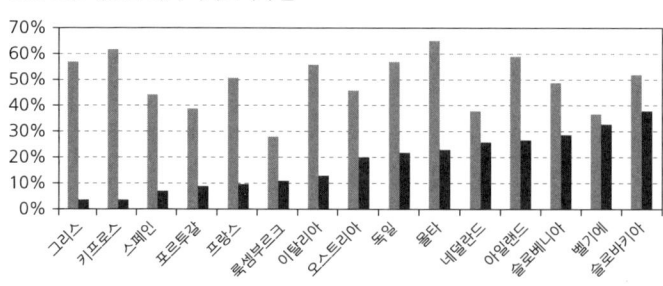

- 유로존 이외 국가로의 수출 (총수출 대비 백분율)
- 유로존 국가로의 수출 (GDP 대비 백분율)

자료 출처: 야콥 풍크 키르케고르, '유로존 내 외부 수요의 역할', 피터슨 국제경제 연구소가 2010년 5월 27일 발간[133]

임금과 물가를 좀 더 유연하게 변동시키고 노동 시장을 개선하며 숙련도를 향상시킬 수 있는 국내 조치만이 어느 정도 효과를 거둘 수 있으나, 이는 단기간에 일어날 수 없는 일들이다.

---

[133] 야콥 풍크 키르케고르, '유로존 내 외부 수요의 역할(The Role of External Demand in the Eurozone)', 피터슨 국제경제 연구소(Peterson Institute for International Economics)가 2010년 5월 27일 발간 www.petersoninstitute.org/realtime/index.cfm?p=1595

유럽의 비핵심 국가들은 부채 디플레이션의 시대를 맞이할 것이다. 앞서 지적했듯이, 이 국가들의 공공 부문과 민간 부문은 무역 흑자를 기록하지 않는 한 동시에 차입금 규모를 줄일 수 없다(그런데 독일과 중국이 무역 적자를 기록할 가능성은 없다는 사실이 문제다). 이는 수학적인 이유에서 불가피한 사실이다. 앞서 우리는 다음 등식이 진리임을 알아보았다.

국내 민간 부문의 금융수지 + 재정수지 + 외국의 금융수지 = 0

이는 경제학의 항등식이므로 깨질 수 없다. 간단히 말해, 어떤 부문의 금융수지가 변하면 어딘가 다른 부문에서 변화가 있어야 한다는 것이다. 정부가 재정 흑자를 기록하고 정부 부채를 줄이려면, 무역흑자를 그 이상으로 끌어올리거나 국내 민간 부문이 적자지출로 돌아서야 한다. 정부와 민간 부문이 동시에 차입금을 줄일 수 있는 유일한 길은 국가적 차원에서 대규모 경상수지 흑자를 기록하는 것이다. 즉, 다른 나라에서 수요를 창출해야 한다는 얘기다.

도표 10.8의 도해가 이를 이해하는 데 도움이 될 것이다.

도표 10.8 3개 부문의 금융수지 도해

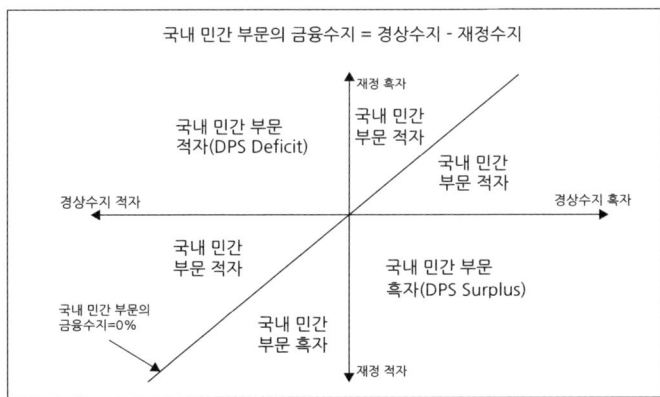

자료 출처: 롭 파렌토, 매크로스트래터지 엣지, www.creditwritedowns.com/2010/03/leading-pigs-to-slaughter.html

이는 유럽에 무엇을 시사할까? 유럽연합에 속한 국가는 조약에 의해 GDP 대비 3%를 초과하는 적자를 운영할 수 없다(물론 실제로는 이를 넘어서는 것이 보통이다). 도표 10.9에서 나타내듯이 마스트리흐트 조약이 요구하는 적자 기준을 따르려면 달리 개선할 여지가 거의 없다는 점을 알 수 있다.[3]

도표 10.9 유럽 경제 통화 연맹의 삼각형 환율 정책이 고정되어 있고 경상수지 흑자를 달성할 수 없는 경우

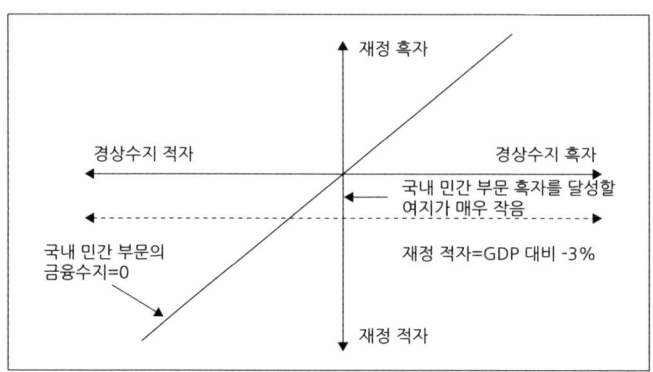

자료 출처: 롭 파렌토, 매크로스트래터지 엣지, www.creditwritedowns.com/2010/03/leading-piigs-to-slaughter.html.

조정할 여지가 너무 작다. 그리고 도표 10.10을 보면 유럽 대다수 국가가 달성해야 하는 재정 조정 수준이 너무 크다. 따라서 (정치권의 의지만 따라 준다면 적자 감축 경로를 갈 수 있는 이탈리아를 제외하고) 유럽 비핵심 국가가 마스트리흐트 조약에 명시된 기준을 준수하는 동시에 차입금 규모를 줄일 가능성은 전혀 없다고 할 수 있다. 동시에 두 가지 목표를 모두 달성하려면 비핵심 국가가 무역 적자를 상당 부분 줄여야 하는데, 그렇게 되면 얼마간 국내 경기가 침체할 것이다. 그 결과 소득과 임금이 하락하고 세금 수입이 줄어드는 몹시 어려운 상황이 나타날 것이다.

도표 10.10 2010년에서 2020년 사이 국제통화기금이 요구하는 재정 조정 수준

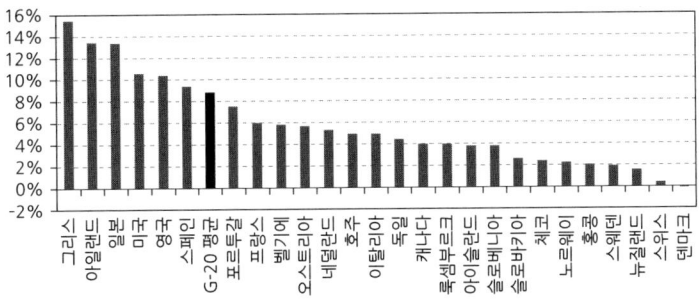

자료 출처: 블룸버그, 배리언트 퍼셉션

성공 가능성이 극히 희박한 것은 시장 분위기에서도 읽을 수 있다. 시장 참여자들은 각국이 국채를 상환하지 않을 것이라고 보기 시작했다. 각국의 투자자들 사이에서 정부에 대한 신뢰는 크게 떨어졌고, 이에 따라 국채보다 회사채의 금리 스프레드가 줄어들고 있다. 도표 10.11은 사상 최초로 (보유한 채권에 대한 위험 분산 수단인) 회사채 신용디폴트스왑의 스프레드가 국채 신용디폴트스왑의 스프레드를 밑도는 수준으로 감소하고 있다는 점을 보여 준다.

도표 10.11 회사채 신용디폴트스왑 대 국채 신용디폴트스왑의 수익률 스프레드 추이

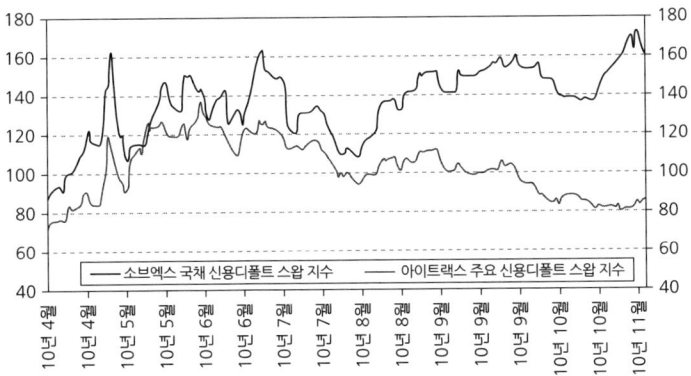

자료 출처: 블룸버그, 배리언트 퍼셉션

회복 가능한 나라와 회복 불능 상태에 빠진 나라

현재 세계는 디플레이션과 인플레이션 간의 줄다리기를 목격하고 있다. 강력한 디플레이션 압력이 발생함에 따라 각국 정부는 그만큼 강력한 인플레이션 정책으로 이에 대응하고 있다. 이러한 줄다리기 효과가 어디에서나 다 나타나지는 않을 것이다. 그리고 모든 자산이 동시에 영향을 받는 것도 아니다. 어떤 나라는 인플레이션율 상승을 겪을 것이며, 어떤 나라는 장기적으로 디플레이션에 갇힐 것이다. 또 어떤 자산은 가격이 오르겠지만, 정체 상태에 있거나 가치가 하락하는 자산도 있을 것이다.

흥미롭게도, 지금까지 일본만이 핵심 소비자물가지수가 마이너스인 상태를 경험하고 있다. 반면에 미국, 영국, 독일, 프랑스는 도표 10.12에서 보듯 상대적으로 핵심 소비자물가지수가 높은 것을 볼 수 있다.

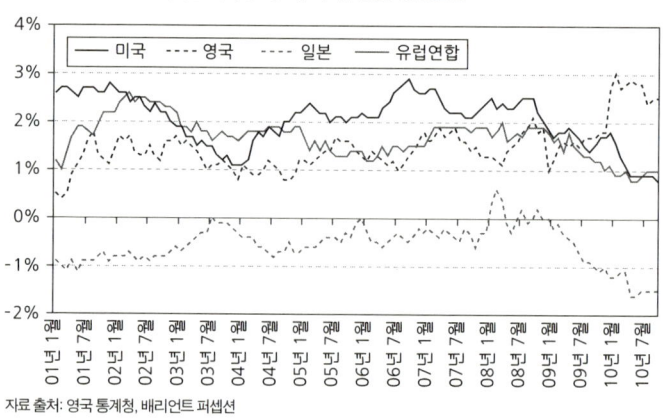

도표 10.12 핵심 소비자물가지수: 영국, 미국, 일본, 유럽연합

자료 출처: 영국 통계청, 배리언트 퍼셉션

한편, 스페인, 아일랜드, 그리스, 일본, 라트비아 등 발트 해 연안국은 장기간 지속될 것으로 보이는 디플레이션에 돌입하고 있다. 도표 10.13 참조 이러한 나라들은 재정 불균형이 극에 달했다. 게다가 지금까지 진정한 재정 개혁이 일어나지도 않았다.

도표 10.13 근원 소비자물가지수: 스페인, 아일랜드, 라트비아, 일본, 그리스

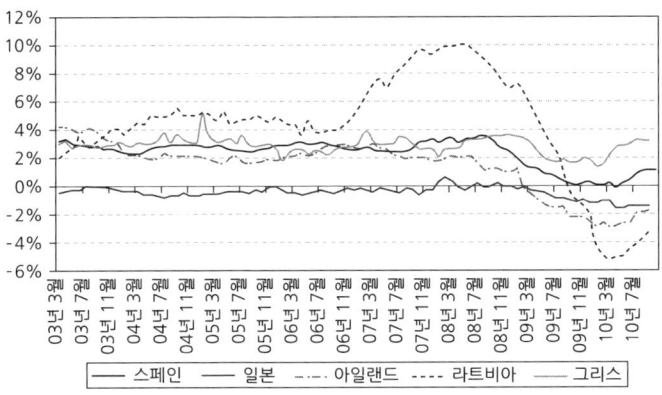

자료 출처: 영국 통계청, 배리언트 퍼셉션

중앙은행들은 단연 인플레이션보다 디플레이션에 큰 우려를 보인다. 중앙은행들이 극히 느슨한 통화 정책을 유지하는 것도 디플레이션에 대한 두려움, 즉 유동성의 함정에 대한 두려움 때문이다. 중앙은행들은 통화 유통 속도의 하락을 두려워해서 통화 유통 속도가 수긍할 만한 수준으로 상승할 때까지 계속해서 통화를 공급하려고 한다. 소비자물가지수는 인플레이션의 척도 가운데 하나일 뿐인데, 최근에 이것이 하락하면서 중앙은행들에 잘못된 믿음을 심어 주었다. 소비자 물가가 하락하고 있으므로 돈을 찍어 내도 인플레이션을 유발하지 않으리라는 판단이다.

요는 그리스가 어느 시점엔가 국채부도를 선언하리라는 점이다. 원래부터 과도한 부채에 시달리던 나라가 언제까지고 부채를 쌓을 수는 없는 일이다. 그리스는 부채 문제를 해결할 정도로 경제를 성장시킬 수도 없다. 독일은 구조조정의 고통을 감내해야 하는 것이 독일인 납세자뿐 아니라 국채를 보유한 사람들이라는 점을 알리기 시작했다.

안타깝게도 포르투갈 또한 상황이 마찬가지다. 아직은 현실을 받아들이려 하지 않고 있을 뿐이다. 하지만 결국에는 시장의 압력에 의해 어쩔 수 없이 국채 부도를 선언해야 할 것이다.

스페인은? 대대적인 경기 침체에 빠지는 수밖에는 탈출구가 없다고 본다. 그렇다고 문제가 해결되는 것은 아니다. 스페인은 국채나 민간 부채나 헤어컷[134]을 감내해야 할 것이다. 부채 규모가 너무나 어마어마하기 때문이다. 스페인과 다른 비핵심 국가의 문제에 관해 좀 더 자세히 알아보고 싶은 독자는 웹사이트 www.johnmauldin.com/PIGS를 방문해 배리언트 퍼셉션의 조나단 테퍼가 쓴 보고서와 기타 자료를 찾아보길 바란다. 로그인 시 이름란에 이메일 주소를, 비밀번호란에 Endgame을 입력하면 된다.

필자(몰딘)의 조상이 살던 아일랜드는 어떻게 될까? 현재 아일랜드는 그리스와 달리 매우 고통스럽지만 올바른 조치를 시행하고 있다. (아일랜드인이라면 항상 그렇듯) 핵심을 제대로 파악한 것이다. 그러나 아일랜드는 현재 너무도 깊은 수렁에 빠져 있다. 아일랜드는 이제껏 수 세기 동안 그래 왔듯이 어떤 식으로든 버텨 나가긴 할 것이다. 필자들은 아일랜드의 경우 국채 문제보다 주택 시장 문제가 더 심각하다고 본다.

유럽의 성공신화를 보고 싶은가? 지중해에 자리했으며 유구한 역사를 자랑하는 소국 몰타에 가 보라. 웬만한 도시보다 인구가 적지만 정치가들이 당파를 초월해서 합심할 때 어떤 일을 이룰 수 있는지 보여 주는 사례다. 실제로 몰타는 모든 주민이 서로 알 정도로 작은 곳이다.

몰타는 천연자원의 혜택이 없다는 점을 인식한 듯하다. 그래서 사업 유치를 주력 산업으로 삼았다. 투자와 일자리를 유치할 수 있는 일이라면 무엇이든 가리지 않는다. 다른 곳의 정치가들처럼 몰타의 정치가들도 물론 서로 싸운다. 그러나 그들은 경제성장을 유지하려면 무엇이 필요한지 인식하고 있는 것 같다. 진정 다른 나라의 정치가들이 교훈으로 삼아야 할 일이다.

---

[134] 역주 _ 자산의 가치를 삭감하는 것

제11장

동유럽의 문제

경제를 파탄시키는 한이 있더라도 우리는 부채를 제때 정확히 상환해야 한다.

보토스 카탈린, 헝가리 국가 재무부 장관[1990~1993]

동유럽은 해결하기 벅찬 구조적인 문제를 안고 있다. 10년 동안 과다 대출, 임금과 물가 급등, 경상수지 적자 증가가 계속되면서 재정 균형이 무너졌다. 설상가상으로 발트 해 연안국, 루마니아, 불가리아, 헝가리 등의 차입금은 대부분이 외화로 구성되어 있다.

동유럽은 스페인, 아일랜드와 마찬가지로 디플레이션과 고실업률 시대를 앞두고 있다. 동유럽은 아무리 잘되어 봤자 바닥이 오래가는 L자 형태의 회복을 겪을 것이다. 도표 11.1은 동유럽 각국의 실효 환율을 보여 준다. 이를 보면 독일과 같은 유럽연합의 기준 국가와 비교해 이들의 경쟁력이 크게 떨어지는 것을 똑똑히 알 수 있다(포르투갈, 아일랜드, 그리스, 스페인도 같은 문제에 직면하고 있으나 문제의 규모는 더 작다).

도표 11.1 유럽의 실효환율

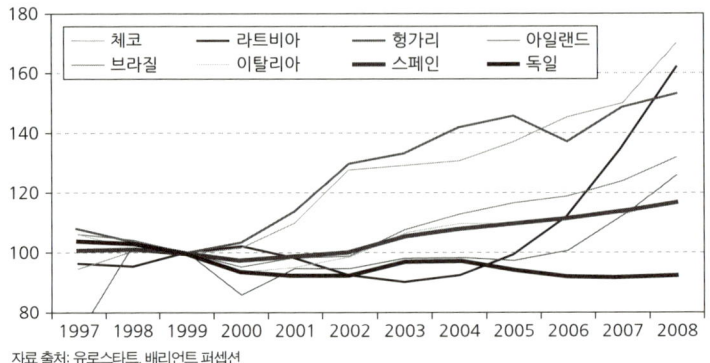

자료 출처: 유로스타트, 배리언트 퍼셉션

이번 장에서는 대표적으로 발트 해 연안국과 헝가리의 사례를 살펴본다. 이 국가들은 과다 대출과 주택 거품이 어떤 문제를 초래할 수 있는지 단적으로 보여 준다.

사면초가에 몰린 헝가리

경제 위기가 낳은 결과 가운데 하나는 사람들이 금융 용어에 좀 더 박식해 졌다는 점이다. 경제 뉴스가 어느 날부터인가 갑자기 뉴스 프로그램에서 톱 뉴스로 떠올랐고, 신문에서도 구석 면의 기사에서 제1면의 헤드라인 뉴스 가 되었다. 그러면서 금융 용어가 일반인들이 쓰는 어휘에 파고들었다. 부 채담보부 증권이나 런던 은행 간 금리^{LIBOR}, 증권화, 신용디폴트스왑 등 잘 알려지지 않았던 용어가 상당히 일반화되었다. 그 가운데는 캐리트레이드 라는 용어도 있다. 이 말은 주로 일본의 엔 캐리트레이드를 가리키는데, 한 마디로 투자자들이 엔화로 차입한 돈을 영국이나 미국같이 금리가 훨씬 높 은 다른 나라(그것도 다 옛날 일이지만)의 자산을 사는 데 이용해서 일본의 저금리를 십분 활용하던 방식이다.

동유럽 캐리트레이드는 이보다는 훨씬 덜 알려졌다. 최근의 금융 위기 전까지 동유럽 각국은 금리가 매우 높았다. 과도하게 높은 인플레이션율을 통제하려던 정책의 산물이다. 일례로 헝가리는 2004년에 금리가 12.5%에 이르렀다. 7%를 훌쩍 뛰어넘는 수준으로까지 치솟은 물가를 잡기 위한 데 따른 것이었다.

이런 탓에 헝가리의 차입 비용은 매우 비쌌다. 헝가리와 인접한 오스트리아의 은행들은 예전에 고객들에게 일반 대출과 주택담보 대출을 스위스 프랑화로 제공했다. 당시 오스트리아의 금리는 2%로 헝가리보다는 낮았지만, 스위스의 금리는 훨씬 낮은 0.5%였다. 0.5%의 금리로 돈을 손쉽게 빌릴 수 있는데 2%로 빌릴 오스트리아인이 있었겠는가? 또, 금리 차이는 훨씬 컸지만 헝가리인들도 마찬가지였다. 그래서 (오스트리아-헝가리 제국 시대와 마찬가지로) 헝가리에 지점을 운영하던 대다수 오스트리아 은행은 헝가리에서도 헝가리인에게 스위스 프랑으로 빌려 주는 대출서비스를 시작했다.

헝가리에서 오스트리아 은행의 대출서비스가 큰 인기를 끈 것도 당연하다. 지나치게 높은 금리 때문에 헝가리의 통화인 포린트로는 주택담보 대출을 받을 수 없던 사람들이 갑자기 스위스 프랑(이나 스위스에서 유입된 유로)으로 큰 금액을 대출받을 수 있게 되었다. 이에 따라 부동산 가격이 급등하고, 경기가 활성화된 듯 보였다. 헝가리의 부채가 대부분 외화로 표시되는 데는 오랜 시간이 걸리지 않았다. 도표 11.2를 보면 헝가리가 외화 부채가 가장 많은 나라 가운데 하나라는 사실을 알 수 있다. 실제로 가계부채(주택담보 대출과 소비자 대출) 가운데 약 3분의 2가 외화로 표시되었다.

도표 11.2 동유럽 각국의 외채 부담 가계와 회사의 부채를 합한 2009년 말 총부채 · GDP 대비 백분율

국가	외화/자국 통화 (0-100)	총 가계부채 대비 외화의 백분율
우크라이나		72.3
불가리아		31.5
헝가리		66.2
크로아티아		71.2
체코		0.1
폴란드		36.4
슬로바키아		0.1
루마니아		61.3
러시아		11.1

자료 출처: 이코노미스트, 오스트리아 국립은행

이제까지 이 책을 읽으면서 보았듯이 공짜 점심이란 없는 법이다. 외화로 대출받으면 비용이 훨씬 싸기 때문에 처음에는 많은 돈을 절약할 수 있을지 모른다. 그러나 일반인 대출자 상당수가 되돌릴 수 없는 지경에 이를 때까지 알아채지 못할 위험이 있다.

먼저, 외화로 돈을 빌리면 자국 통화와 외화 간 환율 움직임의 영향을 받게 된다. 헝가리인이 헝가리 내에서 집을 사려고 스위스 프랑으로 돈을 빌린다고 가정해 보자. 대출금을 상환하려고 할 때 헝가리 포린트가 스위스 프랑 대비 가치가 크게 절하되었다면, 프랑으로 된 대출금을 갚기 위해 포린트가 추가로 필요하다. 환율은 급격히, 그리고 극단적으로 움직일 수 있기 때문에 외화 대출은 매우 값비싼 대가로 이어질 수 있다. 그래서 헝가리 포린트가 조금만 약세를 보여도 헝가리의 GDP 대비 순 외채비율이 갑자기 눈덩이처럼 불어날 수 있다. 실제로 도표 11.3에서 보듯, 2008년 말 헝가리 포린트가 절하되자 헝가리의 외채는 하룻밤 새에 두 배 가까이 급증했다.

도표 11.3 헝가리: GDP 대비 순 외채의 백분율

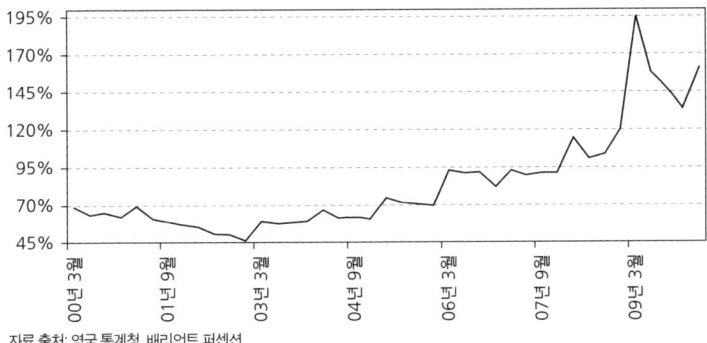

자료 출처: 영국 통계청, 배리언트 퍼셉션

이러한 위험은 사라지기는커녕 더 커졌다. 도표 11.4의 포린트 대비 스위스 프랑 환율 추이에서 보듯이 헝가리에서 외채를 상환하는 것은 갈수록 어려워진다.

도표 11.4 스위스 프랑 대비 헝가리 포린트의 환율 추이

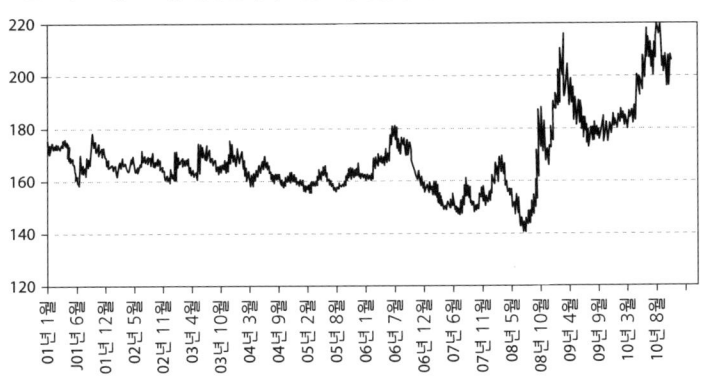

자료 출처: 블룸버그, 배리언트 퍼셉션

금융 위기 동안 헝가리의 재정 상황은 급속도로 악화되었다. 국내총생산이 매우 감소했고, 헝가리 정부는 전 세계의 다른 나라들과 마찬가지로 세금수입 감소분을 보완하기 위해 차입을 늘릴 수밖에 없었다. 그 결과는? 헝가리

는 유럽에서 재정 적자가 가장 작은 나라이면서 동시에 현재 GDP 대비 부채 비율이 가장 높은 유럽 국가 가운데 하나다. 도표 11.5 참조

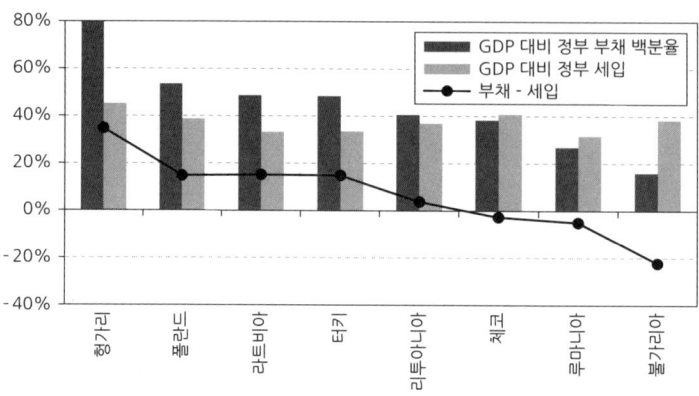

도표 11.5 2009년 유럽 신흥국의 정부 부채와 세입

자료 출처: 영국 통계청, 배리언트 퍼셉션

따라서 금융 위기 직후 국제통화기금에 구제금융을 신청한 최초의 국가가 라트비아와 함께 헝가리인 것도 놀라운 일은 아니다. 헝가리는 2008년 11월 국제통화기금에서 150억 달러를 지원받았다. 국제통화기금은 여느 때와 같이 추가 구제금융이 필요하지 않을 정도로 헝가리의 재정 건전성이 회복되어야 한다고 명시하는 등 까다로운 조건을 내걸었다. 이 구제금융 덕분에 헝가리의 재정 상황이 최악의 위기를 뚫고 안정화된 것은 두말할 필요도 없다. 그러나 최근 헝가리 집권 정부와 국제통화기금 간에 마찰이 빚어지고 있다. 헝가리의 상황에 우리가 주목해야 하는 이유도 바로 이 때문이다.

헝가리는 국제통화기금이 구제금융을 제공하기 훨씬 전인 2006년부터 이미 긴축 정책을 시행하고 있었다. 정부가 유럽연합에서 요구하는 재정 적자 수준에 부합하기 위해 재정 적자를 감축하는 데 애썼기 때문이다. 그러나 현재 강력한 경제 처방책에 흔히 뒤따르는 개혁 피로 현상이 나타나고 있다. 2010년에 바클레이즈 캐피탈이 "최근의 안정화 피로 현상은 강력한 개

혁 프로그램을 시행한 지 통상 1~2년 안에 나타나는 현상이며, 그 결과는 예측하기가 매우 어렵다. 간단히 말해서 최근에 그리스가 용감한 결정을 내려 초기에 성공을 거둔 것은 가상하게 여겨야 하지만, 투자자들은 국채 부도 위험이 아직도 존재한다는 점을 명심해 두어야 할 것이다."[1]라는 내용의 보고서를 내놓았다.

그리스 같은 나라가 문제를 해결하기 위해 꼭 필요한 조치를 했고 또 그 결과 모두 마음 편히 잠들 수 있게 되었다고 해서 위험이 완전히 사라진 것은 아니라는 말이다. 헝가리가 그 점을 똑똑히 보여 준다. 헝가리를 보면 다른 나라에서 사태가 어떻게 진행될지 예측할 수 있을 것이다.

그러나 현재 나타나고 있는 긴축 정책에 대한 피로 현상은 헝가리가 안고 있는 수많은 문제 가운데 한 가지에 불과하다. 헝가리의 민간 부문과 공공 부문은 높은 부채 비율에 시달리고 있으며, 그로 말미암아 경제를 다시 활성화하고 외채를 줄이려면 수출에 눈을 돌릴 수밖에 없는 상황이다. 그런데 여기에는 몇 가지 문제가 있다. 첫째, 헝가리의 수출 부문은 너무 소규모여서 그 자체만으로는 경제를 성장시키기에 역부족이다. 둘째, 중국과 스페인, 영국, 그리스에 이르는 모든 나라가 헝가리와 마찬가지로 수출을 증대하려고 하기 때문에 경쟁이 매우 치열하다.

그러나 헝가리의 가장 치명적인 문제점은 부채가 대다수 외화로 표시되어 있다는 데서 비롯된다. 헝가리 중앙은행이 포린트의 가치를 떨어뜨려 헝가리의 수출 경쟁력을 키우기 위해서 금리를 인하한다면, 민간 기업이 연쇄적으로 도산할 수 있다. 앞서 스위스 프랑으로 표시된 주택담보 대출에 관해 언급했다. 환율이 절하되면 이러한 대출금의 가치가 급등해서 대출자 대부분이 파산하는 지경에 이를 것이다. 또한 이와 더불어 부동산 가격이 폭락하고 경제가 붕괴할 것이다.

그리고 문제가 외국으로 확산할 위험도 있다. 먼저, 처음에 대출을 해 준 오스트리아 은행들이 도산할 가능성이 있다. 그렇게 되면 오스트리아는 물론 다른 나라들까지 여러 문제를 겪을 수 있고, 험악한 상황이 펼쳐질 것이다(1931년에 전 세계의 금융 위기를 촉발한 것은 다름 아니라 크레디트 안슈탈트(Credit Anstalt)라는 무명 은행의 도산이었다는 점을 명심하라).

유럽중앙은행이 그리스 사태에 개입한 것은 그리스의 문제가 그대로 부도 선언을 하도록 내버려 두기에는 너무 크다고 봤기 때문이다. 그러나 헝가리나 다른 동유럽 국가에 위기가 발생한다고 가정해 보자. 결과적으로 오스트리아 은행들은 엄청난 문제에 봉착할 것이다. 그 경우 오스트리아 은행 부문은 오스트리아 정부가 구제할 수 없는 지경에 빠질 수 있다. 아이슬란드와 유사한 상황이 펼쳐지는 것이다.

오스트리아 은행들은 동유럽에 오스트리아 GDP 대비 140% 정도의 금액을 대출해 주었다. 위기가 닥칠 경우, 오스트리아 정부가 이를 구제할 방법은 없다. 유럽중앙은행이 개입해야 할 텐데, 그렇게 되면 유로화의 전망이 우려된다. 독일과 다른 핵심 국가의 유권자들도 이를 순순히 받아들이지는 않을 것이다.

그러나 헝가리 중앙은행은 앞으로 금리를 지금과 같은 높은 수준으로 계속 유지할 수도 없다. 이는 수출 부문을 활성화하고 경제를 살리려면 필요한 기업 경쟁력이 약화될 것이라는 의미이다. 헝가리의 정책 입안자들은 매우 곤란한 상황에 놓여 있다. 조치를 해도 욕을 먹고, 그렇지 않아도 욕을 먹을 수밖에 없는 처지다.

헝가리는 엔드게임에 다가갈수록 주목해야 하는 나라이다. 외채 비율이 계속해서 높은 수준을 유지하는 한, 헝가리는 유럽뿐 아니라 멀리 떨어진 지역에 대해서도 언제 터질지 알 수 없는 수류탄으로 남아 있을 것이다. 헝가리에서 연쇄 도산이 일어나는 것도 시간문제이며, 이는 유럽의 은행들에 매우 심각한 문제를 제기할 것이다. 게다가 우리가 이번 위기를 겪으면서 극명히 깨달았듯이 헝가리뿐 아니라 다른 국가들의 국민도 모두 문제를 겪을 것이다.

그러나 헝가리의 난국이 주는 더 큰 시사점은 비용을 감축하고 재정균형을 바로잡으려는 헝가리 정부의 시도에서 찾을 수 있다. 긴축 정책으로 어떤 영향이 있을 수 있는지는 지난 4년 이상 긴축 상황을 경험한 헝가리를 통해 배울 수 있다. 공공 지출의 긴축이 시작되고 보통 1~2년 후에 개혁이나 안정화에 대한 피로 현상 등이 나타난다는 점도 헝가리를 통해 알 수 있었다. 이를 통해 그리스나 아일랜드 같은 나라들에서 최근에 합의에 도달한 긴축 정책이 문제의 끝이 아니라는 점을 인식함으로써 방심에 빠지지 않도록 해야 한다. 터널 끝에 보이는 빛이 사실은 마주 오는 열차의 헤드라이트일 수도 있다는 점을 명심하자.

고정환율제를 고집하다 경제를 파탄에 빠뜨린 발트 해 연안국

라트비아, 리투아니아, 에스토니아 등은 유럽의 동쪽 끝 발트 해 연안에 자리 잡은 나라들이다. 경제 규모가 그리스보다도 작을 정도로 매우 작다. 그러나 그리스처럼 문제가 되는 나라들이다. 그리스의 문제가 드러나기 전부터도 라트비아를 비롯한 발트 해 연안국은 이목을 끌었다. 실제로 투자자들에게 처음으로 경고 신호를 보낸 나라도 발트 해 연안국이다. 로고프와 라인하트는 『이번엔 다르다』에서 라트비아를 예로 들어 금융 위기 직후에 따라오는 것이 일반적으로 국채위기라는 점을 명쾌히 설명한다.

일차적 금융 격변 직후에 첫 번째 도미노가 무너지는 곳이 어디인지 항상 확실히 파악할 수 있는 것은 아니다.

1929년에 월스트리트가 폭락한 직후, 금융 위기는 1930년대 오스트리아에서 나타났다. 1997년에 발생한 아시아 외환위기는 당시 그 지역의 엄청난 재정 불균형을 고려할 때 여러 가지 촉발 요인이 있었을 것이다. 그러나 그 가운데서도 타이 바트화의 폭락이 외환위기의 촉매제로 밝혀졌다. 제2장에서 언급한 '불안정성의 손가락' 비유를 떠올려 보자. 모래더미를 붕괴시키는 실제 원인은 모래알이 아니라 모래더미 전반의 불안정성 수준이다.

금융 위기 직후 금융시스템은 전반적으로 매우 취약한 상태였다. 이를 무너뜨리는 데는 모래알 한 알이면 충분할지도 모른다. 그러나 어떤 모래알이 그 역할을 할지는 하늘만이 알 것이다. 리먼 브러더스가 도산한 후, 국채 위험에 빠질 수 있는 나라로 여러 곳이 지목되었다. 그리고 실제로 위기가 발생한 직후에 최초로 국제통화기금에 구제금융을 요청한 나라라는 불명예스러운 명성을 얻은 나라는 라트비아(와 발트 해의 이웃 국가들)였다.

먼저 금융 위기 동안과 그 직후에 전 세계 투자자들이 발트 해 연안국에 총구를 겨누었던 이유부터 알아보자. 그런 다음에 국채부도의 위험이 있는 세계 각국에 이것이 어떤 점을 시사하는지도 알아보자.

발트 해 연안국은 공산주의가 무너진 1990년대 초반에 구소련으로부터 자유를 얻었다. 이들은 소련이라는 과거를 벗어던지고 서구권을 받아들이는 데 열을 올렸다. 모두 북대서양 조약기구에 가입하고, 그 후 유럽연합의 회원국이 되었다. 그런 다음 라트비아, 리투아니아, 에스토니아는 유로존에 가입하길 희망했다. 따라서 이 국가들은 모두 유로에 대해 고정환율제를 채택했다. 통화공동체에 가입하기 위한 선결 조건이었기 때문이다.

고정환율제는 자국 화폐와 다른 나라 화폐의 환율을 고정하는 제도다. 라트비아는 자국 통화인 라트[lat]의 환율을 1유로당 0.702804에 고정했다. 그래서 시장이 라트화의 절상을 원하면 라트비아 중앙은행은 라트를 찍고 유로를 사들여야 한다. 라트화 대비 유로화의 절상을 원한다면, 중앙은행은 금리를 인상하고 자국 경제에서 자금을 흡수해 유로화 환율을 높이 유지한다. 사실상 고정환율제는 자국 통화의 공급 권한을 포기하고 이를 시장이나 외국의 중앙은행에 맡기는 제도나 다름없다. 그러나 경기가 좋을 때는 안정성을 강화하는 역할도 한다.

발트 해 연안국의 문제가 어떻게 시작되었는지 알아보자. 이들이 유로화에 자국 통화의 환율을 고정함에 따라 외국계 은행들이 발트 해 연안국 국민에게 대출서비스를 제공하기가 훨씬 쉬워졌다. 무엇보다 고정환율제 덕분에 환율 위험이 제거되었다. 특히 스웨덴 은행들은 보수적인 스웨덴인들의 저축액 때문에 대출서비스를 할 수 있는 현금 여력이 충분했다. 스웨덴은 역사적으로 라트비아(와 다른 발트 해 연안국들)와 인연이 깊으며, 라트비아의 가장 큰 교역 상대국 가운데 하나다. 이런 이유로 스웨덴계 은행들은 발트 해 연안국에 지점을 설립했다. 그리고 고정환율제가 시행되자 이들은 적극적으로 대출서비스를 시작했다. 먼저 유로를 발트 해 연안국의 지점으로 보내 고정된 환율에 따라 현지 통화로 환전하게 했다. 그런 다음에 지점들이 이 자금을 라트비아, 리투아니아, 에스토니아인들에게 대출했다. 그 결과 부동산 가격이 들썩이고, 사람들이 호화로운 차를 사들였다. 그리고 이례적인 과소비 현상이 나타났다. 규모가 그리 크지 않은 발트 해 연안국의 경제가 갑자기 엄청난 부를 창출할 수 있는 것처럼 보이기 시작했다. 이들도 그 점을 과시할 때가 많았다.

그 결과는? 발트 해 연안국 국민이 그 어느 때보다도 지출을 늘려나감에 따라 도표 11.6에서 보듯 경상수지(무역) 적자가 눈이 번쩍 뜨일 정도로 불어났다.

도표 11.6 **발트 해 연안국의 경상수지** GDP 대비 백분율

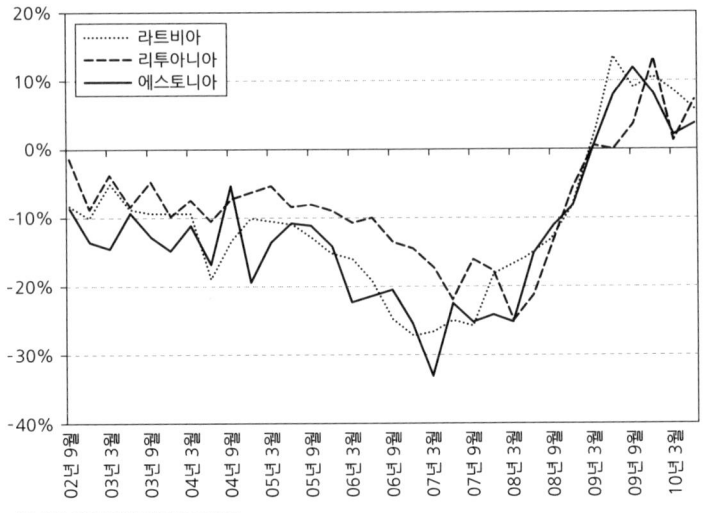

자료 출처: 영국 통계청, 배리언트 퍼셉션

발트 해 3국 모두 2006년과 2007년에 20%가 넘는 경상수지 적자를 기록했다. 이에 비하면 1990년대 후반에 외환 위기로 이어진 아시아 각국의 경상수지 적자는 새 발의 피로 보일 정도다. 그러나 이 책에서 이야기한 여러 사례를 통해 거듭 보았듯이 수지 불균형을 끔찍이도 싫어하는 시장은 이를 바로잡으려고 한다. 빚잔치와 흥청망청 써대기가 언제까지나 지속될 수는 없다. 세계 각국에서 금융 위기가 목을 조여오는 힘이 강해질수록 공포로 유동성의 씨가 말랐다.

신용에 기반을 둔 번영이 확대될수록 발트 해 연안국의 임금도 상승했다. 그로 말미암아 발트 해 연안국의 재화나 노동력은 경쟁력을 잃었다. 금융 위기 직후 전 세계적으로 경제성장률이 크게 둔화하자, 이 국가들의 경제성장도 큰 타격을 입기 시작했다. 정부 재정 적자가 급증했고, 얼마 후 라트비아는 국제통화기금에 구제금융 패키지를 신청해야 했다. 이때 라트비아는 금융 위기의 여파로 가장 먼저 국채 부도사태가 터질 수도 있는 나라라는

불명예를 얻었다. 동시에 라트비아와 경제적으로 긴밀히 연결된 에스토니아와 리투아니아도 집중 감시 대상이 되었다. 그 후(루마니아, 불가리아 등) 발칸 국가들과 두바이, 그리고 (아이슬란드, 스페인, 그리스, 포르투갈, 아일랜드 등) 유럽 비핵심 국가들이 그 뒤를 따랐다. 앞으로 이들의 전철을 밟을 나라들이 더 있을까? 혜안을 갖춘 로고프와 라인하트라면 어떻게 대답할까? 로고프와 라인하트는 국채 부도사태는 한꺼번에 무리지어 일어나는 경향이 있다고 말한 바 있다. 따라서 우리는 그들이 위의 질문에 단호히 "그렇다."라고 대답할 것이라고 확신한다.

다시 발트 해 연안국으로 돌아가 보자: 이들의 전망은 어떨까? 라트비아는 현재 우리가 이제까지 목격한 것 가운데 가장 과감한 긴축 정책을 시행하고 있다. 교사의 급여는 거의 절반으로 감봉되었고, 일부 정부 공무원 역시 소득이 20%씩 줄었다. 연금 수령자들이 받는 연금액은 최대 70%까지 급감했다. 이에 비하면 다른 나라에서 시도되는 긴축 정책은 미미한 조정책 정도로 보인다.

라트비아의 불행을 한층 악화하는 요인이 있다. 통화당국이 고정환율제를 폐지하지 않으려는 것이다. 고정환율제를 폐지하면 단기간 엄청난 고통이 뒤따른다. 특히 앞서 언급했듯이 라트비아와 다른 발트 해 연안국들에 거액을 대출한 스웨덴계 은행들이 큰 손실을 볼 수 있다. 그러나 고정환율제를 폐지하면 정부가 시행해야 했던 대규모 지출삭감분을 회수할 수도 있다. 그리고 라트비아의 환율이 절하되어 라트비아산 재화와 서비스는 그 즉시 값이 인하되고 경쟁력을 획득할 수 있다. 라트비아의 경제도 급속히 성장할 것이고, 재정 상황도 크게 개선된다. 현재 발트 해 연안국의 명목 GDP는 최저점에서 반등하고 있으나 여전히 0에 가깝다. 도표 11.7 참조 이는 세입이 감소 상태를 유지할 것이라는 의미므로 긴축 정책은 당분간 지속되어야 할 것이다.

도표 11.7 발트 해 연안국의 명목 GDP

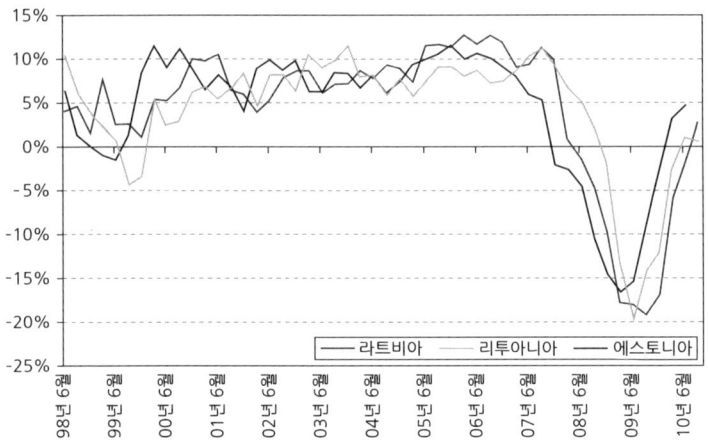

자료 출처: 블룸버그, 배리언트 퍼셉션

항상 그러하듯이 조정의 타격을 계속해서 가장 크게 받는 것은 교사, 연금 수령자, 정부 공무원 같은 소시민이다. 반면에 앞으로 유로존에 가입하게 되면 가장 큰 이득을 직접적으로 얻게 될 정치 지도자들은 무슨 수를 써서라도 고정환율제를 고수하려고 한다. 이러한 상황이 계속된다면, 사람들의 분노가 끓어올라 어느 때고 폭발할 수 있다. 게다가 일부 사람들은 이미 더 나은 삶을 찾아 자국을 떠나고 있다.

어떤 조사 결과를 보면 2009년에 3만 명이 라트비아를 떠난 것으로 추산된다. 또한 2010년에는 3만 명이 더 떠날 것으로 추정하고 있다. 인구가 200만 명 조금 넘는 나라로서는 우려를 자아내는 일이다.

이제 발트 해 연안국과 앞선 10장에서 본 그리스, 스페인, 아일랜드의 공통점을 살펴보자. 그리스, 스페인, 아일랜드 등도 사실상 유로라는 고정환율제를 시행하고, 라트비아나 다른 발트 해 연안국들처럼 경쟁력을 회복하려면 환율 대신 임금과 물가가 떨어져야 하므로 매우 힘든 나날을 보내고 있다. 그래서 우리가 유로제나 유로에 연동한 고정환율제를 '현대판 금 본위제'라고 부른 것이다. 그러나 라트비아나 리투아니아는 고정환율제를 비교적 쉽게 폐지하고 자국 통화로 복귀할 수 있다는 점에서 다르다(물론 최근에 2011년까지 유로존 가입이 승인된 에스토니아의 경우는 약간 다르다). 반면에 그리스 드라크마, 스페인 페세타, 아일랜드 푼트는 생명을 다한 지 오래다. 따라서 이들을 부활시키는 데는 엄청난 작업이 뒤따른다.

발트 해 연안국의 엔드게임은 어떻게 전개될까? 2011년에 유로를 채택하면 경제 전망이 개선될 것으로 보이는 에스토니아가 그나마 사정이 나을 것으로 보인다. 그러나 리투아니아와 라트비아는 계속해서 경기 침체를 겪을 것이다. 실제로 리투아니아의 실업률은 계속해서 상승하고 있으며, 다른 두 나라는 미미한 수준으로 하락했을 뿐이다. 도표 11.8 참조

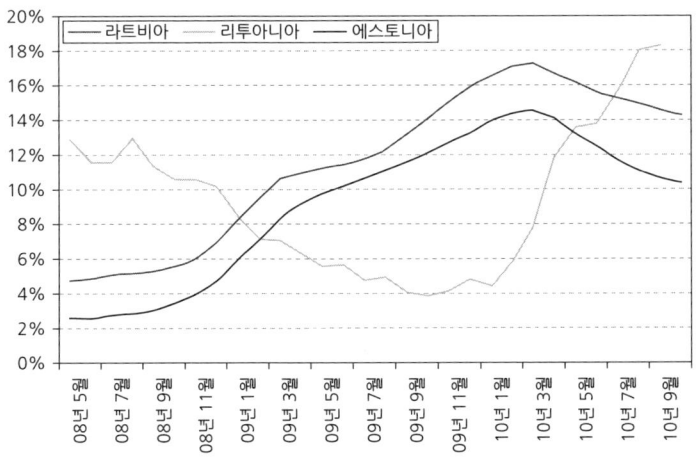

도표 11.8 **발트 해 연안국의 실업률**

자료 출처: 블룸버그, 배리언트 퍼셉션

실업률이 크게 하락하지 않고 경제성장률이 제 수준을 회복하지 못한다면, 라트비아와 리투아니아는 어쩔 수 없이 고정환율제를 버려야 할지도 모른다. 그렇게 되면 연쇄 부도가 일어나고 신용 경색이 발생해 사태가 앞서 언급한 헝가리나 루마니아, 불가리아 같은 발칸 국가 등 외국으로까지 확산할 위험이 있다.

그러므로 발트 해 연안국들에 긴밀한 주의를 기울여야 한다. 작은 나라들이지만, 금융 위기가 국채 사태로 변이를 일으킬 때 어떤 일이 일어날 수 있는지 상징적으로 보여 주는 곳이다. 과다 부채와 긴축 정책이 어떤 결과로 이어지는지 알고 싶고 특히 영국, 미국, 스페인을 비롯한 여러 나라에서 그로 인한 전망을 예측하고자 한다면, 더 찾아볼 것도 없이 라트비아와 그 인접 국가들의 경험을 참고로 하면 된다. 그리스와 마찬가지로 발트 해 연안국도 중요성이 크다.

제12장

일본
자동차 앞유리에 날아드는 벌레

> 그리스의 금융붕괴에서 비롯된 유럽의 동요는 더 이상 남의 문제가 아니다. 재정 개혁을 달성하지 못하면 일본도 국제통화기금 같은 기구의 통제 아래에 놓일 수 있다. 이는 재정 운영의 측면에서 국채라는 사안을 다룰 때 어떻게 행동하면 좋을지 지침을 제시해 줄 수 있다.
>
> 2010년 6월 17일 **간 나오토** 전 일본 총리

일본은 현대에 들어서 가장 큰 규모의 거품 붕괴에 따른 후유증으로 지난 20년을 허비해야 했다. 1990년에 최고가를 기록한 주식과 부동산 거품이 붕괴한 후 길고도 고통스러운 디플레이션과 디레버리지 시대가 시작되었다. 오늘날까지도 디플레이션에서 탈출하지 못한 상태이다. 일본의 사례가 특히 중요한 이유가 있다. 일본은 현재 미국 연준리가 사전에 방지하려고 하는 디플레이션이라는 질병을 겪고 있는 대표적인 예이기 때문이다.

이번 장에서 우리는 대격변의 요소를 모두 갖춘 일본을 살펴본다. 이 나라의 공공 부채가 지난 20년 사이에 어떻게 해서 폭증했고 세입은 어떻게 해서 급감했는지 알아볼 것이다. 또 일본의 인구가 어떻게 해서 급속도로 고령화되었는지, 그리고 역시 급속한 인구 고령화가 나타나는 미국과 서구 국가들이 일본의 사례에서 얻을 수 있는 교훈은 무엇인지 알아본다. 과장하지 않더라도 암울한 상황이다. 하지만 더는 지체하지 말고 일본의 상황을 알아보도록 하자.

필자(몰딘)는 일본을 자동차 앞유리에 날아드는 벌레에 비유한 적이 많다. 이 말이 냉혹하게 들릴지는 모르지만, 앞으로 나아갈수록 그 정도면 필자가 일본의 상황에 대하여 매우 후하게 평가했다는 점을 깨달을 것이다.

거품의 왕

1980년대 일본의 거품은 세계 역사를 통틀어 가장 광적인 거품으로 두드러진다. 일본의 황궁 정원이 캘리포니아 주 전체의 가격보다 높은 가격에 평가된 적도 있다.

거품은 부분적으로는 일본의 지나치게 방만한 통화 정책 때문이다. 1985년에 선진 5개국 가운데 4개 국가의 재무부 장관과 중앙은행 총재가 달러화 강세에 조치를 취하기로 한 플라자 합의 이후 엔화는 초강세를 띠었다. 엔화가 절상되자 국채 등 일본이 보유한 달러화 자산은 환율 손실을 보게 되었다. 그러자 일본은 자국에 자금을 유입시키기 시작했고, 엔화는 계속해서 강세를 보였다. 일본은행은 저금리로 엔화의 강세로 입게 된 손실을 메우려 했다. 수출 경쟁력의 제고를 위해 일본은행은 1987년 2월까지 공식 할인율[135]을 다섯 차례 인하했다. 그 결과, 공식 할인율은 제2차 세계 대전 이후 최저치인 2.5%를 기록했다. 이로써 인플레이션율이 할인율을 웃돌면서 자금 조달 비용이 매우 낮아졌다.

극히 낮은 금리와 엔화의 강세로 일본 부동산 가격과 주가가 치솟았다. 고전적인 거품 모형에 따르면, 물가가 급등할 때 사람들은 이에 고무되어 계속해서 투자를 늘린다. 일본 기업들은 페블비치 골프장, 로스앤젤레스 벨에어 호텔, 그랜드 와일레아 리조트, 웨스틴 마우이 호텔 등 하와이와 캘리포니아에서 가능한 한 많은 부동산을 사들였다. 그러나 그 결과 거품에서 바람이 빠져나가기 시작했다.

거품은 닛케이지수가 사상 최고치인 3만 8,915를 찍은 1989년 12월 29일에 최정점에 도달했다. 그러나 그 후 닛케이지수는 폭락했고, 그로부터 2년이 지나기도 전에 주가는 60% 하락했다. 20세기에 이에 비견할 수 있는 사례는 대공황뿐이다.

일단 거품이 붕괴하기 시작하고 손실이 발생하자 일본 정부와 일본은행은 그제야 제동을 걸었다. 1989년에 일본은행은 긴축 통화 정책으로 전환했고, 1990년에 주식 시장이 폭락하기 시작하자 공식 할인율을 6%로 인상했다. 또 1990년에 일본 재무성이 은행에 대해 부동산 대출총량 규제를 시행했다. 그런데 긴축 통화 정책과 재정 감축은 경기 침체를 한층 악화시킬 뿐이었다.

1993년 1월에 이르러 결국 일본 총리가 거품 경제가 붕괴했음을 공식적으로 시인하면서 이는 현실로 다가왔다. 그러나 때는 이미 너무 늦었고, 디플레이션이 자리 잡기 시작했다. 1993년 1분기에 물가가 1.1% 떨어졌고 1993년 중반까지 도매물가가 연간 수준으로 환산할 때 4.2%나 떨어졌다. 이례적인 붕괴였다. 1990년에 일본이 전 세계 경제에서 차지한 비중은 14%였

---

[135] 역주 _ 일본은행이 시중은행에 자금을 공급할 때 사용하는 일종의 금리

다. 20년 후인 2010년에는 그 비중이 8%에 불과하다. 일본의 거품이 붕괴하기 전에 기업 가치가 최상위로 평가된 10개 기업 가운데 8개가 일본 기업이었다. 하지만 오늘날에는 이 리스트에서 일본 기업을 한 곳도 찾아볼 수 없다.

미래를 생각지 않고 재정을 낭비한 일본 정부

어느 나라든지 정부란 문제에 직면할 때마다 그 문제가 존재하지 않는 것처럼 가장하는 일이 많은 것 같다. 일본의 관료들도 처음에는 구조적인 문제를 바로잡으려 하기보다는 그 증세만 재빨리 없애는 식으로 붕괴를 모면하려고 했다. 먼저, 일본 정부는 공공 부문에 속한 금융기관더러 주식을 매수하도록 지시해서 주가를 높은 상태로 유지하게 했다. 그러나 이 시도는 실패로 끝났다. 그리고 가격이 폭락한 부동산에 투자된 대출금 때문에 은행권이 극심한 손실을 보았는데, 은행들은 손실을 보지 않은 것처럼 행동했다. 기업 직원들은 급여 대신으로 판매되지 않은 재고품을 받았다.

일본 중앙정부는 침체의 타격을 완화하기 위해 오지의 교량 건설이나 실물경제의 생산성을 높이는 데는 전혀 도움이 되지 않는 공공사업에 터무니없는 거액을 투자했다.

일본은 원래 탄탄하고 역동적인 경제를 자랑했다. 그러나 오늘날 일본의 공공부채는 전체 GDP 대비 200%에 이른다. 이제까지는 국내 저축을 이용해 부채 규모를 유지하거나 증가시켰으나 이제 그 능력도 한계에 도달했다. 민간 GDP 대비 일본 부채의 비율을 보면 상황은 한층 심각해진다. 이는 이미 240% 정도나 된다.

도표 12.1 각국의 GDP 대비 정부 부채

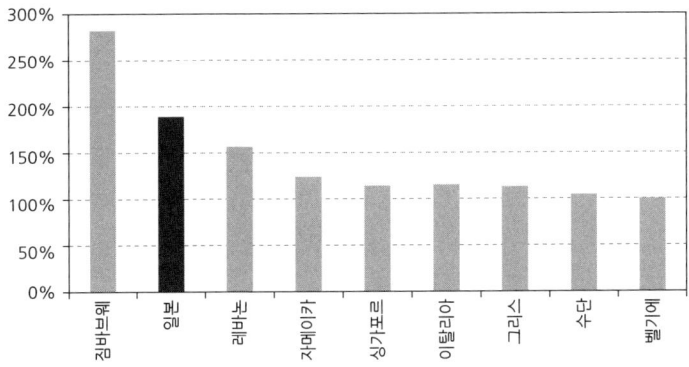

자료 출처: CIA 월드 팩트북 CIA World Factbook, 배리언트 퍼셉션

일본의 부채 비율은 과거 초인플레이션을 겪은 나라들에서나 볼 수 있던 수준이다. 일본은 정치 개혁을 통해 스스로를 바로잡지 않는 한 초인플레이션의 1번 타자가 될 가능성이 있다. 도표 12.1이 나타내듯 GDP 대비 정부 부채 비율에서 일본은 이제 짐바브웨, 레바논, 자메이카, 수단, 이집트 등과 같은 대열에 놓여 있다.

도표 12.2는 민간 GDP 대비 정부 부채 비율이 한층 심각한 수준임을 보여준다. 사실 공공 부채 상환에 필요한 세입은 민간 부문에서 나오는 법이다.

도표 12.2 일본의 민간 GDP 대비 정부 부채 비율 명목 GDP

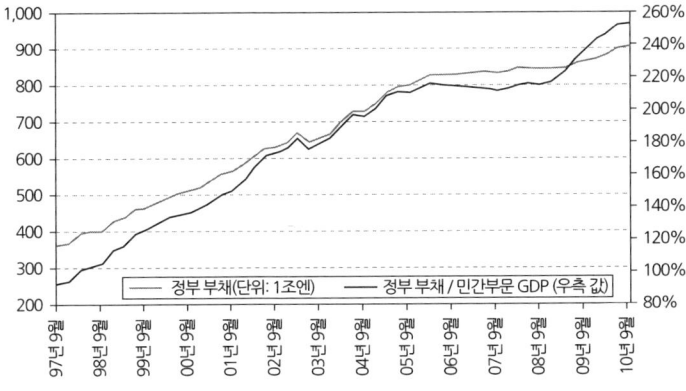

자료 출처: 일본 재무성, 배리언트 퍼셉션

분석가들은 대부분 방심한 상태이다. 일본의 국채 발행이 늘어났다고 해도 일본 국채의 장기 수익률이 상승할 조짐이 보이지 않기 때문이다. 이는 국내 저축액이 충분하고, 일본인 투자자가 주택에 집중적으로 투자하며, 인플레이션 기대치가 안정된 상황이기 때문이다. 그러나 이러한 요인도 금세 바뀔 수 있다.

일본의 부채는 12년 치 일반 조세수입을 웃돌며, 1년 이내에 15년 치와 근접한 수준으로 증가할 것이다. 이러한 부채를 상환하려면 일본인 납세자 반 세대 동안의 세금이 필요하다. 이는 제2차 세계 대전 직후 역사상 두 번째로 높은 수준을 기록한 영국의 두 배나 되는 비중이다. 현재와 같은 경기 후퇴가 지속되면, 일본의 2010년 회계연도 예산은 전후 최초로 국채 발행으로 인한 수입이 세입을 앞서는 상황에 놓일 것이다.^{도표 12.3 참조} 이러한 상황은 전례가 없는 것이다.

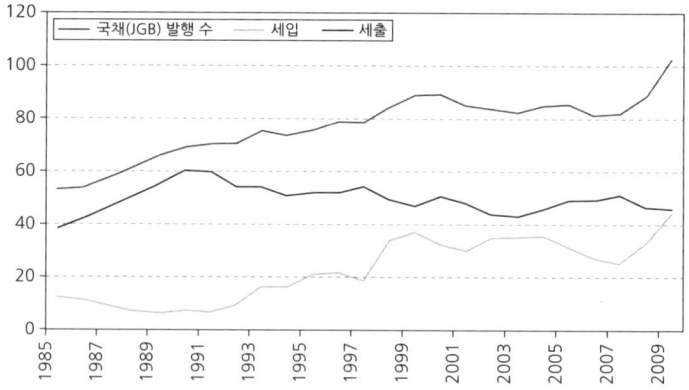

도표 12.3 세입, 세출, 국채(JGB) 발행 수

자료 출처: 일본 재무성, 배리언트 퍼셉션

하지만 일본이 가장 특이한 까닭은 2009년에 일본 정부가 세출의 절반 가까이 되는 자금을 차입해야 했다는 사실이다. 도표 12.4에 따르면 세출 대비 세입의 백분율은 사상 최저치다. 또한 정부가 차입한 금액이 곧 세입을 능가할 태세다. 이러한 상황은 계속 지속될 수 없다. 경제학자 허버트 스타인은 바로 이러한 상황을 가리켜 "지속될 수 없는 것은 중단되게 되어 있다."라고 지적한 바 있다.

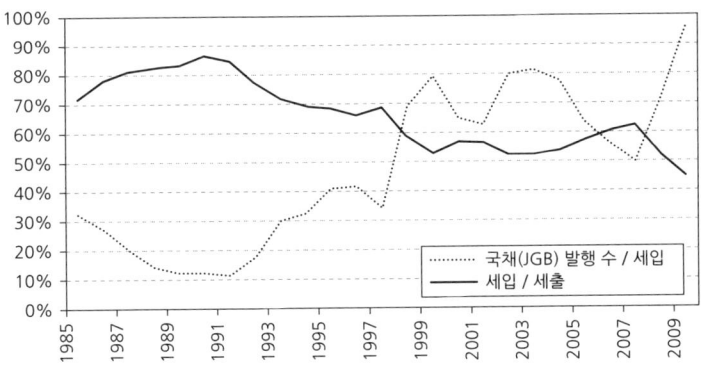

도표 12.4 JGB 세금, 세출, JGB 발행 수

자료 출처: 일본 재무성, 배리언트 퍼셉션

막대한 JGB 발행액은 일본에 극히 안 좋은 영향을 끼쳤다. 침체기에는 재정 부양책이 민간 수요를 대체할 수 있지만, 정부 부채가 일본의 채권 시장을 모조리 장악하고 민간 투자를 몰아냈다. 도표 12.5 참조 미국과 유럽에서도 이와 유사한 결과가 실제로 나타날 가능성이 크다.

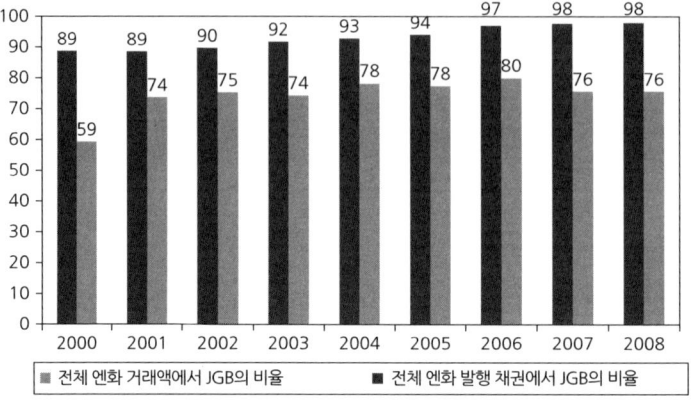

도표 12.5 JGB, 민간 투자를 몰아내고 있나?

자료 출처: 일본 재무성, 배리언트 퍼셉션

도표 12.6에서 볼 수 있듯이 부채에 대한 총지출 가운데 절반이 이자를 갚는 데 사용되고 있다. 더욱이 일본 국채의 비용이 100bp[136] 증가할 때마다 총 세입 가운데 10%가 모조리 잠식되는 결과를 낳는다. 이런 식이라면 일본 국채 수익률이 조금이라도 오를 경우 어째서 파국에 가까운 결과를 초래할 수 있는지 깨닫게 될 것이다. 역설적이게도 일본 정부가 디플레이션을 선호하는 이유도 바로 이 점일지 모른다. 인플레이션 기대치가 상승하면 예산이 폭등하게 된다. 따라서 상황을 유지시키려면 디플레이션을 택해야 한다. 완전히 뒤바뀐 세상이나 다름없다. 디플레이션이 지속된다는 말은 엔화 포지션을 매도하고 있는 헤지펀드 매니저들이 수익을 거두려면 아주 오랜 시간을 기다려야 한다는 뜻이기도 하다.

---

136 역주 _ 베이시스포인트(basis point)의 약자로 100분의 1%를 가리킨다.

도표 12.6 정부 부채 관련 비용의 변동 추이 |단위: 1조 엔

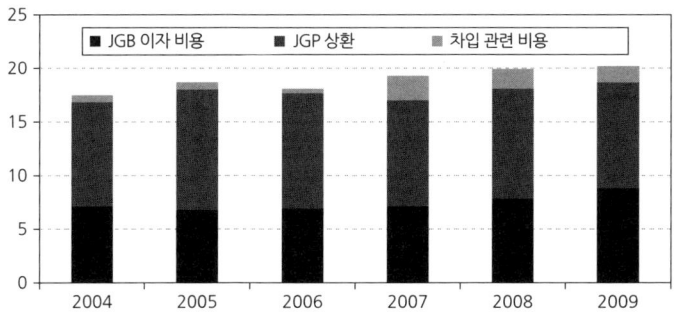

자료 출처: 일본 재무성, 배리언트 퍼셉션

일본 국채 대다수는 만기가 매우 짧다. 따라서 만기 연장 위험과 금리 인상 위험이 현실화될 가능성도 크다. 도표 12.7에서 보듯 선진 5개국 가운데 총 발행 국채 대비 장기 국채비율이 일본보다 작은 나라는 미국밖에 없다.

도표 12.7 총 미상환 국채 대비 장기 국채의 백분율

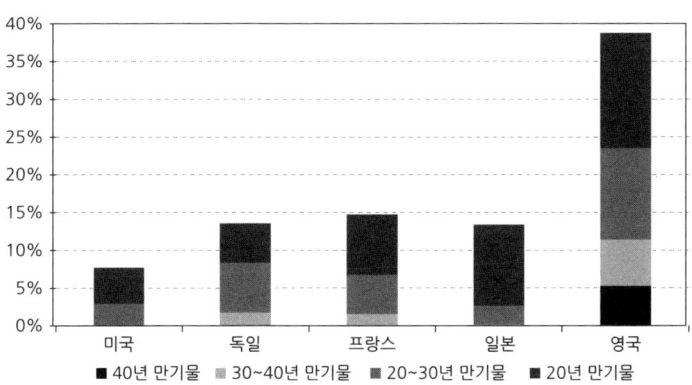

자료 출처: 일본 재무성, 배리언트 퍼셉션

모든 거품은 자금조달이 문제가 될 때 터진다. 일본 국채시장도 머지않은 미래에 재정위기에 직면할 것이다. 그렇게 되면 엄청난 규모의 세금인상과 대대적인 지출감축을 시행해서 사회에 극심한 분열을 초래하거나 국채를

통화화해 앞서 지적한 바처럼 사실상 부도를 선언하는 방법을 택해야 한다. 첫 번째 선택은 일본의 내수가 극히 약화된 점을 고려할 때 대규모 경기 위축을 수반한다. 두 번째 선택은 인플레이션 광풍을 몰고 온다. 앞서 논했듯이 거의 모든 나라가 나쁜 선택이냐 더 나쁜 선택이냐 사이에서 갈등을 빚을 수밖에 없다. 일본에는 그 가운데서도 더 나쁜 선택안만 남아 있다.

일본이 이제까지 버틸 수 있었던 이유는 국채를 사는 주체가 외국인이 아니었기 때문이다. 저축과 국가가 직간접으로 운영하는 보험회사를 통해 일본 국채 가운데 94%를 일본인이 매수하고 있다.

낙관론자들은 일본의 저축액이 막대하다는 점을 지적한다. 그러나 그러한 저축액은 이미 일본 국채에 투자되어 있다. 따라서 중요한 것은 저축액의 규모가 아니라 그 지속적인 공급 수준이다. 하지만 이는 계속해서 하락하고 있다. 일본의 저축률은 미국이 몇 년 전에 경험한 바와 같이 이제 저점을 향해 나아가고 있다. 이러한 추세는 일본인이 미국인처럼 낭비 성향으로 돌변해서가 아니라 전적으로 인구 구조가 바뀌고 있기 때문이다.

국채의 3대 채권자는 일본 우정성, 일본 우정보험, 정부연금 투자기금이다. 2001년 재정투자융자계획의 개혁이 일어나기 전만 해도 우정 저축액과 연금 적립액은 재정융자기금에 예치되어야 했다. 개혁의 일환으로 의무 예치가 폐지되었고, 기존 예금과 예금 이자는 순서대로 국고에 반납되었다. 2001년부터 2009년까지 일본 우정성과 정부연금 투자기금은 그처럼 반납된 예금으로 국채를 사들였다. 또한 현재 예금은 거의 모두 청산되었다. 그런데 일본의 인구 구조 변화로 보험 적립액이 점차 줄어드는 상황을 고려하면, 일본 우정보험이 앞으로도 국채를 매수할 가능성은 적다. 실제로 일본 우정보험의 전년 동기 대비 국채 보유량은 거의 증가하지 않았다. 은행들이 그 공백을 메우고 있으나, 바젤 2차 협약에 명시된 금리 위험 규정 때문에 자금 여력이 충분하지 않다.[137]

---

[137] 이를 지적해 준 허드슨 자문(Hudson Advisers)의 매트 클라인(Matt Klein)에게 큰 감사를 보낸다.

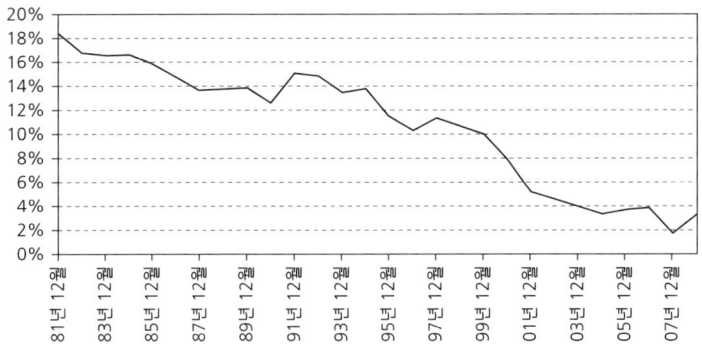

도표 12.8 일본의 저축률 추이

자료 출처: 블룸버그, 배리언트 퍼셉션

이처럼 국내 수요의 부족을 고려할 때 일본은 사상 최초로 외국시장에서 국채발행 자금을 조달해야 할 것이다. 하지만 그것도 그렇게 쉽지는 않을 것이다. 이 글을 읽는 독자 가운데 수익률 1%인 일본의 10년 만기 국채를 사는 사람이 있으리라고는 생각되지 않는다. 금리가 OECD 평균수준만 된다고 해도 현재보다 세 배까지 인상될 수 있다. 그 경우 일본이 현재 2.5%인 독일보다 낮은 금리를 적용받으리라 생각하는가? 금리가 한 번 인상되기 시작하면 이자 비용이 커져서 세입에서 점점 많은 몫을 차지하게 된다. 그리고 그 결과, 엔드게임이 닥친다. 도표 12.8 참조

저축률이 현재보다 매우 증가할 가능성도 거의 없다. 인구 고령화로 저축률이 감소하면 감소했지 증가할 리는 없다. 매년 인구가 줄어드는 일본은 문자 그대로 죽어가는 나라다. 경제학 개론에는 저축률이 생애주기 가설과 일치한다고 나온다. 젊을 때는 소비하고, 조금 더 나이 들어서는 저축하며, 노인이 되면 생애 동안 저축한 돈을 모두 지출한다는 말이다. 지금 일본은 초고령화되고 있다. 따라서 이제부터는 저축액에 의존하게 되고, 그 결과 마이너스 저축률을 기록할 것이다.

도표 12.9가 가리키듯 일본의 부양비율은 현재 100에 근접하고 있다. 부양비율이란 경제 활동 인구가 부양하는 은퇴 인구의 비율을 퍼센트로 나타낸 것이다. 이제 곧 일본은 은퇴 인구의 수가 경제활동 인구를 뛰어넘을 것이다. 그리고 이와 동시에 저축률 역시 계속 하락할 것이다.

도표 12.9 일본의 부양 비율 예측치

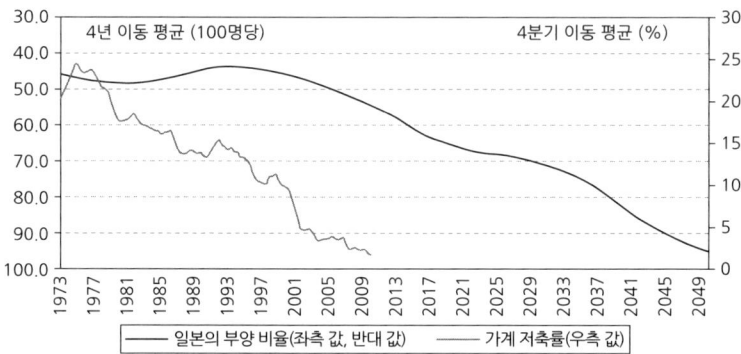

자료 출처: 조지 매그너스, '인구 구조 변화는 정해진 일이나 디플레이션은 그렇지 않다', UBS 투자조사, 이코노믹 인사이트-2010년 14일[138]

일본의 인구 감소 추세는 계속되고 있다. 도표 12.10에서 나타나듯 일본은 선진국에서도 인구 감소 추세가 가장 심각한 나라다. 그에 비하면 미국은 다행히도 인구통계학적으로 훨씬 밝은 미래를 기대할 수 있다. 이민과 출생률 증가로 미국의 부양비율은 훨씬 느린 속도로 증가하고 있기 때문이다.

---

[138] 조지 매그너스(George Magnus), 인구 구조 변화는 정해진 일이나 디플레이션은 그렇지 않다(Demographics Are Destiny, Deflation Isn't)', UBS 투자조사, 이코노믹 인사이트(EconomicInsights-ByGeorge-2010년 14일)

도표 12.10 2000년 초반 이후 일본의 인구 감소 추세 경제 활동 인구 기준

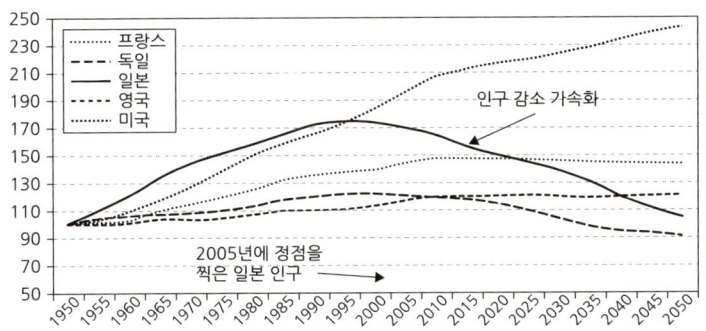

자료 출처: 소시에테 제네랄, '흔히 하는 착각들: 글로벌 사태를 잉태하고 있는 일본', 2010년 1월 12일, 국제연합 [139]

일본에서는 65세 이상 노인을 포함한 가계 비율이 최근 급증하고 있다. 2005년의 17%에서 2010년에 20%로 증가했다. 20%면 그리 많지 않은 숫자처럼 들리지만, 이를 다른 식으로 한 번 생각해 보자. 이는 다섯 가구 가운데 한 가구에 돌봐야 할 노인이 있다는 얘기다. 인구 통계를 보면 이처럼 노인 1명 이상을 포함한 가계 비율은 2015년에 23%로, 2020년에는 25%로 증가한다. 현재 수치와 예측치 모두 일본 국립사회보장인구문제 연구소에서 집계한 통계이므로 믿을 만하다. 전 세계적으로 노인비율이 이에 상응하는 나라는 없다.

일본의 엔드게임

일본에서 부채 사태와 환율 위기가 터질지는 의심할 필요가 없다. 언제 터지느냐가 문제다. 그러나 그 시기를 예측하기란 어렵다. 누군지 기억은 나지 않지만 "일본 국채를 매도해서 손실을 보기 전까지는 진정한 거시 트레

---

[139] 소시에테 제네랄, 흔히 하는 착각들: 글로벌 사태를 잉태하고 있는 일본(Popular Delusions: A Global Fiasco Is Brewing in Japan)

이더라고 할 수 없다."라는 진리를 말한 사람이 있다. 그러나 일본 채권 시장에서 신뢰에 위기가 생기면 부채 사태가 매우 신속하게 진행될 것이다. 그리고 국채를 매도한 운 좋은 트레이더는 전설로 남을 것이다.

위기가 급작스럽고 예기치 못하게 닥친다는 점은 일본 정치인들도 알고 있다. 최근 간 나오토 일본 총리는 "일본의 공공 재정은 선진국 가운데 가장 사정이 나빠졌다. 일본이 공공 부채가 증가하도록 내버려 두면 채권 시장의 신뢰를 잃어 그리스가 촉발한 유로존 지역의 혼란과 비슷한 붕괴를 겪을 위험이 있다."[11]라고 말했다.

일본은 두 가지 선택을 할 수 있다. 정부 지출을 극단적인 고통을 초래하는 수준으로 감축하거나 돈을 찍어 내는 통화화를 통해 적자를 없애야 한다. 일본이 부채를 전액 상환할 방법은 없다. 국제통화기구에 따르면 일본 정부는 매년 GDP 대비 7.2%를 넘어서는 세계 최대 규모의 구조적인 재정 적자를 지고 있다. 이러한 비율은 적어도 2015년까지는 계속될 것으로 보인다. 그때에 이르면 일본의 GDP 대비 부채 비율은 230%를 돌파한다. 이러한 적자를 대규모로 삭감하는 일은 매우 어려울 것이다. 일반적으로 이런 상황에서 정부는 경제를 위축시켜 극심한 후퇴나 침체로 빠져들게 하는 대신에 돈을 찍어 낸다. 이러한 일이 발생하면 엔의 가치는 급격히 추락하고, 일본의 금리가 상승할 가능성이 크다. 그 결과 일본 국채의 대량 매도 사태가 발생할 것이다.

일본은 전에도 급격한 변화를 겪은 경험이 있다. 역사 속에서 180도 전환을 한 사례를 찾아볼 수 있다. 1868년 메이지 유신 당시, 일본은 쇄국 정책을 펼치던 나라에서 경제·군사대국으로 떠올랐다. 그리고 1950년에 요시다 독트린을 발표한 일본은 군국주의를 청산하고 평화주의를 받아들였다. 두 차례의 전환 모두 일본 사회에 극적인 변화를 일으켰다. 또 1990년 거품 붕괴 이후, 일본은 하룻밤 새에 과소비와 과시 문화를 버리고 절약과 근면성실을 실천했다. 일본이 지금 시점에서 다시 한 번 180도 전환을 택해 일본 저축자들이 엔화와 자국 국채를 내팽개친다면, 상황은 어떻게 될까?

엔화 환율이 1달러당 100엔까지 하던 시대가 있었나 싶다. 125엔? 150엔? 200엔? 250엔? 300엔? 지금은 상상하기 어려운 일이지만, 일본이 자진해서 경기 위축과 심각한 디플레이션을 유발하는 침체기를 택하지 않는다면 환율이 앞서 제기한 수준으로 추락할 수 있다. 물론 바람직한 선택은 아니다.

앞서 일본이 자동차 앞유리에 날아들어 부딪혀 죽는 벌레와 같다는 점을 거듭 강조했다. 그 벌레가 언제 으스러질 것인지가 유일한 의문이다. 그리고 사건이 일어나면 이는 다른 나라에도 영향을 끼칠 것이다. 오늘날 세계에서 일본은 중요하다. 매우 중요한 나라다. GDP 면에서 일본은 세계 3대 경제 대국일 뿐 아니라 수출 강국이다.

엔화 가치가 절하되기 시작하면 어떤 일이 발생할까? 그리고 이로써 소비자들이 한국의 기아나 현대 차, 또는 유럽산 차 대신 혼다, 도요타, 렉서스 같은 일본산 차를 더 많이 사게 된다면? 이러한 비유를 일본이 아시아의 다른 나라와 미국, 유럽과 경쟁하는 다양한 산업에도 적용해 보자. 일본보다 경쟁력이 크게 떨어지는 한국은 어떻게 대응할까? 과거의 비슷한 상황에서 한국은 자국의 통화 가치를 절하했다. 그러나 그 정도로 초인플레이션을 겪을 일본을 따라잡을 수 있을까? 이는 독일이나 신흥국은 말할 것도 없고 다른 인접국 모두에 적용되는 얘기다.

물론(철강 산업 등에서) 일본의 투입 비용은 상승하겠지만 인력, 기술, 인프라, 공장 등 일본이 이미 보유한 요소의 비용은 상승하지 않는다. 엔드게임의 초기 단계에서 세계 교역 시장과 환율 시장에는 당분간 매우 위험한 상황이 펼쳐질 것이다.

당신을 일본의 '와타나베 부인[140]이라 가정해보라. 소득은 고정되어 있는데 모든 수입품의 가격이 급속도로 인상된다면 와타나베 부인은 어떤 선택을 할까? 게다가 저축은 인플레이션에 연동되어 있지도 않다. 먼저 와타나베 부인은 소비를 줄일 것이다. 그런 동시에(매우 똑똑하고 환율 사정에 통달한) 와타나베 부인은 자신의 예금을 외화로 전환할 필요가 있다는 점을 깨닫게 된다. 일본에는 거액의 외환을 집에서 거래하는 사람이 많다. 따라서 와타나베 부인은 마우스 한 번만 클릭해도 예금을 외화로 예치할 수 있다. 그렇게 되면 엔화에는 더 큰 압력이 가해진다.

일본이 달러를 비롯해 어마어마한 외화를 축적해두고 있다는 점을 알 것이다. 하지만 자국에서는 엔화를 사용하는 한 그 사실은 전혀 도움이 되지 않는다.

일단 엔드게임 경로로 들어서면 벗어나기란 어렵다. 이에 관련해 앞서 『이번엔 다르다』를 다룬 장의 내용을 떠올려보자. 어느 순간 '쾅!' 터진다는 얘기가 있었다. 그런데 일본은 그보다 한 술 더 떠 '우르르 쾅쾅!' 터지는 순간을 맞이할 것이다.

---

140 역주 _ 해외의 고금리 자산에 투자하는 일본의 주부 외환투자자

제13장

인플레이션으로 은근슬쩍 부채를 탕감하려는 영국

평가 절하된 통화로 상환될 것을 뻔히 알고도 돈을 빌려 주려는 사람이 어디 있겠는가?

조르주 보네, 1930년대 프랑스 외무상

영국은 중앙은행이 주택 거품을 창출하고 은행권이 붕괴한 후에 경기를 부양하며 은밀한 인플레이션으로 부채를 탕감하려고 애쓰면 어떤 결과가 나타나는지 보여 주는 시범 사례다. 일반인들도 주택이 세계에서 가장 안전한 투자 수단이라고 생각할 정도로 주택 가격이 상승한 후 몇 년이 지난 2008년에 영국의 은행권은 내부 요인으로 붕괴했다. 영국은 이제 그 고통스러운 거품 붕괴에서 회복하려는 과정에 있다. 중앙은행은 공공 부채를 통화화하고 환율을 절하하며 극도로 느슨한 통화 정책을 시행하는 등 안간힘을 다하고 있다.

이번 장에서 우리는 영국을 다룬다. 영국에서 위기가 어떻게 시작되었으며 어떻게 표면에 드러났고 중앙은행은 이에 어떻게 대응했는지 알아본다. 또한 영국의 중앙은행인 영국은행이 인플레이션을 통해 명목 GDP를 증대하고 GDP 대비 부채 부담을 줄이고자 하는 과정을 살펴볼 것이다. 현재까지 영국은행은 인플레이션을 창출하는 데 성공했다. 이는 미국 연준리가 미국에서 디플레이션 위협을 없애려면 어느 정도만큼 인플레이션을 창출해야 할지 결정하는 데 단서가 될 수 있을 것이다.

안심할 수 없는 영국 경제

신용 위기의 전개 과정을 단적으로 보여 주는 나라는 영국 외에 달리 찾아보기 어렵다. 미국이 신용 확대의 핵이었을지 모른다. 그러나 영국은 미국보다도 대출과 지출에 더 열을 올렸다. 그로 말미암아 영국은 신용위기의 직격탄을 맞게 되었다.

부동산 가격 급등, 값싼 대출자금과 끝을 모르는 소비 욕구가 상승 작용을 일으켜 서로 부추겼다. 이는 머빈 킹 영국은행 총재가 '멋진 10년[141]'이라고 부른 시대로 이어졌다. 정책 입안자들은 '이번엔 다르다'는 확신에 찼고, 급기야 2000년에 고든 브라운 당시 영국 재무장관은 다시는 경기 호황과 불황이 교차하지 않을 것이라 장담했다. 지난 200년 동안 증명된 경기순환 이론을 휴지통으로 직행시키는 말이었다.

물론 이번엔 정말 달랐다. '멋진 10년'은 '끔찍한 10년'으로 돌변해 버렸고 브라운은 자신의 말을 주워담을 수밖에 없었다. 2007년에 미국에서 서브프라임 사태의 실상이 드러나자, 영국에서는 가계부문이 진 부채가 영국 전체

---

141 NICE, 인플레이션율 상승 없이 일관된 성장을 이룬 시대

GDP보다 많다는 사실이 밝혀졌다. 영국 소비자들은 미국 소비자들보다 많은 빚을 지고 있었다. 가처분소득 대비 가계 부채는 훨씬 위험한 조짐을 보였다. 영국의 가처분소득 대비 가계 부채는 최대 160%에 이르러 130%를 기록한 미국을 앞질렀다.

가계, 기업, 금융, 정부 부문의 총부채 측면에서 볼 때 영국은 세계 어느 나라보다도 부채가 많은 나라다. 영국의 총부채는 GDP의 4.7배다. 가히 편두통을 일으킬 만한 수치다. 여기에 정부의 미적립 채무까지 더하면 총부채는 GDP의 6.5배가 넘게 되고, 이를 금액으로 환산하면 15조 달러다. 남녀노소를 가리지 않고 영국인 1인당 부채가 25만 달러에 이르는 셈이다. 도표 13.1 참조

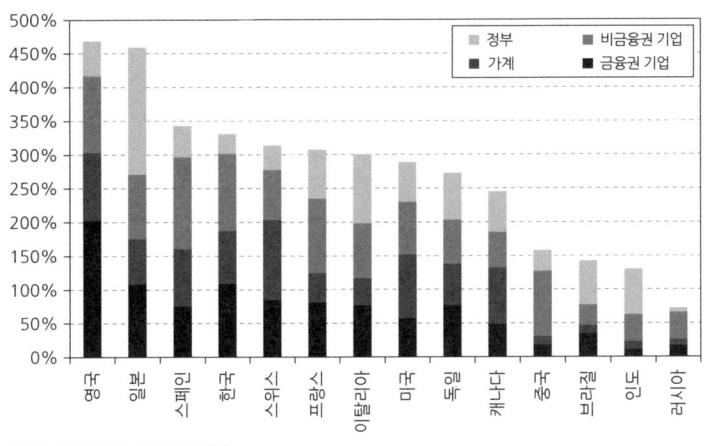

도표 13.1 2008년 거대 금융 위기가 닥치기 전 나라별 부채 GDP 대비 백분율

자료 출처: 블룸버그, 배리언트 퍼셉션

총부채 수치는 어째서 중요할까? 앞서 언급했듯이 엔드게임이 어떻게 전개될지 파악하고 합리적으로 추측하려면 모든 부문의 부채를 전반적으로 살펴보는 것이 결정적으로 중요하다. 어떤 부문의 흑자는 항상 다른 부문의 적자를 의미한다는 사실을 기억하는가? 도표 13.1을 염두에 두길 바란다. 앞으로 영국이 직면할 여러 문제점을 이해하는 데 총부채가 핵심 요소이기 때문이다.

실제로 영국은 앞으로 몇 년 후 다른 선진국보다 훨씬 큰 어려움을 겪을 것이다. 영국은 본질적으로 구조적인 문제를 안고 있기 때문이다. 구조적인 문제들은 경기가 어느 정도 정상 수준으로 회복되어도 저절로 해결되지 않는다.

미국의 위기는 주택 부문에서 시작되었고, 재빨리 금융 부문으로 확산되었다. 이는 영국을 이중으로 타격했다. 도표 13.2 참조 영국 경제는 주택 부문에 대한 의존도가 높고 소비자 신뢰도 주택 가격에 따라 크게 좌우될 뿐 아니라 GDP의 상당 부분이 금융 부문에서 창출된다는 점 때문이었다(금융은 2007년 영국 GDP의 10%를 차지했는데, 이는 미국보다 높은 비중이다).

도표 13.2 영국의 소비자 신뢰지수와 주택 가격 간의 상관관계

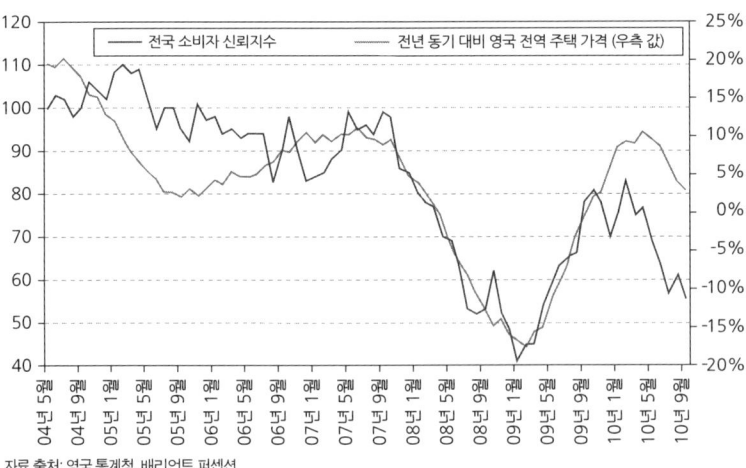

자료 출처: 영국 통계청, 배리언트 퍼셉션

세입이 매우 감소한 것도 당연하다. 도표 13.3 참조 2007년 총 법인세에서 금융이 차지하는 비중은 40%가 넘었다. 그리고 소득세 가운데 3분의 1이 금융과 부동산 부문에서 창출된다. 2008년 11월에서 2009년 11월까지 영국의 세금 수입은 12% 감소했다. 금액으로 따지면 370억 파운드 600억 달러가 감소한 것이다.

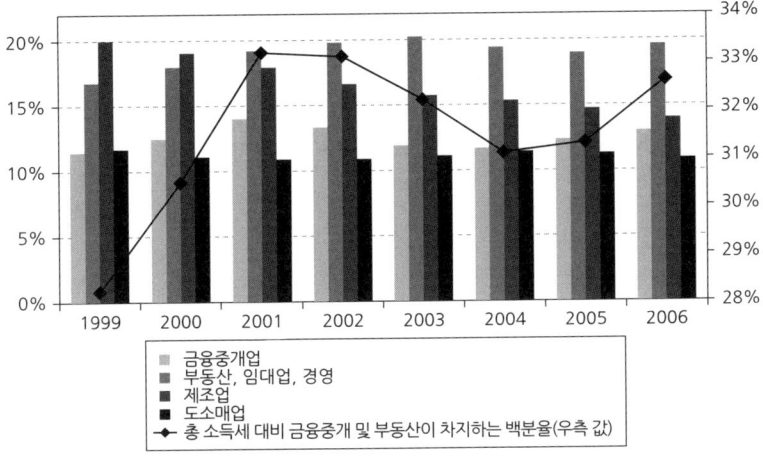

도표 13.3 소득세 기여도가 높은 4대 산업 총 세액 대비 백분율

금융중개업
부동산, 임대업, 경영
제조업
도소매업
◆ 총 소득세 대비 금융중개 및 부동산이 차지하는 백분율(우측 값)

자료 출처: 영국 국세청HMRC, 배리언트 퍼셉션

그 결과, 영국 정부의 공공 차입 요구분[142]은 2008년 말 GDP 대비 5%에서 2009년 말 11.5%로 뛰었다. 이는 당시 세계에서 가장 막대한 재정 적자로 영국이 '퍼펙트 스톰[143]의 한가운데라는 전혀 바람직하지 않은 위치에 있었다는 점을 뚜렷이 보여 준다. 영국 정부는 그 부족분을 메우기 위해 제2차 세계 대전 종전 이후 최대 규모로 차입에 나서기 시작했다. 이와 함께 부채는 GDP 대비 60%를 뛰어넘었다. 이는 영국이 국제통화기금에 머리를 조아리며 23억 파운드(당시에는 37억 달러 정도였으며, 오늘날 환율로 환산하면 210억 달러 넘는 돈이다)를 빌려야 했던 1976년의 부채 비율을 앞지르는 것이다.

영국 정부는 세입 감소분을 메우기 위해 고군분투했을 뿐 아니라 실업률 상승에 따라 실업수당에 더 많은 지출을 해야 했고, 은행권 구제에도 힘써야 했다.

---

142 역주 _ 영국에서 정부 지출과 세입의 차이를 뜻하는 의미로 쓰임
143 역주 _ 다른 자연현상과 결합해 엄청난 파괴력을 내는 폭풍으로 여러 악재가 겹친 심각한 경제 위기를 뜻함

서구 금융권이 여러 가지 문제에 시달리는 가운데 영국의 은행들 역시 신용경색과 자산가격 폭락이라는 고충을 겪으며 갈수록 취약성을 띠게 되었다.

예금 인출 사태를 일으킨 노던록

노던록은 영국의 소규모 은행으로, 신용 위기로 타격을 입은 첫 번째 영국계 은행이다. 고객 예금은 얼마 되지 않는 은행이었으나 대출 서비스를 시행하기 위해 다른 은행들에서 많은 돈을 차입했다. 그런데 은행들이 점점 다른 은행의 대차대조표에 계상된 자산과 그 가치에 관해 회의적인 태도를 보이면서 은행 간 대출이 중단되고 말았다. 그 결과 노던록은 대출해 주던 은행들로부터 버림받고 하룻밤 새에 자금줄이 증발하는 일을 겪어야 했다. 이로 말미암아 영국에서는 100여 년 만에 처음으로 대규모 예금 인출 사태가 일어났다. 그러자 영국 정부가 즉시 개입해서 노던록을 국유화해 버렸다. 패닉이 자리를 잡으면 영국 은행권 전반에서 예금 인출 사태가 일어날 것을 두려워했기 때문이다.

그러나 더 나쁜 일이 남아 있었다. 2008년에 리먼 브러더스가 도산하자 노던록보다 몸집이 훨씬 크고, 그러한 큰 규모 때문에 도산할 수 없을 것만 같던 영국계 은행들이 살아남지 못할지도 모른다는 우려가 나타났다. 다시 한 번 영국 정부가 나서서 스코틀랜드 왕립은행, 핼리팩스 은행, 로이드 TSB 은행을 부분적으로 국유화했다. 이는 미국이 가장 취약한 2대 은행인 시티뱅크와 뱅크오브아메리카에 대한 국유화를 고려하던 가운데 나온 일이었다. 현재 영국은 세계 최대 금융기관 가운데 하나인 몇몇 은행 때문에 골치를 앓고 있다. 국유화 당시 스코틀랜드 왕립은행만 하더라도 대차대조표가 영국 GDP보다 컸다. 실제로 영국의 은행 부문은 세계에서 가장 크며, 영국계 은행의 자산은 영국 GDP의 5배가 넘는다. 미국은 은행의 자산이 GDP와 비슷하다. 더욱이 영국계 은행이 보유한 은행부채는 대부분이 외화로 되어 있으며, 이 외화부채가 GDP 대비 100%를 넘는다. 그래서 다시 한 번 금융위기가 닥치면 이번에도 영국 정부가 은행권을 든든히 지원해 줄 수 있을까 하는 우려를 자아내고 있다. 우리는 금융 부문에 대한 과도한 의존도와 과도한 노출이야말로 영국이 지닌 구조적 문제라고 본다. 아이슬란드와도 유사한 점이다.

여기에서 잠깐 숨을 돌리고 영국의 현황을 다시 한 번 검토해 보자. 영국은 오래도록 경제성장과 낮은 물가상승률을 누렸다. 그런데다 부동산 가격은 중력의 영향을 받지 않는 듯 떨어질 줄 몰랐다. 사람들은 얼마든 대출을 받을 수 있었고 소비지출은 천정부지로 뛰어올랐다. 그때 위기가 닥쳤고, 영국의 기적은 저금리와 손쉬운 대출에 바탕을 둔 환영이라는 사실이 밝혀졌다. 영국은 부동산과 금융에 대한 과도한 의존도 때문에 다른 나라보다도 신용위기의 가장 악독한 파장에 그대로 노출되었다.

그 결과 영국정부는 엄청난 속도로 차입을 늘려야 했고, 세계에서 가장 큰 재정 적자를 떠안은 나라가 되고 말았다. 막중한 부채 부담, 몸집이 너무 큰 은행들, 일부가 국유화된 금융기관에서 대출을 받은 납세자들이 어우러진 상황에서 영국의 재정상태가 그때나 지금이나 위태위태하다는 점은 의심할 여지가 없다.

영국은행은 차입에 협조적이다. 제2차 세계 대전 이후 영국은행은 보기 드문 규모의 빚 잔치에서 영국의 부채 시장을 구하기 위해 사상 최대 규모의 양적 완화 프로그램을 시행했다. 양적 완화란 중앙은행이나 통화 당국이 자산 가격의 안정을 위해 자산을 매입하려는 목적으로 통화를 창출하는 것, 즉 돈을 찍어 내는 것을 뜻하는 기술적인 용어다.

양적 완화 프로그램의 일환으로 영국은행은 이제까지 영국의 장기 국채인 길트를 2,000억 파운드^{3,200억 달러}어치 사들였다. 앞으로도 더 사들일 것으로 보인다. 도표 13.4에서 보듯이 영국은행은 현재 기발행 길트 가운데 3분의

1 가까이 보유하고 있다. 이에 비하면 미국이나 일본의 양적 완화는 아무것도 아닌 것처럼 보인다.

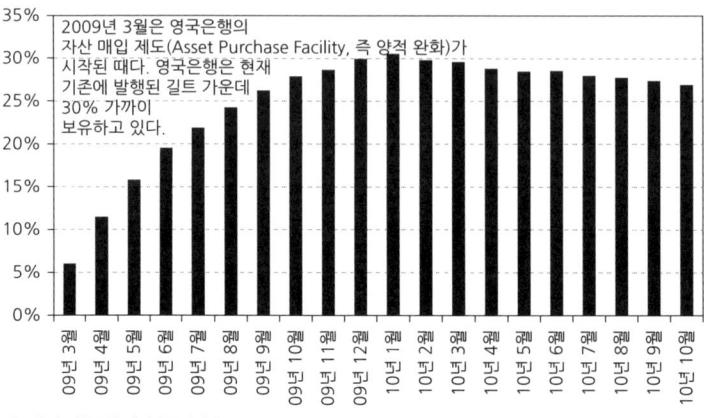

도표 13.4 총 발행 길트 대비 영국은행이 보유한 길트의 백분율

2009년 3월은 영국은행의 자산 매입 제도(Asset Purchase Facility, 즉 양적 완화)가 시작된 때다. 영국은행은 현재 기존에 발행된 길트 가운데 30% 가까이 보유하고 있다.

자료 출처: 영국은행, 배리언트 퍼셉션

양적 완화를 시행하면 영국이 인플레이션 목표치를 달성할 수 있다는 것이 영국은행의 논리다. 더욱이 국채에 대한 금리가 낮게 유지됨으로써 회사채, 주식, 주택담보부 증권 등 다른 고수익 자산을 사도록 투자자들을 부추길 수 있다는 것이다. 양적 완화가 저축자들을 부추겨 위험 자산에 투기하게 하는 금리 조작처럼 생각된다면, 양적 완화를 제대로 이해한 것이다.

어쨌든 양적 완화 덕택에 길트시장이 영국 경제사상 가장 힘난한 시기에도 안정을 유지할 수 있었다는 점은 의심할 여지가 없다. 그다음 문제는 양적 완화를 어떻게 반전시키느냐는 것이다. 영국은행이 내세우는 목표는 경제가 회복하는 대로 길트를 시장에 되팔아서 애초에 길트를 매수하기 위해 창출되었던 통화를 제거한다는 것이다. 그러나 영국이 시행한 양적 완화의 규모로 보건대 영국은행이 과연 이를 안정적인 방식으로 시행할 수 있을지는 아무도 알 수 없는 노릇이다. 영국은행은 머지않은 미래에 경제가 다시 성장 추세로 되돌아서고, 실업률이 하락하며, 부동산 가격이 다시 한 번 건강한 상승세를 타고, 금융 부문이 자체적으로 정화되리라고 전망한다. 그래서 그때가 오면 사들인 길트를 시장을 동요시키지 않고 되판다는 계획이다.

그러나 영국은 앞서 말했듯이 총부채가 GDP 대비 4.7배나 된다. 이러한 막대한 부채는 장기적인 경제 회복에 계속해서 상당한 역풍으로 작용할 것이다. 이자 상환으로 소득은 줄어들고, 게다가 원금까지 상환해야 한다. 이러한 상황이라면 지출이 제자리를 찾고 경제가 다시 정상화되기가 어렵다. 따라서 국채 수익률이 하늘 높은 줄 모르고 뛰는 것을 감수하지 않는 한 영국은행이 정확히 어느 시점에 길트를 되팔 수 있을지는 미지수다.

문제는 그뿐이 아니다. 영국의 국채를 보유한 이들 가운데 상당수가 외국인이라는 점도 골칫거리다. 지난 12장에서 우리는 일본 국채 가운데 94%를 내국인이 보유하고 있다는 점을 지적했다. 일본의 금리가 낮게 유지되는 것도 그 때문인 것이 확실하다. 그러나 영국은 도표 13.5에서 보듯이 내국인이 보유한 길트는 70% 정도에 불과하다.

도표 13.5 총 길트 발행 수와 외국인 보유 비율

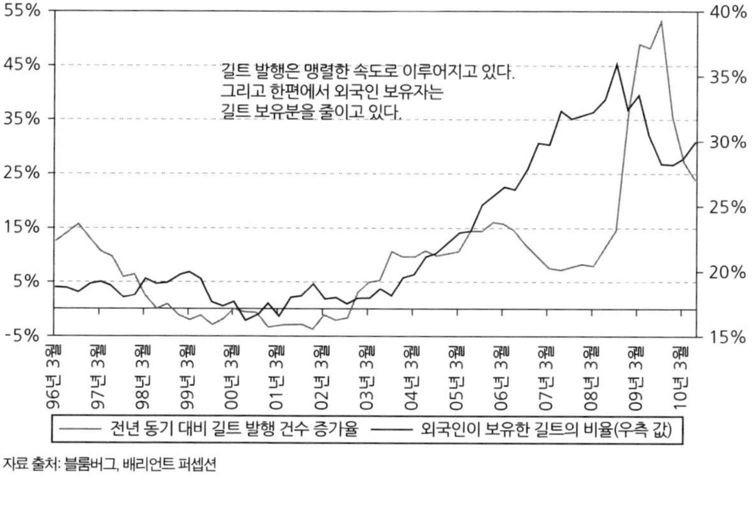

길트 발행은 맹렬한 속도로 이루어지고 있다. 그리고 한편에서 외국인 보유자는 길트 보유분을 줄이고 있다.

— 전년 동기 대비 길트 발행 건수 증가율   — 외국인이 보유한 길트의 비율(우측 값)

자료 출처: 블룸버그, 배리언트 퍼셉션

제13장 _ 인플레이션으로 은근슬쩍 부채를 탕감하려는 영국

영국 국채를 많이 보유한 외국인 투자자가 이에 대해 경계심을 품기 시작하면, 이들이 국채를 전부 팔아 버리면서 국채 수익률이 두드러지게 상승한다. 이것이 영국 경제에 미치는 영향은 결코 좋을 리가 없다.

더욱이 영국은행이 취한 거대 규모의 양적 완화로 영국은 초인플레이션이 나타날 가능성이 가장 큰 나라 가운데 하나가 되었다. 역사상 모든 초인플레이션은 대규모 재정 적자 이후에 나타났다. 초인플레이션은 재정은 부족한데 막대한 지출을 해야 하는 정부가 비용을 충당하기 위해 돈을 찍어내기 때문에 발생하기 때문이다. 양적 완화를 시행한 것이 영국만은 아니지만, 그처럼 대규모로 시행한 나라는 영국밖에 없다. 또한 주로 국채를 사들이기 위해 시행되었다는 점도 특이하다. 예를 들어, 미국 연준리는 주택담보부 증권 같은 민간부채를 사들이느라 양적 완화를 시행했다. 2009년에 영국은 사실상 모든 재정 적자를 통화화했다. 정부 세입의 감소분을 메우기 위해 영국은행이 그만큼 돈을 찍어 낸 것이다. 우리는 역사가 되풀이된다고 본다. 따라서 몇 년 안에 영국의 인플레이션율이 크게 치솟을 위험이 있음을 장담한다.

그러나 영국이 초인플레이션의 선결 조건은 모두 갖추고 있지만, 실제로 이를 겪지는 않으리라는 점을 알아 둬야 한다. 영국 정부 지도층도 그러한 경로로 가다간 파멸을 맞으리라는 점을 인식하고 있으므로, 어느 시점이 되면 양적 완화에서 발을 뺄 것이다.

그런데 영국의 통화 당국이 적당한 인플레이션율을 선호한다고 볼 만한 이유가 충분하다. 적어도 미국, 일본, 유럽 다른 나라보다는 인플레이션에 호의적이다. 인플레이션율이 상당히 높으면 부채의 가치가 줄어든다. 5년간 우리가 당신에게 1,000달러를 빌려 주고 이자를 받지 않기로 했다 치자. 5년 후 당신이 우리에게 돈을 갚아야 할 때가 되면 인플레이션 때문에 1,000달러의 가치가 실제로는 얼마간 감소한다. 5년 전보다 1,000달러로 살 수 있는 물건이 줄어드는 것이다. 약삭빠른 사람이라면 1,000달러만 갚는다는 데 만족할 것이다. 돈의 가치가 떨어져서 5년 전보다 1,000달러를 벌기가 쉬워졌기 때문이다.

돈을 빌리고 인플레이션으로 상환해야 할 차입금의 가치를 감소시킨다면, 정부 역시 똑같은 목적을 달성할 수 있다. 그러나 이는 신중히 따져 봐야 할 일이다. 정부가 추가로 차입하고자 할 때 채권자들이 상승한 인플레이션율을 벌충하기 위해서 이자율을 올리려고 할 것이기 때문이다. 따라서 국채 대다수의 만기일이 비교적 가까운 시일 내에 다가오는 상황에서 정부가 인플레이션율을 지나치게 상승시키면 스스로 자기 무덤을 파는 꼴이 된다.

그런데 영국은 도표 13.6에서 알 수 있듯이 기존에 발행된 국채의 평균 만기가 가장 긴 나라다.

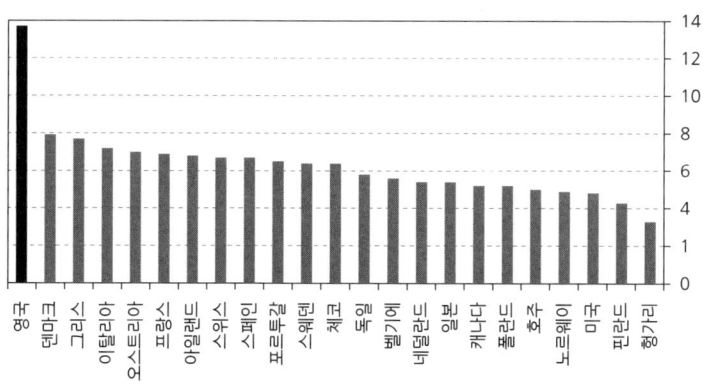

자료 출처: 배리언트 퍼셉션

따라서 영국은 인플레이션에 연동된 국채를 따지더라도 다른 나라에 비해 인플레이션율 상승으로 보는 이득이 더 크다(인플레이션에 연동된 국채는 인플레이션율에 따라 가치가 상승하므로 이러한 국채는 인플레이션을 통해 감액시키려고 해 봤자 별 이득이 없다). 다른 선진국들은 인플레이션율이 하락하는 디스인플레이션이나 디플레이션을 겪고 있는데 영국의 인플레이션율은 높은 수준에서 내려올 줄 모르고 있다. 영국은행은 문제가 있다는 점을 시인하지 않으려 한다. 영국은행은 우선 영국 정부가 공공 지출 긴축을 시행하는 동안에는 금리를 인상하지 않으려 한다. 재정 긴축과 금리 인상을 동시에 시행하면 영국을 다시 한 번 경기 후퇴에 빠뜨릴 가능성이 매우 크기 때문이다. 그것도 엄청난 경기 후퇴를 몰고 올 위험이 있다. 다른 한편으로 영국은행은 인플레이션율 상승이 일시적인 현상이며 곧 목표치로 되돌아올 것이라고 주장한다. 그럴 수도 있다. 그러나 영국은행이 금리를 낮게 유지하고 통화 정책을 방만하게 운영하면 할수록 인플레이션율이 계속해서 상승할 위험도 커진다. 실제로 영국은행이 인플레이션에 거부감을 갖지 않는 것과 영국의 장기 부채 만기가 길다는 사실이 완전히 우연의 일치만은 아닐 것이다. 투자 마인드가 있는 사람이라면 느슨한 통화 정책과 긴축 재정이 파운드화에는 불리하지만 영국의 대형주에는 유리하다는 점을 알 수 있을 것이다.

영국의 엔드게임: 인플레이션율 추가 상승 가능성

그렇다면 영국의 엔드게임은 어떻게 전개될까? 이미 엔드게임이 시작되었을지도 모른다. 2010년에 정권을 잡은 새 정부는 현재 10%가 넘는 재정 적자를 2016년까지 1% 정도로 과감히 감축하는 과제를 달성해야 한다. 이를 이루기 위해 2010년 10월에 1920년대 이후 최대 규모의 지출 감축안이 발표되었다. 어떤 정부 부처는 예산이 3분의 1이나 삭감되었다. 이 정도면 겉치레가 아니다.

영국은 의회 정치 체제라 이러한 감축이 끝까지 추진될 가능성이 크다. 현재 미국은 정치적으로 양당 간에 균형이 잡힌 상태다. 2010년 중간선거 결과, 민주당이 공화당에 하원 의석을 잃고 상원 의석만 유지하고 있기 때문이다. 따라서 양당이 팽팽히 대결하면서 어떤 결단이 내려지기보다 정국의 마비 현상이 나타날 가능성이 더 크다. 하지만 영국의 긴축 정책이 당장 효과를 거둘까? 사실 선진국에서 가장 과감한 긴축 정책을 시행하는 영국은 이번 위기에서 '탄광 속의 카나리아'[144]나 다름없다. 지출 삭감의 타격이 너무 크고 민간 부문이 예상보다 빨리 회복하지 못한다면 또다시 경기 후퇴로 빠져들 수 있을뿐더러, 긴축 정책으로 가장 큰 영향을 받게 될 공공 부문 근로자들의 의지가 위태로워질 수 있다. 그리스식 파업과 소요 사태가 영국에서는 일어나지 않으리라고 장담할 수 있을까? 불굴의 의지를 지닌 영국인이라도 참는 데 한도가 있는 법이다.

영국의 문제는 너무 구조적이라 쉽게 없앨 수 있는 것이 아니다. 그래서 장기적인 전망이 결코 밝을 수 없다. 앞서도 논했지만, 영국은 세계에서 부채 비율이 가장 높은 나라다. 그러한 사실 때문에 지속 가능한 경제 회복을 달성하기가 너무도 어렵다. 이러한 과다 부채 부담은 공공 부채의 통화화로 이어졌다. 문제는 통화화를 통해 사들인 국채를 안정적인 방식으로는 되팔 수 없다는 데 있다. 영국에서 두 자리 수의 높은 인플레이션율이 나타날 위험은 선진국 어느 곳보다 크다. 어떠한 일이 일어나든, 영국의 엔드게임은 무난히 전개되지 않을 것이다.

또한 영국의 험난한 엔드게임은 세계적으로도 악재다. 영국은 선의를 대표하는 나라이자 미국의 든든한 우방국이다. 하지만 이미 상당한 군비 감축이 있었고, 앞으로도 군비 감축이 불가피해 보인다.

파운드화의 가치가 절하됨에 따라 영국인의 국외 소비가 감소할 것이다. 공

---

144 역주 _ 과거 탄광 속에 유독가스가 있는지 알아보기 위해 카나리아를 이용했던 데서 유래한 말. 위험을 알려주는 지표를 뜻함

산품의 국내 소비도 저조한 상태다. 그러나 파운드화가 하락함에 따라 수출은 증가하고 있다. 파운드가 하락을 거듭하면 이러한 추세도 계속될 것으로 보인다.

제14장

호주
아일랜드의 전철을 밟게 될까?

이제까지 살펴본 나라에서는 모두 부동산거품과 은행도산이 나타났다. 앞으로도 위기가 닥치면 대부분은 주택거품과 은행도산이 특징적으로 나타날 것이다. 아직 거품이 붕괴하지 않은 곳은 어디일까? 호주는 전 세계적인 금융 위기 직후에도 주택 가격이 계속해서 최고가를 갱신한 몇 안 되는 나라 가운데 하나다. 호주의 주택 가격은 상상을 초월한다.

이번 장에서는 호주의 주택거품에 대해서 알아본다. 또한 미국, 영국, 아일랜드, 스페인 등 주택 거품을 겪은 다른 나라들과 어떤 공통점이 있는지 살펴볼 것이다. 언뜻 호주는 공공 부채 비율도 상당히 낮고 매우 잘 굴러가는 나라처럼 보인다. 아일랜드와 스페인도 마찬가지였다. 그러나 주택 거품을 통제할 수 없는 수준으로 내버려두고 정부가 은행을 구제하기 위해 개입하면, 정부 부채는 눈덩이처럼 불어나게 된다.

이제 호주가 맞이하게 될 엔드게임에 관해 탐구해 보자.

행운의 나라

금융 위기가 진행되자 수류탄이 라트비아에서 스페인, 두바이에서 헝가리까지 장소를 가리지 않고 터졌다. 이 책에서 우리는 그 가운데 많은 나라의 사례를 살펴봤다. 그뿐 아니라 2008년과 2009년에 심각한 경기 위축을 경험하지 않은 나라가 거의 없었다. 대부분은 경기 후퇴를 겪었다. 그런데 눈에 띄는 예외가 있었으니 바로 호주다. 호주의 연간 GDP는 한 번도 마이너스로 돌아선 적이 없었다. 분기별 성장률이 마이너스로 돌아선 것도 딱 한 차례뿐이며 그마저도 곧바로 플러스로 반등했다.

이제까지 살펴본 나라 가운데 대다수가 곤경을 겪었다. 미국의 경우, 위기의 시작을 알린 것은 주택 시장의 폭락이었다. 영국은 주택 가격이 극심한 조정을 겪었고, 은행의 예금 인출 사태와 국유화로 악전고투를 거듭했다. 이제까지 이처럼 고통을 겪은 나라들에서 어떠한 일이 일어났으며 앞으로는 어떠한 상황이 펼쳐질지 우리 생각을 제시했다.

그러나 호주는 좀 다르다. 호주에서는 사실상 나쁜 일이 터진 적이 없기 때문에 우리도 무슨 말을 해야 좋을지 알 수 없다. 그러나 앞으로 어떤 일이 일어날지 우리의 의견을 말할 수는 있을 것이다. 결코 좋은 일이 일어날 것 같지는 않다. 간단히 말해, 우리는 호주가 이제까지 본 바 없는 사상 최대 규모의 거품 붕괴를 경험하리라고 본다. 그러니 우리가 하는 말을 듣기 전에 스카치위스키 한 잔을 따라놓고 마음을 가다듬길 바란다. 경제에 관해 그 어떤 이야기를 들어도 놀라지 않는 강인한 체질의 사람이라도 우리가 하는 말에 충격을 받을 것임이 분명하기 때문이다.

호주 경제가 사실상 아무런 피해를 보지 않고 금융 위기에서 빠져나올 수 있었던 것은 상당 부분 중국과의 무역 관계 때문이다. 한때 호주의 최대 교역국은 일본이었다. 그러나 최근에 중국이 이 자리를 탈환했다. 중국은 자국의 경제 기적을 가속하기 위해 호주로부터 철광석, 석탄 등 막대한 양의 원자재를 수입하고 있다.

중국의 원자재 수입은 호주 경제에 계속해서 큰 활력소가 되고 있다. 기업 신뢰지수는 높은 수준을 유지하고, 실업률은 선진 10개국의 기준으로 볼 때 낮은 편이며 계속해서 하락하고 있다. 소비자신뢰지수는 금융 위기가 최악으로 치달아 다른 나라에서 크게 추락했을 때도 높았다. 호주의 소비가 활발했던 데는 부동산시장이라는 중대한 이유가 있다. 호주의 부동산시장이야말로 아직 터지지는 않았으나 현대 역사상 최대 거품이라 생각된다.

호주 주택 가격의 상승세는 소득 대비 가격이나 임대 수익률 등 어떤 기준에서 보더라도 극단적이다. 『이코노미스트』지의 주택가격지수를 보면 호주의 주택 가격은 63%나 과대평가되어 있다. ^{도표 14.1 참조} 이는 분명히 지나치게 높은 수치이며, 다른 나라에서 거품이 붕괴하기 전에 나타났던 과대 평가 수준을 뛰어넘는다.

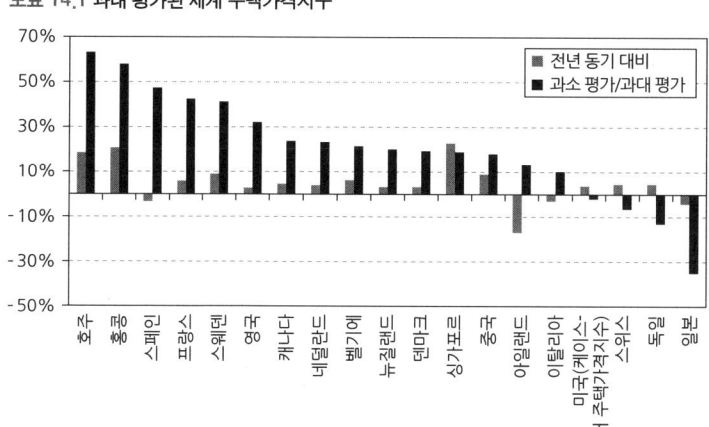

도표 14.1 과대 평가된 세계 주택가격지수

자료 출처: 이코노미스트

호주는 캐나다와 더불어 지난 몇 년간 특이하게도 주택 가격이 하락하지 않은 나라다. 호주의 주택 가격은 그저 과대 평가된 데 그치지 않고, 주택 거품의 영역으로 활기차게 뛰어오르고 있다. 호주의 주택 가격은 5년 평균 가격의 20% 이상이다. 도표 14.2 참조

도표 14.2 각국의 주택 가격: 5년 평균과의 격차

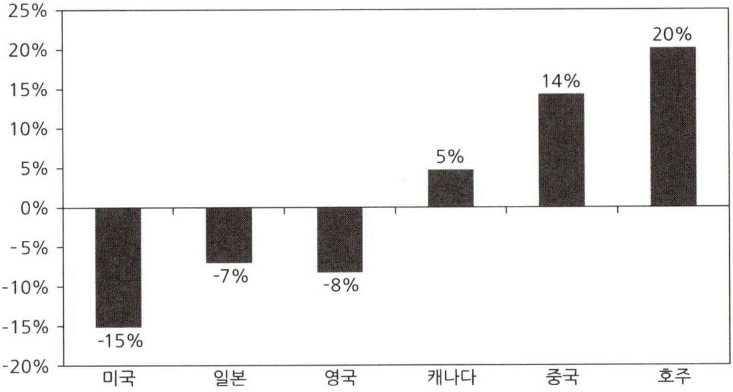

국가	격차
미국	-15%
일본	-7%
영국	-8%
캐나다	5%
중국	14%
호주	20%

자료 출처: 블룸버그, 배리언트 퍼셉션

도표 14.3에서 보듯 호주의 주택 가격은 영국과 미국의 주택 가격이 하락한 이후에도 계속해서 상승하고 있다.

도표 14.3 호주와 다른 나라의 주택 가격 추이

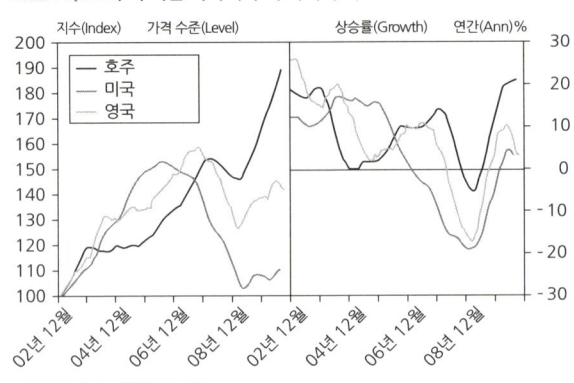

자료 출처: 웨스트팩Westpac 은행

투자자 가운데 절반이 이자만 상환하는 주택담보 대출을 받았고, 자가 주택 소유자가 30%다. 이 숫자는 약식 서류 대출이나 신용 등급이 낮은 사람을 위한 부적격 대출까지 포함하면 한층 올라간다. 호주는 미국처럼 증권화 문제가 심각하지 않을지는 모른다. 그러나 주택 시장의 펀더멘털은 훨씬 나쁘다. 도표 14.4 참조

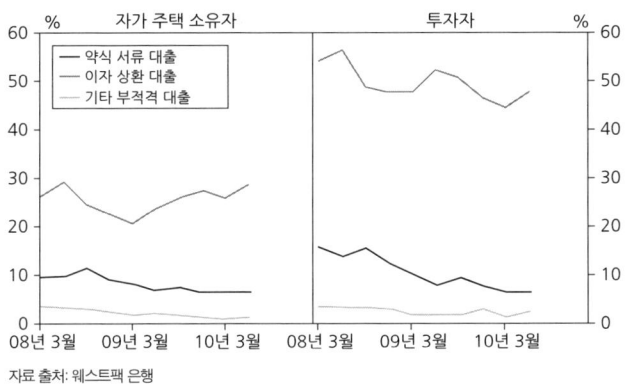

도표 14.4 은행의 주택 대출 구성

자료 출처: 웨스트팩 은행

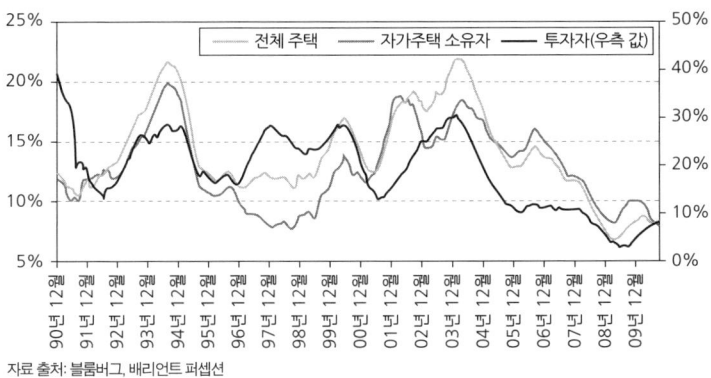

도표 14.5 호주의 전년 동기 대비 주택대출 증가율

자료 출처: 블룸버그, 배리언트 퍼셉션

제14장 _ 호주—아일랜드의 전철을 밟게 될까? **327**

그런데 호주 경제에서 취약한 고리는 은행 부문이다. 주택 시장이 붕괴할 경우, 이를 악화시키는 요인도 은행 부문의 취약성일 것이다. 물론 호주의 부동산 거품을 키운 것도 은행들이다. 2010년대 초반, 주택 대출은 전년 동기 대비 20% 이상이라는 가히 천문학적인 수준으로 급증했다. 그리고 20년 이상 한 번도 마이너스로 감소한 적이 없다. 현재도 전년 동기 대비 7%나 되는 증가율을 보이고 있다. ^{도표 14.5 참조}

호주의 은행 부문은 예금 대비 대출금 비율이 180%가 넘어 선진 20개국에서 가장 높다. 100호주 달러 예금당 대출금이 180호주 달러가 넘는 셈이다. 호주 4대 은행은 대출금 비율이 160%로 평균보다는 낮지만, 그래도 아시아의 다른 나라에 비해서는 높은 편이다. 결과적으로 호주는 다른 은행이나 대형기관에서 제공하는 도매금융에 대한 의존도가 과도하다. 호주의 대형 은행들이 외국에서 조달하는 자금은 전체의 40%가 넘으며, 또한 그 가운데 절반 정도가 단기자금이다. ^{도표 14.6 참조} 단기 부채는 만기를 더 자주 연장해야 하기 때문에 채권자들이 대출 연장을 거부할 가능성도 더 크다. 장기 부채는 말 그대로 만기가 더 긴 탓에 채무자 입장에서는 덜 위험하다. ^{도표 14.7 참조}

도표 14.6 호주 은행의 자금 구성

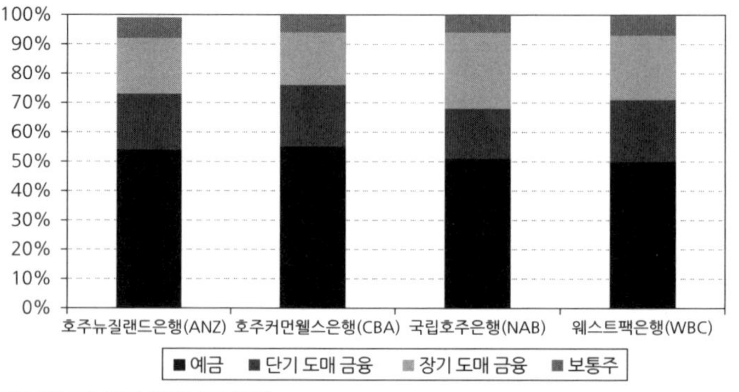

자료 출처: 모건스탠리, 호주준비은행(RBA)

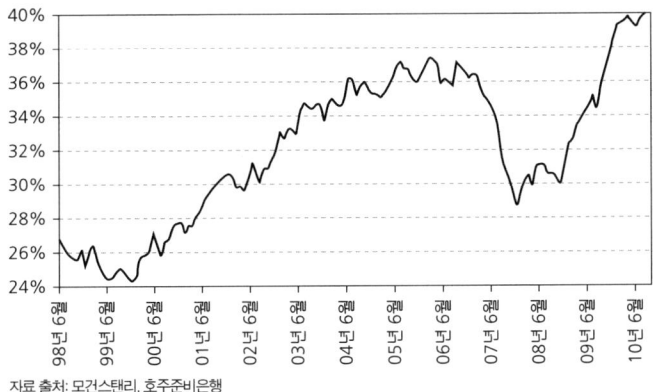

도표 14.7 호주 은행의 총부채 대비 외채 비율 (백분율)

자료 출처: 모건스탠리, 호주준비은행

만기가 짧은 도매금융에 대한 의존 때문에 도산한 은행이 적어도 한 곳 있다. 바로 앞에서 다뤘으며 다른 여러 은행이 도산하는 데 일조한 영국의 노던록이다. 도매금융의 문제점은 문제가 생길 조짐이 조금만 보여도 매우 빠르게 자금이 사라진다는 데 있다. 예금은 이런 일이 훨씬 적은 경향이 있기 때문에 안정적인 자금 조달 수단이라고 하는 것이다. 예금이 거의 없던 노던록은 서브프라임 사태의 윤곽이 뚜렷이 드러남에 따라 조달한 자금이 거의 하룻밤 새에 사라지는 일을 겪었다.

더욱이 호주 은행들은 서브프라임 채권을 열심히 축적했던 미국, 영국, 유럽계 은행들과 달리 이에 거의 노출되지 않았기 때문에 금융 위기의 직격탄을 맞지 않을 수 있었다. 여기에는 이면도 있다. 호주 은행들이 지나치게 국내경제에만 의존한다는 점이다. 따라서 부동산시장에 조금만 문제가 생겨도 은행들은 큰 타격을 받을 수 있다. 그 결과 은행이 대차대조표를 회복시키느라 안간힘을 쓰면서 대출을 동결해 버리면, 경제를 악화하고 추가적인 자산 상각이 연이어 진행되는 등 악영향이 이만저만이 아닐 것이다.

카드로 지어진 집

호주는 카드로 지어진 집이다. 우리는 호주의 부동산 거품이 빠지는 날이 올 것이며, 그 규모가 엄청나리라 확신한다. 하지만 거품을 터뜨리는 직접적인 원인이 무엇일지는 우리도 알 수 없다. 제2장에서 소개한 '불안정성의 손가락' 비유를 다시 한 번 떠올려 보자. 모래더미를 무너뜨리는 데는 모래알 한 알이면 충분하다는 점을 우리는 잘 알고 있다. 그러나 그것이 어떤 모래알인지는 알 수 없다. 호주의 경우 부동산거품을 붕괴시킬 만한 뚜렷한 요인 몇 가지를 안고 있지만, 그 가운데 상황을 반전시킬 요인이 무엇일지는 우리도 확실치 않다. 그럼에도, 그러한 요인을 한 번씩 살펴볼 필요는 있다.

먼저 중국의 경기 둔화가 가장 확실한 촉매제가 되리라고 본다. 지난 10년 내내 중국은 두 자리 수의 경제성장률을 달성했다. 이제 중국도 경제성장 속도를 어떤 식으로든 완화시킬 때가 왔다. 우리가 이 책을 쓰는 지금, 실제로 중국이 경제성장 속도를 늦추고 있다는 조짐이 보인다. 이미 그 파장이 호주로 전달되었을 수도 있다. 중국의 석탄과 철광석 수입이 줄어들면서 호주의 무역 흑자도 조금씩 감소하고 있기 때문이다. 도표 14.8 참조

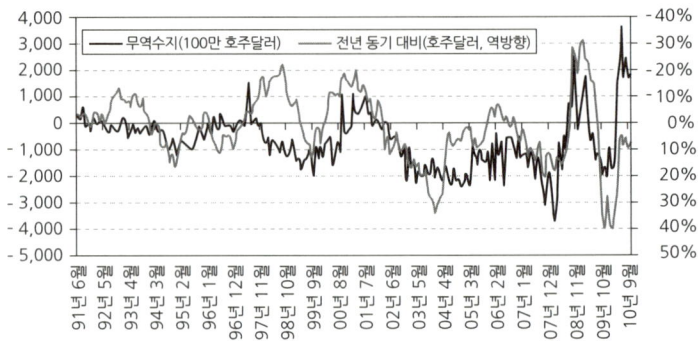

도표 14.8 호주의 무역수지

자료 출처: 블룸버그, 배리언트 퍼셉션

호주달러가 강세를 띠면 호주의 수출에 타격을 주기 시작할 것이다. 그리고 중국의 경기 둔화라는 요인 외에 부분적으로는 다른 선진 10개국의 양적 완화에 책임이 있다.

이미 알아보았듯이 양적 완화는 과잉 유동성이라고 부르는 여분의 통화를 창출하는 행위다. 과잉 유동성이란 생산적인 목적에 필요한 수준을 초과하는 돈을 말한다. 이는 저항성이 거의 없는 경로를 따라 흐르는 경향이 있다. 이러한 과잉 유동성은 경제 구조 내에서 주식, 채권, 원자재, 부동산 등 자산 시장으로 유입되는 경향이 있다. 미국에서 추가로 양적 완화가 시행되면, 호주의 원자재 가격과 인플레이션율이 상승하고 그 결과 중앙은행인 호주준비은행이 금리를 추가로 인상할 것이다. 중앙은행이 통화량을 긴축할수록 금리가 인상되고 그에 따라 상환 비용이 증가해 호주 가계는 주택담보 대출금을 상환하기가 더 어려워질 것이다. 호주 주택담보 대출 가운데 90% 정도가 변동 금리를 적용한 대출이다. 이는 금리가 인상될수록 주택담보 대출을 받은 사람들 대다수에 곧바로 영향을 미친다는 뜻이다.

호주의 금리 인상은 환율을 한층 끌어올려 호주의 수출에 추가로 타격을 줄 것이다. 호주달러는 2010년 무역 가중치를 기준으로 할 때 25년 만에 사상 최고 수준으로 뛰어올랐다. 그리고 추가로 절상될 조짐이 보인다.

양적 완화는 중국에도 악영향을 줄 수 있다. 그 경우 호주의 무역수지는 한층 감소할 것이다. 양적 완화로 인한 과잉 유동성이 원자재시장으로 유입되면, 식료품과 에너지가격을 상승시킬 것이다. 중국 같은 나라는 원자재 등 투입요소의 가격에 매우 민감하기 때문에 어쩔 수 없이 금리를 인상해야 한다. 중국이 너무 단기간에 큰 폭으로 금리를 인상하면 경제가 타격을 받을 수 있다. 그리고 최대 교역 상대국인 중국의 경제가 악화하면 호주 역시 직격탄을 맞을 것이다.

또한 호주의 무분별한 대출 잔치가 막바지에 이르고 있다는 첫 번째 조짐이 나타나고 있다.^{도표 14.9 참조} 지난 20년간 대출이 엄청난 속도로 확대된 후, GDP 대비 총신용액은 1990년대 중반 이후 처음으로 상당한 감소세를 보이기 시작했다.

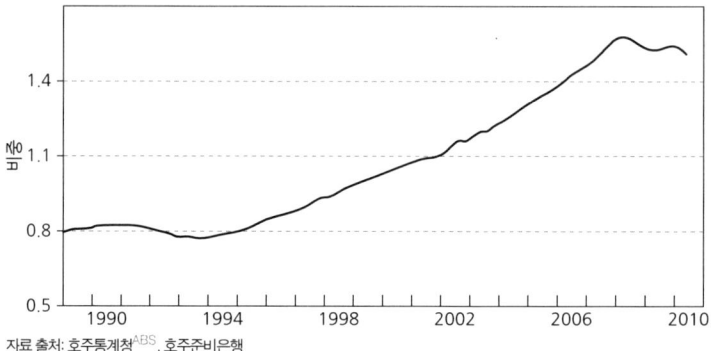

도표 14.9 명목 GDP 대비 신용 비중

자료 출처: 호주통계청^{ABS}, 호주준비은행

호주는 금융 위기 직후에 단 한 번도 이렇다 할 경기둔화를 겪지 않았다. 세계적으로 대부분의 나라가 경기둔화를 겪었고, 적어도 그러한 나라는 지난 수십 년 동안 재정 불균형으로 축적된 압력을 덜어낼 기회가 있었다(물론 대다수는 그러한 불균형을 한층 가중시킬 만한 정책을 시행하고 있어서 우리의 우려를 자아내긴 하지만). 따라서 호주의 엔드게임은 일단 시작되면 한층 극적인 형태로 펼쳐질 것이다.

제15장

의도치 않은 결과들
느슨한 통화 정책과 신흥 시장

이제까지 우리는 선진국 가운데서 미국을 비롯해 부채 비율이 과도한 나라 위주로 살펴보았다.

일본, 미국, 영국, 스위스는 금리가 제로에 가깝다. 이러한 제로금리는 경제를 활성화하는 데 유리한 듯 보였다. 그러나 고정환율제를 유지하거나 환율을 달러에 연동시키는 신흥국은 근본적으로 느슨한 통화 정책을 수입하는 꼴이 된다.

신흥국을 통틀어 외환보유고가 지난해에 크게 확대되었다. 특히 아시아 신흥국의 보유고가 세계 외환보유고의 약 50%를 차지한다. 지난해 초 이후 아시아에서 외환보유고가 이처럼 크게 확대된 것은 이 국가들이 자국 통화의 경쟁력을 유지하기 위해 선진국의 느슨한 통화 정책을 모방했기 때문이다.

그리고 신흥국이 보유한 외환 중 대부분이 중국에 있는데 이는 중국이 고정환율제를 시행하는 것과도 직접적으로 연관된다. 또한 수출로 벌어들인 달러를 다시 투자하고 유통시켜야 하는 입장이기 때문이기도 하다.

아시아 신흥국이 선진국의 느슨한 통화 정책을 모방한 결과, 정책 금리가 지나치게 협조적인 수준을 유지하고 있어서 이들의 국내 인플레이션율이 빠른 속도로 상승하고 있다. 아시아의 신흥국은 삼자택일을 해야 하는 갈림길에 서 있다. 고정환율제를 포기하거나, 자본의 자유로운 유입을 막거나, 통화 정책의 독립성을 지키는 것 가운데 두 가지는 가능하다. 그러나 세 가지에 모두 손댈 수는 없다. 결과적으로 이 국가들은 정책금리가 인상되고 환율이 절상될 가능성이 크다. 도표 15.1 참조

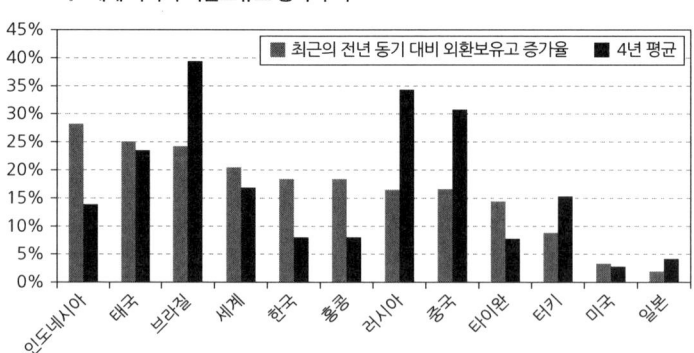

도표 15.1 세계 각국의 외환보유고 증가 추이

자료 출처: 배리언트 퍼셉션

신흥국의 거품

신흥국 상당수가 앞으로 몇 년 사이에 2배에서 3배로 경제규모가 불어날 것이다. 아직 신흥국이 세계 총 시가총액에서 차지하는 비율은 극히 낮다. 투

자자가 선진국 일변도를 탈피해 투자처를 다변화하면, 지푸라기에 불을 붙인 격이 될 것이다. 선진국의 유동성이 신흥국을 완전히 뒤덮게 된다.

부분적으로는 성장기회를 찾는 선진국 투자자에게서 유동성이 공급된다. 그러나 미국을 비롯한 세계 각국의 양적 완화도 원인이다. 브라질 같은 신흥국이 자국에 유입되는 자본에 세금을 부과하는 이유는 자국경제에 거품이 끼는 것을 방지하기 위해서다. 도표 15.2 참조

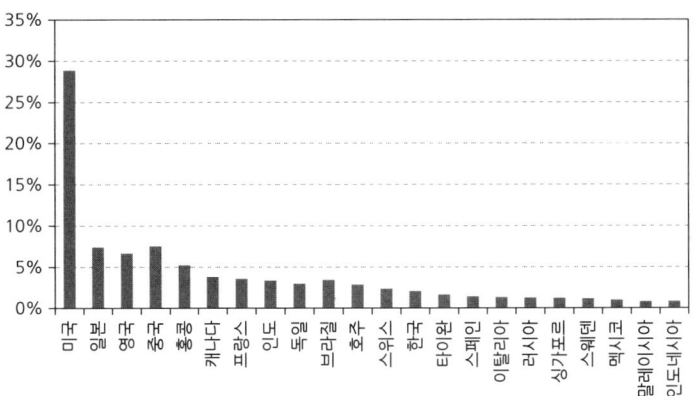

도표 15.2 전체 시가총액에서 각국 주식 시장이 차지하는 비율

자료 출처: 배리언트 퍼셉션

미국과 영국의 시가총액이 가장 높은 것도 이유가 있다. 우선, 미국과 영국은 상장 기업 비율이 다른 나라보다 높기 때문이다. 이들을 제외한 대부분 나라에서는 비상장 개인기업이나 가족소유기업이나 국유기업의 비율이 더 높다.

도표 15.3에서 알 수 있듯이 개별적으로 볼 때 거의 모든 신흥국이 세계 전체 시가총액에서 차지하는 비율은 0.5%에도 미치지 못한다.

도표 15.3 세계 시가총액에서 각국 주식 시장이 차지하는 비율

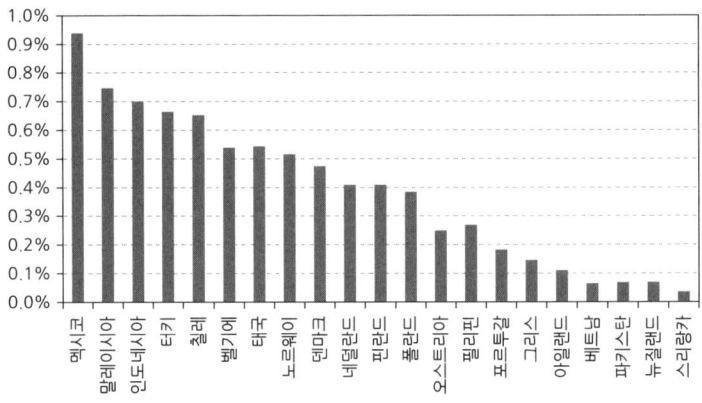

자료 출처: 배리언트 퍼셉션

일부 신흥국의 작은 규모와 성장 잠재력을 한층 두드러지게 보여 주기 위해 우리는 도표 15.4에서 이들의 전체 시가총액과 널리 알려진 우량주의 시가총액을 비교했다(단위는 100만 달러다).

도표 15.4 미국 대기업 대비 각국 주식 시장의 시가총액

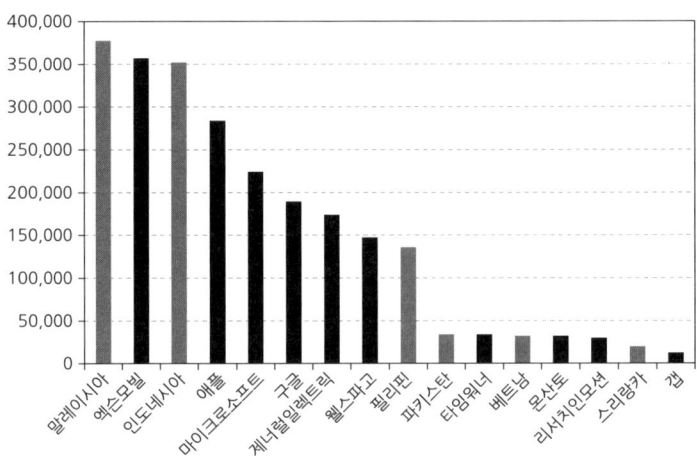

자료 출처: 배리언트 퍼셉션

다음 사례를 살펴보자. 마이크로소프트의 시가총액은 인도네시아의 전체 시가총액보다 많고, 제너럴일렉트릭과 웰스파고의 시가총액은 필리핀 전체 시가총액의 두 배에 이른다. 몬산토와 타임워너의 시가총액은 베트남과 파키스탄의 전체 시가총액보다 많으며, 갭의 시가총액은 스리랑카 시가총액의 두 배 정도 된다.

리플레이션 거래[145]에서는 다음과 같은 몇 가지 요인으로 말미암아 신흥국 주식 시장의 시장 수익률이 평균을 웃돌게 될 것이다.

- 넉넉한 유동성, 즉, 급격한 통화 확대
- 플러스 인구 성장
- 실질 금리 하락
- 차입금 비중이 낮은 소비자
- GDP 대비 대출 비율이 낮은 은행 부문

이러한 요구 조건을 충족하는 주요 나라는 터키, 말레이시아, 인도, 인도네시아, 브라질이다.

일부 신흥국의 현지 상황은 외국으로부터 유입되는 과잉 유동성에 부싯돌 역할을 할 것이다. 인도네시아, 브라질, 터키 같은 나라들은 경제가 탄탄하고 생산성이 증대하고 있으며 그 덕분에 인플레이션율이 하락하고 있다. 따라서 이들은 현재 저금리 체제로 전환되고 있다. 이런 경우, 일반적으로 현금과 채권 상품에 대한 수익률이 감소하기 때문에 투자자들이 그러한 상품에서 고수익 증권으로 옮겨가는 경향이 있다.

더욱이 타이완과 체코같이 상대적으로 더 선진적인 나라의 성장이 둔화할 경우, 중국이나 인도, 인도네시아, 스리랑카같이 인구가 많고 아직도 1인당 GDP가 비교적 낮은 나라는 경제성장의 여지가 있는 것으로 판단된다.

---

[145] 역주 _ 통화 팽창 정책으로 가치가 오를 것으로 예상되는 자산에 투자함으로써 수익을 추구하는 전략

이러한 시나리오에서 유동성은 당분간 기준치를 훨씬 웃도는 수준을 유지할 가능성이 크다. 중국 역시 다른 신흥국과 다르지 않을 것이다.

작은 시장 + 충분한 유동성 + 투자자의 위험 선호도(risk appetite) + 장기적인 저금리 추세 = 거품 같은 상황

그 결과 중국의 증권, 부동산, 기타 자산은 큰 수혜를 입게 된다.

중국은 엄격한 자본 통제를 시행해 외국인의 투기에 제동을 걸고 있다는 점에서 다른 신흥국과는 다르다. 그러나 자본 통제가 완화되고 변동환율제가 시행되면 중국 시장이 누리던 수혜도 다 물거품이 되고 만다. 자본 계정이 개방화되고 변동환율제가 시행되기 시작한 1980년대의 일본과도 다르지 않은 상황이 되는 것이다. 사실, 17세기 네덜란드의 튤립 광풍 이후에 발생한 거품 가운데 상당수는 금융 자유화와 기술 혁신이라는 두 요인이 결합한 탓이었다.

지구상 어딘가에는 항상 상승장이 있기 마련이다. 1970년대는 느슨한 통화 정책과 과도한 정부 부채로 대변되는 시기다. 우리가 지금 그때로 돌아간다면 미국과 유럽에서 주식 시장의 침체가 재현되는 광경을 보게 될까? 그럴 수도 있다. 하지만 글로벌 거시 투자자에게는 그 점이 전혀 문제 되지 않을 것이다. 어딘가에 상승이란 있게 마련이기 때문이다.

도표 15.5는 1970년부터 1985년까지의 주가 추이를 보여 준다. 1970년대 미국에서 1달러를 투자했다면 이것이 1985년에는 2달러로 뛰었을 것이다. 일본에서 투자했다면 이 돈이 1985년에는 6달러가 된다. 홍콩에서라면 8달러 이상으로 증가했을 것이다.

신흥국은 세계 각국의 느슨한 통화 정책 덕택에 큰 수혜를 입을 것이다. 기술주 거품이 터진 후 연준리의 느슨한 통화 정책이 주택거품을 발생시켰듯이, 연준리의 양적 완화가 신흥국의 가치를 부풀릴 것이다.

도표 15.5 1970년대 신흥국 주식 시장 실적

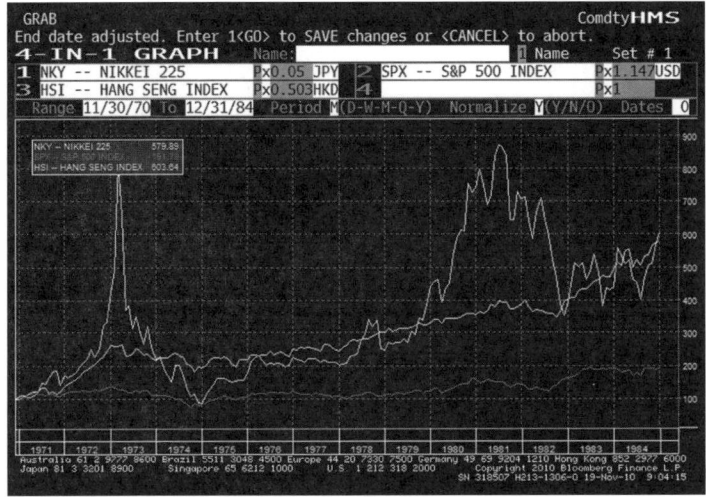

자료 출처: 블룸버그, 배리언트 퍼셉션

소비자들이 대출과 지출을 자제한다면 여분의 유동성이 미국에 인플레이션을 유발할 것 같지는 않다. 그러나 이러한 유동성이 다른 곳으로 이동한다면, 그 목적지는 신흥국이 될 가능성이 가장 크다. 신용 위기 당시 처음으로 타격을 입은 것은 신흥국 주식과 원자재다. 이러한 상품들은 보통 세계 경제가 상승 국면에 접어들 때 수익률이 높기 때문이다.

역사적으로, 이전 상승장에서 가장 실적이 좋던 부문과 다음 상승장에서 실적이 좋은 부문은 일치하지 않는 일이 많다. 신흥국은 세계 총 생산량 가운데 43.7%를 차지하며, 국제통화기금의 예측한 바에 따르면 앞으로는 70%를 차지할 것이다. 그러나 세계 주식 시가총액에서 신흥국 주식이 차지하는 비중은 10.9%에 불과하다. 중국이 세계 경제에서 차지하는 비중은 15%이나, 중국의 시가총액은 전체에서 2%를 밑돈다. 반면에 미국은 세계 경제에서 차지하는 비중은 21%이나 시가총액에서 차지하는 비중은 43.4%나 된다.

투자자 대부분은 미국과 유럽의 주식 시장에 지나친 가중치를 두고 투자한다. 이는 부분적으로는 국내 투자 편향성 때문이다. 그러나 그보다는 술 취한 사람이 가로등 밑에서 열쇠를 찾는 것과 비슷한 성향 때문이다. 술 취한 사람이 가로등 밑에서 열쇠를 찾는 것은 그곳에서 열쇠를 잃어버렸기 때문이 아니라 가로등 밑이 가장 밝기 때문이다. 신흥국에 투자하는 사람 대다수도 이와 마찬가지로 제대로 된 데이터를 바탕으로 투자하기보다 그저 위험을 감수하고 투자하거나 위험을 줄이기 위해 자금을 빼내기로 결정을 내릴 뿐이다. 신흥국 투자는 이처럼 체계적이지 못하다.

투자자 대다수는 위험 선호도에 따라 신흥국 주식을 무분별하게 사고판다. 도표 15.6은 세계 주식 시장의 변동성을 보여 주는 VIX 지수와 미국 달러화에 대한 남아프리카 랜드의 환율 간에 나타나는 높은 상관관계를 보여 준다. 이런 차트는 조작할 수도 없다는 점을 알아 두길 바란다.

도표 15.6 **변동성 지수**^{VIX}**와 남아프리카 랜드 환율 간의 상관관계**

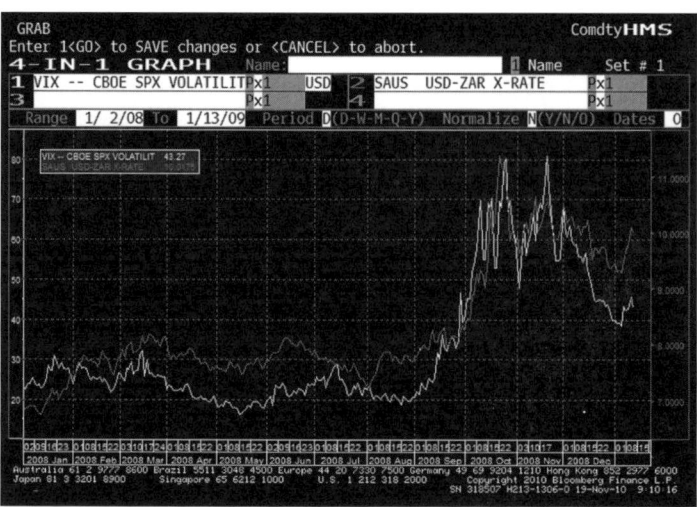

자료 출처: 블룸버그, 배리언트 퍼셉션

2006년과 2007년 신흥국 주식의 반등기 동안, 거의 모든 시장이 다른 시장의 추세에 맞춰 거래했다. 도표 15.7은 인도와 멕시코의 경제가 서로 판이함에도 2006년 상당 기간에 인도의 센섹스 주가지수와 멕시코의 볼사 지수 사이에 96%의 상관관계가 있다는 것을 보여 준다. 투자자들에게 벼랑 끝에서 집단으로 뛰어내리는 레밍쥐 습성이 있다는 점을 보여 주는 사례다.

도표 15.7 2006~2007년 신흥국 주식 시장 실적

자료 출처: 블룸버그, 배리언트 퍼셉션

신흥국이 다음 거품이 되리라는 점은 거의 확실해 보인다. 그러나 신흥국에 거품이 끼거나 대박을 치지 않더라도 투자자들은 신흥국에서 이익을 볼 수 있다. 1992년과 2003년에 미국과 유럽에서 경기 후퇴기가 끝나고 중앙은행이 유동성의 자유로운 이동을 허용했을 때 대다수 신흥국의 주가가 무분별하게 반등했다.

느슨한 유동성과 가치가 저평가된 신흥국 통화는 과도한 외환보유고 축적과 느슨한 신용 환경이라는 결과를 낳고 있다. 차입금 비중이 작은 데다 통

화 유통 속도가 빠른 신흥국은 과도한 부채와 느린 통화 유통 속도에 시달리는 선진국의 협조적인 통화 정책 덕택에 계속해서 이득을 볼 것이다.

외환보유고 축적을 지속하면 인플레이션 압력, 과도한 투자, 통화 정책 운용의 난항, 국내 은행 대출의 잘못된 배분, 그리고 자산 거품 같은 현상이 나타날 수 있다.

어려운 선택

우리는 선진국이 과도한 부채의 후유증을 겪으면서 어려운 선택을 해야 할 것이라고 했다. 신흥국은 그러한 문제가 지닌 다른 측면 때문에 문제가 발생할 수 있다. 신흥국은 대부분 차입금 비중이 작고 통화 유통 속도가 빠른 편이지만, 미국과 유럽으로부터 느슨한 통화 정책을 답습하고 있다.

신흥국이 자금 유입을 줄이고 거품을 방지하려면 어떤 조치를 해야 할까? 유동성이 유입되는 나라의 정책 입안자들은 과도한 유동성과 대규모 자본 유입에 여러 가지로 대응할 수 있다. 국제통화기금이 지적했듯이 신흥국은 훨씬 더 유동적인 환율 정책을 추진할 수 있다. 때에 따라 태화개입[146] 또는 불태화개입[147]을 구사하여 지급준비금을 축적할 수 있다. 인플레이션 전망에 따라 금리를 인하할 수도 있고, 전반적인 거시경제 정책이 지나치게 방만하다고 판단되면 재정 긴축을 시행할 수도 있다. 이 모든 것이 선택하기 어려운 상충관계를 낳는데, 그에 따른 비용과 이점이 무엇인지는 확실히 할 수 없다.

---

146 역주 _ 자국 통화량의 증가를 낳는 개입
147 역주 _ 통화안정증권 등을 통해 시중에 풀린 돈을 회수함으로써 전체 통화량을 일정하게 유지하는 개입

어쨌든 요는 세계 각국 정부가 과잉 유동성 문제에 대해 경계심을 품고 이를 처리하기 위해 결단을 내려야 한다는 점이다.

우리가 투자자라면 신흥국의 현재 상황을 십분 활용하더라도 신흥국의 주식이 미국 경제와 주식 시장의 입장에서 고베타 계수[148]가 높은 종목이라는 점을 깨달아야 한다. 미국이 다음번 경기 후퇴기를 겪게 될 때-다음번은 반드시 찾아올 것이다-신흥국이 큰 손실을 겪을 가능성이 크다. 따라서 신흥국 주식은 단타 매매에 적합하지 장기 투자 상품으로는 적합하지 않다.

미국의 다음번 경기 후퇴기에서 바닥 국면에 이르면 신흥국의 경제와 주식 시장이 미국과 마침내 디커플링, 즉 비동조화가 이루어질 것이다. 그리고 그 시점이 되면 신흥국 주식은 단타성 상품에서 장기 투자 상품으로 변모할 것이다. 우리는 투자자들이 어떤 나라의 ETF[149]만 볼 것이 아니라 시간을 들여 특정 주식 종목을 파악하라고 조언하고자 한다. 또는 당신 대신 그러한 종목을 파악할 수 있는 사람을 찾는 편이 낫다. 행운은 철저히 준비를 한 사람에게만 찾아온다는 점을 잊지 말자.

---

148 역주 _ 개별 주식이 시장의 지수 변동에 반응하는 정도를 나타내는 수치. 베타 계수가 1이면 해당 펀드나 주식 종목의 수익률이 시장 움직임을 그대로 반영하는 뜻이며, 베타 계수가 1보다 크면 시장 평균보다 변동성이 커 위험 및 기대수익률이 그만큼 큼

149 역주 _ Exchange Traded Fund, '상장지수 펀드', 주가지수 펀드를 거래소에 상장시켜 투자자들이 주식처럼 편리하게 거래할 수 있게 한 상품

결론

엔드게임 시대의 투자와 수익

가장 많은 바위를 뒤집어 보는 사람이 게임에서 이긴다. 그것이 항상 내 철학이다.

피터 린치

이 책은 주로 몇 가지 시나리오를 토대로 앞으로 우리가 어떤 문제에 직면할 것이며 엔드게임이 어떻게 전개될 것인가 다루고 있다. 하지만 경제 전반에 나타나는 사안을 이해하는 것과 그러한 이해를 바탕으로 수익을 내는 것은 완전히 별개의 문제다. 당신은 이 책을 읽고 "전부 유익한 얘기 같긴 하지만, 내 저축액과 투자액을 보호하려면 어떤 조치를 해야 하나?"라는 의문이 들 수도 있다.

이번 장에서는 이제까지 간략히 설명한 다양한 시나리오에 기반을 두고 당신이 어떻게 자금을 운용하면 좋을지 실제로 적용할 수 있는 조언을 제시하고자 한다. 세계가 앞으로 직면할 문제에 관해 다룬 책은 많지만 현실적인 투자 조언을 제시하는 책은 우리가 읽은 바로는 거의 없다. 따라서 이 책의 결론이 독자에게 도움이 되길 바란다.

시작하기 전에 한 가지 짚고 넘어갈 점이 있다. 우리는 기나긴 법적 고지 사항을 늘어놓아 독자들을 지루하게 할 수도 있다. 즉 우리는 금융 자문가가 아니고, 개별 독자의 상황도 알지 못하며, 누구에게나 적합한 투자 상품은 없다는 식의 얘기 말이다. 그러나 당신이 거시경제학과 금융 시장에 관한 책 한 권 정도는 집어들 정도로 호기심이 많고 똑똑한 사람이라면, 그 어떠한 법적 고지 사항도 필요하지 않을 것이라고 믿는다. 무언가를 사거나 팔기 전에 전담 금융 자산 관리사나 세무사 등에게 조언을 구하고 직접 검토와 조사를 거쳐야 하는 것은 당연한 일이다. 우리가 당신에게 통찰은 제공할 수 있으나, 자신의 필요에 따라 돈을 투자하는 것은 결국 당신이다.

그렇다면 어떻게 투자를 해야 할까?

앞 장에서 우리는 신흥국을 다뤘다. 선진국에서 유입된 과잉 유동성이 어째서 세계 각국의 자산 시장에 거대한 거품을 창출하고 가격을 급등시킬 수 있는지를 알아보았다. 이는 앞으로 10년 동안 투자 측면에서 가장 중요한 주제로 남을 것이다. 그러나 가까이 다가오면 다가올수록 그림은 불투명해진다.

미국, 영국, 유럽, 일본 등 세계 각국 앞에는 두 갈래 길이 놓여 있다. 디레버리지의 작용으로 길고도 치명적인 디플레이션이 나타나거나 정책적인 대응이 성공을 거두어 평가 절하와 인플레이션이 나타날 것이다. 부채 비율이 과도해지면 사람들은 소비를 줄이고 저축을 늘리면서 부채를 갚아나가기 시작할 수도 있다. 이는 지난 20년 동안 일본의 사례에서 알 수 있듯이 디플레이션 역학으로 이어질 수 있다. 또는 양적 완화, 통화화, 재정 확대라는 정부의 실험적 조치가 지나치게 큰 성공을 거두어 인플레이션율 급상승이 나타날 수도 있다. 이 가운데 어떤 것이 덜 나쁜 선택일지 우리도 확실치 않다.

디플레이션이 낫다고 보는 사람이라면 수익률보다는 원금 상환율이 높은 투자 상품을 모색해야 한다. 원금을 돌려받을 수 있다는 측면에서 신뢰도가 높은 상품은 그 대신 수익률이 낮다. 디플레이션이 일어나리라고 보는 사람은 미국 국채가 매우 바람직하다. 디플레이션을 가장 소리 높여 옹호하는 사람 가운데 데이비드 로젠버그와 레이시 헌트가 있는 것도 당연하다. 둘 다 채권 펀드 자금을 운영하는 회사에서 일하기 때문이다.

디플레이션이 우세하리라고 보는 사람을 위해서 최선의 투자 전략을 몇 가지 소개한다. 이 밖에도 더 많은 전략이 있을 수 있겠지만 가장 주된 투자 전략이다.

- 미국 국채에 투자하라.
- 소득 창출형 유가증권에 투자하라.
- 달러를 매입하라. 디플레이션 환경에서는 현금이 최고다.
- 보통주를 매각하라.
- 건설주와 건설주 관련주를 매각하라.
- 고가의 소비자 재량주[150]를 매각하라. 긴축이 시작되면 사람들은 지출을 줄일 것이다.
- 은행주를 매각하라. 디플레이션 환경에서는 대출 수요가 감소하고 금리도 하락한다. 이러한 환경에서는 은행이 수익을 거두기가 어려워진다.
- 소비자대출업체의 주식을 매각하라.
- 신용 등급이 낮은 정크본드를 매각하라.
- 원자재를 매각하라.

인플레이션이 나타날 것이라고 믿는 사람은 정부가 마음대로 찍어내거나 창출할 수 없는 상품을 모색해야 한다. 이때, 금이 가장 손쉬운 선택이 된다. 그러나 1970년대에는 다른 원자재도 금과 마찬가지로 실적이 괜찮았다. 광물, 원유 등 땅에서 채굴하는 원자재와 심지어 부동산도 인플레이션의 위험 대비 매우 훌륭한 헤지 수단이 될 수 있다.

---

150 역주 _ consumer discretionary equities, 생필품이 아니기 때문에 경기의 영향을 받는 종목주

인플레이션이 우세하리라고 보는 사람을 위해서 최선의 투자 전략을 몇 가지 소개한다. 이 밖에도 더 많은 전략이 있을 수 있겠지만 가장 주된 투자 전략이다.

- 금, 은, 백금, 팔라듐 등 귀금속에 투자하라. 과거부터 귀금속은 통화 주조로 실질 금리가 마이너스로 떨어질 때 헤지 수단이었다.
- 수익률 곡선이 급격한 상품에 투자하라. 채권 투자자라면 단기 금리보다 장기 금리가 더 급격히 상승할 것이라고 보면 된다. 투자자들이 장기 인플레이션율이 상승하리라고 보기 때문에 이런 일이 일어난다.
- 물가연동채권^{TIPS}이나 실질수익률 채권에 투자하라. 명목 수익이 아닌 실질 수익을 지급받는지 확인하라. 인플레이션율이 상승하면 채권 수익이 감소하는 효과가 나타난다.
- 단기 회사채에 투자하라. 또는 수익률 곡선을 뒤트는 식으로 투자하라. 가격 결정력이 있는 기업은 이윤이 감소하는 것을 감내하기보다 물가 상승분을 가격에 반영하려고 할 것이다.
- 캐나다 달러, 뉴질랜드 달러, 호주 달러, 브라질 레알, 노르웨이 크로네 등 자원이 많이 나는 국가의 상품 통화[151]에 투자하라. 물론 호주의 주택 시장에 대한 우리의 경고는 잊지 말기 바란다.
- 기초 소재와 에너지 주, 그리고 필수 소비재 주에 투자하라.

필자들은 디플레이션과 인플레이션 가운데 어떤 것이 우세하리라고 볼까? 둘 다 올 것이라고 본다. 먼저 디플레이션이, 그 후에 인플레이션이 나타날 것이다. 각국 정부는 몇 번의 경기 침체와 더욱 심각한 신용 위기가 현실화된 후에야 훨씬 과감한 대응책을 내놓을 것이다.

엔드게임에서 우리는 연준이나 각국 중앙은행이 올바른 조치를 시행하거나 앞으로 우리를 디플레이션에서 구제할 가능성이 희박하다고 본다. 디플레이션을 타개하려면 인플레이션율을 통제 불가능한 수준으로 상승시키거나 엄청난 부수적 피해를 발생시켜야 할 것이다. 정책 입안자들이 제대로 된 조치를 마련해 시행하고 도전 과제를 성공적으로 완수하길 바라자.

---

151 commodity currencies

우리는 앞서 소개한 투자 전략이 범위 면에서 한정되어 있다는 점을 인정한다. 그러나 그것이 바로 투자의 본질이다. 변동성 시기를 앞두고 있다는 점을 고려할 때 타이밍이 그 어느 때보다도 결정적인 역할을 할 것이다. 우리가 제아무리 구체적으로 이것저것 쓰든 이 책을 독자들이 읽을 때쯤이면 시대에 뒤떨어지고 적합하지 못한 내용으로 전락할 수도 있다.

이러한 문제를 해결하기 위해 필자들은 『엔드게임』 독자들을 위해 특별 포럼을 개설하고자 한다. 인터넷 주소창에 http://www.johnmauldin.com/endgame을 입력하면 특별 포럼으로 이동한다. 의견이나 질문사항이 있는 독자는 간단한 양식을 작성하여 등록하길 바란다. 필자들은 정기적으로 웹사이트에 들러 질문을 확인할 것이다. 개개인에게 구체적인 투자 조언은 제공할 수 없겠으나, 엔드게임에 관련된 폭넓은 사안을 다루고 시각을 공유할 수는 있을 것이다.

독자들은 또한 이 책과 그 외 다양한 사안을 다루는 필자 존 몰딘의 웹사이트에서 등록해서 주간 무료 뉴스레터를 받아볼 수 있다.

> 끝맺는 말

마지막으로 생각해 볼 것들

변동성은 확대되더라도 활기 넘치는 미래를 기대할 수 있는 나라들도 있다. 이들은 대부분 신흥국에 속한다. 그러나 어떤 나라는 전망이 밝지만은 않다.

세계 각국을 여행하면서 우리는 "미국은 물론 유럽과 일본 등에 사는 일반인의 생활방식도 타격을 받을까? 생활수준이 떨어지는데 만족할 수 있을까?"라는 질문을 끊임없이 받았다. 세세한 부분은 달라도, 요지는 모두 같았다. 이러한 질문은 정태적인 상황을 가정하고 있다. 즉, 변화가 모든 이의 생활수준을 향상시키지 않을 것이라는 가정이다.

그렇다. 상대적으로 볼 때 중국이나 브라질의 일반인은 선진 각국의 일반인보다 생활수준의 향상을 경험할 것이다. 하지만 이는 지난 몇 년 동안도 마찬가지였다. 신흥국 상당수에는 개선의 여지가 크고, 이를 거쳐 구매력이 떨어지는 통화도 많아질 것이다.

본질적으로 필자들은 타고난 낙천주의자들이다. 우리는 미래가 흥미롭게 펼쳐지며 기회로 가득 차 있고 세계의 모든 사람에게 희망을 약속할 것이라고 본다. 2021년이나 2031년이 되면 그 누구도 2011년이라는 '과거'로 되돌아가고 싶어 하지 않을 것이다. 우리는 곧 수많은 기술 분야의 진보를 목격하며 이에 경탄을 금치 못할 것이다.

변화는 선형적이지 않으며, 가속하는 습성이 있다. 과거에 기술 변혁은 증기 기관, 전기, 철도, 개인용 컴퓨터 등 한 번에 하나씩 발생했다. 그러나 머지않아 동시다발적인 변혁이 일어나고 상호 작용을 일으켜 또 다른 변혁을 몰고 올 것이다. 이것이 필자(몰딘)가 말하는 천 년의 물결이다. 가속화되는 변혁의 속도는 많은 사람을 혼란스럽게 할지도 모른다. 그러나 우리 자녀는 이를 당연하다고 보는 것 같다. 게다가 우리 손자 세대는 아기 때부터 아이패드를 접한다. 우리 부모 세대가 자라난 세상이 이들에게는 오히려 신기하게 느껴질 것이다.

최초의 물결은 생명공학 부문에서 비롯된다. 독성이 없으며 비교적 값싼 항암 치료제가 개발될 가능성이 보인다. 일반적인 독감뿐 아니라 모든 종류의 바이러스를 죽이는 항생제도 개발될 것이다. 알츠하이머의 진행을 멈추는 약도 개발될 것이다. 줄기세포업체 바이오타임의 최고경영인인 마이클 웨스트는 심혈관계를 젊은 세포로 교체하는 임상 실험을 준비 중이다. 이 임상 실험이 성공하면, 심장질환으로 인한 사망에 제동이 걸릴 것이다. 노화 과정을 늦추거나 아예 반전시키기 위해 밤낮으로 연구하는 과학자들도 있다. (이들의 연구가 성공하면 보험회사 주식을 매수하고 종신연금회사 주식을 매도하는 투자 전략이 인기를 끌 것이다!) 2020년에 소개되는 의약품은 현재의 의약품을 석기 시대 수준처럼 보이도록 할 것이다. 심지어 그런 의약품 일부가 2010년대에 나타날 가능성도 있다.

통신 분야도 대변혁을 앞두고 있다. 통신사 간의 치열한 경쟁으로 무선 광대역 네트워크를 언제 어디서나 낮은 가격에 사용할 수 있을 것이다. 현재 느리고 원시적인 수준의 통신망을 이용하는 개발도상국은 오늘날 기준으로 보면 비현실적일 정도로 최강 속도를 자랑하는 광대역 네트워크를 사용하게 될 것이다. 10년 전에 인터넷 속도가 지금과 비교해서 얼마나 느렸는지 떠올려 보라. 그러니 앞으로 10년 후에는 어떻겠는가? 그때쯤이면 지금까지는 상상 속에서나 있을 수 있는 방식으로 세계가 연결될 것이다. 거래하는 방식부터 달라질 것이다. 오늘날 인터넷이 사업과 소통방식을 바꿨다고? 2022년을 기다려 보길 바란다.

세계 각지의 개발도상국 어린이들이 양질의 무상 교육을 받을 수 있을 것이라는 점이 통신 변혁이 몰고 올 중요한 혜택이다. 이제까지 낙후된 지역에 파묻혀서 성장하고 배울 기회조차 얻지 못했던 어린 천재들이 앞으로 이룰 발명과 혁신적인 업적들을 생각해 보라.

실제로 '천 년의 물결'이 미치는 영향력과 파장이 큰 이유도 상당 부분이 바로 이런 점이다. 1700년대 중반에는 증기 기관 같은 핵심적인 기술의 원리를 이해하는 과학자와 공학자가 기껏해야 몇십 명에 불과했다. 오늘날에는 (증기 기관과 비교해 볼 때) 중요성이 상대적으로 떨어지는 문제라도 이를 이해하는 학자들이 수백 명이다. 기업들은 최첨단 기술 혁신을 실현하고자 경쟁하고 있다. 소비자를 위해 연구와 생산성에서 최첨단 성과를 달성하려고 힘쓰지 않는 기업들은 슘페터가 말한 창조적 파괴를 하지 못하고 도태될 것이다. 우리가 직면한 문제를 해결하기 위해 연구하는 과학자와 공학자가 점점 늘고 있다. 이에 따라 변화가 다가오는 속도도 더 빨라질 것이다.

이제 이미 인터넷으로 연결된 이 세상에 30억 명이 추가된다고 생각해보자. 이 가운데 노벨상 수상자 급의 천재들이 3만 명 정도 있다면? 우리가 지금 말하는 변화는 훨씬 빠른 속도로 다가올 것이다. 그리고 우리가 그들의 노력으로 얻게 될 혜택은 너무도 커서 상상조차 하기 어렵다.

게다가 이 모든 혜택을 흡수하기 시작하는 때가 오면 일련의 나노 기술 혁신이 모습을 드러내기 시작하면서 제품을 제조하는 방식을 뒤바꿔 놓고, 기업은 공략 대상 시장과 가까운 곳에서 제품을 생산할 수 있게 된다.

새로운 형태의 값싼 에너지를 생각해 보라. 특히 전지는 많은 동력을 축적할 수 있게 되고, 오늘날에는 값비싼 장난감 같은 전기 자동차가 보급될 것이다. 그렇게 되면 완전히 새로운 산업이 탄생할 것이다. 앞으로 수십 년 안에 로봇공학에도 큰 변화가 일어날 것이다. 우리가 말하는 로봇이란 청소용 로봇이 아니라 진짜 로봇이다. 인공지능 분야는 말만 무성하다가 오랜 시간 동안 자취를 감추었다. 그러나 인공지능 분야가 완전히 새롭게 변신한 모습으로 귀환할 날도 멀지 않았다. 전 세계의 기업가와 과학자의 정신 세계에서 새로 탄생할 제품과 서비스로는 무엇이 있을까?

선진국은 앞으로 구조조정을 거쳐야 한다. 이는 고실업률 시대가 우리가 바라는 것보다 훨씬 길게 이어진다는 것을 의미한다. 연금보험이 타격을 받을 것이고, 그 밖에도 어려운 일이 많을 것이다. 그러나 어느 곳으로 눈을 돌려야 할지 알고 이를 자신을 위해서 활용할 줄 아는 사람에게는 밝은 미래가 펼쳐질 것이다. 낡은 기회는 사라지고 있으나 새로운 기회가 기다리고 있다. 우리는 변화를 거부하지 말고 받아들이라고 조언하고자 한다.

그러나 이는 다른 책에서 다뤄야 할 문제다.[152]

---

152 사실 존 몰딘은 친구들의 도움을 받아 이에 관해 2012년에 '천년의 물결(the Millennium Wave)'이란 제목의 책을 낼 작정이다.

주석

서론: 엔드게임

[1] 짐바르도의 다양한 저서 외에도 웹사이트 www.wimp.com/secretpowers에서 그의 10분짜리 강의를 들을 수 있다. 이해하기 쉬운 강의이므로 반드시 이를 들어볼 것을 권한다.

[2] '흔히 하는 착각들 Popular Delusions', 2010년 6월 30일, 런던에 소재한 딜런 그라이스

제1부: 부채 슈퍼사이클의 종말

[1] 뱅크 크레디트 애널리스트, '부채 슈퍼사이클 The Debt Supercycle', 2007년 11월 19일

제1장: 엔드게임의 시작

[1] 게리 쉴링, '인사이트 Insight', 2010년 11월

[2] 연준리 위원회 Board of the Governors of the Federal Reserve

[3] 폴 A. 맥컬리, '위기 이후: 미국과 세계 경제에 관한 제19차 하이먼 민스키 연차 회담을 바탕으로 아빠 은행에서 배우는 새로운 금융 구조 계획 After the Crisis: Planning a New Financial Structure Learning from the Bank of Dad, Based on Comments from the 19th Annual Hyman Minsky Conference on the United States and World Economics', 2010년 4월 15일

[4] 베리 아이켄그린 Barry Eichengreen, '경쟁적인 환율절하를 통한 구제 Competitive Devaluation to the Rescue', 가디언 the Guardian 지, 2009년 3월 18일

제2장: 그리스에 주목해야 하는 이유[153]

[1] 존 몰딘, '아버지, 그리스가 나랑 무슨 상관이에요?What Does Greece Mean to Me, Dad?', 2010년 3월 26일

[2]~[6] 마크 뷰캐넌, 『세상은 생각보다 단순하다Ubiquity: Why Catastrophe Happens』, 2002년 뉴욕 브로드웨이 북스Broadway Books 번역본: 2004년 지호 출판사

[7] 디디에 소르네트, 『주식시장은 어째서 붕괴하는가Why Stock Markets Crash』 제1장, 2002년 프린스턴 대학 출판사Princeton University Press

제3장: 규칙을 알아보자

[1] 카우프만 재단 연구 시리즈, 2010년 7월.[154]

[2] 존 홀티웽어, 론 자민, 하비에르 미란다, '누가 일자리를 창출하는가? 중소기업인가, 대기업인가, 신생 기업인가?Who Creates Jobs? Small vs. Large vs. Young?', 워킹페이퍼Working Paper 16300

[3] 우디 브록의 논문을 읽어 본 적 없거나 다시 한 번 읽어 보려면 다음 웹사이트를 방문하라.

[4] 카르멘 라인하트, 케네스 로고프, 『이번엔 다르다This Time is Different』, 2009년 프린스턴 대학 출판사 번역본: 2010년 다른세상

[5] 게이브칼 연구소

[6] '리치배처 뉴스레터아고라 파이낸셜'의 편집인 롭 파렌토가 쓴 논문에서 인용. 2부로 된 이 논문의 전문을 다음 웹사이트에서 읽을 수 있다.

[7] 마틴 울프, '영국 경제는 재정 균형화 조치를 취해야 한다UK Economy Must Perform a Rebalancing Act', 2010년 4월 13일, 파이낸셜 타임스 웹사이트.

제4장: 성장 둔화와 반복적인 경기 후퇴에 따른 부담

[1] 제라드 베이커, '대안정기에 진입한 것을 환영한다: 역사가들은 우리 시대의 안정에 경탄할 것이다Welcome to the Great Moderation: Historians Will Marvel at the Stability of Our Era', 2007년 1월 19일, 더 타임스지

[2] ECRI 연구소

---

153 제2장의 나머지 부분은 뉴스레터에 포함된 내용이다.
154 비벡 와드화는 기업가 출신 학자다. 와드화는 UC 버클리 대학교 내 정보대학(the School of Information)의 객원 교수이며 하버드 법과대학의 수석 연구원이다. 또 듀크 대학교 창업연구상용화센터(the Center for Entrepreneurship and Research Commercialization)의 연구실장을 맡고 있다.

[3] 미국 재정 미래 위원회, 미국 연구 평의회, 국립 행정 학술원, '미국의 재정 미래 결정하기 Choosing the Nation's Fiscal Future'

제5장: 이번엔 다르다

[1] 이번 장에 인용된 모든 내용은 달리 표시가 없는 한 카르멘 라인하트와 케네스 로고프의 『이번엔 다르다』에서 인용한 것임을 밝혀 둔다.
[2] 보고서 전체는 맥킨지의 웹사이트에서 읽을 수 있다. 10장짜리 요약본도 다음 웹사이트에서 찾을 수 있다.
[3] '디레버리지Deleveraging', 파이낸셜 타임스의 렉스 칼럼, 2010년 1월 14일
[4] 앤드루 스미더스, 『월스트리트 파헤치기: 불완전한 시장과 무능한 중앙은행Wall Street Revealed: Imperfect Markets and Inept Central Bankers』, 2009년 존 와일리 & 선스

제6장: 공공 부채의 미래: 지속 불가능한 길

[1] 이번 장에 인용된 모든 내용은 달리 표시가 없는 한 스티븐 체케티, M. S. 모한티, 파브리치오 잠폴리의 '공공 부채의 미래: 전망과 함의The Future of Public Debt: Prospects and Implications', 국제결제은행 보고서 300호, 2010년 3월. 전체 보고서는 다음 웹사이트에서 볼 수 있다. 꼭 한 번 읽어볼 것을 권한다.
[2] 장-클로드 트리셰 유럽중앙은행 총재, 루카스 파파데모스Lucas Papademos 유럽중앙은행 부총재, 리스본, 2010년 5월 6일.
[3] 카르멘 라인하트, 케네스 로고프, 『이번엔 다르다』, 2009년 프린스턴 대학 출판사 번역본: 2010년 다른세상
[4] 존 허스만의 뉴스레터는 다음 웹사이트에서 볼 수 있다.
[5] 모건스탠리 증권의 아르노 마레, '국채 문제: 각국이 부도를 선언하는지 여부가 아니라 그 시기가 문제다Sovereign Subjects: Ask Not Whether Governments Will Default, but How', 2010년 8월 25일
[6] 모건스탠리 증권의 아르노 마레, '국채 문제: 각국이 부도를 선언하는지 여부가 아니라 그 시기가 문제다', 2010년 8월 25일

제7장: 디플레이션의 요인

[1] R. A. 래드퍼드R. A. Radford, '포로수용소의 경제 구조The Economic Organisation of a P.O.W. Camp', 이코노미카Economica 저널, 12권, 48호, 1945년 11월
[2] 연설문은 다음 웹사이트에서 읽을 수 있다.

제8장: 인플레이션과 초인플레이션

[1] 페터 베른홀츠, 『통화 체제와 인플레이션Monetary Regimes and Inflation』 98쪽, 2006년 에드워드 엘가Edward Elgar 출판사
[2] 아타나시오스 오르파니데스, 사이먼 반 노덴Simon van Norden, '실시간 생산 갭 추정의 신뢰도The Reliability of Output Gap Estimates in Real Time', 1999년
[3] 찰스 플로서, '생산 갭과 건전한 정책 규칙Output Gap and Robust Policy Rules', 2010년 유럽 은행 금융포럼the European Banking and Financial Forum, 프라하 체코 국립은행, 2010년 3월 23일
[4] 리카르도 카발레로, '재무부를 위한 유동성 투하A Helicopter Drop for the Treasury', 2010년 8월 30일
[5] 페터 베른홀츠, 『통화 체제와 인플레이션Monetary Regimes and Inflation』, 2006년 에드워드 엘가Edward Elgar 출판사
[6] '1920~23년 인플레이션 시기 독일 최고액권의 가치Values of the most important German Banknotes of the Inflation Period from 1920~1923'
[7] 맥스 샤피로, '무일푼 억만장자The Penniless Billionaires', 203쪽, 뉴욕타임스북New York Times Book, 1980년
[8] 페터 베른홀츠, 『통화 체제와 인플레이션』 23쪽, 2006년 에드워드 엘가 출판사
[9] 페터 베른홀츠, 『통화 체제와 인플레이션』, 2006년 에드워드 엘가 출판사
[10] 미 의회 예산처가 발간한 '예산 및 경제 전망: 회계연도 2010~2020년The Budget and Economic Outlook: Fiscal Years 2010 to 2020', 부록 C
[11] 페터 베른홀츠, '초인플레이션의 가능성은?How Likely is Hyperinflation?', 아메리칸The American 잡지, 2009년 12월 15일

제2부: 세계 각국 현황: 엔드게임은 어느 나라에서 시작될까?

[1] 프레데릭 미시킨, 트릭비 토르 헤르베르트손Tryggvi Thor Herbertsson, '아이슬란드의 금융 안정성Financial Stability in Iceland', 2006년 5월
[2] 마이클 루이스, '툰드라 위의 월스트리트Wall street on the Tundra', 배니티 페어Vanity Fair
[3] 마이클 페티스, '국채 등급이 중요한가?Do Sovereign Ratios Matter?', 중국 금융 시장China Financial Markets, 2010년 7월 20일. 페티스의 저서 『변동성 기계the Volatility Machine』 또한 읽어 보길 권한다. 이 책을 읽고 나면 많은 지혜를 얻을 수 있다.

제9장: 미국: 난국에 빠지다

[1] 퓨 시민 언론 센터, '우울한 미국 국민이 의회 공격에 나서고 있으며 오바마에 관해 의견이 엇갈리고 있다Gloomy Americans Bash Congress, Are Divided on Obama', 2010년 3월 18일
[2] 벤 버냉키 의장, '현 경제 금융 상황 및 연방 정부 예산The Current Economic and Financial Conditions, and the Federal Budget', 2009년 6월 3일 워싱턴 DC, 미 하원 예산위원회
[3] 2010년 국제통화기금 미국 보고서 제4조 자문, 서반구국the Western Hemisphere Department 등이 작성. 2010년 7월 2일 니콜라 에이자기르Nicolas Eyzaguirre와 타밈 바유미Tamim Bayoumi에 의해 승인됨.
[4] 미국 재정 미래 위원회, 미국 연구 평의회, 국립 행정 학술원, '미국의 재정 미래 결정하기Choosing the Nation's Fiscal Future'
[5] 존 힐센래스Jon Hilsenrath, '쿼터백들이 성모 마리아 패스를 던지며 퇴장하다Quarterbacks Get Out 'Hail Mary' Economy Passes', 월스트리트저널
[6] 미 의회 예산처, '연방 정부 부채와 재정 위기 위험Federal Debt and the Risk of a Financial Crisis', 2010년 6월 27일
[7] 니얼 퍼거슨, '카오스 끝에 선 제국들Empires on the Edge of Chaos', 포린어페어스Foreign Affairs, 2010년 2월 26일
[8] 데니스 코숑Dennis Cauchon, '연방 정부 공무원의 소득이 민간 부문 근로자보다 두 배 높다Federal Workers Earning Double Their Private Counterparts', 유에스에이 투데이USA Today, 2010년 8월 13일
[9] 엘리자베스 맥니콜Elizabeth McNichol, 필 올리프Phil Oliff, 니콜라스 존슨Nicholas Johnson, '경기 후퇴는 계속해서 주 정부 예산에 타격을 주고 있다: 주 정부의 대응책으로 회복이 늦어질 수도 있다Recession Continues to Batter State Budgets; State Responses Could Slow Recovery', 예산 및 정책 우선순위 센터
[10] 데이비드 윌슨, '연방 정부 지원 급증으로 구제받는 미국 주 정부와 시 정부: 오늘의 차트Soaring Federal Aid Bails Out U. S. States, Cities: Chart of the Day', 2010년 8월 11일

[11] 메리 윌리엄스 월시^{Mary Williams Walsh}, '감출 수 없을 정도로 불어난 주 정부 부채^{State Debt Woes Grow Too Big to Camouflage}', 뉴욕타임스, 2010년 3월 29일

[12] 로렌스 코틀리코프, '미국은 도산했는데 우리는 그 사실조차 모르고 있다^{U. S. Is Bankrupt and We Don't Even Know It}', 블룸버그 뉴스, 2010년 8월 11일

[13] 마틴 펠드스타인, '미국 국채에 대한 세출 해법^{'Tax Expenditure' Solution for Our National Debt}', 월스트리트 저널, 2010년 7월 20일

[14] 에드먼드 콘웨이^{Edmund Conway}, '가이트너, 중국의 달러화 자산이 안전하다고 주장하다^{Geithner Insists Chinese Dollar Assets Are Safe}', 텔레그래프지, 2009년 6월 1일

[15] 데이비드 스톡먼, '30년 재정 전쟁의 종식^{Game over' for the 30-year Fiscal Wars}', 폴리티코^{Politico}, 2010년 2월 24일

[16] 다음 웹사이트 참조 http://www.federalreserve.gov/BoardDocs/speeches/2002/20021121/default.htm

제10장: 유럽 비핵심 국가: 현대판 금 본위제

[1] 베리 아이켄그린, '유로화, 사랑하든가 버리라^{The Euro: Love It or Leave It?}', 2010년 5월 4일

[2] 마이클 루이스, '그리스 국채를 조심하라^{Beware of Greeks Bearing Bonds}', 배니티 페어, 2010년 10월 1일

[3] 레비 경제연구소의 롭 파렌토 연구원이 쓴 논문을 다음 사이트에서 꼭 읽어 보길 권한다. 이 논문은 길이가 긴 편이지만 유로존의 부채 디플레이션 역학을 매우 정확히 포착하고 있다.

제11장: 동유럽의 문제

[1] 바클레이 캐피털, '주간 신흥국 보고서^{The Emerging Market Weekly}'

제12장: 일본: 자동차 앞유리에 날아드는 벌레

[1] 저스틴 맥커리^{Justin McCurry}, '간 나오토 일본 총리가 그리스식 국채 사태를 경고하다^{Japan prime minister Naoto Kan warns of Greek-style public debt problems}', 가디언지, 2010년 6월 11일

저자 약력

존 몰딘은 금융 전문가로 명성이 높다. 뉴욕타임스 베스트셀러 순위에 오른 저서를 다수 집필했으며 온라인 경제 평론의 선구자다. 몰딘이 온라인으로 제공하는 주간 뉴스레터 '일선에서의 생각 Thoughts from the Frontline'은 세계 최초의 온라인 투자 정보지 가운데 하나로, 편향되지 않은 정보와 지침을 무료로 제공한다. 오늘날 '일선에서의 생각'은 세계적으로 가장 폭넓게 배포되는 투자 뉴스레터로, 중국어, 스페인어, 이탈리아어로도 제공된다. 몰딘의 평론과 글은 텔레비전과 미국 전국지에서 자주 접할 수 있다. 몰딘은 '밀레니엄 웨이브 투자 Millennium Wave Investments'의 대표이사이며, 일곱 자녀의 아버지로 그 가운데 다섯은 입양 자녀이고, 현재 텍사스 주 댈러스에 거주하고 있다.

조너선 테퍼는 작가이자 기업가이며 투자자이기도 하다. 자산관리회사, 은행, 헤지펀드, 고액 자산가들에게 거시경제 정보를 제공하는 '배리언트 퍼셉션'의 설립자이자 편집주간이다. 또한 시민언론 통신사로 수상 경력에 빛나는 데모틱스 Demotix 의 설립자다. 테퍼는 현재 '힌데 캐피탈 Hinde Capital'에서 롱/쇼트 헤지펀드를 운영하고 있다. 테퍼는 로즈 장학금 Rhodes Scholarship 을 받아 옥스퍼드 대학에 유학했다.

색인

ㄱ

개인 투자자의 관점	60
갤런	87
거시 경제	43
거시경제학	63
거품 붕괴	293
거품의 왕	294
검은 월요일	12
게리 쉴링	26
결과의 법칙	77
경기부양책	26, 63
경기순환주기	18, 97
경기 후퇴	91
경기후퇴기	18, 104
경상수지	79
경제적 고통	15
고베타 계수	343
고용률	68
고전 경제학	61
고정환율제	285, 286
골디락스 경제	33
공공 부채	23, 129
구조화 투자회사	172
국가총생산 대비 정부 부채 비율	69
국내총생산	26
국제결제은행	130
국제통화기금	46
국채	15
국채부도	40
국채 상환능력	70
그레셤의 법칙	202
그렉 웰던	88
그리스	23, 47
그리스 문제	47
그린스펀 의장	13
그린스펀 풋	34
그림자 금융	35
근원 인플레이션율	33
금 본위제	259
금융공학 기법	12
금융보호주의	39
금융수지	79
금융 안정성	211
금융 위기	9, 78
금의 족쇄	260
기업신뢰지수	325
기초여건	211
기초재정수지	139

ㄴ - ㄷ

나쁜 디플레이션	160
나스카	88
노던록	314
노폰지 조건	151, 237
니체	45
다궁	236
다중 균형모델	116
대공황기	14
대불안정기	95
대안정기	93
대체최소세	61
더블딥	160
데어의 법칙	203
데이비드 스톡먼	235
데이터 마이닝	183
델타	64
델타포스	64
동유럽식 해법	242
디레버리지	37, 163
디레버리지 순환주기	120
디플레이션	16, 28, 156

ㄹ - ㅂ

라이히스마르크	174
라트비아	288
라트화	287
런던 은행 간 금리	278
로고프와 라인하트	70
롬멜	178
롭 파렌토	80
리먼 브러더스	36
마찰적 실업률	104
마틴 반스	22
마틴 울프	23, 81
맥맨션	13
맥킨지 글로벌 인스티튜트	118
멋진 10년	310
메디케어	14
메디케이드	109
역 법칙	51
명목 GDP	71
모하메드 엘-에리안	23, 78
무서류 대출	12
무원금 대출	12
묻지 마 대출	12
물가안정 목표제	212
물가연동채권	347
미니 아주머니	213
미적립 연금 채무	14
미적립 채무	14
민간 부채	23
민스키 경로	150
민스키 순간	150
발트 3국	23
배리 아이켄그린	39
뱅크 크레디트 애널리스트	21
버냉키	110
버티기 경제	92
법률 비용	85
베이스라인 시나리오	221
벤더 파이낸싱	235
변동성 확대	93
부채담보부 증권	171, 278
부채 디레버리지	37
부채 비율	74
부채 슈퍼사이클	18, 21, 22
부채 예측치	137
부채 위기	62
부채의 통화화	147
부채축적 속도	139
분데스방크	12
불안정성의 손가락	286
불태화개입	342
브로커 융자	35
브록	72
비벡 와드화의 분석	65
비평형 체제	50

ㅅ

사회보장수당	14
상품 통화	347
새로운 표준	23, 78
생산 갭	190
생산성 변동분	65
생산 연령 인구	64
서브프라임 사태	22
서브프라임 자산담보부 증권	172
성장 둔화	91, 108
세계무역기구	27
세금의 효과	46
세금 인하 정책	183
세금 정책	254
소비	62
소비자 물가지수	178
소비자물가지수	33
소비활성화	77
수익률 감소	108
순수 콜옵션	238
슈퍼사이클	21
슈퍼트렌드 퍼즐	157
스무트-홀리 법안	89
스태그플레이션	27
스페인	23
신뢰지수	42
신용 디폴트 스왑	238
신용디폴트스왑	13, 278
신용 위기	78
신용평가기관	35
신용폭식	99
신중한 속도	35
신흥 시장	333
실업률	16
실효 환율	269

ㅇ

아르카디아	223
아마겟돈	223
안정성장 협약	148
양적 완화	81
양적 완화 조치	89
어빙 피셔	22
엔드게임	19, 27
역의 자산 효과	162
연방준비위원회	13
연준리)	24
영국	309
영원한 비관론자	14
영향	46
오버레버리지	112
오스트리아식 해법	241
옵션 변동성 지수	99
완전한 거품	212
위험 프리미엄 증가	142
유동성 공급	34
유동성 관리 증권	172
유럽연합	46
유로화	287
유통 속도	168
이전지급	76
이전지출	134, 245
인구 구조	69
인구 변동분	65
인프라 보고서	87
인플레이션	186
인플레이션율	18
일본	293
일자리 감소	108
일자리 창출	65
잃어버린 20년	69
임계 상태	51
임금-물가 상승 악순환	28

ㅈ

자산유동화 기업 어음	172
자산유동화증권	36
장기 부채 사이클	22
재설정	27
재정 건전화	133
재정 미래 위원회	109
재정수지	79
재정억압	153
재정 적자	70
재정 흑자	141
저축의 역설	77
적자 확대	108
정부 부채	69
정부의 긴축	163
정부 지출	62
정책 금리	28
정책적인 관점	60
정치 순환 주기	19
조세대체	252
주식 변동성	98
주택 가격 폭락	163
주택담보 대출	12
주택담보 대출액	26
주택담보 대출 채권	37
준비 통화	75
중상주의	88
증거금 대출	35
증권화	278
증권화대출	30
지급 준비금	75
짐바르도	16

ㅊ - ㅋ

찰스 게이브	75
채권 변동성	99
채권 수익률	70
채권수익률	29
채권 시장	120
채권 자경단	120
채무불이행	24, 46
채무불이행 선언	38, 84
초인플레이션	186
초인플레이션 사례	199
총부채 수치	311
총수요	63
총통화량	171
침체기	9
카르멘 라인하트	23
카우프만 재단	65
케네스 로고프	23
케인스식 정책	77
콘티넨털 일리노이 은행	27

ㅌ - ㅍ

탄광 속의 카나리아	321
탄지 효과	202
태화개입	342
텔레그래프	235
토니 뵈크	21
토목 공학회	87
통화 공급량	168
통화공동체	259
통화 유통 속도	170, 173
통화유통속도	46
통화 정책	333
통화 팽창 정책	29
통화 확대 정책	22
트리플딥 상태	185
특수목적펀드	36
티파티	218
파생결합증권	124
파운드	81
퍼펙트 스톰	313
펀더멘탈	211
펭귄	187
평균 회귀 경향	170
포르투갈	23
폰지 사기	130
폴 맥컬리	35
폴 볼커	29
피냐타	264
핌코	35

ㅎ

항등식	60
해밀턴 볼턴	21
행동심리학자	46
헤드라인 인플레이션율	33
헤리티지 재단	71
현대판 금 본위제	291
호주	323
홈에쿼티론	26
화폐와 대출의 붕괴	163
화폐의 퇴장	163
환율 위기	42
활공경로	246
회계 규칙	60
회계 항등식	78
횡단성	151, 237
효율적인 시장가설	124

영어

ABCP	172
BCA	21
CDO	172
C&I	98
CMB	172
EMH	124
ETF	343
GDP	15, 62
GDP의 변동분	65
Gresham's Law	202
MGI	118
MOVE	99
NASCAR	88
non-Ponzi conditions	151
OECD 국가	77
QE2	81
SIV	172
the Bank Credit Analyst	21
Their's law	203
TIPS	347
transversality	151
WTO	27